고대법은 사회의 초기 역사와 어떤 관련이 있으며
근대 관념과는 어떤 관계를 가지는가

Ancient Law

고대법

Henry Sumner Maine 지음 | 김도현 옮김

박영사

고대법

고대법은 사회의 초기 역사와 어떤 관련이 있으며
근대 관념과는 어떤 관계를 가지는가

Henry Sumner Maine 지음

김도현 옮김

1920(1861)

1. Henry Sumner Maine, *Ancient Law: Its Connection with the Early History of Society and Its Relation to Modern Ideas*, with Introduction and Notes by Frederick Pollock, London: John Murray, 1920을 우리말로 옮긴 것이다.

2. 《고대법》은 1861년 초판이 발행되었고, 생전에 출간된 마지막 판은 1888년의 제12판이다. 번역은 프레드릭 폴록의 주석이 각 장의 말미에 붙은 1920년판을 대상으로 하였으나, 폴록의 주석은 따로 옮기지 않았으므로 사실상 메인의 제12판을 번역한 것에 해당한다. 폴록의 서문만 추가했을 뿐이다.

3. 문단 첫머리의 좌우 여백에 붙은 면주는 원서 페이지 상단의 면주를 번역하여 참고용으로 달아놓은 것이다. 때로는 초판의 상단 면주를 참조하기도 했다.

4. 본문 중에서 돋움체로 강조된 부분은 원서에서 (라틴어 등을 제외하고) 영어가 이탤릭체로 강조된 부분이다.

5. 옮긴이의 긱주는 숫사로 일련번호를 표시했으며, 매우 드문 지은이의 각주 ─ 부분적으로는 1850년대에 법조원Inns of Court의 하나인 미들템플Middle Temple에서 행한 강의에 기초한 저서이기 때문일 수 있다 ─ 는 별표(*)로 표시했다.

6. 옮긴이의 각주에 사용된 약어는 다음과 같다.

   Cod. = 유스티니아누스의 칙법휘찬Codex
   Dig. = 유스티니아누스의 학설휘찬Digesta; Pandectae
   Gai. = 가이우스의 법학제요Institutiones
   Inst. = 유스티니아누스의 법학제요Institutiones
   Nov. = 유스티니아누스 신칙법집Novellae

7. 참고로 부록 A와 B에 Henry Sumner Maine, *Lectures on the Early History of Institutions*, 4th ed., London: John Murray, 1885(1875)의 제12장과 제13장을 각각 우리말로 옮겨 놓았다. 《고대법》에서는 다소 불명확하게 드러나는, 오스틴의 법실증주의에 대한 메인의 비판적 시각을 ─ 그리고 공법의 거시적 역사를 ─ 읽을 수 있다.

차례

초판 서문

　이 저서의 주된 목적은 고대법에 반영된 인류의 몇몇 초기 관념들을 밝혀내고 그 관념들이 근대사상에 대해 가지는 관계를 지적하는 것이다. 로마법과 같은 법체계가 존재하지 않았더라면 이 저서에서 시도한 탐구의 많은 부분이 어떤 유용한 결실도 맺지 못했을 것이다. 그 법체계의 초기 부분은 아주 오래된 옛 것의 흔적을 담고 있고, 그것의 후기 규칙들은 근대사회를 오늘날에도 규율하고 있는 민사제도들의 근간을 제공해준다. 로마법을 전형적인 법체계로 삼아야했던 까닭에, 저자는 지나치다 싶을 정도로 많은 사례들을 로마법에서 가져왔다. 그러나 저자의 의도는 로마법에 관한 논저를 쓰는 것이 아니며, 또한 그런 외양을 보여줄 법한 논의는 되도록 피하고자 했다. 제3장과 제4장에서 로마 법률가들의 어떤 철학적 이론들에 많은 분량을 할애한 것은 두 가지 이유에서다. 첫째, 저자가 보기에 그 이론들은 이 세계의 사상과 실천에 흔히들 생각하는 것보다 훨씬 폭넓고 훨씬 항구적인 영향력을 끼쳤기 때문이다. 둘째, 이 저서가 다루는 주제들에 대하여 아주 최근까지 지배적이었던 견해의 대부분이 거기서 유래한다고 여겨지고 있기 때문이다. 이러한 사변思辨들의 기원과 의미와 가치에 관한 저자의 의견을 개진하지 않고는 저자의 작업은 조금도 앞으로 나아갈 수 없었다.

H. S. M.

런던: 1861년 1월.

제3판 서문

이 저서의 제2판과 제3판은 사실상 초판의 중쇄에 지나지 않았다. 몇 몇 오류만 교정했을 뿐이다.

초판이 발간된 해가 1861년이라는 사실을 상기해주시기 바란다. 그 때 이후 러시아와 북미에서 일어난 사건들로 말미암아 러시아의 농노제, 러시아의 촌락공동체, 그리고 미국의 흑인노예제에 관한 저자의 논의가 현존 사실에 적용하기 어렵게 되었다. 독자들께서는 이들 변화가 이 저 서의 해당 부분 논의에 어떤 변경을 가져왔는지 살펴보는 것도 흥미로울 것이다.

H. S. M.

캘커타: 1865년 11월.

제5판 서문

추가적으로 연구하고 숙고해보아도 이 저서에서 다룬 저자의 견해의 대부분은 변경할 필요가 없다는 결론에 이르렀지만, 제1장 가운데 관습법의 기원이라는, 난해하고도 여전히 모호한 주제에 관한 견해만은 교정과 수정이 필요하다는 확신을 가지게 되었다. 필요한 교정과 수정의 일부를 저자의 《동·서양의 촌락공동체》Village Communities in the East and West라는 저서에서 제시해두었다.[1]

H. S. M.

런던: 1878년 12월.

---

1 Henry Sumner Maine, *Village-Communities in the East and West: With Other Lectures, Addresses, and Essays*, 3rd ed., London: John Murray, 1876(1871), 제3장을 말하는 듯하다. "[인도의] 마을 장로회의는 아무것도 명령하지 않는다. 단지 항상 있어왔던 것을 선언할 뿐이다. [신 또는 주권자라는] 어떤 상위의 권력이 명령한 것을 널리 선언하는 것도 아니다. ... 관행이 아주 오래되었다는 점만으로도 그것을 준수할 충분한 이유가 된다. 분석법학자들이 말하는 '권리'와 '의무'도 인도 촌락공동체에는 존재하지 않는다. 피해자는 개인의 피해를 주장하는 것이 아니라 이 작은 공동체의 질서가 어지럽혀졌음을 주장한다. 무엇보다, 관습법은 제재에 의해 강제되는 것이 아니다. 마을회의의 결정에 대한 거의 상상하기 어려운 불복종에 대해서도 유일한 처벌, 적어도 유일한 확실한 처벌은 일반적 불승인일 따름이다. 벤담과 오스틴은 이러한 관습법을 도덕이라고 부를 테지만, 이는 공개적으로 반박할 필요조차 없는 언어의 전도(顚倒)이다." 관련하여 벤담 및 오스틴의 명령설적 법개념으로는 전통사회의 관습법을 설명하기 곤란하다는 주장으로, Henry Sumner Maine, *Lectures on the Early History of Institutions*, 4th ed., London: John Murray, 1885(1875), 제12-13장도 참조. 부록 A와 B에 우리말로 번역해두었다.

제10판 서문

    이 저서에서 전개된 법발달 이론은 일반적으로 널리 받아들여졌다. 그러나 제5장 "원시사회와 고대법"에서 저자는 86쪽에 인용된 호메로스의 싯귀로써 생생하게 묘사된, 흔히 '가부장제 국가'라고 부르는 사회상태보다 훨씬 더 원시적인 사회상태의 존재를 보여주는 연구에 대해서는 충분히 다루지 못했다는 의견이 있다. 84쪽에서 저자는 "당대의 관찰자들이 그들보다 문명의 진보 수준이 낮은 사회를 기술한 것"이 사회의 원초적 상태에 관해 특별히 귀중한 증거를 제공해줄 수 있다고 말한 바 있거니와, 실로, 이 저서가 1861년 처음 출간된 후, 야만적인 또는 아주 미개한 사회에 대한 관찰이 저자가 법의 시초라고 불렀던 것과는 사뭇 다른, 몇몇 경우 그보다 훨씬 더 오래된 모습의 사회조직을 밝혀내고 있다. 이 주제는 엄밀히 말하면 이 저서의 대상을 넘어선다. 하지만 저자는 《초기의 법과 관습》Early Law and Custom (Murray, 1883)이라는 저서에 포함된 논문 "원시사회의 이론들"Theories of Primitive Society에서 이러한 최근의 연구에 대한 저자의 견해를 제시해놓았다.[1]

H. S. M.

런던: 1884년 11월.

---

1 Henry Sumner Maine, *Dissertations on Early Law and Custom: Chiefly Selected from Lectures Delivered at Oxford*, London: John Murray, 1883, 제7장. 맥레넌(John McLennan)과 모건(Lewis Morgan)이 말하는 모계사회는 가령 전쟁으로 부녀를 약탈당하여 남녀 성비가 크게 불균형해진 사회에서나 나타날 수 있는 일시적이고 예외적인 현상일 것이라면서, 다윈이 주장한 성적 질투심(sexual jealousy) 가설을 원용하여 자신의 원시 가부장제 이론을 고집한다.

프레드릭 폴록의 소개말

　헨리 메인 경의 《고대법》은 이제 고전이 되었다. 이번 판의 목적은 그것을 다시 펴내고, 나아가 젊은 세대의 올바른 이해와 유익한 사용에 도움을 주기 위해서다. 이 저서가 1861년 처음 출간된 후 40여 년이 지났다. 그동안, 무엇보다 메인의 저서의 영향력 아래, 법과 제도의 초기 역사에 대해 이전보다 활발하고 체계적인 연구가 이루어졌고 또한 결실도 좋았다. 새로운 사실들이 많이 발견되었고, 이미 알려진 지식의 오류와 오해도 수정되었으며, 전부터 접근 가능했으나 사소하다고 생각해 무시되거나 지엽적인 것으로만 취급되던 많은 것들이 더 폭넓은 지식 영역 안에서 정당하게 자리매김되었고 중요성을 인정받았다. 이렇게 획득한 자료들 덕분에 메인의 저서의 여러 논점을 확인하고 보충할 수 있게 되었다. 몇몇 부분에서 수정이 필요하다 할지라도, 법학과 역사학의 진보하는 성격을 잘 아는 사람들이라면 그 때문에 실망하지는 않을 것이다. 놀라운 점은 메인의 결론들이, 한 세대 이상이 지난 뒤에 일부 수정이 필요해졌다는 것이 아니라, 오히려 실제로 수정이 별로 필요치 않다는 것에 있다. 대체로 그 후의 사변과 연구들은 메인의 주요 견해들을 자못 분명하게 확인해주었다. 그가 추정한 것이 실제로 증명되기도 했고, 그가 다루지 못한 지역에서 새로운 적용례가 발견되기도 했다.

　영국보다 대륙의 학자들이 가한 몇몇 비판의 성격은 메인의 저서의 내재적 무게를 무엇보다 잘 입증한다. 그 학자들이 무언가를 불평한다면, 그것은 그들이 훈련받아 익숙해져 있는 완성된 체계의 조화로운 구조가 부족하다는 데 있다. 사실 메인의 어떤 말도 독자들에게 체계적인 가르침을 약속하지 않았다는 데 주목해야 한다. 그의 저서들 중 어떤 것도 인간의 법의 궁극적 기원을 설명하겠다거나 법과 윤리의 관계를 확정짓겠다거나 법학을 어떤 정치학 이론이나 사회발달 이론과 연결짓겠다고 명시적으로 공언하지 않았다. 하지만 분명 저 비판자들은 메인이 게으르게도 이런 것들을 시도하지 않았다고 비난하지는 않는다. 그들의 실망은 메인이 이런 것들을 완성시키지 않았다는 데에, 혹은 답을 가지고 있었다면 그것을 충분히 밝히지 않았다는 데에 있었다. 메인의 저서가 더 높은 야심을 보여주지 못했다는 유감은, 나는 공감하지 않지만, 정당하다. 그러한 유감 표현은 더 많은 쪽을 혹은 더 적은 쪽을 의미할 수 있다. 우선 자못 진지한 것으로서, 메인의 작업방식을 결정한, 생각건대 최선의 것이었던, 시간·상황·자료와의 관계를 충분히 이해하지 못한 데 기인한 것일 수 있다. 어쩌면 비판자들의 의도는 영민한 아마추어에게 주어지는 전문적이고 잘 훈련된 학자의 관대한 찬사일 수 있다. 하지만 실제 비판은 이와 전혀 달랐거니와, 그것은 메인이 대가大家임을 스스로 입증했음을, 따라서 최고 수준의 가장 엄밀한 기준이 그의 방법과 그의 결론에 적용되어야 함을 전제한 것이었다. 다레스트Rodolphe Dareste나 반니Icilio Vanni의 비판으로부터 《고대법》 초판 서문으로 눈을 돌리면, 메인이 자신의 과제를 제시하면서 사용한 표현의 신중한 겸손함에 놀라게 된다: "이 저서의 주된 목적은 고대법에 반영된 인류의 몇몇 초기 관념들을 밝혀내고 그 관념들이 근대사상에 대해 가지는 관계를 지적하는 것이다." 마찬가지로, 촌락공동체에 관한 강의록을 첫 출간하면서 메인은 강의들의 단편적 성격에 대해 사과했다. 명성이 최고조에 달했을 때에도 《초기의 법과 관습》을 "현존 제도의 일부를 인류의 원시적 혹은 아주 고대적 관행의 일부 및 그러한 관행에 관련된 관념들의 일부와 연결짓는" 노력의 하나일 뿐이라고 기술했다. 어떤 고대 관행이 진정 원시적인가를 선언할 권위를 내세우지 않는 메인의 신중함 — 그의 추종자들은 가끔, 다른 이론의 주창자들은 자주 무시하는 신중함—에 주목할 가치가 있다.

　메인의 존경할 만한, 반어법에 가까운 겸손으로 말미암아 처음 그의
저서를 접하는 학생들은 그것이 법학과 역사학에 실로 기여한 것이 무엇
인지 이해하는 데 다소 어려움을 겪는다. 그러한 질문의 답을 메인 자신
에게서 찾는 것은 거의 기대할 수 없겠지만, 겸손의 미덕을 발휘할 필요
가 없는 우리는 그가 법의 자연사natural history를 창조했다고 서슴없이 말
할 수 있다. 한편으로, 그는 법관념과 법제도가 생물의 종種과 유類의 발
달과정에 비견되는 발달과정을 겪는다는 것을, 그리고 각 발달단계마다
어떤 일반적 성질이 발견된다는 것을 보여주었다. 다른 한편으로, 그는
이러한 발달과정을 독자적으로 연구할 필요가 있음을, 그리고 그것은 사
회의 일반 역사 속에서 일어나는 단순한 우연적 사건이 아님을 분명히
했다. 역사에 대해 법률가들이 대체로 무지하다는 불평이, 때로는 너무
도 정당한 불평이 있어왔다. 중세 제도에 관한 허구들이 25년, 30년 전
에도 역사적 진실로 회자되는 것을 보고 개탄하면서 프리먼Edward Augustus
Freeman은 "너희 법률가들에게도 화 있을진저!"라고 말했다. 정확히 이 문
장으로 출판되었는지는 모르겠으나 그가 이렇게 말하는 것을 나는 들었
다. 하지만 메인은 역사적 정신의 습관을 법률가들에게 심어주는 방법은
법이 정치적·헌정적 측면에 국한되지 않는 독자적인 중요한 역사를 갖
고 있음을, 그리고 역사적 방법과 비교 방법을 적용해야 할 광대한 영역
을 갖고 있음을 보여주는 것이라고 가르쳐주었다. 일단 법률가가 이것을
이해하고 나면, 이번에는 그가 역사학자에게 단순한 연대기 저자로 남지
않으려면 역사학자도 법관념과 법체계를 어느 정도 이해하지 않으면 안
된다고 지적해줄 자격을 갖는다. 또한 법적인 것의 중요성은 근대 제도
의 성장과정을 준準역사적인 과거로 거슬러 올라갈수록 감소하기는커녕
오히려 증가한다. 물론 다른 이들도 이런 것을 보여주었지만, 메인이 최
초의 인물이다. 많은 교사들이 그의 논지를 채택했고 여러 학교에서 널

리 가르치고 있기 때문에 그의 독창성이 과소평가되는 경향이 있다. 법의 역사철학에 메인이 기여한 것이 무엇인지 미심쩍은 학생들은《고대법》이전의 법학 및 역사학 책 중에서 다음의 문제들에 대해 적절하고도 명확한 인식을 가진 것이 과연 있는지 스스로에게 물어보는 것이 좋겠다: 초기 사회에서 법의 존재만으로도 일어나는 경외심, 고법古法의 불가결한 형식주의, 초기 법체계에서 실체법에 대한 절차법의 우위, 입증에 관한 고대관념과 근대관념 간의 근본적 차이, 개인 시민의 특히 의사意思에 따른 처분권한과 계약자유의 상대적 근대성, 훨씬 더 근대에 등장하는 진정한 형법 등등. 지금 와서는 "모든 것은 씨앗에서 나온다"고 말할 수 있겠지만, 그렇다고 처음 땅을 개간하고 씨를 뿌린 사람을 잊어서는 안 된다. 대가가 갈지 못한 땅을 우리가 개간할 수는 있겠지만, 그리고 어떤 이는 더 좋은 소로, 어떤 이는 더 나쁜 소로 쟁기질을 하겠지만, 그래도 그 쟁기는 대가의 것이다.

메인이《고대법》을 썼을 때, 더 정확히는 이 저서의 토대가 된 강의들을 준비하고 행했을 때(《초기의 법과 관습》, 194쪽), 그의 목적을 위해 가용했던 원천이 무엇이었는지 개괄적이나마 살펴볼 필요가 있을 것이다. 대륙의 학문 상황에 익숙치 않은 학생들을 위해서 19세기 중엽의 법학과 역사학의 상황을 다루는 것이 좋겠다.

우선, 그때까지도 실무에 적용되는 법이었던 로마법에 관해서는 사비니Friedrich Carl von Savigny가 최고 권위자였다. 그는 독일에서 지배적이었고 다른 곳으로도 확산되고 있던 역사법학historical school의 기초를 놓는 데 주역을 담당했던 인물이다. 사비니의 저술은 당대 학자 및 직접 후학들의 저술과 더불어 오로지 로마법 자료만을 취급했다. 고법古法체계의 비교법적 조사는 거의 행해지지 않았고, 규모 있는 조사는 전혀 행해지지 않았다. 사비니의 추측 가운데 몇 개는 틀렸음이 밝혀졌는데, 아마 이 때문일 것이다. 메인과 동시대 인물로서 천재성에서 그와 어깨를 견줄 만한 인물인 루돌프 폰 예링Rudolf von Ihering은 막 저술활동을 시작하고 있었다. 고법에서 근대법으로의 진화에 대한 그의 견해는 메인의 견해와 여러모로 닮은 점이 많다. 한 가지 예로, 모든 재판권은 충분히 옛날로 거슬러 올라가면 그 초기 모습이 강제적이 아니라 자발적이었다는 입장을 들 수 있다. 하지만 두 사람 간에 영향을 주고받았다고는 결코 생각할 수 없다. 메인은 예링의 주저《로마법의 정신》Der Geist des römischen Rechtes이 일부라도 출간되기 전에 이미 자신의 사상을 갖추고 있었다. 예링은 설령 시간이 있었더라도 메인의 저서를 잘 활용할 수 있는 상황이 아니었다. 내가 예링에게서 직접 들은 말인데, 그는 영어를 잘 읽을 수 없었다.

영어로 된 로마법 문헌은 거의 예외 없이 낡고 저급한 것뿐이었다. 영국의 법서에서 발견되는 로마법에 대한 참조는 거의 언제나 조잡한 수준이었고 때로는 부적절하거나 오류에 빠진 것들이었다. 블랙스톤William Blackstone도 이런 종류의 실수를 여럿 저질렀다.《고대법》출간 후에도 오랫동안 이런 상황은 개선되지 않았다. 하지만 지금은 상황이 다르다. 뮤어헤드James Muirhead, 포스트Edward Poste, 모일John Baron Moyle, 로비Henry John Roby, 고故 그리니지Abel Hendy Jones Greenidge 등이 초심자와 전문가를 위한 다양한 종류의 뛰어난 업적을 영어로 발표했다. 솜Rudolf Sohm의《로마법 입문》Institutes도 레들리James Crawford Ledlie의 훌륭한 번역으로 접근 가능해졌다. 지라르Paul-Frédéric Girard의《로마법 초급 교재》Manuel élémentaire de droit romain(제3판, 1901)는 그 제목에도 불구하고 이 주제에 관한 가장 학술적이고 포괄적인 저서의 하나이며 또한 가장 최근의 저서에 속한다.《고대법》의 독자들은, 메인이 초판 서문에서 신중하게 지적한 바와 같이, 로마법을 다룬 부분들이 학술적 논저를 대신하려는 것이 아니었음을 잘 알 것이다. 사실 그것들은 유스티니아누스《법학제요》의 좋은 판본에서 얻을 수 있는 기초지식을 토대로 한 것이다. 따라서 전문적 관점에서 그것들을 세세하게 논평하는 것은 적절치 않을 것이다. 또한 메인의 저서를 단지 보조적인 편람 정도로 접근하지 않고 텍스트와 최고 해설자를 직접 만나는 것의 대용품으로 사용하고자 하는 독자는 그것에 따르는 위험부담을 전적으로 져야할 것이다. 그럼에도 불구하고 지금은 폐기된, 로마법사에 관한 당대 최고의 권위 있는 견해를 채택했다고 해서 메인을 비난할 수는 없을 것이다.

게르만 고대법은 꽤 많이 조사되어 있었다. 하지만 이를 수행한 대륙의 학자들은 영국에서 과학적 연구를 기다리고 있던 자료의 풍부함이나 중요성을 아직 거의 모르고 있었다. 다른 한편, 영국 독자들에게 조사결과를 발표한 이들, 특히 존 미첼 켐블John Mitchell Kemble 같은 이는 근대 영국법을 잘 알지 못했고, 따라서 그것의 후기 역사, 심지어는 중세 역사를 영국 제도의 초창기 유적과 연결짓는 수단을 갖고 있지 못했다. 그리하여 아무도 16, 17세기에 영국의 전문 저술가들과 고문헌 수집가들 — 확실히 이들의 근면한 노력은 찬사를 받을 자격이 있고, 또한 이들의 판단 가운데 일부는 무시할 수 없는 신빙성을 갖는 것으로 복권되었다 — 이 수집해놓은 대량의 정보들을 걸러내어 연구하는 진지한 시도를 감행하지 못했다. 전문적 고문헌학자가 아니었던 메인 역시 그러한 시도를 하지 않았음은 말할 나위도 없다. 기실, 그가 수행한 작업은 고문헌 연구의 올바른 방향을 밝히고 그것이 단순한 호사가의 취미상태를 벗어나도록 하는 데에 필요한 것이었다.

영국법사는 자못 불완전하게 알려져 있었고, 알려져 있던 것도 비교적 근대적인 형식주의의 거대한 더미 아래 가려져 있었다. 물론 블랙스톤에게서 배울 것이 많았거니와(지금도 그러하다), 대부분 자신의 것이 아닌 방법이나 구성의 명백한 잘못에도 불구하고 그의 작품은 당대에는 훌륭한 업적이었다. 하지만 블랙스톤은 법률가들조차 공들여 읽는 일이 드물어졌고, 13세기 이전 시대에 대해서는 믿을 만한 안내자가 아니었다. 대헌장 이전에 일어난 일은(나는 시기를 최대한 앞당겨 잡았다) 짙은 구름

속에 가려져 있었고, 켐블과 팰그레이브Francis Palgrave의 명민함의 빛으로
부분적으로만 겨우 드러날 뿐이었다. 더욱이 이들은 주로 보통법의 정치
적·헌정적 측면에 관심을 집중했기에, 오늘날 우리가 기념비적인 것으
로 알고 있는 고법古法의 법기술적 자취들은 여전히 안개에 가려져 있었
다. 또한 팰그레이브는 때로 지나치게 상상력이 풍부했고, 켐블도 가끔
은 경솔했다. 그리하여 그들의 작품에는 (물론 일반적인 장점은 아무리 강조
해도 모자라지만) 명백한 잘못이 없지 아니하거니와, 당시에는 새로운 영
역이었음을 감안할 때 놀라운 일도 아니다. 법의 모든 분야에서 과학적
인 저서가, 심지어 그럭저럭 잘 써지고 잘 구성된 저서조차 드물었고, 어
떤 분야에는 아예 없었다. 헌법만이(그것도 법적 관점보다는 정치적 관점의
것이었다) 적절한 역사가를 찾았다고 할 수 있는 유일한 분야였다. 대체
로 12세기 이전 영국법에 대한 역사적 지식은 전무했고, 12세기 이후의
것도 블랙스톤이 남겨놓은 것이 거의 전부였다. 연구과정에서 부딪치는
진짜 난관은 차치하고라도 역사 연구에 대한 일반적 무관심으로 말미암
아 법률가들과 판사들은, 실로 학식 있는 이들까지도, 피상적인 설명을
받아들이는 일이 흔했거니와, 깊은 연구까지는 아니더라도 조금만 더 연
구하면 잘못임을 쉽게 알 수 있을 만한 것들이었다. 특히 영국 제도의 형
성에 끼친 로마법의 영향을 과장하는 경향이 강하게 존재했는데, 그럴듯
한 변명이 전혀 없는 것은 아니었다. 메인이 이러한 널리 퍼진 위험한 오
류에 빠지지 않은 것은 켐블의 저서를 잘 알고 있었기 때문일 것이다. 메
인이《고대법》을 집필할 당시에는 영국의 자료가 역사적 일반화나 역사
적 비교의 목적에 유효하게 쓰일 수 있는 상태가 아니었다. 그는 영국 자
료는 거의 내버려둔 채 당시에는 더 안전했던 다른 근거에 기초하여 구
상을 전개할 수밖에 없었다.

   아시아 법체계들은 동양학자들에게는 다소간 알려져 있었으나, 아랍
어나 산스크리트어로 써진 문헌 텍스트에만 한정되었다. 다른 한편, 인

도의 상당수 영국인 판사들과 관리들은 민사법정에서 인정되고 적용되는 힌두법과 이슬람법을 어느 정도 알고 있어야만 했다. 하지만 이는 재판업무를 위한 것에 지나지 않았다. 인문지식과 실무지식을 결합시킨 윌리엄 존스William Jones의 빛나는 전례前例를 따르는 사람은 거의 없었고, 실로 그러한 것을 한시라도 합리적으로 기대할 수 있는 사람조차 거의 없었다. 모세법에 관해서 말하자면, 성서의 역사와 세속의 역사 간에 건널 수 없는, 적어도 대단히 위험한 심연이 가로놓여 있다는 견해가 여전히 지배하고 있었다. 따라서, 다른 나라보다 영국에서 더 완전히, 더 널리 확산되어 있던 구약성서 텍스트에 관한 지식은 세속 학문에는 거의 도움이 되지 못했다. 아시아 법전들에 대한 언어학적 접근도, 또한 정부의 공식적 접근도, 법관념과 법제사의 일반적 연구에서 아시아의 관습이 갖는 중요성을 인식하는 학자들을 주목할 만한 정도로 배출하지 못하고 있었다. 인도에 직접 관여하기 전에, 관여할 것을 예상하기도 전에,[1] 이미 메인이 힌두 제도들을 논급한 것은 참으로 적절한 것이었고 참으로 비범한 통찰력을 가진 사람만이 할 수 있는 것이었다. 그가 애초 어떻게 해서 인도에 관심을 갖게 되었는지 알 수 있다면 흥미로울 것이다.

　메인의 최종 수정본 그대로 변경 없이《고대법》을 재발간하는 것이 적절하다고 생각했다. 편집자의 각주로 독서가 방해 받는 일도 없도록 했고, 내가 첨가한 주석은 각 장의 말미에 몰아두었다.《고대법》은 백과사전적 성격의 것을 제외하면 오늘날의 그 어떤 학문적 저술보다 더 다양한 문제들을 다루고 있기에, 나는 몇몇 주제에 관한 주석을 생략할 수밖에 없었다. 이는 능력 있는 사람이 다루기에 적합한 주제가 아니어서가 아니라, 나 자신 그러한 능력이 없기 때문이다. 마찬가지 이유로, 내가 언급 없이 건너뛴 모든 것들이 오늘날의 지식수준에 비추어 세부사항까

1　메인은《고대법》초판 출간 이듬해인 1862년 인도 총독의 법률고문단의 일원으로 위촉받았고 1869년까지 인도에 체류했다.

지 다 정확하다고 보증할 수도 없다. 그렇지만 내가 가진 지식과 경험으로 판단하건대 설령 그러한 오류를 전문가들이 발견한다 할지라도 논지의 일반적 전개에는 영향이 거의 없을 것이라고 믿는다. 메인의 저서를 이해할 능력이 있는 학생들이라면 별 어려움 없이 스스로 검증할 수 있는 문제에 관해서는 나는 일부러 깊이 다루지 않았다. 메인은 예컨대 홉스나 몽테스키외를 들어본 적이 없는 사람들을 독자로 상정하지는 않았다. 반면, 뒤물랭Charles Dumoulin 같은 이름은 (브랙턴Bracton이나 플라우덴 Edmund Plowden 같은 이름이 교양 있는 프랑스인에게 그러한 것처럼) 교양 있는 영국인들에게는 물론이고, 종교개혁 논쟁이나 고전기 로마법의 부활에 관한 공부를 특별히 하지 않은 영국 법률가들에게도 생소할 것이다. 이런 경우에 독자들에게 프랑스 인명사전을 직접 찾아보라고 내맡기는 것은 지나친 처사일 것이다.

1893년의 나의 기고 "법학자로서의 헨리 메인 경"Sir Henry Maine as a Jurist 이라는 논문을 재사용할 수 있도록 허락해주신 《에딘버러 리뷰》Edinburgh Review지의 사주와 편집인에게 감사드린다.

주석의 두 번째 판(1907)에서 몇몇 인용과 설명을 추가했거니와, 모쪼록 유용한 것이기를 희망한다.

　　　　　　　　　　　　　　　　　　　　　　　F. P.

메인의 생애과 저술에 관한 일반적 정보로는 다음 것들을 참조하시기 바란다: Sir M. E. Grant Duff, *Sir Henry Maine: A Brief Memoir of his Life*, 1892; 필자의 "Sir Henry Maine and his Work," in *Oxford Lectures and Other Discourses*, 1890; *Dictionary of National Biography* (1893)의 Leslie Stephen (후에 경卿) 집필 항목; *Encyclopaedia Britannica* 제9판에 대한 추록판(1902)의 필자 집필 항목.

제1장

고대법전

우리가 알고 있는 가장 유명한 법체계는 법전과 함께 시작해서 법전과 함께 끝난다.[1] 로마법 해설자들은 그들의 법체계가 십인관十人官의 12표법Twelve Decemviral Tables에 기초하고 있다는, 따라서 성문법에 기초하고 있다는 취지의 말을 그들의 역사 내내 시종일관 해왔다. 한 가지 예외를 제외하면,[2] 12표법 이전으로 거슬러올라가는 제도로 로마에서 인정된 것은 없었다. 로마법이 법전의 후예라는 이론, 영국법은 기억할 수 없는 옛 불문不文의 전통에 기원한다는 이론은 로마법의 발달이 왜 영국법의 발달과 달랐는지를 설명하는 주요 이론들이다. 두 이론 다 사실과 정확히 들어맞지는 않지만, 각각 대단히 중요한 결과들을 낳았다.

12표법의 공표가 법의 역사를 다루는 출발점이 될 수 없음은 말할 것도 없다. 문명화된 민족이면 거의 다 고대 로마의 법전과 비슷한 것을 가지고 있었다. 또한 로마와 그리스 세계에 관한 한, 비교적 서로 가까운 시대에 그러한 법전이 두 세계에 널리 확산되었다. 이들은 무척 유사한 상황에서 등장했고, 우리가 아는 한 무척 유사한 원인으로 만들어졌다. 많은 법현상들이 이들 법전에 시기적으로 앞서거나 뒤따랐음은 말할 것도 없다. 적지 않은 문헌기록들이 남아있어 법의 초기 현상들을 우리에게 알려준다. 하지만 언어학이 산스크리트 문헌을 완전히 분석해내기 전

원초적
법관념

---

1 시작은 12표법, 끝은 로마법대전을 뜻한다.
2 12표법에 언급이 없으면서 그 후에도 한동안 인정된 제도를 지칭한다고 이해한다면, 본서 제6장에서 다루고 있는 코미티아 칼라타(comitia calata)에서의 유언을 뜻하는 것이 아닐까 한다.

까지는 우리에게 주어진 가장 좋은 인식 원천은 그리스의 호메로스가 쓴 시임에 틀림없다.[3] 물론 이것들은 실제 사건들을 기록한 역사로서가 아니라, 호메로스 당대의 사회상태를 기술한 것으로, 그러나 완전히 이상화시키지 않고 기술한 것으로 읽어야 할 것이다. 영웅시대의 어떤 특징이나 전사들의 용기, 신들의 힘 따위가 시적 상상력에 의해 과장됐을 수 있지만, 도덕적 또는 형이상학적 관념으로 그의 시가 오염되었다고 믿을 이유는 없다. 도덕이나 형이상학은 아직 의식적 고찰의 주제가 아니었던 것이다. 이런 점에서, 비슷한 초기 시대를 다룬다면서 철학적 또는 신학적 영향 아래 만들어진 후대의 문헌들보다 호메로스의 시가 훨씬 더 신뢰할 만하다. 법개념의 초기 형태를 발견하려는 우리에게 이것들은 더없이 소중하다. 법학자에게 이들 원초적 관념이 갖는 중요성은 지질학자에게 초기 지구의 지각이 갖는 중요성에 비할 만하다. 거기에는 후대의 법에서 발현될 모든 형태들이 다 담겨있을 수 있다. 조급함이나 편견으로 말미암아 기껏해야 피상적인 조사만 하고는 더는 아무것도 하지 않은 탓에 우리의 법학은 불만족스런 상태에 머물러있다. 법학자들의 탐구는 실로 물리학이나 생리학에서 관찰이 억측을 대체하기 이전 상태와 비슷한 상태에 머물러있다. 그럴듯하고 포괄적이지만 전혀 증명되지 않은 이론들, 가령 자연법이나 사회계약론 따위의 이론이 널리 인기를 구가하여 사회와 법의 원초적 역사에 대한 냉철한 연구를 압도하고 있다. 저 이론들은 진리를 가리고 있거니와, 진리가 발견될 수 있는 유일한 영역에서 관심이 멀어지게 할 뿐만 아니라, 일단 길들여지고 믿게 되면 후대의 법학에 실제로 엄청난 영향력을 행사할 수 있다.

테미스테스   법이나 생활규칙이라는, 이제는 무척 발달한 관념에 관련된 최초의 인식은 호메로스가 사용한 용어 "테미스"Themis와 "테미스테스"Themistes

---

3 이 문장은 인도유럽어족 중 산스크리트어가 가장 원시적 형태에 해당한다는, 지금은 폐기된 이론을 전제하는 듯하다. 그리스어나 라틴어를 발달된 단계의 언어로 보고 이러한 언어의 발달을 문화의 발달과 동일시하는 편견이 당시 널리 퍼져있었다.

에 담겨있다. 주지하듯이 후대 그리스의 신들 중에서 테미스는 정의의 여신으로 나타난다. 하지만 이것은 근대적인, 무척 발달된 관념의 산물이다.《일리아스》에서 제우스의 판결보조자로 묘사된 테미스는 전혀 다른 의미를 가졌다. 오늘날 원시사회의 믿을 만한 관찰자들이 밝혀놓았듯이, 인류의 유년기에 인간은 지속적인 혹은 반복적인 사건을 인격의 작용을 가정함으로써만 설명할 수 있었다. 그리하여 바람이 부는 것도 인격이었고 물론 신적 인격이었다. 태양이 뜨고 정점에 이르고 지는 것도 인격이었고 신적 인격이었다. 대지가 수확물을 내주는 것도 인격이었고 신이었다. 물리적 세계가 그러하듯이 도덕적 세계도 마찬가지였다. 왕이 분쟁에 대해 판결을 내릴 때, 판결은 신적 영감의 결과로 이해되었다. 왕들에게, 또는 왕 중의 왕인 신들에게, 판결을 제안하는 신이 바로 **테미스**였다. 이 관념의 특이함은 복수형 표현에서 나타난다. 테미스의 복수형 **테미스테스**는 신이 판사에게 지시한 판결들 자체를 뜻했다. 왕들은 바로 꺼내 쓸 수 있는 "테미스테스"의 저장고를 갖고 있다고 생각되었다. 그러나 이것은 법이 아니라 판결 — 게르만인들이 "둠"doom이라고 부르는 것에 정확히 일치한다 — 이었다는 점을 유의해야 한다. 그로트George Grote의《그리스 역사》History of Greece에 따르면, "제우스나 지상의 인간 왕은 입법자가 아니라 판사였다."[4] 그에게는 테미스테스가 주어져 있으나, 위로부터 주어진 것이라는 믿음에 부합하게 판결들은 어떤 일관된 원칙으로 연결되어 있다고 관념되지 못했다. 그것은 따로따로 분리된 개별적인 판결들이었다.

　호메로스의 시에서도 이러한 관념은 잠시 동안의 것이었음을 알 수 있다. 단순한 구조의 고대사회에서 상황의 유사성은 오늘날보다 흔한 일이었을 테고, 유사한 소송이 잇달아 제기됨에 따라 판결들도 비슷해지는 경향이 나타났을 것이다. 여기서 우리는 관습의 기원 혹은 초기 형태를

---

4 George Grote, *History of Greece*, Vol. 2, 2nd ed., London: John Murray, 1849, p. 112.

발견할 수 있거니와, 이것은 테미스테스, 즉 판결보다 나중에 등장하는 관념인 것이다.[5] 근대적 사고방식 탓에 우리는 관습의 관념이 사법적 판결에 선행하고 판결은 관습을 확인하거나 그 위반을 벌하는 것이라고 미리 단정짓는 경향이 강하지만, 관념의 역사적 발달은 내가 제시한 순서대로였음이 틀림없어 보인다. 맹아적 관습을 지칭하는 호메로스의 용어는 때로 단수형 "테미스"였지만, 종종 "디케"Dike였거니와 그 뜻은 "판결"과 "관습" 또는 "관행"을 넘나드는 것이었다. 노모스νόμος, 즉 '법'은 후대 그리스 사회의 정치용어로서 대단히 중요하고 유명한 것이지만 호메로스의 시에는 등장하지 않는다.

테미스테스를 제안하고 테미스에 인격화되어있는 신의 작용이라는 이러한 관념은 피상적인 연구로는 혼동하기 쉬운 다른 원시적 관념들과 구분되어야 한다. 힌두의 마누법전Laws of Manu에 나타나는, 신이 완성된 법전 전체를 명령한다는 관념은 더 최근의 진보된 관념의 계열에 속하는 것으로 보인다. "테미스"와 "테미스테스"는 오랫동안 끈질기게 인간의 정신을 지배했던 관념, 신적 영향력이 모든 생활관계와 모든 사회제도를 지탱하고 지지한다는 관념과 훨씬 더 가깝다. 초기 법에서, 그리고 초기의 정치사상에서, 이러한 믿음의 징후는 모든 면에서 나타난다. 초자연적인 통치권자가 당시의 모든 주요 제도들—국가, 씨족, 가족—을 성별聖別하고 통합하는 것으로 관념된다. 이러한 제도들 속에서 다양한 관계로 집단을 형성하는 인간은 주기적으로 공동의 제의를 수행하고 공동의 희생물을 바칠 의무를 진다. 때로 이러한 의무는 그들이 수행하는 정화의식儀式과 속죄의식에서 더욱 강하게 인식되거니와, 이는 의도치 않게 또는 부주의로 저지른 불경한 짓에 대해 죄를 사하여 달라는 의미를 띠는 것이었다. 고전문헌에 익숙한 독자라면 초기 로마의 입양법과 유언

---

5 그러나 왕의 테미스테스도, 이론적으로는 신적 영감에 의한 것이라 해도, 실제로는 당시의 관습이나 관행에 기초했을 것이 틀림없다. Maine, *Early Law and Custom*, 1883, p. 163.

법에 중대한 영향을 미쳤던 씨족제사氏族祭祀sacra gentilicia에 대해 알고 있을 것이다. 무척 진기한 원시사회의 특징들이 고정되어 남아있는 힌두 관습법에서는 지금도 거의 모든 신분법과 상속법 규칙들이 망자의 장례식에서, 즉 가家의 연속성에 단절이 생기는 때에 의례를 엄정하게 거행하는 것에 달려있다.

　이 단계의 법을 떠나기 전에, 특히 영국 학생들이 유의해야 점을 지적하고자 한다. 벤담Jeremy Bentham은 《정부론 단편》Fragment on Government에서, 오스틴John Austin은 《법학의 영역 확정》Province of Jurisprudence Determined에서, 법을 입법자의 **명령**으로, 그리하여 시민들에게 부과된 **의무**로, 그리고 불복종에 가해지는 **제재**의 위협으로 선언한다. 나아가 법의 첫째 요소인 **명령**은 하나의 행위가 아니라 일련의 또는 다수의 동종 행위들을 지시해야 한다고 단언한다. 이렇게 여러 요소로 분리된 결과물은 성숙한 단계의 법에 정확히 부합하는 것이고, 개념을 좀 무리하게 잡아늘이면 모든 시대 모든 종류의 법과 형식적으로 부합하도록 만들 수도 있을 것이다. 하지만, 오늘날에도 일반인들이 가지는 법관념이 이러한 분석과 완전히 일치한다고 주장할 수는 없다. 또한 원시적 사고思考의 역사를 파고들면 들수록, 이상하게도 우리는 벤담이 말한 요소들의 결합을 닮은 법관념으로부터 점점 멀어짐을 발견하게 된다. 확실히 인류의 유년기에는 어떠한 입법도, 어떤 뚜렷한 입법자도 생각될 수 없었다. 법은 관습의 언저리에도 도달하기 어려웠다. 법은 오히려 습관이었다. 프랑스식 표현으로 법은 "막연한 상태에 있었다"in the air. 옳고 그름의 유일한 권위적 진술은 사건이 일어난 뒤에 내려지는 판결이었다. 위반된 법을 전제하여 내려지는 판결이 아니라, 재판의 순간에 저 위의 권력이 판사의 마음에 처음 영감을 불어넣어 내려지는 판결이었다. 물론 우리는 시간적·관념적으로 우리와 멀리 떨어진 사고방식을 이해하기가 무척 어렵다. 그러나 고대사회의 헌정을 더 오래 공부하고 나면 그것은 더 설득력 있게 다가올 것이다.

벤담의
분석

고대사회에서는 모든 사람이 생애 대부분을 가부장의 전제專制 아래서 살았으므로 모든 행위는 사실상 법이 아닌 변덕에 의해 통제되었던 것이다. 덧붙이건대, 다른 나라 사람보다 영국인은 "테미스테스"가 어떤 다른 법 관념보다 선행한다는 역사적 사실을 더 쉽게 이해할 수 있을 것이다. 왜냐하면 영국법의 성격에 관한 여러 부조리한 이론들 중에서도 가장 널리 퍼져있는, 적어도 실무에 크게 영향력 있는 이론은 분명 판결과 선례가 규칙·원리·분류에 선행한다는 이론이기 때문이다. 또한 주목할 점은, 벤담 및 오스틴의 견해에서 단일한 또는 단순한 명령이 법과 구별되었듯이, "테미스테스"에서도 양자가 구별된다는 것이다. 진정한 법은 유사한 종류의 다수 행위를 모든 시민에게 똑같이 명한다. 이것이야말로 대중들의 마음에 깊이 각인된 법의 성질이며, "법"law이라는 말이 단순히 불변성·연속성·유사성에도 사용되고 있는 이유이다.[6] 이에 비해 단순한 **명령**은 하나의 행위만 지시하며, 따라서 "테미스테스"는 법보다는 명령에 더 가깝다. 그것은 따로 떨어진 하나의 사실관계에 대한 재판일 뿐이며, 전후의 판결들 간에 규칙적인 연계가 반드시 존재하지는 않는다.

귀족정
시기

영웅시대를 다룬 저 문헌은 "테미스테스"와 이보다 좀 더 발달된 "디케"라는 말로써 맹아기의 법을 우리에게 드러내 보인다. 법사法史의 다음 단계는 무척 특징적이고 흥미로운 시기이다. 그로트의 《역사》 제2부 제9장은 호메로스가 묘사했던 것과는 사뭇 다른 성격의 사회가 등장하는 과정을 잘 기술하고 있다.[7] 영웅시대 왕의 권위는 부분적으로는 신에게서 부여받은 대권에, 부분적으로는 탁월한 힘과 용기와 지혜를 가진 데 의존했다. 점차 왕의 신성함에 대한 관념이 약해지고 또 일련의 세습 과정에서 허약한 왕들이 배출되면서 왕의 권력은 쇠퇴했고, 마침내는 귀족정으로 대체되었다. 혁명에 관한 정확한 용어를 사용하자면, 호메로스가

---

6 이런 맥락의 '법'을 우리말로는 보통 '법칙'이라고 부른다. 중력의 법칙 등.
7 George Grote, *History of Greece*, Vol. 3, 2nd ed., London: John Murray, 1849.

수차례 언급했던 족장회의council of chiefs가 왕의 자리를 찬탈했다고 말할
수 있을 것이다. 여하튼 이제 유럽 각지에서 왕정시대가 가고 과두정시
대가 도래했다. 왕이라는 직함이 완전히 없어지지 않은 곳에서도 왕의
권위는 그저 이름에 불과했다. 라케다이몬에서처럼 그저 세습장군이거
나, 아테네의 아르콘 바실레우스King Archon처럼 그저 관리이거나, 로마의
제사왕祭祀王rex sacrificulus처럼 그저 사제司祭에 불과했다. 그리스, 이탈리
아, 소아시아에서 지배집단은 어디서나 가상의 혈연관계로 결합된 다수
의 가家로 구성되었다. 애초 그들은 모두 일종의 신성성을 주장했으나,
그들의 힘이 자칭의 신성성에 기반했던 것 같지는 않다. 민중파에 의해
일찍이 전복되어버린 경우가 있었거니와, 그렇지 않은 경우 결국 그들
모두는 오늘날 우리가 정치적 귀족이라고 부르는 것에 아주 근접해갔다.
이탈리아와 그리스 세계의 이러한 혁명에 비해, 더 먼 아시아 지역 공동
체의 사회변화는 물론 시간적으로 훨씬 더 전에 일어났다. 하지만 문명
화과정에서 이들 변화의 상대적 위치는 동일했고 변화의 일반적 성격도
대단히 유사했던 것 같다. 나중에 페르시아 군주정 아래 통합되는 제 민
족들이, 그리고 인도 반도 곳곳에 살았던 제 민족들이, 모두 영웅시대와
귀족정시대를 거쳤다는 여러 증거가 있다. 하지만 여기서는 군사적 귀족
과 종교적 귀족이 각각 따로 성장했고 왕의 권위도 대체로 폐기되지 않
았다. 또한 서구의 역사 전개와 달리 동양에서는 종교적 요소가 군사적·
정치적 요소를 압도하는 경향이 있었다. 왕과 사제집단의 틈바구니에서
군사적·세속적 귀족은 보잘 것 없이 짜부라지거나 파괴당하여 사라진
다. 그리하여 도달한 최종 결과는 왕이 커다란 권력을, 그러나 사제계급
의 특권에 의해 제한되는 권력을 누리게 되는 것이다. 동양의 종교적 귀
족과 서양의 세속적·정치적 귀족이라는 이러한 차이에도 불구하고, 영
웅적 왕의 시대에 이어 귀족들의 시대가 도래한다는 역사적 명제는 참이
라 간주해도 좋을 것이다. 전 인류에 타당할지는 모르겠으나 적어도 인

도·유럽 계통 민족들에게는 두루 타당한 것이다.

관습법   법학자들이 주목할 점은 어디서나 이들 귀족이 법의 저장소이고 법의 집행자였다는 것이다. 그들은 이제 왕의 대권을 계승한 것으로 보인다. 그런데 중요한 차이가 있거니와, 그들은 매번 판결마다 직접 신의 영감을 받는다고 내세우지 않았다. 가부장적 족장들의 판결이 초인간적 지시에 연결된다는 관념은 법규칙의 전부 또는 일부가 신에게서 기원한다는 주장을 통해 여기저기서 여전히 나타나고 있지만, 사고의 발달로 이제 더는 구체적 분쟁의 해결을 인간 외부의 힘의 개입으로 설명할 수 없게 되었다. 법적 과두제가 주장하는 바는 이제 법**지식**의 독점, 즉 분쟁을 해결하기 위한 법원칙을 그들만이 가진다는 것이다. 실로 우리는 관습법 customary law의 시대에 들어선 것이다. 이제 관습이나 관례는 실체적인 집합체로 존재하고, 귀족 집단 혹은 귀족 카스트가 그것을 정확히 알고 있다고 간주된다. 옛 전거들에 따르면 과두제에 주어진 이러한 신뢰가 때로 남용되기도 했음이 분명하지만, 이를 단순한 찬탈이나 폭정의 장치로만 보아서는 안 될 것이다. 문자 발명 이전에는, 그리고 기술이 유년기에 머물던 시절에는, 법적 특권을 가진 귀족들이야말로 민족이나 부족의 관습을 거의 정확하게 보존하는 유일한 현실적 방법을 구성했다. 공동체의 일부 구성원의 기억에 관습을 맡김으로써 관습의 진정성은 최대한 담보될 수 있었다.

    관습법의 시대, 그리고 특권 계급에 의한 관습법의 보존은 자못 흥미를 불러일으킨다. 당시의 법 상태는 오늘날의 법률용어나 일상용어에도 그 흔적을 남기고 있다. 그리하여 카스트든, 귀족이든, 사제 지파든, 신관단神官團이든, 특권을 가진 소수만이 알고 있는 법은 진정한 불문법이다. 이것을 제외하면 세상에는 불문법이 존재하지 않는다. 영국 판례법이 흔히 불문법이라 불리고 있고, 또 어떤 영국 학자들은 영국법을 법전으로 편찬하면 불문법이 성문법으로 대체 — 그들이 비판적인 취지에서 그러나 사뭇 진지하게 사용하는 용어로는, 개종—될 것이라고 주장한다. 물론 영국 보통법을 마땅히 불문법이라고 칭해도 좋을 시기가 한때 있었음이 분명하다. 영국의 옛 판사들은 변호사나 일반인은 온전히 알 수 없는 규칙·원리·분류 등을 알고 있다고 내세웠다. 그들이 독점한다고 주장한 법의 전부가 진정 불문법이었는지는 무척 의문스럽다. 하지만, 어쨌든 판사들에게만 알려진 민사 및 형사 규칙들이 한때 상당히 있었다고 가정하더라도, 오늘날 그것은 더는 불문법이 아니다. 웨스트민스터 홀의 법원들이 연감yearbook 등에 기록된 선례에 따라 판결을 내리기 시작하면서 그들의 법은 성문법이 되었다.[8] 오늘날 영국의 법규칙은 우선 인쇄된 선례의 사실관계로부터 분리되고, 특정 판사의 성향·정확도·지식에 따라 어떤 언어의 형식으로 만들어진 후, 해당 사건의 사실관계에 적용된다. 그러나 이 과정의 어느 단계에서도 성문법과 구별되는 성질은 나타나지 않는다. 그것은 성문의 판례법인 것이다. 법전법과 다른 점은 단지 써진 방식이 다르다는 것뿐이다.

관습법의 시대로부터 이제 우리는 법제사에 뚜렷이 획을 긋는 다른 시대로 진입하게 된다. 그것은 법전code 시대로, 로마의 12표법으로 대표되는 고대법전의 시대다. 그리스에서, 이탈리아에서, 그리스화된 서아시아 해안 지역에서, 이들 법전은 모두 어디서나 동일한 시기에 등장했다. 여기서 동일한 시기란 시간적으로 동시라는 뜻이 아니라, 각 공동체의 상대적 진보 단계에서 유사한 시기를 점한다는 뜻이다. 내가 언급한 지역 어디서나 법은 판자tablets에 새겨져 대중에게 공표되었고, 그리하여 특권 귀족의 기억 속에 저장된 관행들을 대체했다. 오늘날의 법전편찬이라 불리는 것에 가까운 어떤 세련된 숙려가 내가 말한 변화에 조금이라

12표법

---

8 메인의 이러한 성문법 개념은 오늘날 통용되는 개념과 다르다는 데 주의할 것. 우리는 판례법, 관습법, 조리 등을 모두 불문법으로 분류한다. 메인이 연감에 기록된 옛 보통법 판례의 성문법성을 주장하는 것은 이를 일종의 '고대법전'으로 간주하기 위해서인 듯하다.

도 들어있었다고 생각해서는 안 된다. 고대법전은 애초 문자 기술의 발견과 확산으로 도입된 것이 분명하다. 물론 귀족들이 법지식의 독점을 남용했음에 틀림없고, 어쨌든 그들의 배타적 법 전유專有가 서구에서 널리 등장하기 시작한 민중운동의 성공에 큰 장애가 되었던 것은 사실이다. 하지만, 비록 민주적 감정이 법전의 확산에 도움을 주었을지라도, 대체로 법전은 문자 발명의 직접적 산물이었음이 확실하다. 일군의 사람들의 기억이 비록 반복적 사용으로 강화된다 할지라도, 그러한 기억보다는 글자가 새겨진 판자가 법의 저장소로서 더 훌륭했고 법의 정확한 보존을 더 잘 담보했다.

저 로마의 법전은 내가 묘사한 그러한 유형의 법전에 속한다. 그것의 가치는 조화로운 분류라든가 표현의 간결성과 명확성 따위에 있는 것이 아니라, 그 공개성, 즉 무엇을 하고 무엇을 하지 말아야 할지에 관한 지식을 모든 사람들에게 제공하는 데 있었다. 물론 로마의 12표법은 어느 정도 체계성을 보여주긴 하지만, 이는 후기 그리스의 발달된 입법기술을 갖춘 그리스인들의 도움을 받아 12표법이 기초되었다는 전승傳承으로 설명할 수 있을 것이다. 하지만 아테네의 솔론 법전의 남아있는 단편들은 체계가 별로 없었음을 보여주며, 아마도 드라콘의 입법은 더욱 그러했을 것이다. 또한 동·서양을 막론하고 이들 법전의 유물들은 종교적, 세속적, 그리고 단순한 도덕적 명령들이 그 성질의 차이를 고려하지 않은 채 무질서하게 혼재되어 있었음을 보여준다. 이는 법 외의 다른 분야의 초기 사상에 관해 우리가 알고 있는 것과 일치한다. 법과 도덕의 분리, 법과 종교의 분리는 정신의 진보에서 분명히 더 후대의 단계에 속하는 것이다.

마누법전　　그러나, 현대인의 눈에 이들 법전이 아무리 이상하게 보일지라도, 고대사회에서 이 법전들의 중요성은 이루 다 말할 수 없을 정도이다. 문제는—이는 각 공동체의 장래에 큰 영향을 미치게 된다—도대체 법전이 있어야 하는가 아닌가가 아니었다. 대부분의 고대사회는 어쨌거나 조만간 법전을 가지게 되기 때문이거니와, 봉건제에 의한 법제사의 큰 단절이 없었다면 모든 근대법은 이들 원천 중 하나 이상으로 기원을 소급할 수 있었을지도 모른다. 오히려 민족의 역사를 결정한 전기轉機는 사회진보의 어느 시기, 어느 단계에서 그들의 법이 성문화되었는가와 관련된다. 서양에서는 각 나라의 평민적·민중적 요소가 과두제의 독점을 성공적으로 공격했고, 국가 역사의 비교적 초기에 거의 보편적으로 법전을 획득했다. 하지만 전술했듯이 동양에서는 군사적·정치적 귀족이 아니라 종교적 귀족이 지배 귀족이 되어 권력을 장악하는 경향이 있었다. 그런데 몇몇 경우 서구에 비해 아시아 나라들은 그 물리적 조건 탓에 개별 공동체가 더 커지고 인구도 더 많아지는 경향이 있었다. 그리고 어떤 제도가 적용되는 공간이 크면 클수록 그 제도의 완고함과 생명력이 더 커진다는 것은 널리 알려진 사회법칙이다. 원인이야 어찌되었든 동양사회의 법전은 서구에 비해 상대적으로 훨씬 늦게 획득되고, 그리하여 사뭇 다른 성격을 띠게 된다. 아시아의 종교적 귀족들은 스스로 참고하기 위해서든, 기억의 괴로움을 덜기 위해서든, 후계자의 교육을 위해서든, 어쨌거나 그들의 법지식을 종국에는 법전의 형태로 구체화하기에 이른다. 그러나 자신들의 영향력을 확대하고 공고히 하려는 유혹이 너무나 강해서 이에 저항하기 어려웠을 것이다. 즉, 법지식을 완전히 독점하고 있었기에 그들은 법전화를 되도록 미룰 수 있었을 것이다. 그들의 법전은 실제로 행해지는 규칙이 아니라, 준수하는 것이 마땅하다고 사제집단이 생각한 규칙들을 모은 것이다. 마누법전이라 불리는 힌두 법전은 브라만들이 집성한 것으로, 물론 인도인들이 실제로 준수한 것들을 다수 간직하고는 있지만, 오늘날 최고 가는 동양학자들의 견해에 따르면 대체로 그것은 인도에서 실제로 행해지던 규칙들의 집합이 아니다. 대체로 그것은 브라만들이 보기에 법**이어야 할** 것들을 이상적으로 그려놓은 것이다. 인간의 본성을 감안할 때, 그리고 그 저자들의 특별한 동기를 감안할 때, 마누법전 같은 것이 아주 오래 전의 것인 양 내세워지고 그 완전한 형태로 신에게서 유래한 것이라 주장되는 것은 당연한 일에 속한다. 힌두 신화에 따르면 마누는 최고신의 화신이다. 하지만 그의 이름이 붙어있는 법전은, 비록 정확한 연대는 알 수 없지만, 힌두법의 진보 과정에서 상대적으로 최근의 산물이다.⁹

법전의
가치

　12표법 등의 법전이 그것을 획득한 사회에 가져다준 주요 이점은 특권 귀족들의 기만적 행태에 대한 보호막을, 그리고 국가 제도의 자연적 타락에 대한 보호막을 제공한 것이었다. 로마의 법전은 단순히 로마 인민의 기존 관습을 언어로 선언한 것이었다. 그것은 로마의 문명화 과정에서 상대적으로 무척 이른 시기에 법전화된 것이었고, 세속적 의무와 종교적 의무가 뒤엉켜있던 지적 상태를 아직 로마 사회가 거의 벗어나지 못했을 때에 공표된 것이었다. 그런데 이와 달리 여전히 관습을 준행하는 미개한 사회는 문명의 진보에 전적으로 치명적일 수 있는 어떤 특별한 위험에 노출된다. 공동체가 그 유년기에, 원시적 단계에 채택한 관행들은 대체로 자신의 물질적·정신적 복리의 증진에 가장 적합한 경우가 일반적이다. 새로운 사회적 필요가 새로운 관행을 낳을 때까지 그것들이 순수하게 보존된다면 사회의 상승적 행진은 거의 확실해진다. 하지만 불행하게도 불문不文의 관행에는 어떤 발전법칙이 작동할 위험이 늘 존재한다. 관습을 준수하는 대중들은 그 유용성의 진정한 근거를 알지 못한 채 당연한 듯 관습을 준수하거니와, 따라서 그들은 불가피하게 준수의 미신적 근거를 발명해낸다. 그리하여 합리적 관행이 비합리적 관행을 낳는다는 표현으로 요약될 만한 어떤 과정이 시작된다. 유추類推는 성숙기 법학에서는 무엇보다 유용한 도구이지만, 유년기에는 무엇보다 위험한

---

9 마누법전은 기원전 200년에서 기원후 300년 사이에 써진 것으로 오늘날 보고 있다. 한
편, 12표법은 기원전 450년경의 작품이다.

덫이 된다. 어떤 합당한 이유로 애초 특정한 하나의 행위에만 국한되던 명령과 금지가 동일한 유類의 다른 모든 행위들에도 적용되기 시작한다. 하나의 행위가 야기하는 신의 분노에 두려움을 느낀 인간은 그것과 조금밖에 비슷하지 않은 다른 행위에 대해서도 자연스레 공포를 느끼기 때문이다. 위생상의 이유로 어떤 음식이 금지되면, 허황된 유추에 때로 의존하여 이 금지는 유사한 다른 모든 음식에도 확장된다. 일반적 청결을 보증하는 현명한 규칙 하나가 이윽고 판에 박힌 의례적 세정洗淨행위의 기나긴 목록을 명령하게 된다. 역사 과정의 특정한 위기 시에 국가 존립을 위해 잠시 필요했던 계급의 구분이 인류의 제도 중에 가장 재앙적이고 파멸적인 것 —카스트— 으로 타락한다. 힌두법의 운명은 실로 로마 법전의 가치를 보여주는 척도다. 민족학은 로마인과 인도인이 원래 동일한 계통에서 발원했음을 알려준다. 사실 그들의 최초 관습으로 생각되는 것들 간에는 대단히 큰 유사성이 있다. 오늘날에도 힌두법의 밑바탕에는 선견지명과 건전한 판단이 깔려있다. 하지만 비합리적인 모방으로 말미암아 잔인하고 부조리한 거대한 장치가 힌두법에 접목되었다. 로마인들은 그들의 법전 덕분에 이러한 타락으로부터 보호될 수 있었다. 이것은 그들의 관행이 아직 건강했을 때 편찬되었거니와, 만약 백 년 후였다면 너무 늦었을지도 모른다. 힌두법은 그 대부분이 성문화되었다. 그러나, 산스크리트어로 전해지는 집성들은 일응 오래된 것이긴 하지만, 해악이 작용한 연후에 작성되었다는 풍부한 증거를 담고 있다. 만약 12표법이 공표되지 않았다면 로마인들도 인도인들처럼 허약하고 타락한 문명으로 전락할 운명이었을지에 관해 물론 우리는 아무것도 말할 수 없다. 하지만 한 가지 확실한 점은 그들의 법전과 **더불어** 로마인들은 저 불행한 운명으로부터 벗어날 수 있었다는 것이다.

제2장
법적의제

　원시법이 법전에 구체화되면서 자생적 발달이라고 할 만한 것은 종말을 맞았다. 이후로는 법 내부에 변화가 일어난다면 그것은 의도적으로 일어난, 그리고 외부로부터 영향받은 변화인 것이다. 어떤 민족이나 부족의 관습이 가부장적 왕에 의해 선언된 후 마침내 성문화되어 공표되기까지 그 긴 시간 동안, 몇몇 경우 장구한 기간 동안 전혀 변함없이 유지된다는 것은 상상할 수 없는 일이다. 또한 그 변화의 어떤 부분도 의도적으로 일어난 부분이 전혀 없다고 단정하는 것도 옳지만은 않을 것이다. 그러나, 이 기간의 법발달에 대해 우리가 아는 바가 별로 없긴 하지만, 변화를 가져옴에서 미리 계획된 목적이 차지하는 몫은 극히 작았을 것이라고 가정해도 무리가 없다. 초창기 관행에 일어난 그러한 혁신은 오늘날 우리의 정신 조건으로는 도저히 이해할 수 없는 감정과 사고양식에 의해 주어졌던 것 같다. 하지만 법전과 더불어 새로운 시대가 시작된다. 법전 시대 이래, 법변동의 경로 어디를 추적하더라도 그것이 의식적인 개선 노력에 기인한다는 것을, 적어도 원시시대에 목표했던 것과는 다른 목표를 달성하려는 노력에 기인한다는 것을 발견할 수 있다.

　언뜻 보면, 법전 시대 이후의 법의 역사에서 어떤 믿을 만한 명제를 이끌어내는 것은 불가능해 보인다. 대상 영역이 너무 넓다. 충분히 많은 수의 현상을 관찰했는가, 또 관찰한 것을 정확하게 이해했는가, 따위에 대해 우리는 확신을 가질 수 없다. 그러나, 정체된 사회stationary society와 진보하는 사회progressive society의 구별이 법전 시대 이후 나타나기 시작했음을

진보의
희귀성

감안하면 우리의 과업이 불가능해 보이지는 않는다. 우리의 관심대상은 진보하는 사회에 국한되거니와, 이들은 그 수가 무척 적다는 점이 무엇보다 두드러진다. 압도적인 증거에도 불구하고, 서유럽 시민의 한 사람으로서 그를 둘러싸고 있는 문명이 세계 역사에서 희귀한 예외에 불과하다는 사실을 완전히 체감하기란 결코 쉬운 일이 아니다. 전체 인류에 대한 진보적 민족의 관계를 또렷이 직시한다면 우리가 공유하는 사상의 풍조, 우리들의 모든 희망·두려움·사변思辨이 크게 바뀔 수 있을 것이다. 의심할 여지없이, 인류의 대부분은 시민법 제도들을 항구적 기록으로 구체화하여 외면적 완성을 이룩한 순간 이후로 그것들을 개선하려는 일말의 욕구조차 보여준 적이 없었다. 때로, 어떤 관행이 폭력적으로 전복되어 다른 관행에 자리는 내주는 경우는 있었다. 여기저기서, 초자연적 기원을 내세우는 원시 법전이 성직자 주석가들의 왜곡을 거치며 대폭 확장되기도 했고 놀랄 만한 형태로 뒤틀려지기도 했다. 하지만 이 세상의 아주 작은 한 지역을 제외하면 법체계의 지속적·점진적 개량 같은 것은 찾아볼 수 없었다. 물질문명은 있었지만, 문명이 법을 확장시키기보다는 법이 문명발달의 족쇄로 작용했다. 인류의 원시상태를 연구함으로써 우리는 어떤 문명이 그 발달을 멈춘 지점에 관한 단서를 얻을 수 있을 것이다. 브라만 지배의 인도는 모든 인간사회가 경험한 단계, 즉 법규칙과 종교규칙이 아직 구별되지 않던 단계를 넘어서지 못했음을 알 수 있다. 그런 사회의 구성원들은 종교적 명령의 위반을 세속적 형벌로 처벌해야 한다고 믿었고, 세속적 의무의 위반을 신의 교정矯正에 맡겨야 한다고 믿었다. 중국은 이 지점을 넘어서긴 했으나 진보는 거기서 정체되었으니, 세속법이 중국인들의 관념의 한계에 갇혀있었기 때문이다. 하지만 정체된 사회와 진보하는 사회의 차이는 커다란 비밀에 싸여있고 우리는 그 비밀을 여전히 탐구해야 한다. 지난 장의 끝부분에서 나는 이 비밀에 대한 부분적 설명을 시도한 바 있다. 덧붙여 유의할 점은 인류에게 정체된 사회가 일반원칙이고 진보하는 사회가 예외임을 정확히 인식하지 않으면 우리의 탐구는 성공할 수 없으리라는 것이다. 그리고 또 하나의 성공조건은 모든 주요 단계마다 로마법에 대한 정확한 지식이 불가결 요구된다는 것이다. 우리가 알고 있는 모든 인간제도들 중에서 로마법은 가장 긴 역사를 가지고 있다. 로마법이 경험한 모든 변화의 성격을 우리는 비교적 잘 알고 있다. 시작부터 종말에 이르기까지 그것은 더 나은 방향으로, 혹은 변화의 설계자들이 더 낫다고 생각했던 방향으로 변화하며 진보했다. 로마법이 개선되어 나가는 동안, 인류의 나머지 부분들은 사상과 행동의 진전이 눈에 띄게 느려졌고, 정체상태로 빠질 위험에 끊임없이 노출되었다.

이하에서 나는 진보하는 사회에 국한하여 논의를 전개하겠다. 이들 사회에서는 사회의 필요와 사회의 여론이 대체로 법에 선행한다고 말할 수 있다. 그것들 간의 간격이 끊임없이 메워지는 경향을 보이지만, 그 간격은 항상 또다시 되살아난다. 법은 지속성이 있지만, 우리가 말하고 있는 사회는 진보하는 사회인 것이다. 인민이 더 행복하냐 덜 행복하냐는 이 틈새가 얼마나 신속하게 좁혀지는가에 달려있다.

법이 사회와 조화되도록 하는 장치에 관한 유용한 명제 하나를 개진하고자 한다. 이러한 장치에는 세 가지가 있거니와, 법적의제legal fictions, 형평법equity, 그리고 입법legislation이 그것이다. 이들 간의 역사적 순서는 내가 제시한 대로이다. 때로는 이들 중 두 가지가 동시에 작용하기도 하고, 또 이들 중 하나의 영향을 받지 않은 법체계도 존재한다. 그러나 내가 아는 한 이들의 등장 순서가 뒤바뀐 사례는 존재하지 않는다. 이들의 하나인 형평법은 그 초기 역사가 어디서나 모호했고, 따라서 어떤 이는 시민법을 개혁하는 단발적인 법률들이 형평에 의한 재판보다 더 오래됐다고 생각할지도 모른다. 나는 형평법에 의한 구제가 입법에 의한 구제보다 어디서나 더 먼저였다고 믿는다. 그러나 만약 이것이 완전히 진리가 아니라면, 그들의 순서에 관한 명제를 원래의 법의 변화에 그들이 지속적이고 실질적인 영향력을 행사한 기간에만 국한해서 적용할 필요가 있을 것이다.

의제의
용도

　나는 "의제"라는 단어를 영국 법률가들이 익히 사용하고 있는 것보다 훨씬 더 넓은 의미에서 사용한다. 또한 로마인들이 "의제"fictiones라는 말에 부여했던 것보다 훨씬 더 포괄적인 의미로 사용한다. 옛 로마법에서 의제fictio는 기실 소송변론상의 용어였으니, 원고 측의 거짓 진술로서 피고가 이를 부인하는 것이 허용되지 않는 것을 뜻한다. 가령 원고가 사실은 외인外人이면서 로마시민이라고 진술하는 것이 그 예다. 이러한 로마법상 "의제"의 목적은 말할 것도 없이 재판권을 부여하기 위한 것이었다. 따라서 이는 영국의 왕좌법원王座法院Queen's Bench이나 재무법원財務法院Exchequer의 영장writ에 담긴 진술 ─ 피고가 국왕의 감옥에 구금되어 있다는 진술, 혹은 원고가 왕의 채무자인데 피고의 채무불이행으로 자신의 채무를 이행할 수 없다는 진술 ─ 과 무척 흡사하거니와, 이로써 이들 법원은 민소법원民訴法院Common Pleas의 재판권을 빼앗아올 수 있는 것이다.[1]

---

1 여기서의 '영장'은 왕을 대신하여 챈슬러(Chancellor)가 발부하는, 그리하여 왕좌법원이나 민소법원에서의 소송절차를 허락하는 소송개시영장(original writ)을 말하는 것이 아니다. 원래 왕좌법원은 왕국의 평화를 위협하는 위법행위에 대해 관할권을 가졌다. 원칙적으로 소송개시영장이 있어야 했으나, 미들섹스 주의 사건 또는 법원 직원이나 국왕감옥(Marshalsea) 수감자를 상대로 하는 사건은 소송개시영장 없이 원고의 소장(bill)만으로 절차가 개시될 수 있었다. 따라서 16세기에 이르러 다음과 같은 의제가 널리 사용되었다. 가령, 원래 민소법원 관할인 금전채무소송(debt)을 왕좌법원에 제기하고자 하는 원고는 우선 피고 ─ 물론 미들섹스에는 한 발짝도 들여놓은 적이 없다 ─ 가 미들섹스에서 불법침해(trespass)했다는 소장을 제출한다. 당연히 미들섹스 주의 집행관은 피고를 찾을 수 없다고 보고한다. 그러면 원고는 피고가 실제 거주하고 있는 주에 그가 지금 숨어있다고 진술하고, 왕좌법원은 그 주의 집행관에게 숨어있는 피고를 체포하라는 영장(writ of latitat)을 발부한다. 이 영장이 발부되면, 설령 피고가 구금되지 않고 보석으로 풀려나더라도, 원고는 진짜 목적인 금전채무 소장을 왕좌법원에 제출할 수 있었다. 한편, 재무법원의 소송은 챈슬러의 통제를 받지 않기에 왕의 채무자에게 소권을 부여하는 쿠오미누스 영장(writ of quominus)은 재무법원의 영장이었다. 그런데 왕의 채무자가 아님에도 왕의 채무자라고 주장하면서 재무법원에 소송을 제기하는 현상이 16세기에 주로 유언집행인을 상대로 금전채무 이행을 구하는 소송의 형태로 나타나기 시작했고 17세기에는 이를 넘어 널리 일상적인 현상이 된다. 이로

그러나 내가 사용하는 "법적의제"라는 표현은 법규칙의 문언은 그대로
인 채 그 실제적 작용이 바뀐 변화의 사실을 숨기거나 숨기는 데 영향을
주는 일체의 가정假定을 총칭한다. 따라서, 앞서 인용한 로마법과 영국법
의 의제 사례들뿐만 아니라 그 이외의 것도 포함한다. 나는 영국의 판례
법과 로마의 법률가의 해답responsa prudentium도 의제에 기초한 것으로 보기
때문이다. 이들 두 가지에 대해서는 조금 있다 설명할 것이다. 이들 두
경우, **사실**로는 법이 완전히 변화했으나 **의제**로는 법이 예전 그대로 동일
하다. 모든 형태의 의제가 왜 사회의 유년기와 특히 친화성이 있는지는
어렵지 않게 이해할 수 있다. 의제는 가끔 등장하는 개선 욕구를 충족시
키면서도 변화에 대한 상존하는 미신적 거부감을 거스르지 않기 때문이
다. 사회진보의 특정 단계에서 의제는 법의 엄격함을 극복하는 유용한
수단이 된다. 실로 그 가운데 하나인, 인위적인 가족관계 형성을 가능케
하는 입양入養이라는 의제가 없었다면, 어떻게 사회가 그 요람기를 벗어
나 문명을 향한 첫걸음을 뗄 수 있었을지 상상하기 어렵다. 그러므로 우
리는 벤담이 법적의제에 대해 퍼부은 조롱과 비난에 마음 상할 필요가
없다. 의제를 속임수에 불과하다고 욕하는 것은 법의 역사적 발달에서
의제가 수행한 특수한 역할에 대한 무지를 드러낼 뿐이다. 하지만 동시
에, 의제의 유용성을 인정하면서 우리 법체계에 의제가 확고하게 뿌리내
려야 한다고 주장하는 일부 논자들에게 동조하는 것도 똑같이 어리석은
일이 될 것이다. 영국 법률가들의 관념에 심각한 충격을 주지 않고 그들
의 언어에 중대한 변화를 초래하지 않는 한 내다버릴 수 없는 몇몇 의제
들이 여전히 강력한 영향력을 영국법에 행사하고 있다. 하지만 법적의제
와 같은 거친 장치로써 어떤 유익한 결과를 도모하는 것이 우리에게는
어울리지 않는다는 것도 틀림없이 일반적 진리일 것이다. 법을 더 이해

써 왕의 이해관계와 무관한, 따라서 민소법원의 관할이어야 할 사건들을 왕좌법원에
도 재무법원에도 제기할 수 있게 되었고, 세 보통법법원 간의 관할권 차이는 거의 사라
진 것이나 다름없었다.

하기 어렵게 만들거나 조화로운 질서의 형성을 더 어렵게 만드는 어떠한 변칙도 무고하지 않다고 나는 생각한다. 그런데 여러 장애 중에서도 법적의제야말로 체계적인 분류에 가장 큰 장애가 된다. 법의 규칙은 여전히 법체계에 들러붙어 있으나, 그것은 껍질에 불과하다. 저 규칙은 이미 오래 전에 쇠퇴했고, 새로운 규칙이 표면 아래 몸을 숨기고 있다. 그리하여 실제 작동하는 규칙을 그 진정한 장소에 분류해야 할지, 아니면 그 외관상의 장소에 분류해야 할지 알기 어려운 상황이 발생하거니와, 어느 선택지를 택할지를 두고 여러 부류의 학자들 간에 의견이 갈라지게 되는 것이다. 영국법이 질서 있는 분류를 채택하려 한다면, 최근의 몇몇 입법적 개선에도 불구하고 여전히 영국법에 널리 퍼져있는 법적의제들을 뿌리뽑지 않으면 안 될 것이다.

형평법   사회적 필요에 법이 적응하는 또 다른 수단은 내가 형평법이라 부르는 것이다. 여기서 형평법이란 초창기 시민법에 병존하는 법체계로서 독자적인 원리에 기초하고 있고 그 원리에 내재한 우월한 신성함에 기대어 시민법을 넘어선다고 주장되는 것을 말한다. 로마 법무관praetor들의 형평법이든, 영국 챈슬러Chancellor들의 형평법이든, 형평법은 공개적이고 노골적으로 기존 법에 간섭한다는 점에서 각각 그것에 선행했던 의제들과 차이가 있다. 한편, 형평법은 법 개선의 동인으로 나중에 등장하는 입법과도 다르다. 형평법의 권위는 법 바깥의 어떤 사람이나 집단의 대권大權이 아니라, 법을 천명하는 정무관政務官magistrate의 대권이 아니라, 모든 법이 따라야 한다고 여겨지는 법원리의 특별한 성격에 근거하고 있다는 점에서 차이가 있는 것이다. 초창기 법보다 더 높은 신성함을 가지고 있고 외부 기관의 승인과 무관하게 효력을 주장하는 일련의 원리들이라는 이러한 관념은 법적의제가 처음 등장했던 사고 단계보다 더 발달된 단계에 속한다.

입법   전제군주의 형태로든 의회의 형태로든 전체 사회를 대표한다고 간주되는 입법기관의 법제정인 입법은 법 개선 수단 중에서 마지막 것이다. 입법과 법적의제의 차이는 형평법과 법적의제의 차이와 동일하다. 입법은 그 권위가 외부의 기구나 사람에게서 나온다는 점에서 형평법과도 구별된다. 입법의 구속력은 그것의 법원리와 무관하다. 현실적으로 여론에 의한 제약이 있다 하더라도, 이론적으로 입법기관은 스스로가 원하는 바를 공동체 구성원들에게 의무로 부과할 권한을 가진다. 입법기관이 자의적 변덕에서 하는 입법을 막을 것은 아무것도 없다. 만약 형평이 어떤 선악의 기준을 뜻하는 말로 사용되고 법제정이 어쩌다 이러한 기준에 맞추어 행해진다면, 그러한 입법은 형평이 지시한 것이라 할 수 있을 것이다. 하지만 이런 경우에도 법제정의 구속력은 입법기관의 권위에 빚지고 있는 것이지, 입법기관의 행위 근거가 된 원리의 권위에 빚지고 있는 것이 아니다. 그리하여 입법이 기술적 의미의 형평법의 규칙과 다른 점은, 후자는 최고의 신성함을 내세우며 군주나 의회의 협찬이 없더라도 즉각 법원에 받아들여질 것을 요청한다는 데 있다. 이런 차이에 주목해야 할 더 큰 이유는, 어떤 벤담 학도는 법적의제, 형평법, 제정법을 뭉뚱그려 이 모두를 입법이라는 단일 범주로 포괄하려 할 것이기 때문이다. 이 모두가 **법창조**lawmaking에 관한 것이며, 이들 간 차이는 단지 새 법이 만들어지는 장치의 차이일 뿐이라고 그는 말할 것이다. 이것은 분명 진실이고 우리는 이것을 망각해서는 안 된다. 하지만 그렇다고 해서 입법과 같은 무척이나 편리한 용어를 특수한 의미로 사용해서는 안 될 이유가 되지는 못한다. 입법과 형평법은 대중의 정신에서 그리고 대부분의 법률가들의 정신에서 서로 분리되어 있다. 특히, 중요한 실제적 결과의 차이가 뒤따른다면, 아무리 인습적이라 해도 양자의 차이를 무시하는 것은 결코 정당화될 수 없다.

거의 모든 발달된 법체계에서 **법적의제**의 사례들을 선별하기란 쉬운 일일 것이며, 이들은 즉시 법적의제의 진정한 성질을 현대의 관찰자들에게 드러낼 것이다. 하지만 이제부터 내가 다루려는 두 가지는 거기에 사용된 수단의 본질이 그리 쉽게 드러나지 않는다. 이들 의제의 최초 창시자들은 아마 혁신을 의도하지 않았을 것이며, 혁신의 의심을 사기는 더더욱 바라지 않았을 것이다. 게다가 그러한 혁신의 과정에 의제가 들어있음을 부인하는 사람들이 늘 있고 또 있어왔거니와, 전래의 인습적 언어가 그들의 부인否認을 실증한다. 그러므로 법적의제의 광범위한 확산을 보여주는, 그리고 법체계를 변화시키면서도 그 변화를 감추는 이중적 역할의 효율적 수행을 보여주는 사례로서 이보다 더 나은 것들은 없을 것이다.

사법적 입법　이론적으로는 조금도 기존 법을 바꿀 힘이 없는 장치가 법을 확장하고 수정하고 개선해나가는 것에 우리 영국인들은 아주 익숙하다. 이러한 사실상의 입법이 작동하는 과정은 감지될 수 없는 것이 아니라 인정되지 않을 뿐이다. 판례들에 담겨있고 판결집들에 기록돼있는 우리 법체계의 방대한 부분에 대해 우리는 습관적으로 이중적 언어를 사용하고 이중의 모순적인 관념을 보유한다. 어떤 사실관계가 영국 법원에 제소되면 판사와 변호사들 간의 모든 논쟁은 옛 법원리 외의 어떤 법원리도, 오래된 분류 외의 어떤 분류도 적용될 필요가 없고 적용될 수도 없다는 가정 아래 진행된다. 계쟁 분쟁의 사실관계를 포섭하는 기존 법규칙이 어딘가에 존재하며, 설령 그러한 규칙이 발견되지 않더라도 인내·지식·통찰력을 발휘하면 얼마든지 찾아낼 수 있다는 믿음을 극히 당연한 것으로 받아들인다. 그러나 일단 판결이 내려지고 기록되고 나면, 우리는 무의식적으로 혹은 은밀하게 새로운 언어, 새로운 사고 맥락으로 넘어간다. 이제 우리는 새로운 판결로 법이 수정**되었다**고 인정한다. 적용 가능한 법규칙이, 흔히 쓰이는 부정확한 표현을 사용하자면, 더 유연해졌다고 믿는다. 실제로 법규칙은 변경되었다. 선례에 새로운 것이 첨가되었고, 선례들을 비교하여 얻어지는 법원리는 일련의 판례들에서 하나를 제외했을 때 얻어지는 것과는 다른 것이 되었다. 옛 규칙이 폐지되고 새로운 것으로 대체되었다는 사실을 우리는 받아들이기 어려운데, 선례에서 얻어지는 법적 공식을 정확한 언어로 표현하는 습관을 갖고 있지 못하여, 변화의 광채가 강렬하고 눈부신 경우가 아닌 한 쉽게 포착하지 못하기 때문이다. 이러한 이상한 변칙적인 상태에 대해 영국 법률가들이 침묵으로 일관하는 이유를 여기서 장황하게 늘어놓을 생각은 없다. 다만, 구름 속이든in nubibis 혹은 판사의 마음속이든in gremio magistratuum 어딘가에 완전하고 일관되고 체계적인 영국법이 존재한다는, 그리하여 상상할 수 있는 어떤 상황에도 적용할 수 있는 풍부한 법원리의 체계가 존재한다는 것이 전래의 교리였음은 말할 수 있을 것이다. 처음에는 이 이론이 지금보다 훨씬 더 철저히 신봉되었으며 실제로 그럴 만한 근거가 더 충분했다. 13세기 판사들은 변호사나 일반 대중에게는 알려지지 않은 법의 보고寶庫를 이용할 수 있었으니, 그들은 은밀히 당대의 로마법과 교회법 집성들로부터, 항상 현명하게는 아닐지라도, 자유롭게 빌려왔다고 믿을 만한 이유가 있다. 하지만 웨스트민스터 홀의 법원들이 판결을 양산하여 실체법 체계의 토대가 마련되자 이 저장고는 폐쇄되었다. 그리하여 수 세기 동안 영국 법률가들은 형평법과 제정법 외에는 아무것도 이미 형성된 이 토대에 첨가된 것이 없다는 역설적인 명제를 전승시켜왔다. 우리는 우리 법원들이 입법을 한다는 것을 인정하지 않는다. 우리는 우리 법원들이 결코 입법을 한 적이 없다고 생각한다. 그럼에도 불구하고 우리는 영국 보통법 규칙들이, 형평법법원Court of Chancery과 의회로부터 약간의 도움을 받아, 현대사회의 복잡한 이해관계에 충분히 대처할 수 있다고 주장한다.

　방금 언급한 특징에서 우리 판례법과 무척 가깝고 시사하는 바가 사뭇 유사한 법체계가 로마에서는 "법에 식견 있는 자의 답변"이란 뜻의 법률가의 해답responsa prudentium이었다. 이들 해답은 로마법의 발달 시기에 따라 상당히 다른 형태를 띠었지만, 전 시기에 걸쳐 어떤 권위 있는 성문의 문헌들을 해설하는 주석임에는 변함이 없었고, 처음에는 오로지 12표법에 대한 해석 의견의 모음이었다. 우리와 마찬가지로, 모든 법적 언어는 이 옛 법전의 텍스트가 불변이라는 가정에 기초했다. 거기에 명시적인 규칙이 있었다. 그것은 어떤 주석이나 주해보다 위에 있었고 어떤 해석도, 설령 위대한 해석자의 것이라 해도, 거룩한 텍스트에 호소하여 수정될 수 있음을 누구도 대놓고 부인할 수 없었다. 하지만 사실 저명한 법률가jurisconsult의 이름을 달고 있는 해답집은 적어도 우리의 판결집에 버금가는 권위를 누렸고, 12표법의 규정을 지속적으로 수정하고 확장하고 제한하고 사실상 뒤엎었다. 새로운 법학의 형성기 동안 법학의 저술가들은 법전의 문구에 꼼꼼한 충실함을 내세웠다. 단지 그것을 설명하고 독해하고 그 의미를 온전히 드러낼 뿐이라고 생각했다. 그러다 결국 그들은 텍스트를 이어붙이고, 실제 발생한 사실관계에 법을 적응시키고, 일어날 법한 사실관계에 법의 적용 가능성을 탐구하고, 다른 성문의 문헌에서 도출한 해석원리를 가져오는 등을 통해 12표법 편찬자들은 꿈도 꾸지 못했던, 실로 12표법에서는 거의 혹은 전혀 찾아볼 수 없는 사뭇 다양한 법원리들을 이끌어냈다. 법률가들의 저술은 모두 법전과 일치한다는 근거에서 존중받을 자격을 주장했으나, 그것의 상대적 권위는 저술을 발표한 특정 법률가의 명성에 크게 좌우되었다. 널리 알려진 위대한 저자의 이름은 입법기관의 법제정에 버금가는 구속력을 해답집에 부여했다. 그리고 그러한 저서가 이번에는 한층 더 나아간 법발달의 새로운 토대로 작용했다. 하지만 초기 법률가들의 해답은 오늘날처럼 저자가 직접 출간한 것이 아니었다. 그것은 그의 학생들이 기록하고 편집한 것이어서, 대개는 어떤 체계적인 분류법에 따라 배열된 것이 아니었다. 이렇게 학생들이 출간에서 한 역할은 특히 주목할 필요가 있거니와, 그들이 스승에게 행한 봉사는 학생 교육에 대한 스승의 충실성으로 보상받는 것이 일반적이기 때문이다. 후대에 가서 이러한 의무 인식의 결실로 나타난 법학제요法學提要Institutes, 즉 주해서Commentary라 불리는 교육용 저술들은 로마법 체계의 사뭇 중요한 특징을 이루는 것이다. 법률가들이 대중들에게 개념의 분류와 법률용어의 개선을 제공한 것은 이러한 법학제요 형태의 작품에서였지, 훈련된 법률가들을 겨냥한 저서에서가 아니었다.

　로마의 법률가의 해답과 그것의 영국적 대응물을 비교할 때, 로마법의 이 부분이 가지는 권위는 **판사집단**bench이 아니라 **변호사집단**bar에서 유래한다는 점에 주의해야 한다. 로마에서 법원의 결정은 개별 사건을 종결짓는 것이었지만 장래를 향해서는 어떤 권위도 가지지 못했고, 다만 해당 사건을 잠시 담당하게 된 정무관의 전문직업적 명성에 의해 주어지는 권위만 누릴 뿐이었다. 사실 공화정기 동안 로마는 영국의 왕좌법원Bench이나 신성로마제국의 제실법원帝室法院Chamber, 프랑스왕국의 파를르망Parliament 비슷한 제도를 전혀 알지 못했다. 각자 맡은 분야의 사법적 기능을 그때그때 담당하는 정무관들은 있었지만, 정무관의 임기는 1년에 불과했기에 그것은 상설 법관이라기보다는 정상급 변호사들이 돌아가면서 잠깐씩 맡는 순환 공직에 가까웠다.[2] 우리 눈에 무척 이상하게 보이는 이러한 제도의 기원에 대해 다양한 견해가 있을 수 있지만, 사실 그것은 현대 우리의 제도보다 고대사회의 정신에, 서로 배타적인 개별 집단들로 나누어지지만 그밖에 전문직업적 상하관계는 허용하지 않는 정신에 더 잘 부합했다.

2　기실 법무관(praetor)에는 연설가(orator) ― 법률지식보다는 수사학에 뛰어나 주로 법정변론을 담당했으므로, 법률전문가가 아니란 점만 제외하면 대체로 영국의 법정변호사(barrister)에 가깝다 ― 나 법률가(iurisconsultus) ― 주로 법률상담 및 자문과 법률문서 작성에 종사했기에 영국의 사무변호사(solicitor)에 가깝다 ― 가 선출될 수도 있지만 그냥 일반 정치가나 군인인 경우도 많았다. 사실 법무관은 재판업무뿐 아니라 전시 ― 로마 공화정기는 거의 항상 전시상태였다 ― 에는 군사지휘도 맡았으며, 그래서 집정관(consul)과 마찬가지로 켄투리아 민회(comitia centuriata)에서 선출되었다. 이렇듯 전문적 법률지식을 갖추지 못한 법무관이 많았기에 그들은 법률가들의 자문을 받아 고시(edictum)를 발하고 재판업무를 수행했다.

이 체제는 그로부터 기대할 법한 효과를 가져오지 못했다는 점에 주목할 필요가 있다. 가령 그것은 로마법을 **대중화**하지 못했다. 비록 법학의 확산과 권위 있는 해설에 인위적인 장벽을 두지는 않았으나, 몇몇 그리스 공화국에서처럼 법학을 습득하는 데 필요한 지적 노력을 완화해주지 못했다. 오히려, 어떤 다른 원인들이 작동하지 않았더라면, 후대의 지배적 법체계들처럼 로마의 법학도 사소한 데 치중하고 기술적이고 배우기 어려운 학문이 되었을 확률이 상당히 컸다. 또한, 훨씬 더 마땅히 발견될 법한 어떤 결과도 전혀 나타나지 않은 듯하다. 로마 공화정이 무너지기 전까지 법률가들은 명확하게 정의되지 않은 집단을 형성하고 있었고 또한 그 숫자도 큰 폭으로 오르내렸을 것이 틀림없다. 그럼에도 불구하고, 주어진 사례에 대해서 어떤 이의 의견이 그들 세대에서 결정적인 권위를 누렸는지는 의심의 여지가 거의 없었던 것 같다. 여러 라틴어 문헌에 전해지는, 정상급 법률가들의 일상 업무에 관한 생생한 묘사—이른 아침부터 시골에서 올라온 고객들이 그의 대기실에 몰려들고, 공책을 든 학생들은 그의 주변에 둘러서서 위대한 법률가의 답변을 기록한다—는 일정 기간에 국한해 본다면 한두 명의 저명한 이름을 거의 혹은 전혀 벗어나지 않는다. 또한 고객들과 변호사의 직접적인 접촉 덕분에, 로마 사람들은 전문가들의 명성의 오르내림을 즉각적으로 알고 있었던 듯하다. 저 유명한 키케로의 《무레나를 위한 변론》Pro Muraena을 비롯한 풍부한 증거가 있거니와, 법정에서의 성공에 대한 일반인들의 존경은 과도하면 과도했지 부족하지 않았다.

  의심할 여지없이, 로마법의 발달을 추동한 수단에 관한 전술한 특징은 그것의 우수성, 즉 일찍부터 법원리가 풍부했던 것의 원천이었다. 법원리의 성장과 풍부함은 부분적으로는 법해설자들 간의 경쟁에 의해 촉진되었거니와, 국왕이나 국가가 부여하는 사법대권司法大權의 담지자인 왕좌법원Bench 같은 것이 존재하는 곳에서는 이러한 영향력이 작동할 수 없다. 하지만 주된 동력은 말할 것도 없이 사법판결의 대상이 되는 사례의 무제한적 증가에 있었다. 시골 고객들을 당혹케 했던 사실관계들이 법률가의 해답이나 사법판결의 토대가 되었을 뿐만 아니라, 똑똑한 학생들이 제기하는 가상의 사례들도 그에 못지않았다. 실제 사례든 가상의 사례든 모든 사실관계는 자격에서 차이가 없었다. 법률가들로서는 고객의 사건을 재판하는 정무관이 그의 의견을 퇴짜놓는다고 해도 문제가 되지 않았다. 오히려 정무관이 법지식이나 전문직업적 평판에서 자신보다 위에 있는 것이 문제였다. 그렇다고 해서 법률가들이 고객의 이익에 무심했다는 말은 아니다. 고객들은 초기에는 저명한 법률가들의 선거인단이었고 후기에는 돈을 벌게 해주는 사람들이었기 때문이다. 그러나 야망을 충족시키는 주된 길은 동료 집단의 평판을 통해서였던 것이다. 전술한 체제에서 평판을 확보하는 좋은 방법은 각 사례를, 법정에서 승리하기 위한 고립된 사건으로 접근하는 것이 아니라, 어떤 포괄적 법원리나 법규칙의 예시의 하나로 바라보는 것이다. 있을 수 있는 사례를 제시하거나 발명해내는 데 아무런 제약이 없었던 것도 분명 큰 영향력을 발휘했을 것이다. 데이터를 마음껏 증가시킬 수 있는 곳에서는 일반적 규칙을 진화시키는 능력이 대폭 증대된다. 우리의 사법체계에서는 판사들이 자기 앞에 놓인, 혹은 전임자들 앞에 놓였던 사실관계를 벗어날 수가 없다. 따라서 재판의 대상이 된 각 사실관계는, 프랑스식으로 표현하면, 일종의 성별聖別이 이루어진다. 실제 사건이든 가상의 사례든, 다른 모든 사건들과 구별되는 성질을 가지는 것이다. 하지만 전술한 것처럼 로마에서는 판사들의 왕좌법원Bench이나 제실법원Chamber 같은 것이 전혀 없었고, 따라서 어떤 사실관계도 다른 사실관계보다 더 특별한 가치를 지니지 않았다. 어떤 어려운 사안이 법률가의 의견을 요청하는 경우, 뛰어나 유추 감각을 지닌 이는 그것과 어떤 특징을 공유하는 모든 상상할 수 있는 사례들을 거리낌없이 즉시 인용하고 고려할 수 있었다. 고객에게 주어진

실무적 조언이 무엇이든 간에, 학생들의 공책에 쓰인 해답responsum은 분명 숭고한 법원리로 규율되는, 또는 포괄적인 법규칙에 포섭되는 그러한 사실관계들을 고려했을 것이다. 우리에게는 이러한 것이 한번도 가능한 적이 없었다. 그리고 영국법에 가해진 수많은 비판 속에서 영국법이 선언되는 양식에 대한 비판은 잊혀져버렸다고 인정해야 할 것이다. 우리 법원이 법원리를 선언하는 데 인색한 것은 우리 판사들의 기질 탓보다는 우리에게 선례가, 다른 법체계들을 알지 못하는 이들에게는 많아 보일지 모르나, 상대적으로 부족한 데 더 큰 원인이 있는 듯하다. 법원리의 풍부함에서 여러 근대 유럽대륙의 국가들에 견주어 우리가 대단히 빈약한 것이 사실이다. 하지만 그들은 민사법 제도의 기초로 로마법을 채택했음을 기억해야 한다. 그들은 로마법의 파편들을 가지고 그들의 성채를 건설했다. 그러나 그 밖의 재료나 솜씨에서는 영국 법원이 건설한 구조보다 우월할 것이 그다지 많지 않다.

이후의 로마법   로마 공화정기는 로마법에 그 특징이 각인된 시기였다. 로마법의 초기 동안 법률가의 해답이 법발달의 주역이었다. 그러나 공화정의 몰락이 다가오면서 해답들은 더 이상의 확장을 저해하는 형태를 띠기 시작한 것으로 보인다. 이들은 이제 체계화되어갔고 단순한 모음집이 되어갔다. 신관神官pontifex이었던 퀸투스 무키우스 스카이볼라Q. Mucius Scaevola는 시민법 전체의 매뉴얼을 출간했다고 한다. 키케로의 저술들은 능동적인 법혁신 수단들에 대비되는 낡아빠진 방법들에 대한 염증이 커지고 있었음을 보여준다.[3] 사실 이때쯤이면 다른 요인들도 법에 영향을 미치게 된다. 법무관이 매년 선포하는 고시告示edict는 이제 법개혁의 주된 동력으로 인정받고 있었다. 루키우스 코르넬리우스 술라L. Cornelius Sylla는 코르넬리우스 법Leges Corneliae이라 불리는 일련의 위대한 법률들을 제정함으로써 직접적 입법에 의해 얼마나 빨리 개선이 이루어질 수 있는지 잘 보여주었

---

3 가령 키케로, 《법률론》, 1.14.

다. 법률가의 해답에 최종 일격을 가한 것은 아우구스투스였다. 제출된 사안에 대해 구속력 있는 해답을 줄 수 있는 권리를 몇몇 정상급 법률가들에게만 부여한 것이다. 이 변화는, 비록 근대적 관념에 가까이 다가가는 것이기는 하나, 확실히 법전문직의 성격 및 그것이 로마법에 미친 영향의 성질을 근본적으로 바꾸어놓았다. 법학의 영원하고 위대한 등불이 되는 또 다른 일군의 법률가들이 후대에 등장하지만, 울피아누스, 파울루스, 가이우스, 파피니아누스는 해답의 저자들이 아니었다. 그들의 저술은 법의 특정한 분야, 특히 법무관의 고시에 대해 쓴 본격적인 전문법학서적이었다.

　로마의 형평법 및 이것을 로마법에 만들어 넣은 법무관 고시에 대해서는 다음 장에서 살펴볼 것이다. 제정법制定法에 대해서는, 공화정기에는 수가 많지 않았으나 제정기帝政期에는 양산되었다는 점만 말해두고자 한다. 국가의 청년기나 유년기에는 사법私法의 일반적 개혁에 입법기관이 동원되는 경우가 드물다. 민중의 요구사항은 법을 변화시키는 것 ― 이것은 실제 가치보다 높게 평가받는 경향이 있다 ― 이 아니라 법집행이 깨끗하고 완전하고 수월하게 이루어지는 데 있었다. 입법기관에 대한 호소는 대체로 어떤 큰 권력남용을 제거해달라든가, 해결하기 어려운 신분 간의 혹은 혈통귀족 간의 다툼에 대해 결정을 내려달라는 정도에 불과했다. 로마인들은 대규모 법률 제정과 큰 내란 뒤의 사회 안정 사이에 어떤 연관성이 있다고 생각했던 듯하다. 술라는 코르넬리우스 법들로써 공화국 재건의 징후를 보여주었다. 율리우스 카이사르는 방대한 양의 제정법을 추가하려는 계획을 가지고 있었다. 아우구스투스는 율리우스 법Leges Juliae이라 불리는 매우 중요한 일군의 법률을 통과시켰다. 후대의 황제들 가운데 가장 적극적으로 칙법勅法constitution을 공포한 이는 콘스탄티누스처럼 세상을 재조정하는 데 관심을 가졌던 황제들이었다. 로마에서 제정법의 진정한 시대는 제정기에 비로소 시작된다. 황제들의 법제정은 처음에는 민중의 지지로 제정되는 척 치장했으나 나중에는 황제의 대권에서 유래한다고 공공연히 주장되었는데, 아우구스투스의 권력이 공고해진 이후 유스티니아누스 법전의 공표에 이르기까지 점점 더 그 양이 증가해 갔다. 이미 제2대 황제 치세 때에 오늘날 우리 모두에게 친숙한 법상태 및 법집행 양태와 상당히 비슷해졌다고 할 수 있다. 제정법이 등장했고 한정된 인원의 법해설자단▦이 등장했다. 얼마 후에는 상설 상소법원과 공인된 주해를 모은 주해집이 여기에 추가된다. 그리하여 오늘날의 관념에 가까이 다가가게 되는 것이다.

제3장
자연법과 형평법

내재적인 탁월함을 가진 일군의 법원리가 낡은 법을 대체한다는 이론은 로마에서도 영국에서도 아주 일찍부터 통용되었다. 어떤 법체계에서도 발견되는 이러한 원리들을 앞 장에서 우리는 형평법equity이라고 불렀다. 곧 살펴보겠지만, 이 용어는 로마 법률가들이 이러한 법변화 동인을 지칭하는 여러 명칭 가운데 하나, 오직 하나에 불과했다. 영국에서는 형평법법원Court of Chancery의 법이 형평법이라는 이름으로 불리고 있거니와, 이것은 별도의 논저를 통해서만 제대로 논의될 수 있을 것이다. 그것의 구조는 대단히 복잡하고, 여러 다양한 원천에 기원을 두고 있다. 초기 챈슬러들은 성직자들이었기에 그들은 형평법의 밑바탕이 되는 법원리들을 교회법에서 이끌어냈다. 후대의 챈슬러들은 세속 사건에 적용할 수 있는 법규칙이 교회법보다 더 풍부한 로마법을 자주 원용했다. 그들의 판결문 중에는, 비록 출처는 밝히고 있지 않으나, 로마법대전에서 따온 텍스트 전체가 토씨 하나 바뀌지 않고 들어가 있는 경우가 적지 않다. 더 최근에는, 특히 18세기 후반에는, 네덜란드 공법학자들의 법학 및 윤리학의 혼합체계를 영국 법률가들이 널리 연구했으니, 이들 연구는 탈보트 경Lord Talbot의 재임시부터 엘던 경Lord Eldon의 취임에 이르는 기간 동안 챈슬러들의 형평법법원 판결에 큰 영향을 끼쳤다. 이렇게 다양한 기원의 요소들로 구성된 형평법 체계는, 보통법의 유추적용과 정합성을 가져야 한다는 요청 탓에 그 성장이 크게 제한되었으나, 상대적으로 새로운 법원리들을 기술하는 일에 언제나 응답해왔다. 그 법원리들은 내재적인 윤

- 31 -

리적 탁월함에서 영국의 옛 법을 능가한다고 주장되었다.

로마의 형평법　　로마의 형평법은 구조가 훨씬 단순했고 발달과정도 더 쉽게 추적할 수 있다. 그것의 성질과 역사는 주의 깊게 살펴볼 가치가 있다. 그것은 인간의 사고에 심대한 영향을 끼친 개념들을 창조했고, 인간의 사고를 통해 인류의 운명에도 심대한 영향을 주었다.

로마인들은 그들의 법체계가 두 부분으로 구성된다고 보았다. 유스티니아누스 황제의 명으로 편찬된 법학제요는 이렇게 말한다. "법과 관습으로 규율되는 모든 민족들은 부분적으로는 그들 자신의 고유한 법으로, 부분적으로는 모든 인류에 공통되는 법으로 통치된다. 당해 인민이 제정하는 법은 그 민족의 시민법civil law이라 부르고, 자연의 이치natural reason가 모든 인류에게 지시하는 법은 모든 민족이 사용하기에 만민법萬民法law of nations이라 부른다."[1] 여기서 "자연의 이치가 모든 인류에게 지시하는 법"은 법무관의 고시가 로마법에 엮어넣은 요소를 의미했다. 다른 곳에서는 이것을 단순히 자연법ius naturale이라고 불렀는데, 자연의 이치뿐 아니라 자연적 형평naturalis aequitas도 자연법을 명령한다고 생각했다. 나는 여기서 만민법, 자연법, 형평법이라는 유명한 표현들의 기원을 탐구할 것이고, 또 이들이 지시하는 관념들의 상호 관련성을 탐구할 것이다.

만민법　　로마의 역사를 조금만 살펴보아도, 여러 다른 이름으로 불리며 로마의 영토 안에 살고 있는 외인外人들의 존재로 공화국의 운명이 좌우되었음을 알고 놀라게 된다. 이러한 이주의 원인은 후대에 이르면 분명히 드러나거니와, 왜 모든 민족의 사람들이 세상의 주인인 도시로 몰려드는지를 우리는 어렵지 않게 이해할 수 있다. 그러나 이방인들과 거류민들의 대규모 존재는 로마의 아주 초기 역사에서도 그 기록이 발견된다. 말할 것도 없이, 다수의 약탈적 부족들로 구성된 고대 이탈리아의 사회적 불안정성은 공동체와 그 구성원들을 외적으로부터 보호할 수 있는 강력한

---

1 Inst.1.2.1. 또한 Gai.1.1.

힘을 가진 공동체의 영토에 사람들이 몰려가 살도록 하는 유인을 제공했다. 그 보호가 과중한 세금, 선거권 박탈, 사회적 신분 저하의 대가로 주어지는 것이라 할지라도 말이다. 하지만 이러한 설명은 불완전하며, 활발한 상거래 관계를 고려에 넣어야만 완전해질 수 있을 것이다. 이러한 상거래 관계는 공화국의 군사적 전승傳承에는 별로 반영되어 있지 않지만, 분명 로마는 카르타고와, 그리고 이탈리아 내륙 지방과, 선사시대부터 상거래 관계를 유지해온 것으로 보인다. 그 원인이야 무엇이든, 국가 내에 외인들의 존재는 로마의 전체 역사 과정을 결정했으며, 그 모든 역사단계는 완고한 내국민과 이방인 인구 간의 갈등의 이야기를 크게 벗어나지 않는다. 이와 같은 것이 현대에는 발견되지 않거니와, 우선 현대 유럽국가들은 다수 국민들이 너무 많다고 여길 정도의 외국이민을 거의 혹은 전혀 받아들이지 않아왔기 때문이며, 또한 국왕이나 주권기구에 대한 충성으로 결합되는 현대국가들은 상당한 규모의 이민자 집단도 신속하게 흡수하기 때문이다. 고대세계는 이러한 신속한 흡수를 알지 못했다. 고대사회에서 국가의 최초 시민들은 언제나 스스로를 혈연의 친족관계로 결합되어 있다고 생각했고, 특권의 평등을 주장하는 것은 그들의 생래적 권리를 찬탈하려는 것이라 여기며 분개했다. 로마 공화정 초기에는 공법 영역은 물론이고 사법 영역에서도 외인들의 철저한 배제가 만연했다. 이방인이나 거류민은 국가 영역에 속하는 어떠한 제도에도 참여할 수 없었다. 그들은 로마시민법quiritarian law의 혜택도 누릴 수 없었다. 그들은 초창기 로마인들의 물권양도방식이자 계약방식이었던 구속행위拘束行爲nexum의 당사자가 될 수 없었다. 그들은 문명의 유년기로 기원이 거슬러올라가는 소송방식인 신성도금법률소송神聖賭金法律訴訟sacramental action도 제기할 수 없었다. 그럼에도 불구하고 로마의 이익도 로마의 안전도 그들이 법적 보호를 박탈당하는 상태를 허용하지 않았다. 어떤 고대 공동체도 약간의 평화교란으로도 전복될 수 있는 위험을 안고 있었다. 그리하여 단순한 자기보존의 본능에서 로마인들은 외인들의 권리와 의무를 조정하는 방법을 고안해냈거니와, 그렇지 않았다면 — 그리고 이것은 고대세계에서는 정말 중대한 위험요인이었다 — 외인들의 무장봉기가 일어났을 것이기 때문이다. 더욱이 로마 역사의 어느 시기에도 외인들의 상거래가 완전히 무시된 적은 한번도 없었다. 따라서 당사자 모두가 외인인 분쟁이나 시민과 외인 간의 분쟁에 대해 재판권을 인정한 것은 애초에는 반쯤은 치안을 위한 조치였을 것이고 반쯤은 상거래의 지속을 위해서였을 것이다. 이러한 재판권의 인정은 재판의 대상이 된 문제들을 해결할 어떤 법원리들을 발견해야할 필요성을 즉시 불러왔다. 그리고 로마 법률가들이 이들 대상에 적용한 법원리들은 그 시대의 두드러진 성격을 반영한 것이었다. 전술했듯이 그들은 이들 새로운 사건에 로마 시민법을 적용하기를 거부했다. 또한, 틀림없이 일종의 체면손상이라고 여겼을 것이기에, 외인인 당사자의 출신 모국의 법을 적용하는 것도 거부했다. 그들이 채택한 방법은 로마를 비롯하여 이주민들이 태어난 다른 이탈리아 공동체들에 공통되는 법규칙을 찾아내 적용하는 것이었다. 다시 말해서 그들은 모든 민족들에 공통되는 법, 즉 만민법ius gentium의 원래 문자적인 의미에 합치하는 법체계를 만들어냈다. 실로 만민법은 옛 이탈리아 부족들의 관습 가운데 공통된 요소의 총합이었다. 이들 부족이 로마인들이 관찰할 수 있었던 **모든 민족들**이었고, 로마의 영토에 지속적으로 이주민 무리를 보냈던 모든 민족들이었다. 어떤 특정 관행이 여러 민족들의 대다수에서 공통적으로 발견되면 모든 민족들에 공통되는 법, 즉 만민법으로 선언되었다. 가령, 비록 물건의 양도는 로마 인근의 여러 다른 국가에서 각기 다른 방식으로 수행되었으나, 그 실제적 이전인 인도引渡tradition, 즉 양도 목적물을 교부하는 것은 그들 모두에서 의례행위의 일부를 구성했다. 예컨대 인도는 로마 특유의 양도방식인 악취행위握取行爲mancipation의 일부분을, 비록 부차적인 부분에 불과했지만, 구성했던 것이다. 그리하여 인도는 분명 법률가들이 관찰할 수 있었던 양도방식들의 유일한 공통요소였기에 만민법, 즉 모든 민족들에 공통되는 법규칙으로 선언되었다. 심사대상이 된 다른 수많은 관례들도 마찬가지 결과를 낳았다. 공통의 목적을 가진 대상들 모두에서 어떤 공통의 성질이 발견되면, 이러한 성질은 만민법에 속하는 것으로 분류되었던 것이다. 따라서 만민법은 여러 이탈리아 부족들 사이에 널리 퍼져있던 제도들에 공통적이라고 관찰로써 확인된 법규칙과 법원리의 총체였다.

만민법의 기원에 관한 이러한 서술은 로마 법률가들이 만민법을 특별히 존중했을 것이라는 오해에 대한 좋은 방패막이가 될 것이다. 만민법은 부분적으로는 일체의 외국법에 대한 경멸의 결과였으며, 부분적으로는 그들 고유의 시민법의 혜택을 외인들에게 주기를 꺼리는 마음의 결과였다.[2] 물론, 로마 법률가들이 수행했던 역할을 오늘날의 우리가 수행한다면, 우리는 만민법을 사뭇 다르게 접근했을 것이다. 우리라면 그렇게 다양한 관행들을 관통하는 배경적 요소로 판별된 것에 어떤 탁월성이나 우선성을 부여할 것이다. 우리라면 그렇게 보편적인 법규칙과 법원리에 어떤 존중심을 가질 것이다. 우리라면 그 공통의 요소를 당해 거래의 본질이라고 말할 것이다. 그리고 공동체마다 서로 다른 그 밖의 의례적 장치들은 우연적이고 부수적인 것으로 폄하할 것이다. 혹은 어쩌면, 우리가 비교하고 있는 민족들이 한때 어떤 위대한 공통의 제도를 따랐고 만민법은 그것의 재현再現이라고 추론할 것이다. 그리고 개별 국가들의 복잡다기한 관행들은 한때 원시상태를 규율했던 단순한 법제의 타락이고 퇴행일 뿐이라고 추론할 것이다. 하지만 근대적 관념이 이끌어낸 이러한 결과들은 초기 로마인들이 본능적으로 느끼고 있던 것들과 거의 항상 정반대이다. 우리가 존중하고 칭송하는 것을 그들을 싫어하고 질시하고 두

---

2 《고대법》에 대한 폴록의 주석이 따르면, 속인주의(personality principle)로 말미암아 외인들에게 로마 시민법을 적용할 수 없었던 것뿐이고 만민법은 상인들의 상관습을 법무관들이 수용한 결과일 뿐, 외국법에 대한 경멸과는 별 상관이 없었다고 한다.

려워한다. 그들의 법 중에 그들이 애정했던 부분 — 악취행위의 엄숙한 몸짓, 언어계약verbal contract의 정연한 질문과 답변, 변론과 소송절차의 한 없는 형식주의 등등 — 은 오늘날의 학자라면 모두 우연적이고 일시적인 것으로 무시할 것들뿐이다. 만민법은 단지 정치적 필요 때문에 어쩔 수 없이 용인한 법체계에 불과했다. 그들은 외인들을 사랑하지 않았듯이 만민법도 사랑하지 않았다. 만민법은 외인들의 법제도에서 추출한 것이고 외인들의 이익을 위한 것에 불과했던 것이다. 만민법이 그들의 존중을 받기 위해서는 근본적인 혁명이 필요했다. 그 일이 실제 발생했을 때 그것은 너무나 근본적이었으니, 만민법에 대한 현대적 평가가 방금 언급한 그들의 것과 다른 진정한 이유는 현대의 법학과 현대의 철학이 이 주제에 관한 후대 로마 법률가들의 성숙한 관념을 물려받았기 때문이다. 시민법에 붙은 비천한 부속물에서 만민법은 일약 모든 법이 따라야할 위대한, 그러나 아직은 발달 중에 있는 전범典範으로 간주되는 시대가 도래했다. 그 결정적 전기는 로마인들이 모든 민족들에 공통인 법의 실무에 그리스의 자연법이론을 적용하기 시작하면서 도래했다.

자연법 자연법ius naturale은 만민법을 특정한 이론의 관점에서 바라본 것에 지나지 않는다. 법률가의 특징인 분류 성향에 따라 로마 법률가 울피아누스가 이 둘을 구분하려는 애처로운 시도를 했지만,[3] 훨씬 높이 평가되는 가이우스의 말에 따르면, 그리고 앞서 인용한 법학제요의 문구에 따르면, 이들 표현은 의심할 여지없이 사실상 서로 바꾸어 쓸 수 있는 것들이었다.[4] 그들 간의 차이는 순전히 역사적인 것이었으며 본질적인 구별은 성립될 수 없었다. 만민법ius gentium, 즉 모든 민족에 공통인 법과 **국제법** international law 간의 혼동은 전적으로 근대적인 것임은 부연할 필요조차 없

---

3 "만민법과 자연법이 다른 것은 쉽게 알 수 있거니와, 자연법은 모든 동물에 공통적인 법이지만 만민법은 인간들 사이에서만 공통적인 법이다." Dig.1.1.1.4.
4 다만 노예제도에 관한 한 자연법과 만민법은 서로 분기했다. 노예제도는 고대 모든 민족들에서 발견할 수 있었으나, 자연법상으로는 모든 인간이 자유롭게 태어났다고 여겼다. Inst.1.2.2.

다. 국제법의 고전적 표현은 선전강화법宣戰講和法 jus feciale, 즉 협상과 외교에 관한 법이었다.[5] 하지만 만민법의 의미에 관한 모호한 인상은 독립 국가들 간의 관계가 자연법의 지배를 받는다는 오늘날의 이론을 낳는 데 크게 기여했음에 틀림없다.

여기서 자연과 자연법에 관한 그리스인들의 관념을 살펴볼 필요가 생긴다. 퓌시스φύσις는 라틴어로 나투라natura, 우리말로는 자연nature이라 번역되는데, 확실히 원래는 물질적인 우주를 뜻하는 말이었다. 그러나 그것은 현대적 언어로 표현하기 힘든 — 고대와 현대의 지적인 거리가 그만큼 멀다 — 어떤 관점에서 사고된 물질적 우주였다. 자연은 어떤 근원적인 요소 또는 근원적인 법칙의 결과로서의 물리적 세계를 의미했다. 초기 그리스 철학자들은 창조의 과정을 어떤 단일한 원리의 발현으로 설명하곤 했거니와, 그 원리를 운동, 불, 습기, 생성 등으로 다양하게 주장했다. 가장 단순하고 가장 고대적 의미의 자연은 다름 아니라 이렇게 어떤 원리의 발현으로 간주된 물리적 우주였다. 후대 그리스인들은, 그동안 위대한 그리스 지식인들이 벗어났던 길을 되돌려, 자연 개념의 **물리적** 세계에 **정신적** 세계를 추가했다. 자연이라는 말이 확장되어 가시적인 피조물뿐만 아니라 인간의 사상·관례·소망까지 포괄하게 된 것이다. 그럼에도 불구하고 여전히, **자연**이라는 단어로 그들이 이해한 것은 그저 인간사회의 정신적 현상만이 아니라, 이러한 현상이 어떤 일반적이고 단순한 법칙으로 환원된다는 것까지 포함했다.[6]

초기 그리스 이론가들은 물리적 우주가 단순한 원시적 형태에서 우연의 장난으로 오늘날의 이질적인 복잡한 상태로 변화했다고 생각했다. 마찬가지로 이제 그들의 지적인 후손들도 만약 불행한 사고事故가 없었다

스토아
철학

---

5 사제단의 일종이었던 선전강화단(fetiales)은 종교적 의례에 따라 공식적으로 적국에 배상을 요구하고 전쟁을 선포하고 강화조약을 체결하는 데 관여했다. 리비우스,《로마사》, 1.32 참조.

6 키케로는 물리적 세계의 탐구에 정신적 세계의 탐구를 추가한 비조로 소크라테스를 지목한다. 키케로,《투스쿨룸 대화》, 5.10.

면 인류는 더 단순한 행위규칙과 고난이 덜한 삶에 만족하며 살았을 것
이라고 상상했다. **자연**에 따라 사는 것이 인간이 창조된 목적이자 탁월
한 인간이 달성해야할 목적으로 간주되기 시작했다. **자연**에 따라 사는
것은 난잡한 습관과 저속한 것에의 탐닉을 넘어서는 고차원적인 행위법
칙으로 고양되었고, 자제와 극기만이 이 법칙을 따를 수 있게 해 준다고
생각했다. 이 명제—자연에 따라 사는 것—가 스토아 철학의 핵심 신
조였던 것은 너무도 유명하다. 그리스의 정복과 더불어 이 철학은 즉시
로마 사회로 흘러들어갔다. 이 철학에는 로마의 엘리트 계급을 사로잡는
매력이 있었다. 그들은, 적어도 이론적으로는, 고대 이탈리아 민족의 단
순한 습관을 고수했고 외국풍의 혁신에 굴복하기를 경멸했다. 이런 사람
들은 자연에 따른 삶이라는 스토아의 명제에 즉각 매료되었다. 세상을
약탈하고 가장 사치스런 민족의 대명사가 된 저 제국의 수도에 만연했던
무절제한 방종에 비추어볼 때, 참으로 감사한 매료요, 생각건대 참으로
고귀한 매료였다. 새로운 그리스 철학의 사도 무리의 맨 앞 열은, 역사적
으로 확승할 수는 없을지라도, 로마 법률가들이 차지하고 있었음이 거의
확실하다. 여러 증거로 추정컨대 로마 공화국에는 사실상 두 종류의 전
문직만 있었거니와, 군인들은 일반적으로 변혁을 추진하는 당파에 속했
고, 법률가들은 일반적으로 변혁에 저항하는 당파의 선두에 서 있었다.

법무관의   법률가들과 스토아 철학의 결합은 수 세기에 걸쳐 지속되었다. 저명
고시   한 법률가들의 몇몇 초기 이름들은 스토아주의와 관련되어 있다. 나중에
는 안토니누스 황조Antonine Caesars 시대로 널리 합의되어 있는 로마법의
황금기가 도래하거니와, 이 시기 황제들은 저 철학을 생활의 규칙으로
삼았던 유명한 사도들이었다. 특정 전문직 구성원들 사이에 이 신조가
장기간 확산됨에 따라 그들이 실무에 활용하고 영향을 끼쳤던 학문도 영
향을 받지 않을 수 없었다. 저 스토아적 신조를 열쇠말로 사용하지 않으
면 로마 법률가들이 남긴 유산에 속하는 몇몇 견해들은 거의 이해가 불

가능해진다. 하지만, 그렇다고 해서 스토아주의가 로마법에 끼친 영향을 스토아 교리에서 기원했다고 생각되는 법규칙의 숫자를 세어 측정하는 것은 매우 흔하지만 심각한 오류에 해당한다. 스토아주의의 강점은, 때로 거부감을 불러일으키는 어처구니없는 행위준칙들에 있는 것이 아니라, 정념에 대한 저항을 가르치는 모호하지만 위대한 원리에 들어있다고 널리 인정되어왔다. 마찬가지로, 스토아주의로 대표되는 그리스 철학이 법학에 끼친 영향도 그것이 로마법에 기여한 여러 특정 견해들의 숫자가 아니라 그것이 가져다준 특유의 근본적인 가정假定에서 찾아야 한다. 자연이라는 단어가 로마인들이 일상적으로 사용하는 말이 되면서, 로마 법률가들 사이에서는 옛 만민법이 사실은 잃어버린 자연의 법전이라는 믿음이 점차 확산되어갔다.[7] 또한 만민법 원리에 기초하여 고시법告示法을 형성함으로써, 타락해가기만 하던 법을 법무관들이 점차 회복시키고 있다는 믿음도 확산되어갔다. 이러한 믿음으로부터, 고시를 통해 가능한 한 많이 시민법을 대체하는 것이, 원시상태의 인간에게 자연이 가르쳐준 제도들을 가능한 한 많이 되살리는 것이, 법무관의 책무라는 생각이 즉각 추론되어 나온다. 물론 이러한 방법으로 법을 개선하는 데는 많은 장애가 따랐다. 법전문직 내에서도 극복해야할 편견들이 있었고, 로마인들의 습관도 꽤나 끈질겨서 단순한 철학 이론에 당장 굴복하지는 않았다. 법무관들의 고시가 몇몇 법기술적 변칙들과 싸운 우회적인 방법들을 통해 우리는 그들이 반드시 준수해야만 했던 제한사항들을 엿볼 수 있다. 또한 유스티니아누스 시대까지도 고법古法의 일부는 이러한 영향력에 완고하게 저항했던 것이다. 하지만 대체로 법 개선을 위한 로마인들의 진보는 자연법이론의 자극이 주어지자마자 신속하게 전개되었다. 단순화

---

7 《고대법》에 대한 폴록의 주석은 "잃어버린"이란 단어에 유보를 표한다. 고대인들은 인간 이성이 합리적인 것으로 발견하는 항구적인 법을 자연법이라 여겼을 뿐, 원시사회를 이상적인 황금시대로 생각하지 않았다. 기독교의 신학적인 교의를 제외하면 자연상태 가설은 16세기 들어 비로소 등장한다.

와 일반화의 관념이 자연의 개념에 밀접히 연관되어 있었다. 그리하여 단순성·조화성·명료성이 좋은 법체계의 특징으로 간주되었고, 복잡한 언어, 다기한 의례, 무의미한 장애물들은 모두 사라져갔다. 로마법을 현존의 모습으로 되살리는 데는 유스티니아누스의 강력한 의지와 흔치않은 기회가 필요했지만, 로마법의 기초계획도는 그가 제국 개혁에 착수하기 오래 전에 이미 수립되어 있었다.

형평법의 기원

옛 만민법과 자연법이 만나는 접점은 무엇인가? 나는 원래의 의미의 형평aequitas을 통해 이 둘이 만나고 결합된다고 생각한다. 여기서 우리는 형평법equity이라는 유명한 용어가 법학에 처음 등장함을 보게 된다. 이처럼 기원이 멀고 역사가 오래된 표현을 탐구할 때에는, 가능하다면, 애초이 개념을 어렴풋이 보여주던 단순한 은유나 상징을 파고드는 것이 언제나 가장 안전할 것이다. 흔히들 라틴어의 '형평'이 그리스어 '이소테스'ἰσότης와 동의어라고 하는데, 후자는 평등한 또는 비례적인 분배의 원리를 뜻한다. 숫자나 물리적 양을 평등하게 나누는 것은 분명 우리의 정의正義 관념과 밀접히 연관되어 있거니와, 인간의 정신에서 이처럼 강고하게 결합되어 있는 관념연관을 찾기란 쉽지 않으며 가장 깊이 있는 사상가들의 고된 작업을 통해서도 이를 분리하기가 쉽지 않다. 하지만 이들의 연관을 역사적으로 추적해보면 아주 초기 사상에서는 이것이 나타나지 않는데, 오히려 상대적으로 후대 철학의 산물인 것으로 보인다. 또한 주목할 점은, 그리스 민주주의가 자랑하는 법의 "평등"—칼리스트라토스Callistratus의 아름다운 연가宴歌에 따르면 하르모디오스Harmodius와 아리스토게이톤Aristogiton이 아테네인들에게 주었다고 전해지는 그 평등—이 로마인들의 "형평"과 거의 공통점이 없다는 것이다. 전자는 시민들 사이에, 그 시민의 계급이 비록 낮다고 할지라도, 시민법의 집행이 평등해야 한다는 의미이다. 후자는 시민이 아닌 자가 속한 계급에게도 법이, 그러나 시민법은 아닌 법이 적용될 수 있다는 의미이다. 전자는 폭

군을 배제한다는 뜻이고, 후자는 외인을, 경우에 따라서는 노예를, 포함
한다는 뜻이다. 대체로 여기서 방향을 약간 틀어 로마인들의 "형평"이란
단어의 기원을 살펴볼 필요가 있겠다. 라틴어 "아이쿠스"aequus는 그리스
어 "이소스"ἴσος보다 **평평하게 하기**levelling라는 의미를 더 명백하게 가진
다.[8] 이러한 평평하게 하는 경향이야말로 정확히 만민법의 성격이었다.
초기 로마인들에게 만민법은 상당히 충격적이었을 것이다. 순수한 로마
시민법은 사람과 물건에 대해 여러 가지 자의적인 분류를 두고 있었지
만, 여러 민족들의 관습에서 일반화된 만민법은 로마시민법상의 구분을
알지 못했다. 예컨대 옛 로마법은 "종족"宗族agnatic인 친족과 "혈족"血族
cognatic인 친족을 근본적으로 구분했다. 전자는 공통의 가부장권家父長權
에 복속하는 가족관계를 지칭하고,[9] 후자는 (오늘날의 관념에 일치하는 것
으로) 단순히 공통의 혈통으로 결합된 가족관계를 지칭한다. 이러한 구
분은 "모든 민족들에 공통인 법"에서는 존재하지 않았다. 또한 "악취물"
握取物 things mancipi과 "비악취물"非握取物 things nec mancipi이라는, 고법古法상의
물건 분류도 존재하지 않았다. 따라서 구분과 경계의 부재는 형평aequitas
으로 묘사되는 만민법의 특징이라 할 수 있다. 나는 이 형평이라는 단어
가 처음에는 단지 이러한 끊임없는 **평평하게 하기**, 즉 울퉁불퉁함의 제거
를 뜻했다고 생각한다. 이것은 외인 당사자가 개재된 사건에 법무관법이
적용될 때면 지속적으로 일어났다. 처음에는 이 표현에 어떤 윤리적 의
미도 들어있지 않았을 것이다. 또한 초기 로마인들은 이러한 과정을 무
척 싫어했을 것이라고 추정하지 않을 이유도 전혀 없다.

한편, 형평이란 말로써 로마인들이 이해한 만민법의 특징은 애초 생

---

8 라틴어 'aequitas'(형평)의 어원인 'aequus'는 '같은'이란 뜻도 있지만 '평평한' '고른'이
   란 뜻이 가장 앞선다. 한편 그리스어 'isotes'(평등)의 어원인 'isos'는 '같은' '동일한'이
   란 뜻이 가장 앞선다.
9 '종족'은 사실상 '남계혈족'(男系血族)과 거의 같은 뜻이다. 남계혈족은 나와 상대방
   (이들은 여자라도 상관없다)을 이어주는 가계도상의 연결점들이 모두 남자인 경우의
   혈족관계를 의미한다.

생하게 감지된 가상의 자연상태의 성격과 완전히 일치했다. 자연은 처음
에는 물리적 세계의, 나중에는 정신적 세계의 균형 잡힌 질서였고, 질서
에 대한 최초의 관념은 분명 직선, 평면, 측정된 거리 같은 것과 관련되
어 있었다. 인간 정신의 눈이 가상의 자연상태의 윤곽을 그려내려 할 때
든, 혹은 "모든 민족들에 공통인 법"의 실제 집행을 바라보고 받아들일
때든, 그 정신의 눈앞에는 이러한 종류의 그림 혹은 상징이 무의식적으
로 그려졌을 것이다. 그리고 원시적 사고에 대한 우리의 모든 지식으로
판단하건대, 이러한 관념적 유사성은 이들 두 개념 간의 동일성에 대한
믿음을 불러일으켰을 것이다. 그런데, 예전에 만민법은 로마에서 거의
혹은 전혀 권위를 인정받지 못하던 것이었으나, 자연법이론은 철학적 권
위의 위신을 두른 채 들어왔을 뿐 아니라 그것도 역사가 더 깊고 더 축복
받은 민족의 것이라는 매력까지 품고 있었다. 이러한 관점의 차이가 옛
법원리의 작동과 새로운 이론의 결과를 동시에 기술하는 저 용어의 위엄
에 어떤 영향을 주었을까는 쉽게 이해할 수 있다. 어떤 과정을 "평평하게
하기"라고 묘사하는 것과 "비성상적인 섯의 시정是正"이라고 부르는 것
사이에는, 사실 그 은유는 완전히 똑같은 것이지만, 현대인들이 듣기에
도 적지 않은 차이가 있다. 또한 '형평'aequitas이 저 그리스 이론을 암시하
는 것으로 이해되자 이제 '이소테스'ἰσότης라는 그리스적 관념이 형평 개
념에 들러붙기 시작했음에 틀림없다. 키케로의 언어가 이런 일이 실제
일어났음을 보여주고 있거니와, 이는 형평 개념의 변용의 첫 번째 단계
였다. 그리고 그때 이후 등장한 거의 모든 윤리체계는 이 형평 개념을 전
승해왔다.

영구
고시록

처음에는 모든 민족들에 공통인 법과 관련되고 나중에는 자연법과 관
련되는 법원리와 법개념들이 차츰 로마법에 흡수되어간 공식적 도구에
대해 몇 마디 말해둘 것이 있다. 타르퀴니우스 왕조 축출 사건으로 불리
는 로마 역사상 최초의 위기 시에 많은 고대국가의 초기 연대기에 나타

나는 것과 유사한 변화가 일어났지만, 이는 오늘날 우리가 혁명이라고
부르는 정치적 변화와는 그다지 공통점이 없는 것이었다. 어쩌면 왕정이
계속 유지되었다는 것이 더 정확한 기술일 수 있다. 왕이라는 명칭은 나
중에 제사왕祭祀王rex sacrorum; rex sacrificulus이라고 부르게 되는 사람에게 주
어져 그대로 유지된 채, 과거 한 사람의 수중에 집중되었던 권력이 이제
는 다수의 선출직 관리들 사이에 분할되었다. 변화의 일부로서 최고 사
법관직의 확립된 임무는 당시 국가의 최고 관리였던 법무관praetor에게 주
어졌다.¹⁰ 또한 이러한 임무와 함께 법과 입법에 관한 불명확한 대권大權
도 그에게 이전되었거니와, 이는 고대 통치자들이라면 누구나 가졌던 것
이지만 한때 그들이 누렸던 가부장적이고 영웅적인 권위와의 연관성은
완전히 사라지고 없었다. 로마의 상황 탓에 이렇게 이전된 기능 중에 더
불명확한 부분이 더 큰 중요성을 가졌다. 법기술상 고유의 로마인으로
분류할 수 없지만 로마 법역 안에 상주하고 있는 다수의 사람들을 다루
는 어려운 문제를 안겨준 재판들이 공화정 수립 이후 지속적으로 제기되
기 시작했기 때문이다. 이러한 사람들 간의 쟁송 및 이러한 사람들과 생
래적 시민들 간의 쟁송은 법무관이 그 재판업무를 떠맡지 않았다면 로마
법상 구제수단이 전혀 주어질 수 없는 것들이었다. 또한 곧이어 상거래
가 확산되면서 로마 시민들과 스스로 외인이라고 진술한 사람들 사이에
발생하는 더 중대한 분쟁들에 대해서도 법무관이 대처하지 않으면 안 되
었다.¹¹ 제1차 포에니 전쟁을 전후하여 로마 법원에 이러한 소송이 대폭
증가하자, 후에 외인담당법무관praetor peregrinus이라 불리게 되는, 이런 종

---

10 법무관은 기원전 367년부터 선출되기 시작했다는 것이 정설이다. 하지만 공화정 초
   기에는 국가수반인 집정관(consul)을 법무관(praetor)으로 불렀던 것 같다. 당시에는
   집정관이 재판업무도 관장했다. 로마가 확장되면서 집정관의 업무가 많아져 법무관
   직이 분화되어 나온 것이다. 사실 문자적으로만 보면 법무관으로 번역되는 'praetor'
   는 "앞장서는 자"라는 뜻이다.
11 스스로 외인이라고 진술하면 의제에 의해서도 시민법을 적용할 수 없으므로 이제 만
   민법(형평법)이 발달하게 된다는 함의가 이 문장에 들어있다고 보인다.

류의 사건만 전담하는 특별한 법무관이 임명되기에 이른다. 한편, 압제의 부활에 대한 로마 인민들의 두려움 탓에, 업무영역이 확장되는 경향을 가진 모든 정무관은 매년 임기 초에 장차 자신이 맡은 업무를 어떻게 수행할지 선언하는 고시告示edict를 공표할 의무가 부과되었다. 다른 정무관들과 함께 법무관도 이 규칙의 적용대상이었다. 그런데 해마다 따로 다수의 법원칙들을 고안해내는 것은 사실상 불가능하므로 법무관은 전임자의 고시를 거의 답습하여 재공표하고, 다만 그때그때의 상황에 따라 혹은 자신의 법적 견해에 따라 약간의 추가와 변경을 가하는 데 그쳤던 듯하다. 그리하여 장기간에 걸쳐 매년 반복되는 법무관의 선포는 영구고시edictum perpetuum라는 이름을 얻게 되었으니, 이는 **지속적인** 또는 **중단 없는** 고시라는 뜻이다. 이것이 너무나 오랫동안 계속되자, 그리고 아마도 그 무질서해질 수밖에 없는 구조에 대한 불만 때문에, 하드리아누스 황제 시기 정무관이었던 살비우스 율리아누스Salvius Julianus의 임기에 이르러 더 이상의 확장이 중단되었다. 그리하여 이 법무관의 고시는 형평법의 종체였거니와, 아마도 새롭고 체계적인 질서를 갖추었을 것이다. 이후 로마법에서 이 영구고시록은 때로 단순히 율리아누스 고시Edict of Julianus로 인용되곤 했다.

고시의 특유한 메커니즘을 바라보는 영국인의 머리에 떠오르는 첫 번째 의문은 이런 것이리라: 법무관의 이러한 포괄적 권한을 통제하는 제약은 무엇이었을까? 어떻게 그렇게나 불명확한 권한이 확립된 사회상황 및 법상태와 조화될 수 있었을까? 이에 대한 답변은 우리 영국법이 운용되는 상황을 면밀히 관찰함으로써만 주어질 수 있을 것이다. 법무관은 그 자신이 법률가이거나, 아니면 법률가인 조언자들의 수중에 있는 사람임을 상기할 필요가 있다. 또한 로마 법률가라면 누구나 저 위대한 사법정무관직에 취임하거나 아니면 그 직을 통제할 날을 손꼽아 기다렸을 것이다. 그 사이 기간 동안 그의 취향·감정·선입견 그리고 계몽의 정도는 불가피 그의 동료집단의 그것이었으며, 또한 나중에 직무에 영향을 주게 되는 그의 자질은 그가 전문직으로서 실무와 연구에서 얻었던 것이었다. 영국의 챈슬러도 정확히 동일한 훈련을 거치며, 또한 동일한 종류의 자질을 가지고 챈슬러직을 수행한다. 공직에 취임할 때는, 공직을 떠나기까지 어느 정도 그가 법을 변경하리라는 것이 확실하다. 하지만 공직을 물러나고 그가 내린 판결들이 판례집에 수록되기 전에는, 전임자에게서 물려받은 법원리를 얼마나 더 분명히 밝히고 또 새로운 것을 추가했는지 우리는 알 수 없다. 로마법에 대한 법무관의 영향도 단지 그 영향의 정도가 확인되는 시기에서만 차이가 날 따름이었다. 전술했듯이 법무관의 임기는 1년에 불과했다. 또한 임기 동안 그가 내린 결정은, 물론 소송당사자들에게는 불가역적인 것이었으나, 장래에 대해 구속력을 갖지 않았다. 따라서 그가 계획하는 변화를 선포하는 순간은 당연히 법무관직에 취임하는 순간일 수밖에 없었다. 그리하여 임기 시작 시에 그는 후에 영국의 챈슬러가 부지불식간에, 때로는 무의식적으로 행하는 것을 공개적이고 명시적으로 수행했다. 그의 외관상의 재량에 대한 통제는 영국 판사들에 대한 통제와 하등 다를 것이 없었다. 이론상으로는 양자의 권한에 거의 아무런 제한이 없어 보이나, 실제적으로는 로마의 법무관도 영국의 챈슬러도 초기 훈련 과정에서 습득한 선이해에 의해, 그리고 전문직 그룹의 여론이라는 강력한 제약에 의해 엄격하게 한계지워진다. 이러한 제약의 엄격함은 직접 경험한 사람들만이 실감할 수 있는 것이다. 덧붙이건대, 움직임이 허락된 공간의 경계선, 넘어서는 안 되는 그 경계선은 영국만큼이나 로마에서도 분명히 그어져 있었다. 영국의 판사들은 고립된 사실관계에 대한 판례집 판결들의 유사성을 따라야 한다. 로마에서는, 법무관의 개입이 처음에는 국가의 안전이라는 단순한 고려에 의해 지배되었기에, 아주 초기에는 제거하고자 하는 문제의 곤란함 정도에 비례해서만 개입이 이루어졌을 것이다. 그 후, 법률가의 해답으로 법원리에 대한 애호가 확산되자, 법무관은 그와 기타 당대 실무 법률가들이 법의 저변에 놓여있다고 믿었던 근본원리들을 더 폭넓게 적용하는 수단으로 고시를 이용했을 것이 틀림없다. 더 시간이 흐른 후에, 법무관은 이제 전적으로 그리스 철학이론의 영향 아래 행동했거니와, 이 이론은 특정한 진보의 방향으로 그를 이끄는 동시에 그 방향으로 가도록 그를 한계지웠다.

이후 로마 형평법   살비우스 율리아누스의 조치는 그 성격이 큰 논쟁의 대상이 되었다. 그 성격이 어떠하든, 그것이 고시에 미친 효과는 자못 명백했다. 고시는 이제 해마다 확장되기를 그쳤고, 이후 로마의 형평법은 하드리아누스 황제 치세와 알렉산데르 세베루스 황제 치세 사이에 활발하게 저술활동을 펼친 일련의 위대한 법률가들에 의해 발달하게 된다. 그들이 이룩한 경탄스런 체계의 일부가 유스티니아누스의 학설휘찬Pandects에 남아있거니와, 이를 통해 우리는 그들의 작품이 로마법의 모든 영역에 관한 전문저술의 형태를, 그러나 주로 고시에 대한 주해서의 형태를 띠고 있었음을 알 수 있다. 실로 이 시대의 어떤 법률가가 어떤 주제를 다루었을지라도 그는 형평법 해설자로 불릴 만하다. 고시에 담긴 법원리들은 이 시대가 끝나기 전에 로마법의 모든 영역에 침투해 들어갔다. 로마의 형평법은, 비록 시민법과 완전히 동떨어진 경우에도, 언제나 동일한 법원에서 재판되었음을 잊지 말아야 한다. 법무관은 형평법 수석판사인 동시에 보통법 수석판사이기도 했다. 그리하여 고시로 어떤 형평법규칙 하나가 만들어지면, 법무관 법원은 바로 옛 시민법규칙을 대체하여 혹은 그것과 병행하여 그 형평법규칙을 적용하기 시작했다. 이는 입법기관의 명시적 법제정 없이 시민법이 직·간접적으로 폐지되는 결과를 낳았다. 물론 이것은 시민법과 형평법의 완전한 통합에는 전혀 이르지 못하는 것이었다. 이 통합은 나중에 유스티니아누스의 개혁으로 비로소 달성된다. 두 영역의 법이 법기술상 분리되어 있다는 사실은 일말의 혼동과 일말의 불편함을 낳았다. 또한 시민법 법리 가운데 아주 완고한 것들은 고시의 선포자들도 그 해설자들도 감히 건드리지 못하는 것들이 있었다. 하지만 법학 분야 가운데 형평법의 영향이 다소간이나마 휩쓸고 지나가지 않은 구석은 하나도 없었다. 그것은 법률가들에게 일반화의 자료를, 해석의 방법을, 근본원리들의 해명을 제공했다. 또한 입법자의 개입이 거의 없는, 오히려 입법자가 제정한 법률의 적용에 중대한 통제를 가하는, 다량의 제한규칙들도 제공했다.

법률가들의 시대는 알렉산데르 세베루스 황제와 더불어 종말을 고한다. 하드리아누스로부터 이 황제에 이르기까지 법의 발달은 오늘날 대부분의 대륙법계 국가들에서와 같이 부분적으로는 공인된 주해를 통해, 부분적으로는 직접적 입법을 통해 이루어졌다. 하지만 알렉산데르 세베루스 치세에 로마 형평법의 성장력은 소진되었고, 저명한 법률가들의 잇따른 등장도 마감되었다. 로마법의 나머지 역사는 황제의 칙법constitution의 역사이고, 종국에는 로마법의 거창한 집적물로 우리에게 남겨진 것을 편찬하려는 시도의 역사이다. 이러한 실험 중에 최후의 그리고 가장 유명한 것으로 유스티니아누스의 로마법대전Corpus Juris이 우리에게 전해지고 있다.[12]

영국과 로마의 형평법을 집요하게 비교하고 대비시키는 것이 지루하게 느껴질 수도 있겠지만, 그들의 공통점 두 가지는 언급해둘 가치가 있다. 첫째는 이렇게 말할 수 있겠다: 양자 모두, 이러한 체계가 다 그러하듯, 형평법이 처음 개입했을 때의 옛 보통법의 상태와 정확히 같은 상태에 이르는 경향이 있었다. 최초에 도입된 도덕적 원리들이 모든 정당한 결과들을 낳으며 역할을 다한 후, 그것에 기초한 체계가 굳어지고, 더는 확장이 안 되고, 보통법이라는 아주 엄격한 규칙체계와 마찬가지로 도덕

---

12 동로마제국의 유스티니아누스 황제(527-565 재위)가 공포한 세 가지 법전, 즉 학설휘찬(學說彙纂, 라틴어 이름은 Digesta, 그리스어 이름은 Pandectae), 법학제요(法學提要, Institutiones), 칙법휘찬(勅法彙纂, Codex)과 더불어 황제 사후에 누군가가 황제 재위 중 선포된 칙법들을 모아 편찬한 신칙법집(新勅法集, Novellae)까지 통칭하여 중세 후기에 로마법대전(Corpus Iuris Civilis)이라는 이름이 부여되었다.

적 진보에 뒤처지기 시작하는 시기가 반드시 도래한다. 로마에서는 그
시기가 알렉산데르 세베루스 재위기에 도래했다. 그 후, 전체 로마 세계
가 정신적 혁명에 휩싸였지만, 로마의 형평법은 더는 확장되지 못했다.
영국 법제사에서는 동일한 시기가 엘던 경Lord Eldon이 챈슬러직에 있을
때 도달했다.[13] 간접적인 입법을 통해 형평법을 확장시키는 대신, 그는
형평법을 설명하고 조화시키는 데만 평생을 바친 최초의 형평법 판사였
다. 법제사의 교훈이 영국에서 좀 더 잘 이해되었더라면, 엘던 경의 업적
은 당대 법률가들 사이의 평판보다 한편으로는 덜 과장되었을 것이고 다
른 한편으로는 더 나은 평가를 받았을 것이다. 실천적 결과에 영향을 주
는 또 다른 오해도 불식되어야 한다. 영국의 형평법이 도덕규칙들에 기
초한 체계임을 영국 법률가라면 누구나 쉽게 이해한다. 하지만 이 규칙
들이 — 현재가 아니라 — 수 세기 전 과거의 도덕임은 잊고 있다. 그동안
너무 많이 적용되어 능력이 거의 소진될 지경에 이르렀음은 잊고 있다.
물론 오늘날의 윤리적 신조와 크게 다르지는 않다 할지라도 오늘날의 그
것을 따라잡지 못하는 것일 수 있음은 잊고 있다. 이 주제에 관한 불완전
한, 그러나 널리 받아들여지고 있는 이론들이 서로 상반되는 종류의 오
류를 생산해왔다. 형평법에 관한 논저의 다수는 현재 상태의 체계의 완
전성에 매료되어 명시적 · 묵시적으로 역설적인 주장을 펼치고 있거니
와, 형평법의 창시자들이 처음 그 기초를 다졌을 때 이미 현재와 같은 고
정된 형태를 의도했다는 주장이 그것이다. 한편, 다른 이들은 — 법정 변
론에서 자주 들리는 불평인데 — 형평법법원이 강제하는 도덕규칙들이
오늘날의 윤리 기준에 미치지 못한다고 불평하고 있거니와, 그들은 영국
형평법의 창시자들이 옛 보통법에 대해 행하던 역할과 정확히 동일한 역
할을 지금의 챈슬러들이 그들 앞에 놓인 형평법에 대해 수행해주기를 요
구하고 있다. 하지만 이것은 법 발달이 진행되는 순서를 거꾸로 뒤집는

---

13 1801-1827년 사이에 챈슬러였다.

것이다. 형평법에는 자신만의 장소와 시간이 있다. 앞서 나는 다른 수단이 있음을, 형평법의 에너지가 소진되면 이 수단이 형평법을 대체할 것임을 지적한 바 있다.[14]

영국과 로마의 형평법의 또 하나의 주목할 만한 성격은 형평법이 보통법이나 시민법보다 우월하다는 주장이 처음 개진될 때, 이 주장이 근거했던 가정들이 모두 허위였다는 점이다. 개인이든 집단이든 인간에게 도덕적 진보를 실제 현실로 받아들이는 것만큼 싫은 것이 없다. 개인에게는 이 거부감이 일관성이라는 의심스런 덕목을 지나치게 존중하는 모습으로 통상 나타난다. 전체 사회의 수준에서도 집단 여론의 움직임이 너무나 명백해서 무시할 수 없고 대체로 너무나 뚜렷이 더 좋은 것을 향하기에 대놓고 비난할 수 없으나 그것을 주요 현상으로 인정하기를 꺼리는 경향이 강하게 존재하거니와, 보통은 잃어버린 완전성의 회복 — 인류가 타락하기 이전 상태로의 점진적 회귀 — 의 주장으로 나타난다. 이렇게 도덕적 진보의 목표를 앞을 바라보는 데서가 아니라 뒤를 돌아보는 데서 찾는 경향은, 전술했듯이, 고대 로마법에 가장 심각하고 영속적인 영향을 주었다. 법무관에 의한 법 발달을 설명하기 위해서 로마 법률가들은 실정법으로 통치되는 국가들이 조직되기 이전에 존재한 인간의 자연상태 — 자연적 사회 — 에 관한 이론을 그리스에서 빌려왔다. 한편, 영국에서는 당시 영국인들의 취향에 특별히 부합하는 관념으로 보통법에 대한 형평법의 우월성을 설명했거니와, 국왕이 갖는 가부장적 권위의 당연한 결과로서 국왕에게는 사법司法을 감독할 일반적 권리가 있다는 것이 그것이었다. 동일한 견해가 "형평법은 국왕의 양심에서 유래한다"는 옛 법리에서 고풍스런 형태로 등장했으니, 이는 실제로는 공동체의 도덕 기준에 진보가 일어난 것을 주권자의 내면적 도덕 감각의 상승으로 치환시키고 있는 것이다. 이후 영국 헌정의 발달로 이러한 이론은 부적합한 것이

---

14 물론 이 수단은 '입법'을 의미한다.

되었지만, 형평법법원의 재판권이 확고하게 자리잡음에 따라 이 이론을 대신할 공식적 대체물을 고안할 필요도 없어졌다. 오늘날 형평법 교재들에서 발견되는 이론들은 참으로 다양하지만 하나같이 유지될 수 없는 이론들뿐이다. 그 대부분은 자연법에 기초한 로마법 이론의 변용이거니와, 이는 자연적 정의와 시민적 정의의 구분으로써 형평법법원의 재판권에 대한 논의를 시작하는 저술가들에 의해 실제 그대로 채용되고 있다.

제4장

자연법의 근대사

    지금까지의 논의로부터, 로마법의 변화를 가져온 저 이론은 어떤 철학적 엄밀성을 주장한 것이 아니었음을 알 수 있을 것이다. 사실 그것은 거의 모든 인간 정신의 유년기적 사변思辨의 특징으로 인정되고 있으며 오늘날의 정신활동에서도 어렵지 않게 발견할 수 있는 일종의 "혼합적 사고양식"이었다. 자연법이론은 과거와 현재를 혼동했다. 논리적으로는, 그것은 한때 자연법으로 통치되던 자연상태를 상정한다. 하지만 로마 법률가들은 그러한 자연상태의 존재를 분명하고 자신 있게 말하지 않았다. 사실 황금시대를 상상하는 시적인 표현을 제외하면 고대인들은 그러한 상태에 대해 거의 언급하지 않았다. 실무적으로는, 자연법은 현재에 속하는 어떤 것이고 기존 제도와 얽혀있는 어떤 것이며 유능한 관찰자에 의해 기존 제도와 구분될 수 있는 어떤 것이다. 자연의 명령을 이와 함께 섞여있는 조잡한 요소들로부터 분리하는 기준은 단순성과 조화성의 감각이었다. 하지만 이들 더 세련된 요소가 본디 존중받은 것은 단순성과 조화성 때문이 아니라, 자연의 원초적 지배의 후예라는 데에 있었다.[1] 이러한 혼동은 근대 자연법론자들도 성공적으로 해명하지 못했다. 실로 로마 법률가들이 받아야 할 비난보다 오히려 오늘날의 자연법사상이 인식의 불명료성을 훨씬 더 많이 노정하고 있으며 언어의 절망적인 모호성에 더 많이 오염되어 있다. 이 주제에 관한 저자들 몇몇은 자연의

---

[1] 가령 키케로의 《법률론》 1.19는 자연법이 "어떤 도시국가도 성립되기 이전에 아주 오랜 세월 전에 먼저 생겨났"다고 말하고 있다. 또한 가이우스는 만민법은 인간의 자연(본성)의 산물이기에 개별 국가의 시민법보다 더 오래되었다고 말한다. Dig.41.1.1.pr.

법전은 미래에 존재하는 것이고 모든 시민법들이 지향해야 할 목표라고 주장함으로써 이러한 근본적인 난제를 피해가려고 시도하나, 이는 옛 이론이 근거하고 있던 가정의 순서를 뒤집는 것이거나, 아니면 서로 양립할 수 없는 두 이론을 뒤섞는 것에 불과할 것이다. 과거가 아니라 미래에서 완전성을 찾는 경향은 기독교가 이 세상에 도입한 것이다. 사회의 진보가 더 나쁜 것에서 더 좋은 것으로 필연적으로 진행된다는 믿음은 고대 문헌에서는 거의 혹은 전혀 발견되지 않는다.

하지만 이 이론이 인류에게 미친 영향은 그 철학적 결함에서 예상할 수 있는 것보다 훨씬 더 심대했다. 만약 자연법의 믿음이 고대세계에 보편적으로 퍼지지 않았다면 어떤 사상사적 전환이, 또 그에 따른 인류사적 전환이, 일어났을까는 실로 말하기가 쉽지 않다.

초기
사회의
위험

법, 그리고 법으로써 결합되는 사회는 그 유년기에 두 가지 위험에 특히 취약하다. 하나는 법이 너무 빨리 발달할 수 있다는 것이다. 진보적인 그리스 공동체들의 법전과 관련하여 이런 일이 일어났거니와, 이들 공동체는 놀라운 능력으로 불편한 소송절차와 불필요한 법률용어의 질곡을 벗어던졌고, 곧이어 엄격한 규칙과 규정들에 미신적 가치를 부여하는 일을 그만두었다. 이로써 그 공동체의 시민들이 누린 직접적 혜택은 자못 컸을지 모르겠으나, 인류의 궁극적 이익에는 기여하지 못했다. 민족성의 드문 자질 중 하나는, 더 높은 이상에 법을 일치시키려는 희망을 잃지 않으면서도, 법 자체의 적용과 운용에서는 추상적 사법司法을 구현하는 데 지속적으로 실패하는 능력이다. 유연성과 탄력성에 뛰어난 그리스 지식인들은 엄격한 법형식의 틀 속에 스스로를 가둘 수가 없었다. 우리가 비교적 소상히 알고 있는 아테네 인민법원을 두고 판단하건대, 그리스 법원들은 법률문제와 사실문제를 혼동하는 경향을 강하게 나타냈다. 연설가orator들이 남긴 기록과 아리스토텔레스《수사학》Treatise on Rhetoric에 보존된 법정 변론의 표현들을 보면, 순수한 법률문제의 변론은 판사들에게

영향을 줄 수 있는 모든 것을 끊임없이 고려하면서 이루어졌다. 이런 식
으로는 지속 가능한 법체계가 만들어질 수 없다. 성문법 규칙이 특정 사
건의 사실관계에 대한 완벽한 이상적인 결정에 방해되는 경우라면 언제
나 그 성문법 규칙을 완화하는 데 거리낌이 없었던 공동체는 설령 후대
에 어떤 법원리들을 물려준다 하더라도 오직 당대에 지배적이었던 옳고
그름의 관념에 기초한 것들만 물려줄 수 있을 뿐이다. 이러한 법은 후대
의 발달된 관념에 어울릴만한 틀을 전혀 제공할 수 없다. 기껏해야 그 법
을 둘러싼 문명의 불완전성을 드러내는 철학이 될 수 있을 뿐이다.

　국가사회 중에 그들의 법이 이러한 때 이른 성숙과 때아닌 해체의 위 　　自然法
험에 의해 위협받은 곳은 많지 않다. 로마인들이 이러한 위험에 심각하
게 노출된 적이 있었는지는 의문스럽다. 어쨌든 그들의 자연법이론에는
적절한 보호장치가 들어있었다. 분명 로마 법률가들은 시민법을 점진적
으로 흡수하는 체계로 자연법을 관념했으며, 시민법이 폐지되지 않는 한
자연법이 시민법을 대체할 수는 없다고 생각했다. 특정 소송사건을 감독
하는 판사들이 자연법의 호소에 압도당할 정도로 그렇게 자연법이 신성
하다는 인상은 유포되지 않았다. 자연법 관념의 가치와 유용성은 완벽한
유형의 법이 인간 정신의 눈앞에 펼쳐지게 하고 그러한 법에 무한히 가
까이 다가갈 수 있다는 희망을 품게 하면서도, 다른 한편 아직 자연법에
조응하지 못한 기존 법이 부과한 의무를 실무가나 시민들이 거부하지 못
하게 한 것이었다. 무엇보다 중요한 점은 이 모범적인 체계가, 후대에 인
간의 희망을 꺾어놓았던 다른 많은 체계들과 달리, 결코 상상의 산물이
아니었다는 것이다. 그것은 결코 허황된 원리에 기초한 것으로 관념되지
않았다. 그것은 기존 법의 저변에 존재하며 기존 법을 통하여 추구되어
야 한다고 생각되었다. 한마디로 그것의 기능은 소송에서 구제수단을 제
공하는 데 있었지, 혁명적이거나 무정부적인 것이 아니었다. 불행하게도
근대 자연법사상은 바로 이런 점에서 고대의 그것을 닮지 않은 경우를

자주 보여준다.

벤담주의   유년기의 사회에 나타나는 또 하나의 취약성은 훨씬 더 많은 민족들의
진보를 방해하고 가로막았다. 원시법의 엄격성은 대개 일찍이 종교와의
관련성 및 동일시에 의해 등장했으며, 대부분의 민족들은 그러한 관행이
처음 체계적 형태로 굳어질 당시 가지고 있던 인생관과 행위관에 얽매여
왔다. 놀라운 운명으로 이러한 재난을 벗어난 민족이 한둘 있거니와, 이
들 줄기에 접목하여 몇몇 근대사회가 기름진 곳이 될 수 있었다. 하지만
여전히 세계의 더 많은 곳에서는 최초 입법자가 그려놓은 기본계획을 추
종하는 것이 법의 완성이라고 여기고 있다. 그런 곳에서 지식인이 법을
운용한다면, 그들은 고대 텍스트의 문자적 의미를 크게 벗어나지 않고
이끌어낸 결론의 미묘한 고집스러움을 한결같이 자랑스러워할 것이다.
만약 자연법이론이 비범한 탁월성을 로마법에 주지 않았더라면 로마인
들의 법이 인도인들의 법에 견주어 우월하다고 할 것이 무엇이 있는지
나는 모르겠다. 이 유일한 예외적인 사례에서, 다른 여러 이유들로 인류
에 막대한 영향을 끼치게 될 한 사회의 눈앞에 단순성과 조화성이 이상
적이고 가장 완전한 법의 성질로 나타났던 것이다. 진보를 추구함에 있
어 어떤 뚜렷한 목표를 가진다는 것이 한 민족이나 전문직업군에게 갖는
중요성은 아무리 강조해도 지나치지 않다. 지난 30년 동안 영국에서 벤
담이 가졌던 막대한 영향력의 비밀은 이 나라 앞에 그러한 목표를 성공
적으로 제시한 데 있다. 그는 우리에게 개혁의 뚜렷한 원칙을 제시했다.
지난 세기 영국 법률가들은, 아마 명민했기에 영국법이 인간 이성의 완
성이라는 흔해빠진 역설적 표현에 눈멀지는 않았겠지만, 일을 추진해나
갈 다른 원리가 없었기에 인간 이성을 믿는 척 행동했다. 벤담은 다른 모
든 목표 위에 공동체의 복리를 두었고, 그리하여 오랫동안 밖으로 빠져
나갈 길만 찾고 있던 흐름에 나갈 길을 열어주었다.

　　우리가 기술해온 관념을 벤담주의의 고대적 대응물이라고 부른다 해

도 이를 완전히 허황된 비유라고 할 수는 없을 것이다. 로마인들의 이론은 저 영국인의 이론과 마찬가지 방향으로 인간의 노력을 이끌었다. 그것의 실천적 결과도 공동체의 일반적 복리를 꾸준히 추구하는 일군의 법 개혁가가 달성할 만한 것과 크게 다르지 않았다. 하지만 그것이 벤담의 원리를 의식적으로 예견한 것이었다고 보는 것은 잘못일 것이다. 로마인들의 대중문헌이나 법학문헌을 보면 개혁 입법의 목표로 때로 인류의 행복이 제시되곤 했음이 분명하지만, 자연법이라는 돋보이는 주장에 주어진 끊임없는 칭송에 비하면 벤담의 원리를 보여주는 증거는 거의 없거나 희미하다는 점에 유의해야 한다. 로마 법률가들이 기꺼이 수용한 것은 인류애 같은 것이 아니라 단순성과 조화성 — 그들이 "우아"elegance하다고 부르며 강조했던 것 — 의 감각이었다. 그들의 노력이 더 엄밀한 철학이 권고했을 노력과 우연히 일치했다는 것은 인류에게 행운이었다.

    자연법의 근대사로 전환하면, 우리는 그것의 영향력이 막대하다는 것은 말하기 쉬워도 그 영향이 좋은 것인지 나쁜 것인지 자신 있게 말하기는 어렵다는 것을 알고 있다. 근대 자연법이론에서 나왔다고 할 수 있는 신조와 제도들은 우리 시대의 격렬한 논쟁의 대상이거니와, 지난 백 년 동안 프랑스가 서구세계에 확산시킨 법·정치·사회에 관한 특수한 이념들 대부분이 자연법이론에 그 원천을 두고 있다는 주장을 둘러싸고 특히 그러하다. 프랑스 역사에서 법률가들의 역할은, 그리고 프랑스 사상에서 법사상의 비중은, 언제나 대단히 컸다. 근대 유럽 법학이 발흥한 곳은 사실 프랑스가 아니라 이탈리아였지만, 이탈리아로 유학하고 돌아와 전 유럽대륙에 건설된, 그리고 (허사로 돌아갔지만) 우리 영국에 건설이 시도된, 학자군 중에서 프랑스의 학자군이 그 나라의 운명에 가장 큰 영향을 끼쳤다. 프랑스의 법률가들은 즉각 카페 왕조 및 발루아 왕조의 왕들과 강력한 동맹관계를 형성했다. 프랑스의 왕권이 여러 소국과 속령들의 집합체에서 떨어져 나와 마침내 그 위에 서게 된 것은 무력에 의한 것인 동

프랑스
법률가들

시에 법률가들이 왕의 대권을 옹호해주고 봉건적 세습규칙을 해석해 준데에도 기인했다. 왕과 법률가들의 동맹으로 프랑스 왕들이 강력한 봉건 제후들, 귀족들, 교회와의 투쟁과정에서 누린 우위는 중세를 거슬러올라가 당시 유럽을 지배하던 이념을 고려하지 않으면 제대로 평가할 수 없다. 우선 일반화를 향한 강한 열정이 있었고 모든 일반적 명제를 향한 찬양이 높았다. 그리하여 법의 영역에서는, 여러 지방에서 관습적으로 사용되던 고립된 다수의 법규칙들을 하나로 포괄하고 요약하는 모든 일반적 공식formula에 대한 무의식적 존중이 있었다. 이러한 공식은 로마법대전이나 표준주석the Glosses[2]에 익숙한 실무가라면 물론 얼마든지 제공할 수 있었다. 하지만 법률가들의 권력을 더욱 증대시킨 또 다른 원인도 있었다. 우리가 말하는 그 시대에는 성문의 법텍스트가 갖는 권위의 정도와 성질에 관한 관념이 보편적으로 퍼져있었다. 대부분의 경우 "이렇게 씌어있다"Ita scriptum est라는 우선권을 가진 주장은 모든 항변을 침묵시키기에 충분했다. 우리 시대의 학자라면 인용된 공식을 조바심 내며 조사하고 그 출처를 따져 묻고 (필요하다면) 인용이 들어있는 법령집이 지방 관습을 대체할 만한 권위를 가지고 있지 않다고 부인하겠지만, 그 시대 법학자들은 규칙의 적용 가능성을 의문시하거나 기껏해야 학설휘찬이나 교회법에서 반대명제를 인용하는 것말고는 다른 것은 거의 시도하지 않았다. 법논쟁의 이러한 자못 중요한 측면에 대해 사람들이 주저하는 태도를 가졌음을 염두에 두는 것은 무척 중요하거니와, 그것은 법률가들이 국왕에게 힘을 실어준 것을 설명하는 데 도움이 될 뿐만 아니라, 몇몇 흥미로운 역사적 문제를 해명하는 데도 도움을 주기 때문이다. 위조된 교령敎令들Forged Decretals[3]을 만든 저자의 동기와 그의 특별한 성공은 이런

---

2 주석학파를 집대성한 아쿠르시우스(Accursius)의 《표준주석》(glossa ordinaria)을 말하는 듯.
3 이른바 '이시도르 위서'(Pseudo-Isidore)를 말한다. 이시도르라고 칭하는 자가 9세기 중엽에 편집한 위조된 교령들의 모음이다. 처음에는 이 문서들의 진정성이 의심되지 않았으나 15세기 이후 위작임이 증명되었다.

맥락에서 더 잘 이해될 수 있는 것이다. 비교적 제한된 영역에서만 관심을 가질 만한 예를 들자면, 브랙턴Bracton의 표절을 이해하는 데에도 비록 부분적이지만 도움을 준다.4 헨리3세 시대의 저 영국 법률가는 순수한 영국법의 집성을 당대 영국인들에게 내놓을 수 있었는데, 이는 편제의 전부와 내용의 3분의 1을 로마법대전에서 직접 빌려온 논저였다. 로마법의 체계적 연구가 공식적으로는 금지된 나라에서 이러한 작업을 감행했을 것이니, 이는 법학의 역사에서 영원히 풀리지 않는 수수께끼의 하나일 것이다.5 그러나, 텍스트의 출처에 대한 고려는 차치하고라도, 성문의 텍스트가 가지는 구속력에 대한 당대의 호의적 여론을 감안하면 우리의 놀라움은 다소간 완화된다.

프랑스의 왕들이 주권 확립을 위한 긴 투쟁을 성공적으로 종결지은 때, 대체로 발루아·앙굴렘 왕조가 들어설 때에 이르러, 프랑스 법률가들의 상황은 사뭇 특수한 것이었고 이 상태는 프랑스혁명 발발 시점까지 지속된다. 한편으로, 그들은 프랑스에서 가장 식자층에 속했고 자못 강력한 권세를 누리는 계급을 형성했다. 그들은 봉건귀족들과 나란히 특권계급의 신분을 가졌으며,6 프랑스 전역에 분포한 기구를 통해 그들의 영향력을 행사했거니와, 이 기구는 국왕의 특허로 각지에 설립되어 폭넓은 명시적 권한과 더 폭넓은 묵시적 권리를 행사했다.7 변호사·판사·입법자의 권한을 모두 가진 그들은 유럽 전역의 다른 동료집단들을 훨씬 능

---

4 브랙턴은 13세기에《영국의 법과 관습》(De Legibus et Consuetudinibus Angliae)이라는 법서를 쓴 인물로 알려져 있다.
5 《고대법》에 대한 폴록의 주석에 따르면 영국에서 로마법의 연구가 체계적으로 금지된 적은 없었다고 한다. 한때 런던에 국한해서 그러한 금지 — 아마도 성직자들이 교회법 연구에 매진하도록 하기 위하여 — 가 있었지만, 옥스퍼드나 케임브리지에서는 로마법 교수가 중단 없이 계속되었다. 또한 '내용의 3분의 1'은 분명 지나치게 과장된 것이라 한다.
6 구체제 프랑스에서 전통적 봉건귀족은 '대검(帶劍)귀족'이라 불렸던 반면, 이들 신흥 법률가층은 '법복(法服)귀족'이라 불렀다.
7 프랑스혁명 전까지 각 지역 최고법원이자 왕령등록기구였던 파를르망(Parlement)을 말한다.

가하는 권력을 누렸다. 그들의 재판 기술, 표현의 능란함, 유추와 조화에 대한 세련된 감각, 그리고 (가장 뛰어난 인물들로 판단하건대) 정의관에 대한 열정적 헌신 따위는 그들 중에 특출난 재능을 보였던 인물들의 다양성만큼이나 두드러졌다. 이들 인물의 다양성은 퀴자Jacques Cujas와 몽테스키외Montesquieu, 다그소Henri François D'Aguesseau와 뒤물랭Charles Dumoulin처럼 서로 대척점에 위치한 이들 사이의 전 영역을 아우르는 것이었다. 하지만, 다른 한편으로, 그들이 집행해야 했던 법체계는 그들이 훈련받은 법학의 정신과는 현저히 다른 것이었다. 상당 부분 그들의 노력으로 만들어진 당대 프랑스는 유럽의 다른 어떤 나라보다 법의 변칙성과 불일치라는 저주에 휩싸여 있었다. 프랑스를 가로지르는 큰 구획선이 그 나라를 성문법지역pays de droit écrit과 관습법지역pays de droit coutumier으로 갈라놓고 있었으니, 전자는 성문의 로마법을 그들 법의 토대로 받아들이고 있었고, 후자는 지방적 관습과 조화되는 한도 내에서 단지 표현의 일반적 양식과 법적 추론의 수단으로만 로마법을 인정하고 있었다. 이러한 분열 아래에는 계속해서 하위 분열이 존재했다. 관습법지역에서는 지방마다, 군현마다, 성읍마다 관습의 성질이 서로 달랐다. 성문법지역에서는 로마법 층위 위에 봉건규칙들의 층위가 대단히 잡다한 양상으로 펼쳐져 있었다. 이러한 혼란상은 영국에는 존재한 적이 없었다. 독일에서는 존재했지만 그것은 이 나라의 정치적·종교적 분열상에 어울리는 것이었기에 한탄의 대상도, 심지어 감지의 대상도 되지 못했다. 국왕의 중앙권위가 부단히 강화되고 있었음에도, 행정의 통일성을 달성하려는 노력이 빠르게 진행되고 있었음에도, 백성들 사이에 뜨거운 민족정신이 발달하고 있었음에도, 법의 비상한 다양성이 특별한 변화 없이 지속된 곳은 프랑스가 유일했다. 이러한 현저한 차이는 여러 가지 심각한 결과를 낳았는데, 그 가운데 첫째로 꼽아야 할 것은 프랑스 법률가들의 정신에 미친 영향일 것이다. 그들의 사변적 의견과 지성적 성향은 그들의 이해관계나 직업적 관행과 크게 상반되는 것이었다. 단순성과 통일성에 기초한 완전한 법을 민감하게 느끼고 완전히 수용하고 있음에도 불구하고, 그들은 프랑스법을 감싸고 있는 악덕을 근절 불가능하다고 믿었거나 혹은 그렇게 믿는 듯이 보였다. 실제로 그들은 덜 계몽된 프랑스인들 사이에서는 볼 수 없는 고집스러움으로 악습의 개혁에 저항하곤 했다. 그러나 이러한 자기모순을 조화시키는 길이 있었다. 그들은 열렬한 자연법론자들이었다. 그들의 자연법은 지방 간의 경계를, 성읍 간의 경계를 뛰어넘는 것이었고 귀족과 도시민의 구별을, 도시민과 농민의 구별을 알지 못하는 것이었으며 명료성·단순성·체계성에 최고의 지위를 부여하는 것이었으나, 신봉자들에게 어떤 특정한 진보도 의무지우지 않는 것이었고 존경받고 돈벌이되는 법기술을 직접 위협하지도 않는 것이었다. 자연법은 프랑스의 보통법이 되었다고 말할 수 있을 것이다. 여하튼 자연법의 존엄과 가치는 모든 프랑스 법실무가들이 한결같이 승인하는 유일한 신조였다. 혁명 이전의 법률가들의 언어에서 자연법의 찬미는 자못 무조건적이었다. 특히, 순수한 로마법을 폄하하는 것을 의무로 여기곤 했던 관습법 연구자들이, 학설휘찬과 칙법휘찬만 존중하던 당대 로마법 학자들보다 훨씬 더 자연과 자연법을 열성적으로 이야기했던 것이다. 옛 프랑스 관습법의 최고 권위자였던 뒤물랭은 자연법에 대해 몇몇 과도한 진술들을 했거니와, 그의 찬사가 담고 있는 특유의 수사학적 표현은 그것이 로마시대 법률가들의 조심성과는 사뭇 거리가 먼 것이었음을 알려준다.[8] 자연법 가설은 이제 법실무를 이끄는 이론이 아니라 사변적 믿음의 규약이 되었다. 그리

---

8 《고대법》에 대한 폴록의 주석에 따르면, 뒤물랭의 저술의 정본에서는 이러한 자연법의 찬사를 찾을 수 없었다고 한다. 그러면서 메인이 어떤 이본(異本)을 참조한 것이 아닌가 추정하고 있다. 프로테스탄트였기에 박해를 피해 장기간 망명생활을 해야 했던 샤를 뒤물랭(1500-1566, 라틴어 이름은 몰리나이우스Molinaeus)은 프랑스 관습법의 대가로서 《파리 관습법 주해》(Commentarii in consuetudines parisienses)가 대표작이다. 민족주의자였던 그는 개별 관습법 체계에 흠결이 있으면 로마법이 아니라 모든 관습법 체계에 공통인 원리에 의해 보충되어야 한다고 주장했다.

하여, 곧 언급하겠지만, 자연법의 최근 변화에서는 지지자들에게서 가장
약하게 존중받던 부분이 가장 강하게 존중받는 지위로 올라섰던 것이다.

    18세기가 절반이 지났을 때 자연법의 역사에서 가장 중대한 시기가
도래한다. 그 이론과 결과에 대한 논의가 법전문가들 사이에서만 계속되
었다면, 자연법이 누리던 신망은 감소되어갈 가능성이 있었다. 바로 이
때《법의 정신》Esprit des Lois이 출현했던 것이다. 아무런 심사 없이 무사통
과되던 가정假定들에 격렬하게 반발하는 특징을 조금은 과장되게 보여주
는, 그러면서도 기존의 편견과 타협하려는 욕망의 흔적을 조금은 모호하
게 보여주는 몽테스키외의 이 책은, 그 모든 결함에도 불구하고, 자연법
이 한 순간도 발붙인 적이 없었던 저 역사적 방법historical method에 기초하
여 논의를 전개한다. 이 책의 인기만큼이나 그 사상적 영향력도 마땅히
컸어야 했으나 실은 꽃피울 시간이 허락되지 않았으니, 이 책이 파괴하
고자 했던 반대가설이 갑자기 법정에서 거리로 뛰쳐나가 과거 법정이나
대학을 뒤흔들었던 때보다 훨씬 더 격렬한 논쟁의 한복판에 서게 된 것
이다. 논쟁을 새롭게 촉발시킨 비범한 인물은 배운 것도 없고 그리 유덕
하지도 않으며 강한 성격의 소유자도 아니었으나 그럼에도 불구하고 생
동하는 상상력과 그의 단점 대부분을 용서하고도 남을 인간에 대한 진정
어린 불타는 사랑의 힘으로 역사에 지울 수 없는 각인을 남겼다. 1749년
부터 1762년 사이에 루소Jean Jacques Rousseau가 출간한 문헌들만큼 인간의
정신에, 지성적 사고의 모든 형태와 색조에 막대한 영향력을 행사한 예
는 우리 시대에는 전혀 볼 수 없으며, 실로 세계 전체의 역사를 통틀어 한
두 번 있을까 말까 한 것이다. 이는 벨Pierre Bayle과 부분적으로 영국의 로
크John Locke가 시작하고 볼테르Voltaire가 완성한 저 순수한 우상파괴적 노
력 이래 처음으로 인간 믿음의 건축물을 새로 건설하려는 시도였다. 단
지 파괴만 일삼는 노력에 비해 모든 건설적인 노력이 언제나 갖는 우월
성 외에도, 사변적 문제에 관해 과거 모든 지식의 건전성을 의심하는 거

의 보편적인 회의주의의 한복판에서 출현했다는 것도 그것의 큰 장점이
었다. 루소의 모든 사변적 고찰에서 핵심적인 상징은 사회계약의 체약자
라는 영국적 옷을 입은 존재이든, 일체의 역사적 속성에서 벗어난 벌거
벗은 존재이든, 가상의 자연상태에서 살고 있는 인간인 점에는 변함이
없다. 이러한 이상적 상황의 상상적 존재에 어울리지 않는 모든 법과 제
도는 원초적 완전성으로부터 타락한 것으로 낙인찍힌다. 저 자연의 피조
물이 지배했던 세상의 모습에 가까이 다가가는 모든 사회적 변화는 칭송
받을 만하고 어떤 대가를 지불하더라도 달성할 가치가 있다. 이 이론은
여전히 로마 법률가들의 이론과 일치하거니와, 자연상태를 채우고 있는
일련의 환영幻影들 중에서 로마 법률가들을 매료시킨 단순성과 조화성을
제외한 일체의 속성과 특징들은 받아들이지 않기 때문이다. 하지만 이
이론은 말하자면 아래위가 뒤집힌 이론이다. 이제 '자연법'이 아니라 '자
연상태'가 숙고의 제일가는 주제인 것이다. 로마인들은 현존 제도들을
주의 깊게 관찰하면 그 중 일부는 그들이 어렴풋이 인정했던 저 자연의
지배 흔적을 이미 보여주고 있는 것으로, 혹은 사려 깊은 정화를 거치면
보여줄 수 있는 것으로 골라낼 수 있다고 생각했다. 루소의 믿음은 완전
한 사회질서는 오직 자연상태를 고려함으로써만 도출될 수 있다는 것이
었으니, 그 사회질서는 현실세계의 상태와 전적으로 무관한 것이고 그것
과 전혀 닮지 않은 것이었다. 두 견해 간의 큰 차이는, 하나는 이상적 과
거와 닮지 않았다는 이유로 현재를 몹시 그리고 노골적으로 부정하는 반
면, 다른 하나는 과거 못지않게 현재도 필요한 것으로 보고 현재를 무시
하거나 비난하려 하지 않는다는 데 있다. 자연상태에 기초하여 건설된
저 정치철학·예술철학·교육철학·윤리학·사회철학을 여기서 일일이
분석할 필요는 없을 것이다. 이 철학은 지금도 여러 나라의 저급한 사상
가들을 매혹하는 힘을 가지고 있으며, 또한 분명 역사적 방법에 기초한
탐구를 방해하는 선입견들의 대다수를 낳은 다소 먼 조상이기도 하다.

하지만 오늘날 수준 높은 지성인들 간에는 이 철학에 대한 불신이 무척 깊어, 사변적 오류의 비상한 생명력에 익숙한 이들까지 놀라게 할 정도이다. 아마 오늘날 가장 빈번하게 제기되는 질문은 이 철학의 가치가 무엇이냐의 문제가 아니라, 백 년 전에 이 철학이 지배적 영향력을 가졌던 원인이 무엇이었냐의 문제일 것이다. 생각건대 그에 대한 답은 간단하다. 먼 옛날 법에만 관심을 둘 때 초래될 법한 오해를 교정하는 데에 가장 적합했을 지난 세기의 연구분야는 종교에 관한 연구였다. 그러나 그리스 종교는, 당시 이해된 바로는, 가공의 신화에 불과한 것으로 타기唾棄되었다. 동양의 종교는, 설령 관심을 받았을지라도, 허황된 우주생성론에 빠져있는 것으로 생각되었다. 연구 가치가 있는 원시 기록은 단 하나밖에 없었다. 바로 유대인들의 초기 역사였다. 하지만 이것의 연구는 당대의 편견 탓에 저지당했다. 루소 학파와 볼테르 학파의 공통점이 하나 있다면 그것은 일체의 고대종교에 대한, 특히 히브리 민족의 종교에 대한 철저한 경멸이라 할 것이다. 주지하듯이 당대 지식인들에게는 모세에게서 유래했다는 제도들이 실은 신이 명령한 것도, 그렇다고 모세 이후에 성문화된 것도 아니고, 오히려 그 제도들과 모세오경 전체가 바빌론 유수에서 귀환한 후 날조된 것에 불과하다고 주장하는 것이 일종의 명예로운 일이었다. 그리하여 사변적 망상을 방지하는 담보장치 하나를 이용할 수 없게 된 프랑스 철학자들은 성직자들의 미신이라 여기는 것에서 탈출하려는 열망에서 법률가들의 미신으로 앞뒤 가리지 않고 뛰어들었던 것이다.

프랑스의
자연법
　　　자연상태 가설에 기초한 철학에 대한 존중이 대체로 감소했다고는 하나, 더 거칠고 더 쉽게 닿을 수 있는 측면에 관한 한 뒷마당에서는 여전히 그것의 설득력과 인기와 권력이 사라지지 않고 있다고 해야 할 것이다. 전술했듯이 여전히 그것은 역사적 방법의 적대자이다. 역사적 탐구 방법에 (종교적 반대는 제쳐놓고) 저항하거나 이를 비난하려 하는 자들은 대체

로 사회나 개인의 비역사적·자연적 상태에 대한 의식적·무의식적 믿음
에 기인하는 선입견이나 악의에 찬 편견에 의해 영향받고 있다. 그러나
자연의 교리와 자연법의 교리가 에너지를 잃지 않고 있는 것은 주로 정
치적·사회적 경향과의 동맹관계 덕분이다. 저 교리들은 이러한 경향의
일부를 자극했고, 다른 일부를 실제로 만들었으며, 대다수에게 표현과
형식을 제공했다. 그것은 프랑스로부터 다른 문명세계로 지속적으로 퍼
져나가는 뚜렷한 관념이 되었고, 그리하여 문명을 변화시키는 일반적 사
상체계의 일부가 되었다. 그것이 인류의 운명에 행사하는 영향력의 가치
는 우리 시대에 뜨거운 논쟁의 대상이 되고 있지만, 이를 논하는 것은 이
책의 목적을 벗어난다. 하지만, 자연상태 이론이 최대의 정치적 중요성
을 가졌던 때를 돌이켜볼 때, 제1차 프랑스혁명이 무수히 낳았던 엄청난
실망감의 원인을 제공하는 데 그것이 크게 기여했음을 부인할 이는 거의
없을 것이다. 그것은 당대에 거의 보편적이던 나쁜 정신적 습관, 즉 실정
법에 대한 경멸, 경험에 대한 조급증, 다른 모든 추론에 앞선 선험à priori
의 우선성 등을 낳거나 강하게 자극했다. 또한 이 철학은, 생각이 짧고
관찰이 부족한 사람들의 마음을 사로잡아가는 것에 비례하여, 확실히 무
정부주의적이 되는 경향을 보였다. 뒤몽Étienne Dumont이 벤담을 대신해 출
간한《무정부적 궤변》Sophismes Anarchiques[9]에서 벤담이 폭로한 특히 프랑스
적인 오류들 가운데 얼마나 많은 것들이 프랑스어로 번안된 로마인들의
가설에서 유래한 것인지, 그리고 그 가설을 참조하지 않고는 이해되지
않는 것인지를 알면 놀라지 않을 수 없다. 또한 이 점에 관해 혁명의 절정
기에 발간된《모니퇴르》Moniteur지誌를 찾아보면 흥미로울 것이다. 자연
법과 자연상태에 대한 호소는 시대가 어두워질수록 점점 짙어졌다. 제헌
의회 시절에는 비교적 드문 편이었으나, 입법의회 시절에는 훨씬 빈번했

---

9 프랑스어로 먼저 출간된 이 책은 벤담 사후에《무정부적 오류》(Anarchical Fallacies)라
　는 제목으로 영어판이 나왔다. 부제는 "프랑스 제헌의회가 선포한 인간과 시민의 권리
　선언에 대한 검토"다.

고, 음모와 전쟁에 관한 논쟁으로 시끄러웠던 국민공회 시절에는 항시적
으로 나타났다.[10]

**인간의
평등**

　　자연법이론이 근대사회에 끼친 영향을 여실히 보여주는, 그리고 이러
한 영향이 얼마나 소진되기 어려운가를 보여주는 한 가지 예가 있다. 생
각건대, 인간의 근본적 평등의 원리가 자연법이라는 가정假定에 빚지고
있음에는 의문의 여지가 없다. 바로 이 "모든 인간은 평등하다"야말로
시간의 흐르면서 법적 명제가 정치적 명제가 된 대표적 예인 것이다. 안
토니누스 황조 시대 로마 법률가들은 "모든 인간은 자연적으로 평등하
다"omnes homines naturâ aequales sunt라고 단언했지만,[11] 그들의 눈에 이것은 어
디까지나 법적 공리公理였다. 그들이 의도한 것은 가설적인 자연법 아래
에서는, 그리고 실정법이 이를 지향하는 한에서는, 로마 시민법이 가지
고 있던 신분 간의 자의적 구별이 법적으로 사라진다는 것이었다. 이 규
칙은 로마 실무가들에게 대단히 중요했거니와, 로마법이 자연의 법전을
따른다고 생각될 때면 언제나 시민과 외인外人, 자유인과 노예, 종족宗族
과 혈족血族 간의 구별이 로마 법정에서 사라졌다. 이러한 생각을 확고히
가졌던 로마 법률가들은 시민법이 사변적 법유형에 비해 모자란다고 해
서 사회제도를 결코 비난하지 않았고, 자연의 질서에 완전히 일치하는
인간사회가 이 세상에 존재할 수 있으리라고 믿지도 않았다. 하지만 인
간의 평등 원리가 근대의 옷을 입고 등장했을 때 그 옷은 확실히 전혀 새
로운 색깔을 띠고 있었다. 로마 법률가들이 "평등하다"aequales sunt라고 썼
을 때는 그 의미가 글자 그대로였지만, 근대 로마법 학자가 "모든 인간은
평등하다"라고 썼을 때 그 의미는 "모든 인간은 평등해야 한다"였던 것
이다. 자연법은 시민법과 공존하는 것이고 차츰 시민법을 흡수하는 것이

10　이 마지막 문장은 초판에는 있었으나 그 후 저자에 의해 삭제되었다.
11　울피아누스의 말이다. "시민법에 관한 한 노예는 사람으로 취급되지 않는다. 하지만
　　자연법에서는 그렇지 않은데, 자연법에 관한 한 모든 인간은 평등하기 때문이다."
　　Dig.50.17.32.

라는 로마 특유의 자연법 관념은 이제 확실히 망각되었거나 적어도 이해
할 수 없는 것이 되었다. 기껏해야 인간 제도의 기원·구성·발달에 관한
이론을 말하던 단어들이 이제 인류가 겪고 있는 기존의 커다란 해악을
가리키는 표현이 되기 시작했다. 일찍이 14세기 초, 인간의 생래적 지위
에 관해 말하는 당시의 언어는, 분명 울피아누스나 그의 동료들의 언어
를 그대로 따라하려 했으나, 실은 완전히 다른 형태와 의미를 띠게 되었
다. 왕실의 농노들을 해방시킨 완고왕頑固王 루이의 유명한 왕령의 서문
은 로마인들의 귀에는 생경하게 들렸을 것이다. "자연법에 따르면 모든
사람은 자유롭게 태어나야 한다ought to be born free. 그런데 아주 오래 전에
우리 왕국에 도입되어 지금까지 이어지고 있는 관행과 관습으로 인하여,
그리고 어쩌면 그들 선조들이 저지른 범죄행위로 인하여, 우리 평민들
가운데 다수가 예속상태에 떨어져 있다. 그리하여 우리는 …" 운운. 이것
은 법규칙이 아니라 정치적 도그마의 선언이었다. 그리고 이때부터 프랑
스 법률가들은 인간의 평등을 마치 그것이 그들 학문의 저장고에 보관되
어온 정치적 진리인 양 말해왔다. 자연법 가설에서 연역되어 나온 모든
다른 것과 마찬가지로, 그리고 자연법 자체에 대한 믿음과 마찬가지로,
그것은 맥없이 승인되었고 여론이나 실무에 거의 영향을 끼치지 못했다.
그러나 법률가들의 점유에서 벗어나 18세기 문필가들과 그들에게 감화
된 대중들의 점유로 넘어가면서 그것은 이들의 신념을 표현하는 가장 두
드러진 교리가 되었고 나아가 모든 신념을 요약하는 교리로 간주되었다.
하지만 그것이 1789년 사건에서 마침내 권력을 획득하게 된 것은 프랑
스 안에서의 인기에만 기인한 것이 아니었을 것이다. 18세기 중엽 미국
으로 건너갔던 것이다. 당시 미국 법률가들, 특히 버지니아 주의 법률가
들은 당대 영국인들의 것과는 사뭇 다른 지식 계통을 가지고 있었던 것
으로 보인다. 대륙 유럽의 법문헌들에서 유래한 것일 수밖에 없는 것들
이 다수 포함되어 있었던 것이다. 제퍼슨Thomas Jefferson의 저술을 조금만

들여다보더라도 프랑스에서 유행하던 반쯤은 법적이고 반쯤은 대중적인 견해들로부터 그가 강하게 영향받고 있었음을 알 수 있을 것이다. 의심할 여지없이, 미국에서의 일련의 사건들을 이끌었던 그와 기타 식민지 법률가들은 프랑스 법률가들의 특유한 관념에 공감했고, "모든 인간은 평등하게 태어난다"라는 특히 프랑스적인 가정假定을 영국인들에게 친숙한 "모든 인간은 자유롭게 태어난다"는 가정과 결합시켰으니, 이는 독립선언문의 첫 몇 줄에 잘 나타나다. 독립선언문의 이 문장은 우리가 다루는 교리의 역사에서 가장 중요한 문장 중의 하나이다. 미국 법률가들은 이렇게 인간의 근본적 평등을 무엇보다 강하게 긍인함으로써 그들 조국의 정치적 운동에 추동력을 부여했다. 영국에서는 영향력이 덜 했으나 영국은 아직 그 힘을 다 써버린 상태가 아니다. 그런데 그밖에도 그들은 저 교리의 본국인 프랑스에 그것을 되돌려주어 훨씬 큰 에너지를 만들어냈고 그것의 일반적 수용과 존중을 훨씬 강하게 주장하도록 만들었다. 제1차 제헌의회의 비교적 신중한 정치가들조차 저 울피아누스의 명제를 마치 그것이 인류의 직관과 본능에 동시에 기초하고 있다는 듯이 반복하여 외쳤다. "1789년의 원리들" 가운데 그것은 가장 덜 공격받았고 근대의 여론에 가장 큰 영향을 끼쳤으며 여러 사회의 헌정과 여러 국가의 정치에 가장 근본적인 변화를 약속하고 있다.

국제법   자연법의 가장 큰 기여는 근대 국제법과 근대 전쟁법을 탄생시키는 데서 수행되었다. 하지만 여기서는 이 영역에 대한 자연법의 영향을 그 중요성에 비해 훨씬 소략하게 고려하는 것으로 만족할 수밖에 없다.

국제법의 기초를 이루는 공준公準 중에, 국제법의 초기 건설자들에서 유래한 상징을 담고 있는 많은 공준 중에, 무척 중요한 것들이 두세 가지 있다. 그 첫 번째는 결정 가능한 자연법이 존재한다는 입장이다. 그로티우스Hugo Grotius와 그 후계자들은 로마인들에게서 직접 이 가정을 가져왔으나,[12] 결정의 방식에 관해서는 로마 법률가들과 차이가 크고 그들 상호 간에도 차이가 크다. 문예부흥 이후 대거 등장한 공법학자publicist들 대다수는 자연과 자연법에 대한 정의定義를 다루기 쉽게 새로 제공하려는 야심을 가지고 있었다. 공법학자들의 긴 행렬이 이어지면서 저 개념에는 첨가물이 대거 덧붙여졌거니와, 이는 그때그때 대학을 장악했던 거의 모든 윤리학 이론들에서 따온 관념의 조각들로 이루어진 것이었다. 그렇지만 저 개념이 기본적으로 역사적 성격의 개념이었음은, 자연상태의 필수 성질로부터 자연의 법전을 도출해내려는 그 모든 노력에도 불구하고, 그 결과물이란 것이 로마 법률가들의 진술을 묻지도 따지지도 말고 그대로 수용했더라면 얻을 수 있었을 결과물과 별반 다르지 않다는 점에서도 뚜렷이 드러난다. 조약에 관한 국제법을 제쳐둔다면,[13] 국제법 체계의 얼마나 많은 부분이 순수한 로마법으로 만들어져 있는지 놀라울 지경이다. 로마 법률가들의 법리가 만민법ius gentium과 조화된다고 생각되면, 그것이 아무리 순수히 로마적 기원을 가진 것이라 해도, 공법학자들은 언제나 그것을 빌려올 구실을 발견했다. 또한 우리는 이렇게 파생된 이론들이 원래의 관념이 갖고 있던 약점을 그대로 안고 있다는 점도 관찰할 수 있다. 대부분의 공법학자들의 사고양식은 여전히 "혼합적"인 것이었다. 이들의 저술을 연구할 때 항상 부딪치는 큰 어려움은 그들이 논하는 것이 법인지 도덕인지, 그들이 기술하는 국제관계의 상태가 현실의 것인지

---

12 《고대법》에 대한 폴록의 주석은 그로티우스가 고대 로마법에만 의존하지는 않았으며 그에 못지않게 중세 후기 스콜라 학자들의 영향도 강하게 받았다는 사실을 메인이 간과하고 있다고 지적한다. 비록 로마인들이 국가 간의 전쟁과 강화에 관한 법도 때로 만민법이라 부르기도 했지만, 그렇다고 해서 그로티우스가 고대 만민법에서 바로 근대 국제법을 도출했다고 보기는 어렵다. 르네상스 이후 만민법이라는 용어가 크게 인기를 얻어 거의 자연법과 동의어로 사용되고 있었는데, 당시 만민법은 인류의 합의 ― 따라서 이익 ― 에 기초한 합리적 규칙을 의미했다. 그로티우스는 서유럽에서 거의 보편적으로 받아들여지고 있던 저 로마법 개념을 국제관계에 관한 자신의 주장을 합리화하는 데 이용했을 뿐이다. 이미 신스콜라 학파의 수아레즈(Francisco Suarez)도 만민법(ius gentium)을 국제법(law of nations)의 의미로 사용했었다.

13 약정은 지켜져야 한다(pacta sunt servanda)는 그로티우스의 계약법 ― 더 정확히는 약속법 ― 이론은 전체적으로 볼 때 로마법보다는 오히려 교회법의 영향을 더 강하게 받았다.

이상적인 것인지, 그들의 진술이 존재에 관한 것인지 아니면 그들이 생각하는 바람직한 당위에 관한 것인지를 판가름하는 일이다.

자연법이 국가들 사이에서 구속력을 가진다는 가정이 국제법의 근저에 놓여있는 두 번째 공준이다. 이 원리를 주장하고 수용하는 일련의 과정은 근대 법학의 유년기로 거슬러올라가며 추적할 수 있을 것인데, 언뜻 보면 그것은 로마인들의 가르침에서 직접 추론한 것처럼 보인다. 사회의 국가적 상태와 자연적 상태의 차이는 전자에는 입법자가 뚜렷이 존재하지만 후자에는 없다는 것이므로, 만약 다수의 **단위들**units이 공통의 주권자나 정치적 상급자에게 복종하지 않는다고 인정되면 그들은 자연법의 지배 상태로 되돌아간다고 볼 수 있다. 국가들이 바로 그러한 단위들이다. 국가의 독립성 가설은 공통의 입법자 관념을 배제하거니와, 일군의 논자들에 따르면, 따라서 국가들은 자연의 원시적 질서에 복종한다는 관념이 도출된다. 이에 대한 대안은 독립된 공동체들 간에 어떠한 법도 존재하지 않는다는 것이나, 이러한 무법無法 상태야말로 로마 법률가들의 성정이 끔찍히도 싫어했던 진공상태인 것이다. 물론, 로마 법률가들은 시민법이 추방당한 어떤 영역에 맞닥뜨리면 즉시 그 빈 공간을 자연의 명령으로 채워 넣었을 것이라고 추정할 만한 외견상의 이유는 존재한다. 하지만 어떤 결론이 우리 눈에 아무리 확실하고 자명해 보일지라도, 역사의 어느 순간에 실제로 그러한 결론이 도출되었을 것이라고 가정하는 것은 위험한 일이다. 현존하는 로마법 텍스트 중에서, 로마 법률가들이 자연법을 독립된 국가들 간에 구속력을 갖는 것으로 믿었다는 증거는 내가 아는 한 전혀 발견된 바 없다. 로마 제국의 시민들은 그들 국가의 통치영역이 문명의 영역과 경계를 같이 한다고 생각했기에, 국가들이 모두 동등하게 자연법에 복종한다는 것은, 설령 그런 생각을 해봤다 할지라도, 기껏해야 유별난 사변의 극단적 결과쯤으로 치부했을 것이 분명하다. 사실 근대 국제법은, 로마법의 후손임에는 틀림없으나, 비정상적

인 계통을 거쳐 로마법에 연결될 뿐이라고 해야 할 것이다. 로마법의 근
대 초기 해석자들은 만민법ius gentium의 뜻을 잘못 이해하여, 국제 거래를
규율하는 법체계를 로마인들이 그들에게 물려주었다고 서슴없이 믿었
다. 이 "만민법"law of nations은 처음에는 강력한 경쟁상대들과 권위를 두고
싸워야 했고 유럽의 상황은 오랫동안 그것의 보편적 수용을 방해했다.
그러나 차츰 서구세계는 로마법 학자civilian들의 저 이론에 우호적인 형태
로 재편되어갔고, 상황의 변화와 더불어 경쟁적 이론들의 신망은 땅에
떨어졌다. 마침내, 특별한 행운이 겹쳐, 아얄라Balthazar Ayala와 그로티우스
는 그것에 대한 유럽의 열광적 동의를 얻어낼 수 있었고, 다양한 엄숙한
계약이 체결될 때마다 이 동의는 계속 갱신되어갔다. 승리의 주역이라
할 수 있는 저 위인들이 그것을 완전히 새로운 기초 위에 놓으려 시도했
음은 말할 필요도 없거니와, 이러한 재배치 과정에서 그 구조를 많이 바
꾸었음—그러나 일반적으로 알려진 것보다는 훨씬 덜 바꾸었다—도
의문의 여지가 없다. 안토니누스 황조 시대 로마 법률가들이 만민법과
자연법이 동일하다고 보았던 점을 수용한 그로티우스는 그의 직접적 선
학들 및 후학들과 더불어 자연법에 권위를 부여하였으니, 이 권위는 만
약 "만민법"이 당시 모호한 의미를 갖지 않았다면 아마 결코 주장될 수
없었을 것이다. 그들은 자연법이 국가들의 법전이라고 스스럼없이 주장
했다. 그리하여 오직 자연 개념에 대한 숙고로부터 도출된다고 여긴 규
칙들을 국제법 체계에 접목시키는 과정이 시작되었고, 이 과정은 거의
우리 시대까지 지속되고 있다. 또한 이는 인류에게 대단히 중요한 현실
적 결과 하나를 낳았으니, 그것은 근대 초기 유럽의 역사에 전혀 알려지
지 않은 것은 아니나 그로티우스 학파의 법리가 지배적 위치를 차지하면
서 비로소 명백하게 그리고 보편적으로 인식된 것이다. 만약 국가들의
사회가 자연법의 지배를 받는다면 그 사회를 구성하는 원자들은 절대적
으로 평등해야 한다. 자연의 홀笏 아래 모든 인간이 평등하듯이, 국가들

간의 상태가 일종의 자연상태라면 국가들도 평등하다. 크기와 힘이 서로 다르더라도 독립된 공동체들은 국제법의 관점에서 모두 평등하다는 이 명제는, 각 시대의 정치상황에 따라 위협받아온 것도 사실이지만, 대체로 인류의 행복에 기여해왔다. 문예부흥 이후 공법학자들이 자연의 존엄하신 주장으로부터 국제법을 도출하지 않았더라면 이 법리는 결코 굳건한 반석 위에 설 수 없었을 것이다.

  전체적으로 볼 때, 전술했듯이, 단순히 로마 만민법이라는 고대 지층에서 가져온 요소들에 견주어 그로티우스 시대 이래 국제법에 새로 추가된 것이 얼마나 작은 비율인지 놀라울 정도이다. 영토의 취득은 언제나 국가의 야심을 자극해왔거니와, 이러한 취득을 규율하는 규칙들은, 그 야심이 너무나 자주 불러오는 전쟁을 억제하는 규칙들과 함께, 만민법상의jure gentium 물건 취득 방식에 관한 로마법을 단순히 옮겨 적은 것에 지나지 않는다. 앞서 설명했듯이 옛 로마 법률가들은 로마 인근의 여러 부족들을 관찰하여 그들 사이에 지배적인 관행에서 공통의 요소를 추출함으로써 이러한 취득 방식들을 발견했다. 그 기원에 따라 "모든 민족들에 공통적인 법"으로 분류된 이 방식들을 후대 법률가들은 그 단순성에 착목하여 자연법이라는 더 최근의 개념과 어울린다고 생각했다. 그리하여 그들은 근대 만민법law of nations으로 이어지는 길을 열었으니, 결과적으로 **영토**dominion와 그것의 성격, 한계, 취득방식 및 지키는 방식에 관한 국제법 분야는 순수한 로마 물권법 — 안토니누스 황조 시대 법률가들이 자연상태와 모종의 일치를 보인다고 생각했던 바로 그 로마 물권법 — 인 것이다. 국제법의 이 분야가 적용될 수 있으려면 주권자들 사이의 관계가 로마의 소유권자 집단의 성원들처럼 될 필요가 있었다.[14] 이것이 국제법 법전의 초입에 놓여있는 또 하나의 공준인 것이다. 또한 이것은 근대 유럽 역사의 첫 몇 세기 동안은 지지받지 못한 공준이었다. 이것은 두

---

14 로마에서는 원칙적으로 가부장(pater familias)들만이 소유권자가 될 수 있었다.

개의 명제로 분해될 수 있거니와, "주권은 영토적이다," 즉 지구 표면의 한정된 부분에 소유권을 갖는다는 명제와, "주권자들 사이에서는 주권자가 당해 국가영토의, 최고paramount 소유자가 아니라,[15] 절대적absolute 소유자로 간주된다"는 명제가 그것이다.

오늘날 다수의 국제법 학자들은 형평과 상식에 기초한 그들의 국제법 법리들이 근대 문명의 모든 단계에 쉽게 적용될 수 있다고 암묵적으로 전제한다. 하지만 국제법 이론의 몇몇 진정한 결함을 감추고 있는 이 전제는 근대 역사의 대부분의 시기에 대해 결코 주장될 수 없는 전제이다. 국가들의 문제에 관해 만민법ius gentium의 권위가 언제나 도전받지 않았다는 것은 사실이 아니다. 오히려 오랫동안 몇몇 경쟁적 이론들과 투쟁해야 했다. 또한 주권의 영토적 성격이 항상 인정되어왔다는 것도 사실이 아니다. 로마의 영토가 해체된 후 오랫동안 인간 정신은 그러한 이론과 조화될 수 없는 관념에 의해 지배되었다. 사물의 옛 질서와 그에 기초한 견해가 쇠퇴하고 나서야, 새로운 유럽과 그에 부합하는 새로운 관념이 등장하고 나서야, 국제법의 저 두 가지 공준은 보편적으로 받아들여질 수 있었다.

근대사라고 불리는 것의 대부분의 기간 동안 "영토주권"territorial sovereignty이라는 관념이 존재하지 않았다는 데 유의할 필요가 있다. **영토주권** 주권은 지구의 일부분 또는 더 세분된 영역에 대한 영유권과 아무 관련이 없었다. 이 세계는 너무나 오랫동안 로마 제국의 그림자 아래 살아왔기에, 제국의 영토로 편입된 광대한 지역이 한때 외부의 간섭으로부터 면제되고 국가 간에 평등을 요구하는 다수의 독립 국가들로 나뉘어져 있었다는 사실을 망각해버렸다. 만족蠻族들의 침입이 진정된 후, 주권 개념에는 다음과 같이 양면성이 있었던 것으로 보인다. 우선 그것은 "부족주권"tribe-sovereignty이라고 부를 수 있는 형태를 띠고 있었다. 물론 프랑크

---

15 봉건제 하의 중층소유권 이론을 부정한다는 의미일 것이다.

족, 부르군트족, 반달족, 롬바르드족, 서고트족은 그들이 차지한 영토의 주인이었거니와, 이는 몇몇 지역의 지리적 명칭으로도 남아있다. 하지만 그들은 영토적 점유에 기초한 어떤 권리도 주장하지 않았으니, 사실 영토적 점유를 중요하게 여기지도 않았다. 그들은 삼림과 초원에서 가져온 전통을 계속 유지했던 것으로 보이며, 여전히 가부장제 사회의 유랑 무리로서 단지 생계수단을 제공하는 땅 위에 잠시 캠프를 치고 있을 뿐이라는 견해를 가지고 있었던 듯하다. 알프스 너머 갈리아 지방의 일부와 게르마니아 지방의 일부는 이제 프랑크족이 사실상 지배하는 나라 — 오늘날의 프랑스 — 가 되었다. 하지만 클로비스의 후손인 메로빙거 왕조의 군장君長들은 프랑스의 왕이 아니었다. 그들은 프랑크족의 왕이었다. 영토적 권리를 뜻하는 용어가 알려져 있지 않았던 것은 아니나, 처음에는 단지 부족이 점유한 땅의 **일부**를 통치하는 통치자를 지칭하는 편리한 수단의 하나로만 사용되었던 듯하다. 부족 **전체**의 왕은 그의 백성들의 왕이었지, 백성들이 차지하고 있는 여러 토지의 왕은 아니었다. 이러한 특수한 주권 관념에 대한 대안으로 — 이 논점은 매우 중요하다 — 보편적 지배권의 관념이 존재했던 것으로 보인다. 군주가 부족원들의 군장이라는 관계를 청산하고 자신을 위해 새로운 주권 형태를 만들어내고자 했을 때, 받아들일 만한 선례로서 그에게 주어진 것은 로마 황제들의 지배 형태였다. 흔히 쓰이는 인용구를 빌리자면, "황제가 아니면 아무것도 아닌"aut Caesar aut nullus 것이 된 것이다.[16] 비잔틴 황제의 완전한 대권大權을 흉내내거나, 아니면 아무런 정치적 지위를 갖지 않는다는 것이다. 우리 시대에는 새로운 왕조가 폐위된 왕조의 기존 권리를 지워버리고자 할 때, **영토**가 아닌 **인민**을 지칭하는 용어를 사용한다. 그리하여 오늘날에는 프랑스인의 황제나 왕이 존재하고, 벨기에인의 왕이 존재한다. 그러나 우리가 다루고 있는 저 시대에는 다른 대안이 사용되었다. 더는 부족의

---

16 '전부 아니면 전무'(all or nothing)의 뜻으로 종종 쓰인다.

왕으로 불리고 싶지 않은 군장은 세계의 황제를 자처해야 했다. 따라서, 세습 궁재宮宰들은 그들이 이미 오래 전부터 사실상 무력화시킨 국왕들과 더는 타협하고 싶지 않았을 때, 스스로를 단순히 프랑크족의 왕이라고 부르길 원하지 않았다. 이 호칭은 폐위된 메로빙거 왕조에 속하던 것이기 때문이다. 그렇다고 프랑스의 왕이라는 호칭도 쓸 수 없었다. 이 호칭은, 비록 알려져 있지 않은 것은 아니었으나, 위엄을 갖지 못하였기 때문이다. 그리하여 그들은 보편 제국을 지향하는 호칭을 사용했다. 그들의 동기는 크게 오해의 대상이 되었다. 최근 프랑스 학자들은 샤를마뉴를 시대를 앞서간 인물로 그려내는 것을 당연시하거니와, 계획을 추진하는 에너지에서는 물론이고 그의 계획의 성격 또한 그러하다는 것이다. 어떤 사람이 시대를 앞서갈 수 있는지 여부는 차치하고라도, 한 가지 분명한 것은 무한한 지배권을 추구하는 과정에서 샤를마뉴는 그 시대의 특유한 관념이 그에게 허락한 유일한 길을 따랐을 뿐이라는 점이다. 그의 지적 탁월함에는 이론異論이 없지만, 이는 그의 행위 때문에 그러한 것이지 그의 이론理論 때문에 그러한 것이 아니다.

　이러한 독특한 견해는 샤를마뉴의 세 명의 손자들 간에 상속재산이 분할되었을 때에도 그대로 유지되었다. 대머리 샤를, 루이, 그리고 로타르는 이론적으로는 여전히 — 이 용어를 사용하는 것이 적절하다면 — 로마 제국의 황제들이었다. 동로마황제와 서로마황제가 각각 법적으로는 세계 전체의 황제이지만 사실은 그 절반씩 통치했던 것처럼, 저 세 명의 카롤링거 황제들도 권력은 제한되어 있지만 법적 타이틀은 무제한적이라 여겼던 것으로 보인다. 비만왕肥滿王 샤를의 죽음으로 또다시 분할이 이루어진 후에도[17] 이러한 주권의 보편성 관념은 오랫동안 황제의 지위와 관련되어 있었고, 실로 신성로마제국이 존속하는 한 그것과 완전히 단절될 수 없었다. 영토주권 — 주권을 지구 표면의 한정된 부분의 점유

---

[17] 이 문단의 처음부터 여기까지는 초판에 있었으나 그 후 저자에 의해 삭제되었다.

와 관련짓는 견해 — 은 명백히 **봉건제도**feudalism의 자손, 그것도 뒤늦은
자손이었다. 이는 연역적으로도 예상할 수 있거니와, 봉건제도는 역사상
최초로 인적人的 의무를, 따라서 인적 권리를 토지 소유와 연결지었던 것
이다. 그 기원과 법적 성격에 관한 적절한 견해가 무엇이건, 봉건 구조를
생생하게 묘사하는 가장 좋은 방법은 밑바닥부터 시작하는 것이다. 우선
봉신封臣의 봉사奉仕의무를 설정하고 제한하는 한 조각 토지에 대한 봉신
의 관계를 고려하고, 그 다음 차츰 상위의 수봉授封관계로 올라가면서 원
의 반경을 좁혀나가 마침내 체제의 정점에 이르는 방법인 것이다. 암흑
시대 후기 동안 이 정점이 정확히 어디에 위치했는지는 확인하기 쉽지
않다. 아마도 부족주권의 관념이 실제 쇠퇴한 곳이라면 어디서나 그 정
점은 서로마 황제의 후계자로 여겨지는 자에게 항상 주어졌을 것이다.
그러나 머지않아 제국의 권위가 먹혀드는 영역이 대폭 축소되자, 그리고
황제들이 얼마 남지 않은 권력을 독일 지역과 북이탈리아 지역에 집중시
키자, 옛 카롤링거 제국의 나머지 모든 지역에서 최고 봉건수장들은 사
실상 상급자가 없는 상태가 되었다. 차츰 그들은 새로운 상황에 적응해
갔고, 불입不入immunity의 사실상태는 마침내 종속從屬의 법이론을 덮어버
렸다. 그러나 이러한 변화가 쉽게 일어나기 어려웠을 것임을 알려주는
여러 징후가 존재한다. 사실, 사물의 본성상 어딘가에 최고 권력이 반드
시 존재해야 한다는 관념 탓에, 세속적 최고성을 로마 교황청에 부여하
는 경향이 점점 커지고 있었던 것이다. 관념 혁명의 첫 단계는 프랑스의
카페 왕조에 의해 완성된다. 그전까지는 이제 카롤링거 제국에서 갈라져
나온 몇몇 대大영지의 보유자들이 스스로를 공작이나 백작이 아닌 왕으
로 자처하고 있었다. 그런데 파리와 그 인근에 한정된 영토를 가진 저 봉
건군주가 옛 왕가로부터 **프랑스인의 왕**이라는 타이틀을 찬탈하면서 중요
한 변화가 일어났다. 위그 카페와 그 후계자들은 전혀 새로운 의미의 왕
이었으니, 영주의 영지에 대한 관계, 토지보유자의 자유보유지freehold[18]

에 대한 관계와 동일한 관계에서 프랑스 토지에 대한 주권자였던 것이
다. 비록 오랫동안 저 옛 부족적 호칭이 통치왕가의 공식 라틴어 호칭으
로 남아있었으나, 고유어 호칭에서는 빠르게 **프랑스의 왕**으로 변모되어
갔다. 프랑스에서 국왕 지위의 형식은 다른 곳에서 동일한 방향으로 일
어나고 있던 변화를 뚜렷이 촉진시키는 결과를 가져왔다. 앵글로색슨 왕
가들의 왕은 부족적 군장과 영토적 주권자 사이의 중간지대에 머물렀으
나, 노르만 왕조 군주들의 권력은 프랑스 왕의 그것을 본받아 명백히 영
토적 주권자의 모습을 띠었다. 이후 건설되거나 공고화된 모든 영토는
이러한 후대의 모델에 입각하여 형성되었다. 스페인, 나폴리, 그리고 이
탈리아 자유도시들의 폐허 위에 건설된 공국公國들은 모두 영토적 주권
을 가진 통치자들의 지배에 놓였다. 덧붙이건대, 베네치아가 이 견해에
서 저 견해로 옮겨가면서 점진적으로 타락해간 것만큼 이상한 일도 별로
없을 것이다. 해외정복을 시작할 때의 베네치아 공화국은 다수의 피지배
속주들을 통치하는 로마 국가체제의 예시의 하나로 스스로를 간주했었
다. 그로부터 한 세기가 지났을 때 베네치아는 이탈리아와 에게해의 점
유지들에 대해 봉건영주의 권리를 주장하는 주권체로 보여지기를 바라
게 되었던 것이다.

주권이라는 주제에 관한 대중의 관념이 이러한 근본적 변화를 겪고 있   국제법
던 동안, 우리가 오늘날 국제법이라고 부르는 것을 대신하던 체계는 오
늘날의 그것과 형식에서도 달랐고 원리에서도 불일치했다. 유럽 중에서
도 신성로마제국에 속하는 드넓은 지역에서 국가들 간의 연합관계는 제
국칙령imperial constitution이라는 복잡하고 불완전한 메커니즘에 의해 규율
되었다. 우리에게는 놀라울지 몰라도, 당시 독일 지역의 법률가들 사이

---

18 영국 보통법의 개념으로 '자유보유지'는 단순부동산권(estate in fee simple), 한정승계
부동산권(estate in fee tail), 생애부동산권(estate for life), 그리고 과부산(寡婦産, dower)
과 홀아비산(鰥夫産, curtesy)을 통칭한다. 예속적 토지보유(copyhold) 및 부동산 임
대차(leasehold)에 대비되는 말로서, 일단 우리의 토지소유권에 대응한다고 보아도
무방하다.

에서는 국가들 간의 관계가 제국 안에서든 바깥에서든 만민법ius gentium
에 의해서가 아니라 황제를 중심으로 하는 순수한 로마법으로 규율되어
야 한다는 생각이 널리 선호되었다. 우리의 예상과 달리 이 법리는 제국
바깥의 나라들에서도 그다지 확신에 찬 거부의 대상이 되지 못했다. 그
러나 사실 유럽의 나머지 지역에서는 봉건제의 지배복종관계가 공법의
대체물을 제공하고 있었다. 그리고 봉건제가 쇠퇴하거나 모호해지자 그
배후에서 적어도 이론적으로는 최고 규율권력이 교회 수장의 권위에 속
한다는 이론이 모습을 드러냈다. 하지만 봉건권력도 교회권력도 15세기
에 이르면, 아니 이미 14세기부터, 빠르게 쇠퇴하고 있었음이 확실하다.
또한 당시 전쟁의 구실이나 동맹의 동기로 공언된 것들을 살펴보면 조금
씩 옛 원리들이 추방되고 있었고 대신 나중에 아얄라와 그로티우스에 의
해 조화되고 공고화될 견해들이 비록 조용하고 느리지만 괄목할만한 진
전을 이루고 있었음을 알 수 있다. 저 모든 권위의 원천이 융합되었다면
모종의 국제관계 체계가 진화되어 나올 수 있었을까, 그리고 그 체계는
그로티우스의 체계와 중대한 차이를 갖는 것이었을까 따위는 오늘날 우
리로서는 알 수 없거니와, 실로 종교개혁이 하나를 제외하고는 모든 잠
재적 가능성을 파괴해버렸기 때문이다. 독일 지역에서 시작된 종교개혁
으로 제국의 제후들은 건널 수 없는 깊은 골을 사이에 두고 분열되었고,
최고 권력의 황제라도 이 골을 메울 수 없었다. 비록 황제가 중립적이었
다 할지라도 그러할진대, 하물며 황제는 종교개혁에 반대하는 교회의 입
장에 동조해야 했다. 교황도 동일한 곤경에 처해 있었음은 말할 나위도
없다. 그리하여 분쟁당사자들 사이에서 중재 역할을 담당해야 할 저 두
권위는 그들 스스로가 국가들 간 분열에서 한쪽 당파를 대표하는 수장들
이 되어버렸다. 이미 허약해진 봉건제도는 공법관계의 원리로서 신망을
잃어버렸고 종교적 당파성에 대항할 만한 어떠한 안정적 결합도 제공할
수 없었다. 거의 카오스에 가까운 이러한 공법 상황 아래에서, 로마 법률

가들이 지지했을 법한 국가체제의 견해만이 유일하게 남겨진 것이다. 그
로티우스가 보여준 견해의 윤곽과 조화성과 탁월성은 오늘날 모든 교양
있는 이들에게 알려져 있다. 그러나《전쟁과 평화의 법》De Jure Belli et Pacis
의 경이로움은 그것이 신속하고 완전하고 보편적인 성공을 거두었다는
데 있다. 30년전쟁이 가져온 전율, 고삐 풀린 군인들의 방종이 불러온 한
없는 공포와 연민, 이런 것들도 분명 그것의 성공을 어느 정도 설명할 수
있겠지만, 이것만으로는 충분한 설명이 되지 못한다. 만약 그로티우스의
저 위대한 저서가 그려낸 국제관계의 건축물 설계도가 이론적으로 완전
한 모습을 띠지 않았다면 저 저서는 법률가들에 의해 버림받고 정치인들
과 군인들에 의해 무시당했을 것이라는 점은 당대의 관념을 깊이 파고들
지 않더라도 쉽게 이해할 수 있다.

　말할 것도 없이 그로티우스의 체계가 갖는 사변적 완전성은 우리가 논
의해온 영토주권의 개념과 밀접하게 관련되어 있다. 국제법 이론은 국가
들이 상호간 관계에서 자연상태에 있다고 가정한다. 그러나 자연적 사회
를 구성하는 원자들은, 그 근본전제에 따르면, 상호간에 고립되어 있어
야 하고 독립되어 있어야 한다. 만약 약하게라도 그리고 가끔씩이라도
그들을 연결시켜주는 상위 권력이 존재하여 공통의 주권자임을 주장한
다면, 바로 그 공통의 주권자 개념으로부터 실정법 관념이 도입될 것이
고 자연법 관념은 배제될 것이다. 따라서 제국 수장의 보편적 종주권宗主
權이 순 이론적으로라도 받아들여졌다면, 그로티우스의 노력은 헛수고
가 되었을 것이다. 근대 공법이론과 지금까지 발달과정을 서술해온 주권
개념 간의 접점은 이것만이 아니다. 전술했듯이 국제법 분야 중에는 그
전부를 로마 물권법에서 가져온 분야들이 있다. 이로써 무엇을 추론할
수 있는가? 주권 관념에 내가 서술했던 변화가 일어나지 않았다면 — 주
권이 지구의 한정된 부분에 대한 소유권과 관련하여 관념되지 않았다면,
다시 말해, 영토주권이 되지 않았다면 — 그로티우스 이론의 세 부분은

적용 불가능한 것이 되었으리라는 것이다.[19]

---

19 그로티우스의 《전쟁과 평화의 법》은 모두 세 권으로 구성된다.

제5장
원시사회와 고대법

　법이라는 주제를 과학적으로 다룰 필요성은 현시대 들어 완전히 망각된 적이 없거니와, 다양한 재능을 가진 인재들이 이러한 필요성을 인식하여 논문들을 제출해왔다. 그러나, 생각건대, 지금까지 과학의 자리를 대신 차지하고 있던 것은 대체로 일군의 추측이었다는 데는 의심의 여지가 별로 없다. 앞서 두 장에서 살펴보았던 로마 법률가들의 추측이 바로 그런 것들이다. 이처럼 추정적 자연상태 이론 및 이에 어울리는 법원리의 체계를 인식하고 수용하는 일련의 명시적 진술들이 이들을 발명한 시대로부터 오늘날에 이르기까지 거의 중단 없이 지속되어왔다. 근대 법학의 기초를 놓은 주석학파Glossators의 주석에서도, 이를 계승한 스콜라 법학자들의 저술에서도 등장한다.[1] 교회법학자들의 법리에서도 쉽게 눈에 띤다. 문예부흥기에 쏟아져 나온 놀라울 정도로 박학다식한 로마법 학자civilian들에서는 그것이 전면에 부상한다.[2] 그로티우스와 그 후계자들은 그것에 명료함과 그럴듯함뿐만 아니라 실무적 중요성도 부여했다. 블랙스톤William Blackstone의 저서[3] 서론 장들에서도 그것을 읽을 수 있거니와, 이는 뷔를라마키Jean-Jacques Burlamaqui의 저서에서 원문을 그대로 옮겨 적은 것이다. 오늘날 법학도와 실무가들을 위해 출간된 교재들의 첫머리를

1　여기서 '스콜라 법학자'란 주석학파의 연구성과를 체계화하고 실용화한 주해학파(Commentators)를 가리키는 것으로 보인다. 바르톨루스(Bartolus de Saxoferrato, 1313-1375)가 대표적인 인물이다.

2　르네상스의 영향으로 등장한 로마법 학자들을 우리는 흔히 인문학파(Humanists)라고 부른다. 프랑스의 자크 퀴자(Jacques Cujas, 1522-1590)가 대표적 인물이다.

3　1760년대 말에 출간된《영국법주해》(Commentaries on the Laws of England)를 말한다.

장식하고 있는 법의 제1원리에 관한 논의는 언제나 저 로마인들의 가설을 재진술하고 있는 것에 불과하다. 그러나 이들 추측의 원래 형태뿐만 아니라 때로 스스로를 감추고 있는 위장술에서도 우리는 그것이 얼마나 교묘하게 인간 정신에 섞여드는지 잘 파악할 수 있다. 로크의 사회계약론에서 법의 기원에 관한 이론은 그 로마적 유래를 거의 숨기지 않거니와, 실로 고대의 견해가 근대인들에게 매력적으로 보이려면 어떤 장식을 해야 하는지를 알려줄 따름이다. 한편, 동일한 주제에 대한 홉스Thomas Hobbes의 이론은 로마인들과 그 후예들이 생각했던 자연법의 현실성을 부인하기 위해 의도적으로 고안된 것이다. 그러나 영국의 정치학자들을 오랫동안 적대적 진영으로 양분했던 이들 두 이론은 모두 인류의 비역사적이고 검증 불가능한 상태를 근본전제로 삼는다는 점에서 서로 닮아있다. 물론 로크와 홉스는 사회 이전 상태의 성격에 대해서, 그리고 그 상태에서 우리가 알고 있는 사회상태로 이월하는 계기가 되는 특별한 행위가 어떤 것이냐에 대해서 서로 의견을 달리한다. 하지만 원시상태의 사람과 사회상태의 사람 사이에 이들을 갈라놓는 커다란 틈이 있다는 생각에는 일치하거니와, 이 관념이 의식적으로든 무의식적으로든 로마인들에게서 빌려온 것이라는 점에는 의문의 여지가 없다. 사실 법현상을 이들 이론가들이 생각한 방식대로—즉, 하나의 거대한 복합적 총체로—파악한다면, (그럴듯하게 해석되면) 모든 것을 조화시킬 수 있는 영리한 추측에 의지하여 우리가 스스로 설정한 과업을 자주 회피하게 되더라도, 아니면 절망에 빠져 체계화의 노력을 때로 포기하게 되더라도, 그리 놀라운 일이 아닐 것이다.

몽테스키외   로마인들의 법리와 사변적 기초를 같이하는 법이론으로부터 두 명의 유명인사는 제외함이 마땅하다. 첫 번째는 몽테스키외라는 위대한 이름을 가진 인물이다.《법의 정신》첫 부분에는 다소 모호한 표현들이 나오는데, 저자가 당대의 지배적 견해에 공개적으로 도전장을 제출하기를 꺼렸기 때문일 것이다. 하지만 이 책의 일반적 흐름은 확실히 그 주제에 관한 종래의 어떤 관념과도 결별하는 모습을 보여준다. 흔히 지적된 대로, 법체계라고 여겨지는 것들의 방대한 조사에서 끌어 모은 다양한 사례들 속에는 상스럽고 생경하고 외설스런 습속과 제도들을 특별히 강조함으로써 문명사회의 독자들을 놀라게 하려는 갈망이 뚜렷이 엿보인다. 그것의 일관된 주장은 법이 기후, 지리적 위치, 우연, 속임수 따위의 산물—용인할 만한 항구성을 가지고 작용하는 것을 제외한 모든 원인의 결실—이라는 것이다. 실로 몽테스키외는 인간의 본성을 전적으로 유연한 것으로, 외부의 영향을 수동적으로 재생산하고 외부에서 주어진 충동에 절대적으로 복종하는 존재로 보는 듯하다. 바로 여기에 그의 체계가 체계로서 실패할 수밖에 없는 오류가 있다. 그는 인간 본성의 안정성을 지나치게 평가절하한다. 그는 각 민족이 상속받은 자질을, 각 세대가 윗세대에게서 물려받고 약간의 변경을 주어 다음 세대에 전달하는 자질을 거의 혹은 완전히 무시한다. 물론,《법의 정신》이 지적한 저 변화 원인들에 대한 적절한 고려가 없는 한, 어떠한 사회현상도, 따라서 어떠한 법현상도 제대로 설명할 수 없다는 것은 틀림없는 진실이다. 그러나 몽테스키외는 그 원인들의 숫자와 힘을 과대평가한 듯하다. 그가 나열하고 있는 비정상적 현상들의 다수는 거짓된 보고서나 잘못된 해석에 기초한 것이었음이 그 후 밝혀졌다. 또한 나머지 중 적지 않은 것들도 인간 본성의 가변성이 아니라 항구성을 증명하거니와, 이들은 그 민족의 이전 단계의 유산이며 다른 곳이라면 받았을 영향력을 끈질기게 거부해온 결과이기 때문이다. 진실은 인간의 정신·도덕·신체의 구조에서 안정적 부분이 대부분을 차지한다는 것이다. 그것이 변화에 저항하는 힘은 충분히 커서, 비록 세계의 일부 지역에서 인간 사회의 변화는 참으로 명백하지만, 변화는 그것의 양, 성격, 일반적 방향성을 확인할 수 없을 정도로 그렇게 빠르게 일어나지도 광범위하게 일어나지도 않는다. 물론 지금 우리가 가진 지식으로는 완전한 진리에 도달할 수 없다. 그렇지만 진리가 너무 멀리 있으므로, 혹은 (같은 말이지만) 장래에 너무 많은 수정이 필요할 것이므로, 그것이 쓸모없고 배울 바가 없다고 생각할 이유는 없다.

벤담   앞서 언급한 것 중 두 번째 이론은 벤담의 역사이론이다. 벤담의 저술 여기저기서 모호하게 (그리고 어쩌면 소심하게) 전개된 이 이론은 그의《정부론 단편》에서 시작하여 최근 존 오스틴에 의해 완성된 법개념 분석론과는 사뭇 차별성을 보인다. 법을 특수한 조건 아래 부과된 특정한 성격의 명령으로 분석하는 것은 언어의 문제 — 물론 이것도 자못 무서운 것이지만 — 로부터 우리를 보호해주는 것 이상을 하지 못한다. 그러한 명령을 부과하는 사회적 동기가 무엇인지, 그러한 명령들 사이의 관계는 어떠한지, 종래의 명령을 대체한 새로운 명령이 종래의 것에 대해 어떤 의존성을 갖는지 등에 대해서는 아무것도 답해주지 않는다. 벤담이 제공하는 답변은, 일반적 공리功利에 관한 사회의 견해가 변함에 따라 사회는 자신의 법을 변경해왔고 또 변경하고 있다는 것이다. 이 명제가 거짓이라고 말하기는 어렵겠지만 확실히 별로 실속은 없는 명제로 보인다. 법규칙을 변경할 때 한 사회가, 더 정확히는 그 사회의 통치 부분이 공리로 여기는 것은 변경에 임하여 그것이 가지는 어떠한 목표와도 정확히 같은 것이기 때문이다. 공리 또는 최대의 복리란 결국 변경을 추동하는 힘의 다른 이름에 불과하다. 우리가 법이나 여론의 변화 규칙으로 공리를 주장한다고 해도, 이 명제로부터 우리가 얻는 것은 변화가 일어난다고 말할 때 거기에 암시되어 있는 용어를 명시적인 용어로 대체하는 것말고는 아무것도 없다.

적절한   이렇게 기존의 법이론에 대한 불만이 널리 퍼져 있기에, 또한 그들이
탐구방법 해결한다고 내세운 문제가 실제로는 전혀 해결되지 않고 있다는 확신이 일반적이기에, 완전한 결과를 얻는 데 필요한 어떤 탐구방법을 저 이론가들이 불완전하게 따랐거나 아니면 전적으로 무시한 것이 아닌가 하는 의심이 뒤따를 수밖에 없다. 실로, 아마도 몽테스키외의 것을 제외한 저

모든 사변적 이론들은 한 가지를 명백히 무시했다. 저 이론들이 등장한 특정 시대로부터 멀리 떨어진 시대의 법이 실제로 어떠했는가를 그들은 전혀 고려하지 않는다. 저 이론의 창시자들은 그들 자신의 시대와 문명의 제도에 대해서는, 그리고 그들이 어느 정도 지적으로 공감하는 다른 시대와 문명의 제도에 대해서는 주의 깊게 관찰했지만, 그들 자신의 사회와 외관상 차이가 큰 초기 사회의 상태에 관심을 돌릴 때면 누구도 예외 없이 관찰하기를 중단하고 추측하기를 시작했다. 그들이 저지른 잘못은 물질적 우주의 법칙을 탐구하려는 자가 가장 단순한 구성요소인 입자로부터 시작하는 대신 기존의 물질세계 전체를 명상하는 데서 시작하는 오류에 비견될 만하다. 다른 사고영역보다 법학의 영역이라고 해서 이런 과학적 오류가 더 많이 용서받을 수 있다고 생각하는 사람은 분명 아무도 없을 것이다. 먼저, 가능한 한 원초적 상태에 가까운 가장 단순한 사회형태에서 출발해야 한다. 다시 말해, 이러한 탐구의 통상적 과정을 따르고자 한다면, 우리는 원시사회의 역사를 가능한 한 멀리 거슬러올라가야 한다. 초기 사회가 보여주는 현상은 처음에는 이해하기 쉽지 않겠지만, 이러한 이해의 어려움은 우리를 당혹케 하는 현대 사회구조의 난해한 복잡성에 비하면 아무것도 아니다. 그것은 생경함과 상스러움에 기인하는 어려움일 뿐, 초기 사회의 숫자나 복잡성에 기인하는 것이 아니다. 현대적 관점에서 바라볼 때 만나는 놀라움을 극복하기가 쉽지 않은 것일 뿐, 이를 극복하고 나면 그것들은 충분히 그 수가 적고 또한 충분히 단순하다. 하지만, 비록 그것들이 생각보다 많은 어려움을 준다 할지라도, 오늘날 우리의 행위를 규율하고 우리의 행동을 형성하고 있는 모든 형태의 도덕적 제한이 전개되어 나올 맹아를 확인하기 위해 들이는 우리의 고통은 결코 낭비라 할 수 없을 것이다.

우리가 알고 있는 원초적 사회상태는 세 가지 전거典據에 기초한다. 당대의 관찰자들이 그들보다 문명의 진보 수준이 낮은 사회를 기술한 것,

타키투스의
게르마니아

특정 민족이 자신들의 초기 역사에 관해 기록한 것, 그리고 고대법이 그
것이다. 첫 번째 종류는 우리가 기대할 수 있는 가장 좋은 것이다. 사회
들은 동시에 진보하는 것이 아니라 진보의 정도가 서로 다르기에, 체계
적 관찰의 습관을 가진 사람들이 인류의 유년기에 놓여있는 사람들을 관
찰하고 기술할 수 있는 입장에 설 수 있다. 타키투스가 바로 그런 기회를
잘 활용했다. 하지만《게르마니아》는 다른 많은 고전 저술과 달리 저자
의 모범적 전례前例를 따르는 다른 이들을 갖지 못했고, 따라서 이런 종류
의 전거로 우리에게 전해지는 것은 극히 적다. 문명화된 민족이 이웃 미
개인들에게 가지는 오만한 경멸심은 그들의 관찰에 뚜렷한 과실過失을
낳았거니와, 때로는 두려움으로, 때로는 종교적 편견으로, 때로는 바로
그 용어 — 그저 정도의 차이가 아니라 질적인 차이가 있다는 인상을 주
는 '문명'civilisation과 '미개'barbarism라는 용어 — 의 사용으로도 이러한 부
주의는 가중되었다. 몇몇 비평가들은《게르마니아》조차도 선명한 대비
와 솔깃한 이야기를 위해 정확성을 희생시켰다고 의심하고 있다. 나아
가, 자신들의 유년기를 말하고 있는 민족들의 고문헌 가운데 우리에게
전해지는 역사기록 또한, 민족의 자긍심이나 새 시대의 종교적 감정 탓
에 적잖이 왜곡되었다는 평가가 있어왔다. 그런데, 근거가 있든 없든 이
러한 의심이 대부분의 초기 법에는 주어지지 않는다는 데 주목할 필요가
있다. 우리에게 전해지는 옛 법의 상당수는 단순히 옛 법이라는 이유로
보존되었다. 이 법을 적용하고 준수했던 이들은 그것을 이해한다고 내세
우지 않았고, 경우에 따라서는 비웃고 멸시하기까지 했다. 그들은 조상
으로부터 전래되었다는 것을 제외하고는 그것을 설명하려 하지 않았다.
따라서, 가공되지 않았을 것으로 합리적으로 믿을 만한 옛 법의 단편들
에 주의를 집중하면, 우리는 그들이 속했던 사회의 몇몇 중요한 성격에
대해 명료한 관념을 획득할 수 있다. 한 걸음 나아가, 이렇게 얻은 지식
을 마누법전처럼 대체로 진정성이 의심되는 법체계에 활용할 수도 있을

것이다. 우리가 얻은 열쇠를 사용해 진정 원시적인 부분과 편찬자의 편
견·이해관계·무지 등에 의해 영향받은 부분을 분리해낼 수 있는 것이
다. 이러한 탐구를 위한 자료가 충분하다면, 그리고 비교가 정확히 이루
어진다면, 우리가 따르는 방법은 놀라운 결과를 이끌어낸 비교언어학
comparative philology의 방법만큼이나 반대할 거리가 적을 것이라고 인정해
도 좋을 것이다.

비교법comparative jurisprudence 연구에서 나온 증거로부터 가부장제 이론   가부장제
patriarchal theory이라는 인류의 원시상태에 관한 이론이 수립되었다. 물론   이론
이 이론은 원래 하下아시아 지역⁴ 히브리 민족의 가부장들에 관해 성서
에 기록된 역사에 기초한 것이 틀림없다. 그러나 전술했듯이 성서와의
연계성은 그것을 완전한 이론으로 받아들이는 데 방해가 되었다. 최근까
지 사회현상들의 결합관계를 열성적으로 연구한 연구자들 다수가 히브
리 고대를 타기唾棄하는 아주 강한 편견에 사로잡혀 있었거나 종교기록
의 도움 없이 이론 체계를 구성하고자 하는 아주 강한 욕망에 사로잡혀
있었기 때문이다. 지금도 성서의 기록을 폄하하는 경향, 더 정확히는 그
것을 셈족 전통의 일부를 구성하는 것으로 일반화하기를 거부하는 경향
이 남아있는 듯하다. 하지만 중요한 점은 가부장제의 법적 증거가 로마
인, 인도인, 슬라브인이 대다수를 점하는 인도·유럽 계통 사회들의 제도
에서 거의 항상 발견된다는 것이다. 실로 탐구의 현 수준에서 문제되는
것은 오히려 어디서 그칠 것인가를 아는 데에, 애초 사회가 가부장제 모
델에 입각해 조직되었다고 할 수 **없는** 민족은 어떤 민족들인가를 확인하
는 데에 있다 할 것이다. 창세기 앞부분 몇몇 장에서 나타나는 가부장제
사회의 주요 특징들을 여기서 상세히 묘사할 생각은 없다. 우리 대부분
은 어릴 때부터 그것을 익히 들어왔기 때문이고, 또한 로크와 필머Robert
Filmer 간의 논쟁에서 명칭이 유래한 가부장권 논쟁에 대한 한때의 관심으

---

4 유프라테스강 이남의 아시아 지역을 말한다.

로 영국 문헌들에서는 별 쓸모도 없으면서 장章 하나를 통째로 그것에 할
애하고 있기 때문이다. 저 역사의 표면에 드러난 요점은 이런 것이다: 가
장 나이 많은 남자 어른—가장 연장인 선조—이 그의 가家를 절대적으
로 지배한다. 생사여탈권을 포함하는 그의 지배권은 노예들뿐만 아니라
자식들과 가족들에 대해서도 무제한적이다. 사실 아들의 지위와 노예의
지위는 거의 차이가 없으며, 다만 아들은 언젠가 가의 수장이 될 가능성
이 더 크다는 점에서 더 높은 대우를 받을 뿐이다. 자식들의 양 떼와 소
떼는 아버지의 양 떼와 소 떼이며, 아버지의 재산—소유권자라기보다
는 가의 대표자로서 점유하는 것이다—은 그의 사망시 일촌一寸 자손들
에게 균등 분배된다. 때로 먼저 태어났다는 이유로 장자가 두 배의 몫을
차지하기도 하지만, 일반적으로는 약간의 명목상 우선권 외에는 장자가
상속에서 더 유리한 지위를 갖지 않는다. 조금은 덜 분명한 어떤 추론이
성서의 기록으로부터 나올 수도 있겠는데, 가부장의 제국에서 이탈한 최
초의 흔적을 엿볼 수 있을 듯하다. 야곱의 가족과 에서의 가족은 서로 분
리되어 두 개의 민족을 형성하지만, 야곱의 자식의 가족들은 하나로 뭉
쳐 하나의 인민이 되는 것이다. 이것은 국가 상태로 나아가는, 가족관계
에 기초한 자격보다 권리에 기초한 자격이 우선하는 상태로 나아가는,
때 이른 맹아가 아닌가 한다.

가족집단   법학자의 특수한 목적을 위해 역사의 여명기에 인류가 처해있던 상황
의 특징을 간략히 표현하라면, 나는 호메로스의 《오뒷세이아》에서 몇 구
절을 인용하고 싶다.

> τοῖσιν δ᾽ οὔτ᾽ ἀγοραὶ βουληφόροι οὔτε θέμιστες.
>
> .   .   .   θεμιστεύει δὲ ἕκαστος
>
> παίδων ἠδ᾽ ἀλόχων, οὐδ᾽ ἀλλήλων ἀλέγουσιν.

"그들에게는 회의하는 집회도 없었고 테미스테스도 없었다. … 하지만 그들 각자는 부인들과 자식들에 대해 재판권을 행사했거니와, 이에 관해 서로 아무런 간섭도 하지 않았다."[5] 이 인용문은 퀴클롭스에 해당하는 대목인데, 호메로스가 문명의 진보 수준이 낮은 외국인의 전형典型으로 퀴클롭스를 묘사했다고 보아도 완전히 비현실적인 생각은 아닐 것이다. 원시공동체는 자신과 전혀 다른 풍속을 가진 사람들에 대해 느끼는 거의 본능적인 혐오감에서 그들을 대개 거인 따위의 괴물로 혹은 (동양의 신화에서 자주 등장하는) 악령으로 묘사하는 것이다. 어쨌거나, 저 싯귀에는 우리가 고대법에서 얻을 수 있는 힌트의 요지가 담겨있다. 처음에는 사람들이 완전히 고립된 집단들로 분산되어 있었고, 각 집단은 가부장에 대한 복종으로 결합되어 있었다. 가부장의 말이 곧 법이지만, 그것은 앞서 제1장에서 분석한 테미스테스의 단계는 아직 아니다. 이 초기 법관념이 형성되기 시작하는 사회상태로 한 걸음 더 나아가면, 여전히 법관념은 전제專制적 가부장의 명령을 특징짓던 신비롭고 자생적인 성격을 어느 정도 가지지만,[6] 명령이 한 명의 주권자에서 비롯되는 것인 한, 그것은 가족집단들이 더 넓은 범위의 조직으로 결합하는 것을 전제前提한다. 이제 문제는 이 결합의 성질이 무엇이냐, 그리고 결합에 따른 친밀성의 정도는 어떠하냐, 라는 것이다. 바로 여기서 고법古法이 우리에게 큰 기여를 하게 되거니와, 그렇지 않다면 단지 추측으로밖에 연결할 수 없는 틈새를 메워준다. 어디서나 그것은 원시사회가 오늘날 우리가 상정하는 **개인들**의 집합이 아니었음을 보여주는 명백한 증거들로 가득하다. 사실, 그리고 그 구성원들의 견해에 의하더라도, 그것은 **가家들의 집합체**였다. 이 대비는 고대사회의 **단위**는 가족이었고 현대사회의 그것은 개인이라는 말로써 자못 강력하게 표현된다. 우리는 이 차이가 가져오는 모든 결과

---

5 《오뒷세이아》9.112-115.
6 제1장에서 테미스테스는 신적 영감에 기초한 고립된 판결들이었음을 상기할 것.

를 고대법에서 기꺼이 발견할 수 있어야 한다. 고대법은 작은 독립된 단체corporation들의 체계에 부응하도록 짜여져 있었다. 그리하여 고대법은 드문드문 규율할 뿐이니, 가부장들의 전제적 명령에 의해 보충될 것이기 때문이다. 고대법은 의례儀禮에 관한 것이니, 그것이 관심을 두는 관계는 개인들 간의 신속한 교섭보다는 국제 관계를 닮은 것이기 때문이다. 무엇보다, 고대법은 지금 당장은 그 중요성을 다 보여줄 수 없는 어떤 특성 하나를 가진다. 그것의 **생명**에 관한 견해는 발달된 법체계에서 보이는 것과 완전히 다르다. 단체는 **죽지 않는다**. 따라서 원시법은 그것이 다루는 대상, 즉 가부장적 또는 가족적 집단들을 영구적이고 소멸 불가능한 것으로 취급한다. 이 견해는 먼 고대의 도덕적 태도에서 보이는 특정 측면과 밀접히 관련되어 있다. 개인의 도덕적 상승과 도덕적 하락은 그 개인이 속한 집단의 공과功過와 동일시되거나 혹은 그보다 후순위로 밀렸다. 공동체가 죄sin를 범하면 공동체의 책임은 구성원들이 저지른 위반행위의 총합보다 훨씬 더 크다. 그러한 범죄는 단체의 행위이고, 범죄의 결과는 직접 실행에 가담한 자들을 넘어 더 넓은 범위에까지 미치는 것이다. 한편, 명백히 개인이 범죄의 책임을 지는 경우에도 그의 자식, 친족, 부족, 동료시민들이 그와 함께, 때로는 그를 대신해서 벌을 받는다. 그리하여 도덕적 책임과 보복의 관념은 더 진보된 시기보다 먼 고대에 훨씬 더 확실하게 실현되었던 것으로 보인다. 가족집단은 불멸이었고 그것의 형벌 책임은 무제한이었기에, 원시적 정신은 개인이 집단에서 완전히 분리되면서 나타나는 곤란한 문제들에 구애받지 않았기 때문이다. 이러한 고대의 단순한 견해로부터 후대의 신학적·형이상학적 설명의 방향으로 한 걸음 나아가면, '저주의 상속'inherited curse이라는 초기 그리스의 관념을 만나게 된다. 최초의 범죄자로부터 그의 후손들이 상속받는 것은 형벌을 감수할 책임이 아니라, 합당한 보복을 초래할 새로운 범죄를 저지른 데 대한 책임이었다. 그리하여 가족의 책임은 범죄를 실행한 개인에게 범죄의 결과를 국한시키는 새로운 사고 국면과 양립하게 되었다.

　전술한 성서의 사례가 제공하는 힌트만으로 일반적 결론을 얻는다면,
그리하여 가부장의 사망 후 가족이 분리되는 대신 하나로 단결하는 경우
어디서나 공동체가 존재하기 시작한다고 생각한다면, 이는 사회의 기원
에 관한 지나치게 단순한 설명이 될 것이다. 그리스의 대다수 국가들과
로마에서는 일련의 점증하는 집단들이 모여서 최초의 국가를 구성한 흔
적이 오랫동안 남아있었다. 그 전형적인 예로 로마의 가족family, 씨족
house, 부족tribe을 들 수 있거니와, 이들은 동일한 중심으로부터 점점 확장
해가는 동심원들의 체계로 이해하지 않을 수 없다. 가장 기본이 되는 집
단은 가족으로, 이는 제일 높은 남자 어른에게 함께 복종하는 관계로써
결합된다. 가족들의 집합이 씨족gens; house을 형성한다. 씨족들의 집합은
부족을 만든다. 그리고 부족들의 집합이 국가를 구성한다. 이러한 예시
를 따라 우리는 국가를 최초의 어느 한 가족에서 유래한 공통의 후손들
이 결합하여 형성된 집합체라고 이해해도 좋은 것일까? 이에 관해 적어
도 확실한 점은 모든 고대사회는 스스로를 공통의 계통에서 유래한 것으
로 간주했을 뿐만 아니라, 이런 이유말고는 정치적 결합체를 묶어주는
다른 어떤 이유도 생각할 수 없다고 믿고 있었다는 것이다. 사실, 정치적
관념의 역사는 피를 나눈 친족이야말로 정치적 기능을 수행하는 공동체
의 유일한 근거라는 가정에서 출발한다. 어떤 다른 원리 — 가령 **지리적
근접성**local contiguity 같은 것 — 가 역사상 최초로 공동의 정치행위의 근거
로 등장함으로써 일어난 변화만큼 그렇게 놀랍고 그렇게 완전한 감정의
전복順覆은, 강하게 표현하면 혁명은, 이 세상에 존재하지 않는다. 따라
서 초기 국가의 시민들은 그들이 속한 모든 집단을 공통의 혈통에 기초
한 것으로 간주했다고 인정해도 좋을 것이다. 가족에게 타당한 것은 우
선 씨족에도, 다음으로 부족에도, 끝으로 국가에도 타당했다. 그런데 각
공동체는 이러한 믿음 — 용어가 허용된다면, 이러한 이론 — 과 더불어,

이 근본가정이 틀렸음을 명확히 보여주는 기록이나 전승傳承들도 보존해
왔음을 우리는 알고 있다. 그리스 국가들을 보더라도, 로마를 보더라도,
니부르Barthold Georg Niebuhr[7]에게 다양한 귀중한 사례들을 제공했던 디트마
르쉔Ditmarsh 지방의 튜턴족 귀족들을 보더라도, 켈트족의 씨족집단을 보
더라도, 최근에 관심의 대상이 된 슬라브족 러시아인과 폴란드인의 특이
한 사회조직을 보더라도, 어디서나 우리는 이방인 혈통의 사람들이 원주
민 사회에 받아들여지고 서로 혼합되는 역사기록의 흔적을 발견한다. 로
마 하나만 보더라도, 입양의 관행에 의해 기본 집단인 가족에 지속적으
로 불순물이 섞이고 있었을 뿐만 아니라, 원래의 부족들 중 하나가 외래
혈통이었다는 이야기라든가,[8] 초기 왕들 중 하나에 의해 씨족들에 대규
모 편입이 이루어진 이야기[9] 따위가 항상 사람들의 입에 오르내리고 있
었다. 자연적이라고만 여겼던 국가의 구성이 실은 다분히 인공적이었던
것이다. 믿음 혹은 이론과 명백한 사실 간의 이러한 불일치는 언뜻 보면
우리를 무척 당혹케 한다. 하지만 이것이 실제 보여주는 바는 사회의 유
년기에는 법적의제legal fiction가 대단히 효율적으로 작동했다는 것이다.
가장 먼저 가장 널리 사용된 법적의제는 가족관계를 인공적으로 만들어
내는 것이었으니, 생각건대 이보다 더 강하게 인류가 빚지고 있는 것은
없다고 할 것이다. 이것이 없었다면 어떤 원시집단이, 그 집단의 성격이
어떠하든, 어떻게 다른 집단을 흡수할 수 있었을 것이며 또한 두 집단이,
한쪽이 절대적 우위를 점하고 다른 쪽이 절대적 종속에 들어가는 것을
제외하면, 어떻게 하나로 결합할 수 있었을 것인지 도무지 알지 못하겠
다. 물론, 근대적 관점에서 두 공동체의 결합에 관해 생각할 때, 우리는

---

7 팔림프세스트되었던 가이우스의《법학제요》를 발견해냈던 바로 그 사람. 본문의 내
   용은 그의 주저《로마사》(Römische Geschichte)에서 로마 씨족을 설명하는 과정에 원
   용된 사례들로 보인다.
8 에트루리아 혈통의 루케레스(Luceres) 부족이 초창기 세 부족 중 하나였다.
9 툴루스 호스틸리우스가 알바 롱가(Alba Longa)를 파괴하고 그 주민들을 로마로 이주
   시킨 사건을 말하는 듯하다.

그것을 만들어내는 수없이 많은 방법들을 제안할 수 있을 것이다. 가장
간단하게는 통합하려는 집단의 구성원들이 투표를 하거나 아니면 지리
적 근접성에 기초하여 함께 행동하는 것을 생각할 수 있다. 그러나, 단지
동일한 지리적 영역 안에 살고 있다는 이유만으로 다수의 사람들이 공동
으로 정치적 권리를 행사한다는 관념은 원시적 고대에는 전적으로 생경
하고 전적으로 기괴한 것이었다. 당시 널리 애호된 방법은 편입되는 집
단이 편입하는 집단과 동일한 계통의 후손이라고 **가장**假裝**하는** 것이었다.
이러한 의제를 당사자들이 얼마나 믿었는지, 이러한 의제는 그것이 모방
하려는 현실과 얼마나 가까웠는지, 지금의 우리로서는 알 수 없다. 하지
만 반드시 잊지 말아야 할 점은, 다양한 정치집단을 형성한 사람들은 그
들의 연맹을 인정하고 축성祝聖하기 위해 주기적으로 함께 모여 공동의
제의祭儀를 개최하는 습속을 분명 가지고 있었다는 것이다. 원주민 사회
에 혼합되어 들어간 이방인들도 이러한 공동제의에 참가했을 것임은 물
론이거니와, 이것이 일단 행해지고 나면 그들을 공통의 혈통으로 인정하
는 것이 쉬우면 더 쉬웠지 더 어렵게 되지는 않았을 것이다. 따라서 증거
를 통해 얻을 수 있는 결론은, 모든 초기 사회가 동일한 조상에서 유래한
후손들로 구성되었다는 것이 아니라, 지속성과 공고함을 조금이라도 가
진 모든 초기 사회는 그러한 후손들 또는 그러한 후손이라고 의제된 사
람들로 구성되었다는 것이다. 무수한 원인들이 원시집단들을 흩어지게
만들었을 것이나, 그들이 재결합할 때면 언제나 친족관계의 모델 혹은
원리에 기초했다. 사실이야 어떻든 간에, 사상과 언어와 법은 무엇이든
이 가정에 적응했다. 그러나, 우리에게 기록을 남겨준 공동체들에 관해
이 모든 것이 타당하다 하더라도, 그들의 나머지 역사는 아무리 강력한
법적의제라도 일시적이고 기한부의 영향력만 가진다는 전술한 명제를
확인해주는 역사였다. 역사의 일정 시기에 이르면 — 아마도 그들이 외
부 압력에 저항할 수 있을 만큼 강력해졌다고 믿기 시작하면서 — 이들

모든 국가는 혈족관계를 의제적으로 확장함으로써 인구를 충원하는 일을 그만두었다. 그리하여 이제 공통의 기원이 아닌 다른 이유로 새로운 인구를 끌어들이게 된 곳이라면 어디서나 필연적으로 귀족정이 시작되었다. 실제의 것이든 가상의 것이든 피로 연결된 관계가 아니고는 정치적 권리를 획득할 수 없다는 핵심원리를 완고하게 유지하던 그들이 이제 훨씬 더 생명력이 강한 것으로 드러난 어떤 다른 원리를 피지배자들에게 가르치기 시작했다. 그것은 바로 **지리적 근접성**의 원리였으니, 이는 이제 어디서나 정치적 공동체의 필수조건으로 인정되었다. 그 즉시 들어선 새로운 정치관념은, 우리 영국인들의 것이자 우리와 동시대 사람들의 것이며 다분히 우리 조상들의 것이기도 한 까닭에, 그것이 정복하고 폐위시킨 옛 이론에 대한 우리의 인식을 다소간 방해하고 있다.

가부장권   그리하여 가족은 초기 사회의 모든 가능한 변이에도 불구하고 그것의 전형典型이었다. 하지만 여기서 말하는 가족은 현대의 우리가 이해하는 가족과 똑같은 것이 아니었다. 고대적 관념에 접근하기 위해서는 현대의 관념을 한편으로는 확장하고 한편으로는 축소해야 한다. 고대의 가족은 외부인을 경계선 안으로 흡수함으로써 지속적으로 확장되는 것이었다. 입양의 의제는 현실의 친족관계를 그대로 모방하는 것이었기에, 현실적 관계와 입양에 의한 관계 간에는 법적으로든 여론상으로든 거의 차이가 없었다. 한편, 공통의 혈통에 의해 가족의 일원으로 이론적으로 편입된 자는 그들의 가장 높은 살아있는 조상 ― 아버지든, 할아버지든, 증조부든 ― 에게 공통의 복종을 바치는 것으로써 사실상 하나로 결합된다. 가족집단의 관념에서 가장家長의 가부장권은 그의 슬하에 태어났다는 사실(또는 의제된 사실)만큼이나 필수불가결한 요소였다. 따라서, 아무리 진정한 핏줄로써 가족이 되었다 할지라도 가부장의 제국에서 사실상 퇴출된 사람은 초기 법에서는 결코 가족의 일원으로 간주되지 않았다. 원시법의 초입에서 우리가 만나는 것은 이처럼 가부장을 중심으로 한 집합체 ―

현대의 가족보다 한편으로는 축소된 것이자 다른 한편으로는 확장된 것
—이다. 아마도 국가보다, 부족보다, 씨족보다도 더 오래된 이것은 씨
족이나 부족이 잊혀진 후에도 오랫동안, 혈연이 국가의 구성과 무관해진
후에도 오랫동안, 사법私法에 그 흔적을 남기게 된다. 그것은 법의 모든
분야에 자신의 각인을 남겼으며, 생각건대 이들 법 분야의 가장 중요하
고도 가장 지속력 있는 성격의 다수가 거기서 흘러나왔다. 초기의 대다
수 고대국가에서 보이는 법의 특징들에서 불가피 도출되는 결론은, 오늘
날 유럽 전역을 지배하고 있는 권리의무의 체계가 개인을 취급하고 있는
것과 정확히 동일한 관점에서 그때의 법은 가족집단을 취급했다는 것이
다. 우리가 관찰할 수 있는 당시의 사회 가운데는 이러한 원시적 조건에
서 생겨났다고 보아서는 설명하기 어려운 법과 관행을 가진 사회가 없지
는 않다. 그러나 운 좋은 상황에 놓여있던 공동체들에서는 법의 구조가
점점 해체되어 갔는데, 이러한 해체과정을 면밀히 살펴보면 그것이 법체
계 중 가족이라는 원시적 관념에 의해 강하게 영향받았던 부분에서 주로
일어났음을 알 수 있다. 무엇보다 중요한 사례인 로마법의 경우, 이러한
변화가 무척 천천히 일어났기에 우리는 시대별로 변화의 경로와 방향을
관찰할 수 있을 뿐만 아니라 그것이 결국 도달하게 될 결과까지도 어느
정도 짐작할 수 있을 정도이다. 방금 말한 이 탐구의 수행과정에서 우리
는 고대사회와 근대사회를 가르고 있는 가상의 장벽 때문에 탐구를 중단
할 필요가 없다. 로마의 세련된 법과 만족蠻族들의 원시적 관행이 혼합되
어 나타난 결과의 하나, 즉 우리에게 봉건제도라는 기만적인 이름으로
알려진 것은 로마 세계에서 사라졌던 고법古法의 많은 특징들을 되살려
내었으니, 이미 끝난 줄 알았던 해체과정이 다시 시작되었으며 어느 정
도는 지금도 진행되고 있는 것이다.

  초기 사회의 가족조직은 아버지 등의 조상이 자손들의 신분과 재산에
대해 평생 동안 행사하는 권력의 자국을 몇몇 법체계에 뚜렷하고 폭넓게

남겨놓았다. 이 권력을 나중에 로마인들이 이름붙인 '가부장권'patria potestas이라는 용어로 편의상 부르기로 하자. 원초적 인간관계의 특징 중에 이보다 더 많은 증거를 보여주는 것도 없지만, 진보적 공동체의 관행에서 이보다 더 널리 그리고 더 빠르게 소멸해버린 것도 없을 것이다. 안토니누스 황조 시대에 활동했던 가이우스는 가부장권이 로마에 특유한 제도라고 말한다. 물론, 만약 그가 라인강과 다뉴브강 너머로 눈을 돌려 당대 몇몇 사람들의 호기심을 자아내던 미개 부족들을 바라보았다면, 거기서 그는 조야한 형태의 가부장권의 사례들을 발견할 수 있었을 것이다. 멀리 동쪽에서는 로마인이 갈라져 나온 민족 계통과 동일한 줄기에서 뻗어 나온 가지 하나가 로마의 가부장권을 몇몇 법기술적 측면에서 그대로 반복하고 있었다.[10] 그러나 로마 제국 안에 포함된다고 생각되던 민족들 가운데 로마의 "가부장권"과 유사한 제도를 가진 민족으로 가이우스가 발견한 것은 아시아의 갈라티아인Galatae말고는 전혀 없었다.[11] 생각건대 실로 왜 조상의 직접적 권력이 다수의 진보하는 사회에서는 얼마 안 가서 초기 상태보다 미약해졌을까 하는 것에는 그럴 법한 이유가 있다. 버릇없는 자식이 아버지에게 맹목적으로 복종하는 것을 자식이 자신의 이해관계를 계산했기 때문이라고 설명하고 마는 것은 물론 부조리하기 짝이 없는 일이지만, 동시에, 자식이 아버지에게 복종하는 것이 자연스러운 일이라면, 자식이 아버지에게서 뛰어난 힘이나 뛰어난 지혜를 기대하는 것도 똑같이 자연스러운 일이다. 그리하여, 육체적 힘이나 정신적 능력에 특별한 가치를 부여하는 사회에서는 그 보유자가 능력 있고 힘 있는 경우에만 한정하여 가부장권을 인정하려는 경향이 나타난다. 조직된 그리스 사회를 힐끗 보아 얻은 인상으로는 아버지의 육체적 힘이 쇠약해졌더라도 그의 뛰어난 지혜가 권력을 계속 유지시켜주는 듯하지

---

10 유럽인들과 함께 인도·유럽어족에 속하는 인도인을 의미한다.
11 Gai.1.55. 갈리아족의 일파로 멀리 아나톨리아 반도 북중부 지방에 이주해 정착한 민족이다.

만,《오뒷세이아》에 나오는 오뒷세우스와 라에르테스의 관계처럼,[12] 아들에게서 특별한 용기와 지혜를 모두 발견할 수 있다면 노쇠한 연령의 아버지는 가부장 자리에서 물러났던 것이다. 성숙한 그리스 법에서는 호메로스의 문헌에 암시된 관행에 더욱 진전이 이루어지거니와, 비록 엄격한 가족적 의무의 흔적이 여전히 많이 남아있었지만, 이제 아버지의 직접적 권력은 오늘날 유럽의 법전들처럼 자식이 미성숙 또는 미성년인 경우에만, 다시 말해 그들의 정신적·육체적 열등함이 추정되는 기간에만 국한되었다. 하지만 로마법은, 국가적 필요가 있는 때에 한해 고대 관행을 혁신하는 특이한 경향 덕택에, 저 원초적 제도와 그것의 자연적 한계라 할 수 있는 것 양자 모두를 보존했다. 집합적 공동체에 관련된 생활관계에서는, 자문을 구하기 위해서든 전쟁을 치르기 위해서든 시민의 지혜와 힘을 이용하는 모든 경우에, 가부장권 아래 있는 아들filius familias도 그의 아버지 못지않게 자유로웠다. "가부장권은 공법jus publicum에는 미치지 않는다"는 것이 로마법의 법언이었다. 아버지와 아들은 시민으로서 함께 투표했고 전장에서는 나란히 싸웠다. 사실, 장군인 아들이 아버지에게 명령을 내리는 것도 가능했고, 정무관인 아들이 아버지의 계약을 재판하거나 아버지의 범죄를 벌하는 일도 있을 수 있었다. 하지만 사법私法상의 모든 관계에서는 아들은 아버지의 전제권력 아래 살았으니, 끝까지 계속된 가부장권의 가혹함과 이 제도가 유지된 장구한 기간을 생각할 때 이는 법제사에서 가장 이해하기 힘든 문제의 하나에 해당한다.

　우리에게 원시 가부장권의 전형典型일 수밖에 없는 로마인들의 가부장권은 문명사회의 제도로서도 그 신분법적 측면에서나 그 재산법적 측면에서나 이해하기 어려운 제도이다. 역사의 이 틈새를 더 완전히 메울 수 없음이 유감스러울 따름이다. 신분법적 측면에 관한 한, 우리가 알고 있

12　라에르테스(Laërtes)는 아들 오뒷세우스가 트로이 전쟁에 참전하기 위해 이타케를 떠나기 전에 이미 통치권을 아들에게 물려주었고 이후 낙향했다.

는 가장 초기부터 아버지는 자식들에 대해 생사여탈권jus vitae necisque을 가
졌고 게다가 무제한적인 체벌의 권한을 가졌다. 그는 자식들의 신분법적
지위를 마음대로 바꿀 수 있었다. 아들에게 배우자를 정해줄 수 있었고,
딸을 혼인시킬 수 있었다. 아들이든 딸이든 자식을 이혼시킬 수 있었다.
그들을 다른 가家에 입양보낼 수 있었고, 팔아버릴 수도 있었다. 제정시
대 후기에 이르면 이 모든 권한은, 여전히 그 흔적이 남아있기는 했으나,
사뭇 좁은 범위로 축소된다. 가내 체벌에 관한 무제한적 권리는 이제 정
무관에게 가내 범죄를 고발하는 권리가 되었다. 혼인을 명령할 특권은
조건부 거부권 정도로 약화되었다. 자식을 팔아버릴 자유는 사실상 폐지
되었다. 입양의 경우, 이제 양부에게 입적되는 아들의 동의 없이는 무효
가 되었으며, 후에 유스티니아누스의 개혁으로 입양의 고대적 성질은 거
의 전부 사라져버린다.[13] 요컨대, 바야흐로 근대세계를 지배하고 있는
관념의 언저리에 가까이 다가가게 된 것이다. 하지만 이렇게 서로 멀리
떨어진 시기 사이에는 우리가 잘 모르는 중간 시기가 넓게 펼쳐져 있으
니, 점점 관용적인 모습을 띠어가면서도 로마의 가부장권이 그렇게 오래
도록 지속될 수 있었던 이유에 대해서는 추측만 할 수 있을 따름이다. 아
들이 국가를 위해 부담하는 의무 중 아주 중요한 것들을 실제로 이행하
는 것은 가부장권을 폐지까지는 아니지만 약화시키는 데 크게 기여했을
것이 틀림없다. 고위 관직을 수행하고 있는 성년 남자에게 아버지의 전
제 권력이 아무런 스캔들 없이 행사될 수 있으리라고는 생각하기 어렵
다. 그러나 초기 역사 동안 이러한 사실상의 부권면제父權免除emancipation의
유형은 로마 공화국이 지속적 전쟁상태에 놓임으로써 나타난 유형에 비
해 상대적으로 드물었을 것이다. 초기 전쟁에서 장교들과 병사들은 일년
의 4분의 3을 전장에 나가 있었고, 후대에는 속주총독proconsul은 속주를

---

13 Inst.1.11.2. 생부가 자식을 외부인에게 입양시키는 경우 가부장권이 양부에게 이전하
　　지 않는다. 따라서 양자는 생부의 재산도 상속할 수 있다.

책임지고 있었고 군단병들은 속주를 점령하고 있었으므로, 그들은 스스로를 전제적 가부장의 노예로 생각할 이유가 사실상 없었다. 가부장권을 벗어나기 위한 이러한 통로들은 계속 증가하는 추세였다. 승리는 정복을 낳고 정복은 점령을 낳거니와, 식민도시의 건설을 통해 점령하던 방식이 상비군을 속주에 주둔시켜 점령하는 방식으로 변화되어갔다. 영토가 확장될 때마다 더 많은 로마 시민들이 변방으로 이주해야 했고 격 낮은 라틴인 혈통으로 보충해야 했다. 생각건대, 제정帝政의 확립과 더불어 세계의 평화가 시작되면서 가부장권의 약화를 지지하는 강력한 감정이 정착된 것이 아닐까 한다. 이 고대 제도에 대한 첫 번째 타격은 초기 황제들에 의해 가해졌거니와, 트라야누스와 하드리아누스의 단발적인 개입들은,[14] 비록 그 연대는 정확히 알 수 없으나 한편으로는 가부장권을 제한하고 다른 한편으로는 그것의 자발적 양도 가능성을 확대했다고 알려진 일련의 명시적 입법을 낳는 단초를 마련했던 것으로 보인다.[15] 덧붙이건대, 아들을 세 번 매도하여 가부장권을 벗어나게 하는 옛 방식은 가부장권의 불필요한 연장延長에 대한 반감을 보여주는 초기의 증거라 하겠다. 아버지가 세 번 매각한 아들은 자유롭게 된다는 이 법규칙은 원래는 초기 로마인들의 불완전한 도덕관으로도 용납하기 어려운 관행에 대해 처벌적 결과를 부과한다는 의미를 가졌을 것이다. 그러나 심지어 12표법이 공표되기 이전에도 법률가jurisconsult들은 창의력을 발휘하여,[16] 아버지가 원하는 경우 스스로 가부장권을 소멸시킬 수 있는 수단으로 이 규칙

---

14 트라야누스는 아들을 가혹하게 다룬 아버지에게 그 아들을 부권면제시키라고 명했다. Dig.37.12.5. 하드리아누스는 계모와 간통했다는 이유로 아들을 사냥 중에 살해한 아버지를 섬으로 추방했다. Dig.48.9.5.

15 디오클레티아누스는 자식을 매각·증여·담보제공 하는 것을 불법이라 선언했다. 콘스탄티누스는 극히 가난한 경우에는 예외적으로 신생아를 매각할 수 있도록 허용했다. Cod.4.43.1-2.

16 여기서 '법률가들'은 기원전 3세기 후반부터 등장하는 진정한 의미의 법률가라기보다는 신관단(collegium pontificum)으로 이해해야 할 것이다. 해당 12표법 조문은 4.2.b.

을 전용轉用했다.

물론, 자식의 신분에 대한 가부장의 권력을 약화시키는 데 기여한 많은 원인들은 역사의 전면에 드러나지 않는다. 법이 수여한 권력을 여론이 얼마나 무력화시켰는지, 자연적 애정이 얼마나 그것을 지속시켰는지, 우리는 알지 못한다. 그러나, 비록 **신분**person에 대한 가부장의 권력은 나중에 가서 명목적인 데 그치게 되지만, 현존하는 로마법을 종합해서 보면 아들의 **재산**property에 대한 가부장의 권리는 언제나 법이 인정하는 최대 범위까지 거리낌없이 행사되었다. 이 권리가 처음 등장했을 때 그 광범위함에는 놀라울 것이 전혀 없다. 로마 고법古法은 가부장권 아래 있는 자식이 가부장과 별도로 재산을 가질 수 없도록 금지했다. 아니, (더 정확히 말하면) 자식들이 독립적 소유권을 가진다는 것을 상상조차 하지 못했다. 아버지는 자식이 취득하는 모든 것을 취득할 권리가 있었고, 자식이 맺는 계약으로부터 이익을 누릴 권리도 있으나 그에 상응하는 책임에는 얽혀들지 않았다.[17] 초기 로마 사회의 구조를 감안할 때 이 정도는 우리가 예상할 수 있는 것들이다. 구성원들의 모든 수입이 공동재산에 편입되지만 개인의 경솔한 계약이 공동재산을 구속할 수는 없다는 것을 전제하지 않으면 우리는 원시 가족집단의 관념을 거의 이해할 수 없기 때문이다. 가부장권의 진정한 수수께끼는 여기에 있는 것이 아니라, 가부장의 이러한 재산법적 특권이 축소되는 데 그렇게나 오래 걸렸으며 중대한 축소가 있기 전에 이미 문명세계 전부가 그 지배영역 안에 놓이게 되었다는 사실에 있다. 제정기 초기에 비로소 어떤 혁신이 시도되기 시작했으니, 군인들이 복무 중 취득한 재산은 가부장권의 통제를 벗어나게 된 것이다. 물론 이것은 공화정을 무너뜨린 군대에게 보상으로 주어진 것이라는 데서 일말의 이유를 찾을 수 있을 것이다. 그로부터 3세기가 지나,

---

17 부권 아래 있는 자는 가부장을 위해 채권을 취득할 수 있으나, 가부장은 물론이고 어느 누구에게도 채무를 부담할 수는 없었다. Gai.3.103 및 Gai.3.104. 그러나 유스티니아누스 시대에 이르면 노예만 그러하고 아들은 채무를 부담할 수 있다. Inst.3.19.6.

동일한 면책특권은 국가 공직의 수행 중에 취득한 재산에도 확대되었다. 이들 두 가지 변화는 명백히 그 적용범위가 제한적이었고, 되도록이면 가부장권의 원리를 훼손하지 않으려는 법기술적 외관을 띠고 있었다. 일찍부터 로마법에는 어떤 제한적이고 종속적인 소유권이 인정되고 있었거니와, 가부장권 아래 있는 노예나 아들의 수입 또는 저축으로서 가족재산에 포함시키지 않아도 되는 것들이 있었다. 이렇게 허용된 재산을 '특유재산'特有財産peculium이라는 특별한 이름으로 부르고 있었는데, 이 이름을 가부장권에서 새롭게 면제된 재산에도 준용하여 군인의 경우에는 '군영특유재산'軍營特有財産castrense peculium이라 불렀고 공직자의 경우에는 '준準군영특유재산'quasi-castrense peculium이라 불렀던 것이다. 뒤이어 취해진 가부장의 특권을 변경하는 다른 조치들은 고대 원리에 대한 존중이라는 외관을 훨씬 덜 갖춘 것들이었다. 준군영특유재산의 도입 직후, 콘스탄티누스 대제는 자식이 어머니로부터 상속받은 재산에 대한 가부장의 절대적 지배권을 박탈하여 일종의 용익권用益權usufruct, 즉 생애 동안만 가지는 사용수익권으로 축소시켰다. 그 후 서로마제국에서는 몇몇 대수롭지 않은 변화만 이어졌으나, 동로마제국에서는 유스티니아누스의 입법으로 가장 강력한 조치가 취해졌으니, 아버지로부터 유래한 재산이 아닌 한 자식이 취득한 재산에 대한 아버지의 권리는 아버지의 생애 동안 사용수익하는 권리에 불과한 것으로 축소되었다.[18] 로마 가부장권의 최종적 축소판이었던 이것조차도 현대세계의 상응하는 제도에 비하면 훨씬 폭넓고 훨씬 엄격한 것이었다. 근대 초기의 법학자들은 로마 제국을 정복한 민족 가운데 아주 사납고 미개한 민족만이, 특히 슬라브적 기원을 가진 민족만이 학설휘찬Pandects이나 칙법휘찬Code의 서술과 유사한 가부장권을 가지고 있었다고 말한다. 모든 게르만 이주민들은 가부장의 권력이라는 뜻의 '문트'mund에 복속하는 가족 단위 집합체를 인정하고 있었

---

18 Inst.2.9.1. 즉, 소유권은 자식에게 남는다.

던 것으로 보인다. 그러나 그 권력은 분명 쇠퇴한 로마 가부장권의 유물에 지나지 않았고, 로마 가부장이 누렸던 권력에는 한참 못 미치는 것이었다. 특히 프랑크족은 저 로마적 제도를 갖지 않았다고 알려져 있거니와, 따라서 옛 프랑스 법률가들은, 만족蠻族 관습의 빈틈을 로마법 규칙으로 열심히 메우고 있던 시절에도, 가부장권의 침입으로부터 자신들을 보호하기 위해 "가부장권은 프랑스에는 존재하지 않는다"Puyssance de père en France n'a lieu는 법언을 내세우지 않으면 안 되었다. 고대적 상황의 유물인 이 제도를 유지하는 데서 로마인들이 보여준 고집스러움은 그 자체로 독특하지만, 이보다 더 독특한 것은 어떤 문명사회에서는 한때 사라졌던 가부장권이 그 문명사회 전체로 다시 확산되어간 사실이다. 군영특유재산이 아직 가부장의 재산권에 대한 유일한 예외였던 시절, 자식들의 신분에 대한 가부장의 권한이 여전히 넓었던 시절에, 로마 시민권이 가부장권과 더불어 제국 구석구석으로 퍼져나갔다. 아프리카인, 에스파니아인, 갈리아인, 브리타니아인, 유대인을 불문하고 증여나 매수나 상속 등을 통해 시민권을 취득한 이는 모두 로마의 신분법 아래 놓였다. 또한, 남아있는 전거에 따르면, 시민권 취득 전에 출생한 자식들은 그들의 동의 없이는 가부장권에 복속하지 않았지만, 시민권 취득 후에 출생한 자식들과 그 후손들은 모두 로마의 '가부장권 아래 있는 아들'filius familias의 통상적인 지위에 놓였다. 후기 로마 사회의 메커니즘을 규명하는 것은 이 저서의 영역을 벗어나는 일이지만, 한 가지 확실히 해두고 싶은 것은 안토니누스 카라칼라 황제가 제국 내 모든 신민들에게 로마 시민권을 부여한 칙법이 별 중요성을 갖지 않는다는 의견은 근거가 박약하다는 점이다. 어떻게 해석하든 그것은 가부장권의 적용대상을 대폭 확장했으며, 생각건대 그것이 가져온 가족관계의 결속은 세상을 변혁시킨 도덕 혁명의 설명에 과거 우리가 생각했던 것보다 훨씬 더 중요한 인자因子였다.

우리 주제의 이 분야에 관한 논의를 마치기 전에, 가부장은 자신의 권

력 아래 있는 아들의 불법행위delict(영국법의 토트tort)에 대해 책임을 졌다
는 점을 분명히 해둘 필요가 있다. 가부장은 노예의 불법행위에 대해서
도 마찬가지 책임을 졌다. 양자 모두의 경우 원래 가부장은 불법행위를
저지른 자를 피해자에게 넘겨줄 수 있는 독특한 권리를 가지고 있었는
데,[19] 그렇지 않으면 완전한 손해배상을 지불해야 했다. 이렇게 아들을
대신해서 지는 책임은, 아버지와 그 권력 아래 있는 자식 간에 서로 소송
을 제기할 수 없다는 점과 더불어, 이를 두고 몇몇 법학자들이 아버지와
그 권력 아래 있는 아들 간의 "인격의 통합"이라는 가설로써 잘 설명할
수 있다는 주장을 펼치도록 했을 것이다. 상속법에 관한 장에서 나는 이
러한 "통합"이 어떤 의미에서 그리고 어느 정도까지 현실로 받아들여졌
는지 살펴볼 것이다. 지금 내가 말할 수 있는 것은 이러한 가부장의 책임
이, 그리고 앞으로 다룰 다른 법현상들이, 원시 가부장의 **권리**에 상응하
여 어떤 **의무** 또한 지시하고 있는 것으로 보인다는 점이다. 생각건대, 원
시 가부장이 가족들의 신분과 재산에 대한 절대권을 행사했더라도, 가족
을 대표하는 그의 소유권은 모든 구성원을 부양할 책임을 공동재산에서
부담하는 것과 궤를 같이했을 것이다. 문제는 우리의 습관적 관념에서
벗어나야만 가부장의 이러한 의무의 성격을 제대로 이해할 수 있다는 것
이다. 그것은 법적 의무가 아니었다. 법은 가족이라는 성역聖域에 아직 들
어갈 수 없었기 때문이다. 그것을 **도덕적**이라고 부르는 것은 정신발달의
나중 단계에 속하는 것을 당겨쓰는 것이라 주저된다. 하지만 우리의 목
적에는 "도덕적 의무"라는 용어가 적합할 것이니, 명확한 제재가 아니라
본능과 습관에 의해 반半의식적으로 준수되고 강제되는 의무로 그것을
이해해야 할 것이다.

　통상적인 형태의 가부장권 제도는 대체로 오래 지속되지 않았으며 내

19　유스티니아누스 시대에 이르면 자녀와 노예 중 자녀의 가해자위부(加害者委付, noxae
　　deditio) 제도는 폐지된다. Inst.4.8.7.

가 보기에도 오래 지속될 수 있는 제도가 아니었다. 따라서 초기 가부장권의 보편성에 대한 증거는 그 자체만 고려해서는 불완전하다. 하지만 궁극적으로 가부장권에 의존하는 고대법의 다른 분야들을 살펴봄으로써 입증은 계속될 수 있거니와, 그 연관성이 모든 부분에서 모든 이들에게 뚜렷이 보이는 것은 아니다. 가령 친족법으로, 즉 고법古法에서 사람들 사이에 관계의 근친성이 계산되는 척도에 관한 분야로 눈을 돌려보자. 여기서도 편의상 로마법상의 종족宗族agnatic관계와 혈족血族cognatic관계라는 용어를 사용하기로 하자. **혈족**관계는 근대적 관념에 가까운 친족 관념이다. 이것은 동일한 한 쌍의 부부로부터 이어지는 공통의 후손들을 지칭하는데, 남자로 이어지든 여자로 이어지든 상관하지 않는다. **종족**관계는 이것과 사뭇 다르다. 종족관계는 오늘날 우리가 친족으로 간주하는 다수 사람들을 제외하며, 오늘날 우리가 친족에 포함시키지 않는 더 많은 사람들을 포함한다. 실로 그것은 아주 초기 고대에 가족 구성원들 간에 존재하는 관계였다. 그 관계의 범위는 근대적 관계의 범위와 사뭇 달랐다.

혈족은 단일한 남자조상과 여자조상으로 혈연을 거슬러올라갈 수 있는 모든 사람들을 뜻한다. 혹은 로마법의 엄격한 법기술적 의미를 가져다 쓴다면, 합법적으로 혼인한 공통의 한 쌍의 조상으로 혈연을 추적할 수 있는 모든 사람을 뜻한다. 그리하여 "혈족"은 상대적인 개념이 되거니와, 그것이 지칭하는 혈연관계의 범위는 계산의 출발점으로 선택된 특정한 혼인관계에 의존한다. 아버지와 어머니의 혼인에서 출발한다면 혈족은 오직 형제자매의 관계만 표현할 것이다. 할머니와 할아버지의 혼인에서 출발한다면 아저씨와 아주머니와 그 후손들도 혈족 개념에 포함될 것이다. 이와 같이 출발점을 계속 윗대로 올라가며 선택하면 더 많은 수의 혈족들이 계속해서 포함될 것이다. 이 모든 것을 현대인들은 쉽게 이해한다. 하지만 종족은 누구인가? 한마디로, 오로지 남자로만 이어지는

혈족이 종족이다. 물론 혈족의 가계도는 각 혈통의 조상을 차례로 모두
추적하고 그 후손들을 남녀 불문하고 모두 포함하여 그려지거니와, 이러
한 가계도의 여러 가지[枝]들을 추적하다가 여자의 이름을 만날 때마다
가지의 추적을 중단함으로써 그 여자의 모든 후손들을 제외시켜버리면
남는 사람들이 바로 종족이며 그들 간의 연결이 바로 종족관계이다. 내
가 혈족에서 종족을 분리하는 과정을 좀 자세히 말한 이유는 이것이 "여
자는 가족의 종단終端이다"Mulier est finis familiae라는 기억할 만한 법언을 잘
설명해주기 때문이다.[20] 여자의 이름은 가계도의 가지를 마감한다. 여자
의 후손은 누구도 원시적 가족관계의 개념에 포함되지 않는다.

　우리가 고찰하는 고법古法이 입양을 인정하는 법체계라면, 가족 경계
선의 이러한 인공적 확장을 통해 받아들여진 사람도 남자든 여자든 상관
없이 모두 종족에 포함시켜야 한다. 하지만 그들의 후손은 우리가 방금
기술한 조건을 충족하는 경우에만 종족이 될 수 있다.

　그렇다면 이러한 자의적 포함과 배제의 이유는 무엇인가? 어째서 친 　종족
족 관념은 입양으로 가족에 받아들여진 이방인은 포함하면서 여자 구성
원의 후손은 배제하는 신축성을 보여주는가? 이 질문에 답하기 위해서
는 가부장권 개념을 소환해야 한다. 종족의 기초는 아버지와 어머니의
혼인관계가 아니라 아버지의 권력이다. 동일한 가부장권에 복속하고 있
는 사람들, 그 가부장권에 복속했었던 사람들, 또는 혈통상의 조상이 가
부장권을 행사할 만큼 오래 살았다면 그 가부장권에 복속했을 사람들,
이들이 모두 종족이다. 원시적 관념에 따르면 실로 친족관계는 바로 가
부장권에 의해 정해진다. 가부장권이 시작하는 곳에서 친족관계가 시작
한다. 따라서 입양에 의한 관계도 친족관계이다. 가부장권이 끝나는 곳
에서 친족관계도 끝난다. 따라서 아버지가 부권면제한 아들은 종족의 권
리를 상실한다. 왜 여자의 후손은 원시적 친족의 경계선 바깥에 있었는

20　Dig.50.16.195.5. "여자는 가족의 시작이고 끝이다."

지도 여기서 이유를 찾을 수 있다. 여자가 혼인하지 않고 죽으면 그녀는 합법적 후손을 가질 수 없다. 그녀가 혼인하면 그 자식들은 그녀의 아버지가 아니라 남편의 가부장권에 복속하므로 그녀 자신의 가족에 속하지 않는 것이다. 만약 사람들이 어머니의 친족까지 자신의 친족이라 불렀다면, 원시사회의 구조는 매우 혼란스러웠을 것임에 틀림없다. 이는 한 사람이 두 개의 가부장권에 복속하는 결과를 가져왔을 것이며 두 개의 가부장권은 두 개의 재판권을 의미하거니와, 둘 모두에 순종하는 자는 동시에 두 개의 서로 다른 체제 아래 살아가는 결과가 되기 때문이다. 통치권 안의 통치권imperium in imperio이자 국가 안의 공동체인 가족이 가부장을 원천으로 하는 자신만의 제도로 통치되는 것이라면, 친족관계를 종족에 국한하는 것은 가내법정家內法廷에서 법의 충돌conflict of laws을 방지하는 필수적 안전장치였던 것이다.

엄밀한 의미의 가부장권은 가부장의 사망으로 소멸한다. 하지만 종족은 가부장권이 사라진 후에도 그것의 자국을 담고 있는 일종의 거푸집 같은 것이다. 따라서 법제사 연구자에게 종족은 자못 흥미를 불러일으키는 주제다. 가부장권 자체는 비교적 소수의 기념비적인 고대법 체계에서만 발견되지만, 과거에 가부장권이 존재했음을 암시하는 종족관계는 거의 어디서나 발견할 수 있다. 인도·유럽 계통의 공동체에 속하는 고유의 법체계로서 그들 사회구조의 아주 고대적인 부분에서 종족이라고 부를 만한 특징을 보여주지 않는 법체계는 거의 없다. 가령 원시적인 가족종속성 관념으로 가득 차 있는 힌두법의 친족관계는 전적으로 종족적인 것이며, 내가 알기로 인도인의 가계도에서 일반적으로 여자의 이름은 아예 제외된다. 로마 제국을 침략했던 민족들의 법에서도 친족관계에 관한 동일한 견해가 다수 발견되고 있어 실제로 그들의 원시 관행의 일부를 이루었을 것으로 짐작되거니와, 만약 후기 로마법이 근대사상에 끼친 막대한 영향력이 없었더라면 그들의 법은 근대 유럽법에 남아있는 것보다 훨

씬 더 많이 존속했을 것이다. 일찍이 법무관들은 혈족을 **자연법적** 친족관
계로 파악하여 로마법체계를 옛 관념으로부터 정화시키는 데 수고를 아
끼지 않았다. 그들의 관념이 오늘날 우리에게 전해지지만, 종족의 흔적
도 다수의 근대 상속법 규칙들에서 발견되고 있다. 프랑크족의 일파인
살리족Salian Franks의 관행이었다는, 여자와 그 후손들을 통치기능에서 제
외하는 상속규칙은 확실히 종족적 기원을 가진 것으로, 자유소유지allodial
property의 상속에 관한 고대 게르만법에서 유래한다.[21] 최근에야 폐지
된,[22] 한쪽 부모만 같은half-blood 형제간의 토지 상속을 금지한 특수한 영
국법 규칙도 종족에 기초하여 설명할 수 있을 것이다. 노르만 관습법에
의하면 이 규칙은 **어머니만 같은** 형제, 즉 아버지가 다른 경우에만 적용되
고 아버지가 같은 형제간에는 적용되지 않는다. 이렇게 본다면 이 규칙
은 종족 개념에서 연역된 것이 틀림없으니, 어머니만 같은 형제는 서로
간에 종족이 아니기 때문이다.[23] 이 규칙이 영국에 이식되었을 때, 그 배
경 원리를 이해하지 못한 영국의 판사들이 한쪽 부모만 같은 형제 간 상
속이 일체 금지된다고 해석함으로써 **아버지만 같은** 형제, 즉 아버지는 같
지만 어머니는 다른 아들들에까지 확대적용했던 것이다. 자칭 법철학이
란 것을 담고 있는 문헌들 가운데, 블랙스톤의 저서에서 한쪽 부모만 같

---

21 '자유소유지'란 봉건적 부담을 지지 않는 부동산을 말한다. 그런데 본문의 설명은 부
정확하다. 렉스 살리카(Lex Salica) 제59장에 의하면 가족재산으로서 자유소유지는
여자도 상속할 수 있었다. 여성의 상속이 배제되는 것은 자유소유지가 아니라 '테라
살리카'(terra Salica)라 불린 부족재산으로 은대지(恩貸地, beneficium)의 대상이 되
는 토지였다. 물론 메로빙거 왕위의 상속은 테라 살리카의 규칙에 따랐다. 메인은 여
기서의 '살리카'라는 단어를 무의미하게 삽입된 것으로 이해한 듯하다. Main, *Early
Law and Custom*, p. 169.

22 1833년의 물적재산상속법(Inheritance Act).

23 그러나 노르만 관습법에는 어머니만 같은 형제간의 상속은 금지하고 아버지만 같은
형제간의 상속은 인정하는 규정이 없으며, 단지 아버지 쪽에서 전래된 재산은 아버지
가 같은 형제간에 상속할 수 있고 어머니 쪽에서 전래된 재산은 어머니가 같은 형제
간에 상속할 수 있다고 정하고 있을 뿐이라 한다. Frederick Pollock & Frederic
Maitland, *The History of English Law before the Time of Edward I*, Vol. 2, Cambridge:
Cambridge University Press, 1895, p. 303, n. 2.

은 형제간의 상속 금지를 설명하고 정당화하려 한, 정교한 궤변으로 가
득 찬 페이지들보다 더 이상한 것은 없을 것이다.

여성 후견   가부장에 의해 통합되어 있는 가족이야말로 신분법 전체가 발아되어
나온 모태였다고 생각한다. 신분법의 여러 세부영역 중에서도 가장 중요
한 것은 여성의 지위에 관한 것이다. 좀 전에 말한 것처럼, 원시법에 따
르면 여자는 자신의 후손에게 종족의 권리를 전해줄 수는 없지만 그래도
그녀 자신은 종족관계에 포함된다. 사실, 어떤 여성이 자신의 태어난 가
족과 맺는 관계는 그녀의 남자친족들 간의 결합관계보다 훨씬 더 엄격하
고 친밀하고 또 지속적이다. 누차 말했듯이 초기 법은 가족 외에는 알지
못한다. 이는 곧 초기 법은 가부장권을 행사하는 사람 외에는 알지 못한
다는 말과 같다. 따라서 가부장의 사망으로 아들이나 손자가 해방되는
유일한 이유는 아들이나 손자에게 내재하는, 스스로 새로운 가족의 수장
이 되고 장차 새로운 가부장들의 뿌리가 될 수 있는 능력을 고려해서인
것이다. 그러나 여자는 이런 종류의 능력을 갖지 못함은 물론이요, 그런
능력에 수반되는 해방될 수 있는 자격도 갖지 못한다. 그리하여 고법古法
에는 그녀를 평생 동안 가족의 속박 아래 두기 위한 특유한 장치가 있었
으니, 초기 로마법에서 '여자의 영구적 후견'으로 부르던 제도가 그것이
다. 이에 따르면 여성은, 비록 아버지의 사망으로 가부장권에서는 벗어
나지만, 최근친 남자친족에게 혹은 아버지가 후견인으로 지명한 자에게
복속이 평생 동안 계속된다. 영구적 후견 제도는 다른 목적에서는 이미
해소된 가부장권의 인위적 연장, 그 이상도 이하도 아니다. 인도에서는
이 제도가 완벽하게 살아남아 아주 엄격하게 작동하는지라, 인도의 어머
니는 자신의 아들의 후견을 받는 경우가 흔하다. 유럽에서도 스칸디나비
아 민족들의 여성에 관한 법은 최근까지도 이 제도를 유지해왔다. 서로
마제국을 침공했던 민족들의 토착 관행에서도 이것은 보편적으로 발견
되거니와, 실로 후견에 관한 그들의 관념은 그 다양한 형태에도 불구하

고 서구세계에 도입된 모든 관념 중에서 가장 퇴행적인 것이었다. 그러
나 성숙한 로마법에서는 이 제도가 완전히 사라졌다. 만약 유스티니아누
스 법전만 참조한다면 우리는 그것을 전혀 알아채지 못할 것이다. 그러
나 가이우스의《법학제요》필사본이 발견됨으로써 이 제도의 가장 흥미
로운 시기, 즉 완전히 불신되어 사라지기 일보 직전의 모습이 우리 앞에
나타났다. 저 위대한 법률가는, 이 제도를 옹호하는 통속적인 변명인 여
성의 지려박약智慮薄弱을 찾아내서 말하고 있기는 하지만,[24] 여자들이 고
대 규칙을 깨뜨릴 수 있도록 로마 법률가들이 고안해낸, 때로는 비상한
독창성을 보여주는, 수많은 장치들을 저서의 상당 부분을 할애하여 서술
하고 있다. 당시 법률가들은 자연법이론에 기초하여 성평등을 그들의 형
평법 법전의 원리의 하나로 받아들인 것이 확실하다. 그들이 공격한 지
점이 재산처분에 대한 제한, 즉 여전히 형식적으로는 후견인의 동의가
요구되던 제한이었다는 점은 주목할 만하다. 여성의 신분person에 대한 통
제는 이미 옛날 일이었던 것이다.

　고대법은 여자를 그녀의 혈연 친족에게 종속시키지만, 근대법의 주요
특징의 하나는 그녀를 남편에게 종속시키는 것이다. 이 변화의 역사는
주목할 가치가 있다. 그것은 로마 연대기의 저 멀리까지 거슬러올라가
출발한다. 아주 옛날의 로마 관행에 따르면 혼인이 체결되는 방식에는
세 가지가 있었다. 하나는 종교적 엄숙함에 기초한 것이고, 나머지 둘은
어떤 세속적 방식을 준수하는 데 기초했다. 종교적 혼인인 콘파레아티오
confarreation,[25] 세속적 혼인의 고상한 형태인 코엠프티오coemption,[26] 세속적

고대
로마의
혼인,
여성의
지위

---

24 Gai.1.144. 하지만 이러한 변명은 "허울뿐이라고 여겨지는데, 성년인 여자들은 스스
　로 재산을 관리하기 때문이다. 또한 몇몇 거래의 경우 형식적인 데 불과하거니와 법
　무관이 후견인의 의사에 반하여 그의 조성(助成)을 강제하기 때문이다." Gai.1.190.
　또한 생래자유인 여성은 세 명(해방노예는 네 명)의 아이를 출산하면 후견이 종료된
　다. Gai.1.194.
25 유피테르 신에게 스펠트(spelt)밀로 만든 떡(farreum)을 바치는 종교의례를 통해 성
　립하는 혼인.
26 악취행위(mancipatio)를 통해, 즉 매매의 형식을 빌어 성립하는 혼인.

혼인의 통속적 형태인 우수스ᵤₛᵤₛ,²⁷ 이들에 의해 남편은 아내의 신분과 재산에 대한 다수의 권리를 취득했거니와, 이는 대체로 그 어떤 근대법이 남편에게 주는 것보다도 훨씬 큰 것이었다. 그런데 남편은 어떤 자격에서 이런 권리를 취득했을까? 그것은 **남편**으로서가 아니라 **아버지**로서였다. 콘파레아티오, 코엠프티오, 그리고 우수스에 의해 여자는 남편의 수권手權에in manum viri 넘겨졌으니 법적으로는 남편의 **딸**이 되는 것이다. 그녀는 남편의 가부장권에 복속했다. 남편의 가부장권이 존속하는 동안은 그로부터 생겨나는 모든 책임을 부담했고, 종료된 후에는 그것이 남겨놓은 모든 책임을 부담했다. 그녀의 모든 재산은 전적으로 남편의 것이었으며 남편이 죽고 나서는 그가 유언으로 지명한 후견인의 후견에 놓였다. 하지만 저 세 가지 고대적 혼인 형태는 점차 안 쓰이게 되었고, 그리하여 로마가 가장 융성했던 시절에는 세속적 혼인의 통속적 형태가 변형되어 생겨난 어떤 혼인 방식 — 분명 오래된 것이나 그때까지는 그다지 존중받지 못하던 것 — 에 의해 거의 완전히 대체되었다.²⁸ 새로이 널리 대중화된 제도의 법기술적 메커니즘에 대해서는 자세히 다루지 않겠으나, 다만 그것이 법적으로는 여자의 가족이 여자를 일시적으로 맡기는 것 정도에 지나지 않았음을 언급해두고 싶다. 여자 가족의 권리는 그대로 유지되었고, 부인은 그녀의 부모가 지명한 후견인의 후견에 계속 놓였으며, 후견인의 통제권은 여러 주요 측면에서 남편의 권력보다 훨씬 큰 것이었다. 결과적으로 로마 여성의 지위는 혼인 여부를 불문하고 신분법적으로나 재산법적으로나 사뭇 독립적인 것이 되었다. 앞서 언급했듯이, 후기의 법발달에서 후견권은 거의 없는 것이나 진배없는 수준으로

---

27 1년 동안 계속해서 남편과 같이 살면 혼인관계가 성립했다. 일종의 점용취득(usucapio)에 해당한다. 12표법(6.5)은 매년 3일 동안 남편에게서 떠나있으면 시효가 중단된다고 규정했다.

28 중혼, 근친혼이 아닌 한 적령기에 달한 남녀 간의 상호 합의만으로 혼인이 성립했다. 가부장권 아래 있다면 가부장의 동의도 추가로 요구되었다. 또한 이혼은 일방의 이혼 의사만으로도 성립할 수 있었다.

축소되었고, 그에 비해 저 대중적 혼인 방식은 남편에게 그에 상응하여 권력을 더 부여하지 않았기 때문이다. 그런데 기독교는 거의 처음부터 이러한 비범한 자유를 축소시키는 경향이 있었다. 처음에는 쇠퇴해가는 이교도 세상의 방탕한 풍속에 대한 그럴 만한 혐오에서, 나중에는 금욕주의의 열광에서 나온 조급함에서, 새로운 신앙의 교사들은 서구세계가 보여준 것들 중 사실상 가장 느슨한 혼인관계를 자못 불쾌한 눈으로 바라보았다. 기독교도 황제들의 칙법으로 수정된 최후의 로마법은 안토니누스 황조 시대 위대한 법률가들의 자유주의적 법리에 대한 반동을 다분히 담고 있었다. 또한 종교적 감정의 고양된 상태는 만족蠻族들의 정복의 용광로에서 벼려지고 로마법과 원시 가부장제 관행이 융합해 형성된 근대법이 어째서 그 초기 규칙들 중에서 여성의 지위에 관해서는 덜 발달된 문명의 특징에 속하는 규칙들을 기대 이상 많이 흡수했는지 설명해줄 수 있을 것이다. 근대 역사가 시작되던 혼란기에, 게르만족과 슬라브족 이주민들의 법이 피지배 로마인들의 법 위에 또 하나의 층으로 따로 존재하던 시기에, 지배층 민족의 여자들은 어디서나 다양한 형태의 원시적 후견 아래 놓여있었고, 다른 가족으로부터 아내를 취하는 남편은 후견권을 사오는 대가로 그녀의 친족들에게 신붓값을 지불했다. 시간이 흘러 중세 법전에서 두 법체계의 융화가 이루어졌을 때, 여성에 관한 법은 저 두 가지 기원의 각인刻印을 모두 담고 있었다. 혼인상태가 아닌 여자에 관해서는 로마법 원리가 지배적이어서, 일반적으로 (지역에 따라 예외는 있으나) 그들은 가족의 속박에서 벗어나 있었다. 그러나 혼인상태인 여자에 관해서는 만족蠻族들의 옛 원리가 지배했고, 종래 아내의 남자친족들에게 속했던 권력을 남편이 차지하게 되었거니와, 다만 이제는 대가를 지불하고 권리를 사오는 일이 없어진 점이 다를 뿐이다. 그리하여 이 시기 남유럽과 서유럽의 근대법은 그 주요 특징 중 하나를 뚜렷이 나타내기 시작하니, 미혼의 여자나 과부에게는 상대적으로 자유가 허용된 반

면, 아내들에게는 무능력이 무겁게 부과되었다. 혼인으로 여성에게 부과
되는 종속이 눈에 띄게 감소한 것은 오랜 시간이 흐른 뒤였다. 유럽에서
부활한 미개함을 부드럽게 만든 강력한 주된 용매는 언제나 유스티니아
누스 법전이었으니, 이것에 대한 연구가 열성적으로 행해진 곳에서는 어
디서나 그러했다. 그것은 단지 옛 관습을 해석할 뿐이라고 내걸었지만
실제로는 은밀하게 그러나 효과적으로 저 관습을 약화시켰다. 하지만 혼
인상태인 여성에 관한 법은 대체로 로마법보다는 교회법의 조명을 받았
고, 혼인으로 형성된 관계에 대한 견해만큼 교회법이 세속법의 정신에서
멀리 떨어진 분야도 없었다. 이것은 어느 정도 불가피한 일이었으니, 기
독교 제도의 색채를 보유한 사회 중에 혼인상태인 여자에게 중기 로마법
이 부여했던 신분상의 자유를 회복시켜 줄 사회는 없었던 것이다. 그러
나 혼인상태인 여성의 재산법상 무능력은 신분법상 무능력과는 전혀 다
른 기반 위에 서 있었거니와, 전자를 계속 유지하고 공고히 하는 법리를
통해 교회법 해설자들은 문명 발달에 깊은 상처를 주었다. 세속법 원리
와 교회법 원리 간의 갈등의 흔적은 여러 곳에서 발견되지만 거의 어디
서나 교회법이 승리를 거두었다. 프랑스의 일부 지방에서 귀족 아래 계
급의 혼인한 여자들은 로마법이 인정했던 재산법상의 모든 권한을 가지
게 되었으니, 이 지방법은 나폴레옹 법전에 대체로 수용되었다. 하지만
스코틀랜드법의 상태는 로마 법률가들의 법리에 대한 우직한 존경이 반
드시 아내들의 무능력을 완화하는 데 기여하지는 않았음을 보여준다. 혼
인상태인 여성에게 가장 덜 관대한 법체계는 모두 교회법을 배타적으로
추종했던 법체계들이거나, 아니면 유럽 문명과의 접촉이 늦어 자신들의
고대적 유물을 솎아낼 기회가 없었던 법체계들이었다. 수 세기 동안 모
든 여성들을 가혹하게 대해왔던 덴마크법과 스웨덴법은 여전히 아내들
에게는 일반적인 유럽대륙의 법전들보다 훨씬 덜 우호적이다. 그러나 재
산법적 무능력에서 대륙법보다 더 엄격한 것이 영국 보통법이거니와, 그

것은 교회법에서 근본원리를 대량으로 빌려왔다. 실로 혼인상태인 여성의 법적 지위에 관한 보통법은 이 장의 주제인 저 중차대한 제도에 대한 명료한 관념을 영국인들에게 심어줄 수 있을 법하다. 형평법이나 제정법의 손을 타지 않은 순수한 영국 보통법이 일체의 권리와 의무와 구제수단을 통해 남편에게 수여한 대권大權을 돌아보는 것만큼, 아내의 완전한 법적 종속을 관철시킨 엄격한 일관성을 회상하는 것만큼, 고대 가부장권의 성질과 작동을 생생하게 보여주는 것이 또 있을지 의문이다. 보통법법원과 형평법법원이 아내들에게 각각 적용하는 규칙들 간의 차이는 가부장권 아래 있는 자식에 관한 가장 이른 로마법과 가장 늦은 로마법 간의 거리만큼이나 멀다고 해도 좋을 것이다.

　두 가지 형태의 후견제도의 진정한 기원을 무시한다면, 그리고 이들 주제에 관해 동일한 언어를 사용한다면, 고법古法체계들에서 여자의 후견은 권리의 정지라는 의제擬制를 지나치게 길게 밀고 나간 사례인 반면, '아버지 없는orphan 남자의 후견'이라 부르던 것은 정확히 그 반대방향의 과오를 보여주는 사례라고 말할 수 있을지도 모른다. 이들 법체계에서 남성 후견은 상당히 이른 시기에 종료된다. 그 전형이라 할 수 있는 고대 로마법에서는 아버지나 할아버지의 사망으로 가부장권에서 벗어난 아들은 일반적으로 15세에 도달할 때까지 후견에 놓이고, 일단 그 연령에 도달하면 신분법적으로나 재산법적으로나 완전히 독립한다. 따라서 미성년의 기간은 지나치게 짧고 여성의 무능력 기간은 지나치게 긴 것으로 보인다. 하지만, 사실, 두 종류의 후견에 최초의 형태를 부여한 상황을 감안하면 지나치게 길거나 지나치게 짧은 요소는 전혀 없다. 어느 쪽에든 공적 또는 사적 편의성의 고려는 조금도 들어있지 않다. 여자의 후견이 여성의 취약함을 보호하기 위해 도입된 것처럼, 본디 아버지 없는 남자의 후견도 결정권을 행사하는 시기에 도달할 때까지 이들을 보호하기 위해 고안된 것이다. 아버지의 사망으로 아들이 가족의 속박에서 벗어나

후견제도

는 이유는 새로운 가족의 수장이 되고 또 다른 새로운 가부장권의 창설
자가 될 수 있는 아들의 능력에 있다. 여자는 이러한 능력을 가지지 않으
며, 따라서 **결코** 해방되지 않는다. 그리하여 아버지 없는 남자의 후견은
자식이 스스로 아버지가 될 능력이 있다고 여겨질 때까지 아버지의 가家
에 복속되는 모양새를 유지하는 장치였다. 그것은 신체적 남성성이 발현
될 때까지 일종의 가부장권의 연장이었다. 성숙기puberty가 도래하면 후
견은 끝나거니와, 이러한 이론이 그것을 엄중하게 요청하기 때문이다.
하지만 이는 아버지 없는 남성 피후견인을 지적으로 성숙한 또는 거래에
적합한 나이에 도달하기까지 보호한다는 말은 아니기 때문에 일반적 편
의성의 목적에는 전혀 미치지 못한다. 로마인들은 사회진보의 무척 이른
시기에 이 문제를 인지했던 것 같다. 아주 오래된[29] 기념비적인 로마 입
법으로 라이토리우스 법Lex Laetoria 혹은 플라이토리우스 법Lex Plaetoria이라
불리는 것이 있다. 이로써 나이가 차고 완전한 권리를 가진 모든 자유인
남성을 보좌인保佐人curator이라 부르는 새로운 종류의 후견인의 일시적 통
제 아래 두게 되었으니, 그들의 단독행위와 계약이 유효하기 위해서는
보좌인의 승인이 요구되었다. 젊은이의 나이가 26세에 이르면 이 제정
법상의 감독권은 종료되었다. 그리하여 로마법에서는 "성년"과 "미성
년"을 가르는 기준으로 25세가 전적으로 사용되었다. 근대법에서 **미성
숙**pupilage 또는 **미성년**wardship의 신분은 법적안정성을 적절히 고려하면서
미성년자의 신체적 미성숙과 정신적 미성숙을 모두 보호한다는 단순한
원리로 변용되었다. 결정권을 행사할 수 있는 연령이 그것의 자연적 종
료시기이다. 그러나 로마인들은 신체적 취약함의 보호와 지적 무능력의
보호를 두 가지 서로 다른 제도에 맡겼으니, 그 둘은 이론에서도 의도에
서도 서로 구분되는 것이었다. 양 제도에 따라붙는 관념들이 현대의 후
견 관념에서는 통합되어 있다.

---

29 기원전 3세기 말 또는 2세기 초.

우리의 목적을 위해서 원용할 만한 또 하나의 신분법 제도가 남아있
다. **주인**과 **노예**의 관계에 대해 성숙한 법체계가 가진 법규칙들은 고대
사회에 공통된 원초적 상황의 흔적을 그다지 뚜렷이 보여주지 못한다.
그러나 여기에는 그럴 만한 이유가 있다. 아무리 성찰의 습관이 형성되
지 못했다 할지라도, 아무리 도덕적 본능의 함양이 낮은 수준에 머물러
있다 할지라도, 시대를 막론하고 인류에게 충격을 주고 인류를 당혹케
하는 무언가가 노예제도에 들어있는 듯하다. 고대 공동체들이 거의 무의
식적으로 겪었던 양심의 가책이 노예제도를 그럴듯하게 방어하는, 적어
도 정당화하려는, 어떤 가상의 원리를 반드시 채택하도록 만들었던 것
같다. 그들의 역사 초기에 그리스인들은 이 제도를 특정 민족의 지적 열
등함에 기초하는 것으로, 따라서 노예상태에의 자연적 적합성에 기초하
는 것으로 설명했다. 마찬가지로 독특한 정신의 소유자인 로마인들은 승
자와 패자 간의 가상의 합의에서 그것을 이끌어냈으니, 전자는 그의 적
에게 영구적 서비스를 청약하고 후자는 승낙의 대가로 합법적으로 몰수
당한 목숨을 구한다는 것이다. 이들 이론은 건강하지 못한 이론일 뿐만
아니라 설명하고자 하는 사태에도 전혀 부합하지 않는 것이었다. 그럼에
도 불구하고 이들 이론은 여러모로 강력한 영향력을 행사했다. 이들은
주인의 양심을 만족시켰다. 이들은 노예의 낮은 지위를 영속시켰고 어쩌
면 더 가중시켰다. 이들은 원래 노예가 家의 나머지 부분과 어떤 관계
를 가졌는지를 망각하게 만들었다. 이 관계는, 비록 쉽게 드러나는 것은
아니나, 원시법의 많은 부분에서 산발적으로 징후를 나타내고 있거니와,
특히 그 전형적인 법체계 ─ 고대 로마법 ─ 에서 그러하다.

미국에서는 초기 사회에 노예가 가족의 구성원으로 인정되었는가에
대해 많은 연구와 학습이 수행되었다. 이에 대해 반드시 긍정적 답이 주
어져야 한다는 생각이 존재한다. 고대법과 초기 역사의 증거에 의하면
일정 상황에서는 노예가 주인의 상속인, 즉 포괄승계인으로 지정될 수

있었음이 분명하다. 이러한 의미심장한 능력이 뜻하는 바는, 상속법에 관한 장에서 설명하겠지만, 家의 통치와 대표를 특정 상황에서는 노예에게 맡길 수 있다는 것이다. 하지만 이 주제에 관한 미국의 논의에서 상정되고 있는 것은, 만약 노예제도가 원시 가족제도의 일부였다면, 오늘날의 흑인노예제 역시 도덕적으로 정당화될 수 있다는 것으로 보인다. 그렇다면 노예가 원래 가족의 일원이었다는 것은 무엇을 의미하는가? 인간을 부추기는 저속한 동기 때문에 노예제가 생겼다는 뜻이 아니다. 나의 안락과 쾌락을 도모하는 수단으로 타인의 육체적 힘을 사용하고자 하는 단순한 희망은 물론 노예제의 토대이며 인간의 본성만큼이나 오래된 것이다. 그러나 노예가 가족의 일원이었다고 말할 때 우리가 뜻하는 바는 그를 데려와서 노예로 삼은 자들의 동기에 관한 것이 아니다. 단지, 노예를 주인에게 묶어주는 관계가 다른 모든 가족구성원을 그 수장에게 결합시키는 관계와 동일한 일반적 성질을 가졌음을 의미할 뿐이다. 사실, 가족 관계를 떠난 개인들 사이의 관계를 관계의 기초로 이해하는 것은 인류의 원시적 관념과 전혀 부합하지 않는다는 전술한 일반적 주장에서 이러한 결론이 나오는 것이다. 가족은 우선 혈연으로 가족에 속하게 된 자들과, 다음으로 입양으로 가족에 편입된 자들로 구성된다. 그런데 단지 수장에게 공동으로 복종함으로써 가족에 속하게 되는 세 번째 카테고리의 사람들이 있으니, 이들이 바로 노예이다. 수장에게 출생에 의해 복속하는 자와 입양에 의해 복속하는 자가 노예보다 더 우대받는 것은 통상적으로 사태가 진행된다면 언젠가 그들은 속박에서 벗어나 스스로 가부장권을 행사하게 되리라는 확실성에 기인한다. 그러나 노예의 지위가 낮다는 것이 그를 가족의 울타리 바깥에 둔다든가 영혼 없는 물건의 지위로 격하시킨다는 따위가 아니라는 것은, 생각건대, 최후 수단으로 상속인이 될 수 있는 능력에 관한 고대의 많은 흔적들이 남아있어 명백히 증명되고 있다. 물론, 가부장의 제국에서 확실하게 자기 자리를 차지하고 있음으로써 사회의 초창기에 노예의 운명이 얼마나 개선되었을까 무모하게 추측하는 것은 결코 안전한 일이 아닐 것이다. 아마도, 후대에 아들에게 주어질 부드러운 취급을 노예도 받았다기보다는 오히려 아들이 사실상 노예와 비슷하게 취급받았을 것이라고 보는 쪽이 더 그럴 법하다. 그러나 발달된 성숙한 법체계에 관해 다소 자신 있게 말할 수 있는 것은 노예제도를 인정하는 곳 가운데 노예의 열등한 지위에 관한 어떤 다른 이론을 채택한 법체계보다 노예의 초기 상황에 대한 기억을 보존하고 있는 법체계에서 노예가 항상 더 나은 취급을 받는다는 것이다. 법이 노예를 바라보는 관점이 그에게는 무엇보다 중요하다. 로마법에서는 노예를 점점 더 물건의 일종으로 취급하던 경향이 자연법이론 덕분에 더는 확대되지 않고 정지되었다. 그리하여, 로마법의 영향을 깊게 받은 제도에 기초하여 노예제를 인정하는 곳에서는 노예의 지위가 결코 참을 수 없을 만큼 열악한 것이 아니다. 공포스런 내전의 영향 아래 통과된 최근 입법으로 헌법에 수정조항들이 추가되기 전까지,[30] 미국의 주들 가운데 영국 보통법에 기초한 제도를 채택한 주들보다 대단히 로마적인 루이지애나법에 기초한 주들에서 흑인들의 운명과 전망이 여러 주요 측면에서 더 나았다는 많은 증거가 있다. 영국 보통법에서는, 최근에 해석된 것처럼, 노예를 위한 진정한 자리가 인정되지 않으며 따라서 노예는 그저 동산의 일종으로 취급될 수 있을 따름이다.[31]

지금까지 이 저서에서 다루어야 할 고대 신분법의 모든 부분들을 살펴보았다. 이러한 탐구의 결과로 법의 유년기에 관한 우리의 관점이 더 분

가족의
해체

---

30 미국 연방헌법 수정조항 제13조(노예제 폐지), 제14조(평등권 조항), 제15조(투표권 확대)를 말하고 있다. 물론 이 구절은《고대법》초판에는 없었다가 후에 추가된 것이다.

31 영국은 1833년 노예제폐지법(Slavery Abolition Act)의 통과로 노예제 폐지 조치가 시작되었고 1843년부터는 대영제국 전역에서 노예제가 사라졌다. 하지만 미국에서는 독립 이전의 영국법이 계속 효력을 가진다 — 노예제에 관한 한 물론 링컨의 노예해방이 있기 전까지만. 본문의 '최근의 해석'은 미연방대법원의 Dred Scott v. Sandford (1857) 판결을 말하는 것으로 보인다.

명하고 정확해졌다고 나는 믿는다. 국가법은 가부장적 주권자의 테미스
테스로 처음 등장했거니와, 이제 우리는 이 테미스테스가 인류의 훨씬
더 초기 상태에 각각 독립된 가家의 수장들이 아내와 자식들과 노예들에
게 내리던 책임지지 않는 명령의 발달된 형태에 불과하다는 것을 알게
되었다. 하지만 국가가 형성된 뒤에도 법은 여전히 무척 제한된 적용범
위를 가질 따름이었다. 법이 테미스테스라는 원시적 형태를 취하든, 아
니면 관습법이나 법전이라는 더 진보된 형태를 취하든, 그것은 개인이
아니라 가家를 구속하는 것이었다. 고대법은, 다소 무리한 비유인지 모르
겠으나, 국제법과 유사하다고 할 수 있다. 말하자면, 사회의 원자들인 저
주요 집단들 사이의 틈새만을 메울 뿐인 것이다. 이런 상태의 공동체에
서 입법기구의 입법과 법원의 판결은 가족의 수장들에게만 미칠 뿐, 다
른 모든 개인에게는 그의 가부장을 입법자로 하는 가家의 법이 곧 행위규
칙이다. 그러나 처음에는 좁았던 국가법의 영역이 꾸준히 그 범위를 넓
혀간다. 법 변동의 인자因子들인 법적의제, 형평법, 입법이 차례로 원초
적 제도에 영향을 미치고, 진보의 각 단계마다 다수의 신분적 권리와 더
많은 수의 재산적 권리가 가내법정을 떠나 국가법정의 관할로 넘어가게
된다. 정부의 명령은 공적 문제만큼이나 사적 문제에도 힘을 발휘하고,
각 가정의 전제군주의 명령에 의해 더는 무력화되지 않게 된다. 로마법
의 연대기에는 고법古法체제가 무너져 내린 거의 완전한 역사, 재조합한
재료들로 새로운 제도가 형성되어간 거의 완전한 역사가 담겨있거니와,
그 제도들의 일부는 근대세계로 고스란히 전해졌으나 다른 것들은 암흑
시대에 만족蠻族들과의 접촉에서 파괴되거나 타락하여 인류에 의해 다시
회복되어야 했다. 최종적으로 유스티니아누스의 재구성으로 로마법이
그 역사를 마감할 때, 살아있는 가부장에게 여전히 남겨졌던 폭넓은 권
한 하나를 제외하면 어떤 부분에서도 우리는 더는 원시법의 흔적을 발견
할 수 없다. 이 예외를 제외한 모든 곳에서는 편의성과 조화성과 단순성

의 원리 — 여하튼 새로운 원리 — 가 고대의 양심을 만족시켰던 조잡한 고려들의 권위를 전복시켰다. 모든 영역에서 새로운 도덕성이 고대 관행에 어울리던 행위 기준과 묵인 근거를 내쫓았다. 사실 이것들은 고대 관행의 산물이었기 때문이다.

진보하는 사회들의 운동은 한 가지 면에서는 일치했다. 모든 과정을 통틀어, 가족종속성이 해체되고 그 대신 개인적 의무가 성장한 점이 뚜렷하게 나타났다. 국가법의 고려 단위로서 개인은 꾸준히 가족을 대체해 갔다. 진보의 속도는 서로 달랐다. 현상의 면밀한 연구를 통해서만 고대 조직의 붕괴를 인지할 수 있는, 정체된 사회에 가까운 사회도 있었다. 하지만 속도의 차이에도 불구하고 변화는 역행 없이 계속되었다. 멈칫거리는 듯 보여도 이는 외부에서 유입된 원시적 관념과 관습 탓인 것으로 판명될 것이다. 가족에서 기원한 권리와 의무의 호혜성互惠性 형식을 점차 대체해간 사람들의 관계가 무엇인지 이해하는 것도 어렵지 않다. 계약이 바로 그것이다. 역사의 한쪽 끝, 사람들 간의 모든 관계가 가족관계로 귀결되던 사회상태에서 출발하여, 사람들 간의 모든 관계가 개인들의 자유로운 합의로 생겨나는 사회질서의 국면으로 지속적으로 변화해온 것으로 보인다. 이런 방향으로 서유럽에서 이루어진 진보는 엄청난 것이었다. 그리하여 노예의 신분은 사라졌다. 그것은 주인에 대한 하인의 계약관계로 대체되었다. 피후견 여성의 신분도, 후견을 남편 아닌 다른 사람의 후견으로 이해한다면, 역시 사라졌다. 성년에 이른 후 혼인할 때까지 그녀가 맺는 모든 관계는 계약관계이다. 가부장권 아래 있는 아들의 신분도 근대 유럽사회의 법에서는 사실상 더는 존재하지 않는다. 아버지와 성년의 자식을 묶어주는 민사법적 의무가 있다면 그것은 오직 계약에 의해 법적 효력이 주어지는 것뿐이다. 예외처럼 보이는 것도 원칙을 보여주기 위한 인영印影으로서의 예외일 뿐이다. 부모 있는 미성년자, 피후견 고아, 심신상실의 선고를 받은 자, 이들은 모두 신분법law of persons에 의해 그 능력과 무능력이 규율된다. 왜 그런가? 그 이유는 법체계마다 언어관용慣用이 달라 서로 달리 표현되고 있으나 실질적으로는 모두 동일한 취지를 말하고 있다. 법학자들 대다수는 방금 언급한 부류의 사람들이 타인의 통제를 받는 것은 오직 스스로의 이익을 위한 판단능력을 갖추지 못했기 때문이라는 원리에 일치하고 있다. 다시 말해, 계약을 체결하는 데 불가결한 첫 번째 요소를 결여하고 있기 때문이라는 것이다.

신분에서
계약으로

'신분'status이라는 용어는 이러한 법의 진보를 표현하는 어떤 공식을 만드는 데 유용하게 쓰일 수 있다. 이 공식은, 그 가치가 어떠하든, 내가 보기에 충분히 확인된 것이다. 신분법이 다루는 신분의 모든 형태는 고대 가족에 기거하던 권력과 특권에서 유래한 것이며 어느 정도는 지금도 그것의 색채를 띠고 있다. 그리하여 우리가 신분이라는 용어를, 최고의 학자들의 용법에 따라, 이러한 신분personal 상태만을 의미하는 데 사용하고, 합의를 통해 직·간접적으로 만들어지는 상태를 지칭하는 데 사용하지 않는다면, 우리는 진보하는 사회의 운동이 지금까지 **신분에서 계약으로**from status to contract의 운동이었다고 말할 수 있을 것이다.

제6장
유언상속법의 초기 역사

역사적 연구방법이 기존에 인기 있는 법학연구방법보다 우수함을 증
명하는 시도가 영국에서 행해진다면, 유언법testament; will보다 더 좋은 예
를 제공하는 법분야는 없을 것이다. 이는 유언법의 긴 역사와 오랜 지속
성 덕택이다. 역사 초기의 유언법에서 우리는 아주 유년기의 사회상태를
발견하거니와, 그것은 어느 정도 노력을 기울여야만 그 고대적 형태를
깨달을 수 있는 개념들로 둘러싸여있다. 반면, 진보의 반대편 극인 지금
의 우리는 동일한 개념들이 현대적 용어와 사고습관에 의해 변모된 그러
한 법관념들에 둘러싸여있거니와, 따라서 우리의 일상성에 속하는 관념
들을 분석하고 조사해야 하는 또 다른 종류의 어려움에 처해있다. 이들
양극 사이의 유언법의 발달을 우리는 자못 뚜렷하게 추적할 수 있다. 유
언법의 역사는 다른 어떤 법분야의 역사보다 봉건제 탄생 시기의 단절을
훨씬 덜 보여준다. 물론 고대사와 근대사의 분리로 촉발된 단절, 로마 제
국의 붕괴로 촉발된 단절이 모든 법영역에서 지나치게 과장되어온 것은
사실이다. 나태한 많은 학자들은 혼돈의 여섯 세기 동안 뒤엉키고 희미
해진 관계의 끈을 찾는 수고를 하려들지 않았고, 인내와 노력이 부족하
지 않은 다른 학자들은 자기 나라 법체계에 대한 헛된 자부심에 가득 차
로마법에 대한 감사의 뜻을 고백하지 않아 잘못된 길을 갔다. 그러나 이
러한 좋지 못한 힘들이 유언법 영역에는 거의 영향력을 발휘하지 못했
다. 의심할 여지없이 만족蠻族들은 유언이라는 개념을 알지 못했다. 최고
의 학자들이 이구동성으로 하는 말에 따르면, 만족들의 법전 중에 원래

거주지에서 따르던 관습과 그 후 로마 제국 변방의 정착지에서 따르던 관습을 모은 부분에서는 유언 개념이 흔적조차 발견되지 않는다. 그러나 곧이어 로마속주의 주민들과 혼합되면서 그들은 로마법에서 처음에는 부분적으로 나중에는 전면적으로 유언 개념을 수용했다. 이러한 신속한 동화에는 교회의 영향력이 크게 작용했다. 일찍이 교회권력은 몇몇 이교도 사원들이 누리던, 유언을 보관하고 등록하는 특권을 물려받았으며, 일찍부터 종교단체가 취득하는 세속적 재산은 거의 전적으로 사적인 유증遺贈에 기인한 것이었다. 그리하여 초기의 지방 종교회의들의 결정에는 유언의 신성함을 부인하는 자들에 대한 파문이 지속적으로 등장한다. 영국에서도 가끔 다른 법영역에서는 존재한다고 인정되는 역사적 단절이 유언법의 역사에서는, 널리 인정되듯이, 방지되었으니, 그 원인 중에 가장 주된 원인은 교회였음이 확실하다. 특정 유형의 유언 사건에 대한 재판권은 교회법원에 주어졌거니와, 교회법원은 유언 사건에, 항상 현명한 것은 아닐지라도, 로마법 원리를 적용했다. 보통법법원도 형평법법원도 교회법원의 결정에 따라야 할 명시적 의무는 없었지만, 교회법원의 법적용 과정에서 이미 형성된 법규칙 체계의 강력한 영향력에서 벗어날 수는 없었다. 인적재산人的財産personalty[1]의 유언상속에 관한 영국법은 로마 시민들의 상속을 규율하던 제도의 변형된 형태가 된 것이다.

고대의
유언
　　이 주제의 역사적 탐구방법에 따른 결론과 역사의 도움 없이 일견 우리가 받는 인상만을 분석하는 방법에 따른 결론 사이에 커다란 차이가 있음은 그리 어렵지 않게 지적할 수 있다. 유언이란 것의 대중적 개념에서 출발하여, 아니 심지어 법적 개념에서 출발하더라도, 거기에 어떤 속성이 반드시 수반된다는 것을 생각해내지 못할 사람은 아무도 없을 것이다. 예컨대, 유언은 반드시 **사망시에만** 효력이 생긴다는 것, 유언은 **비밀**

1　영미법에서 동산, 금전, 채권 등을 포괄적으로 지칭하는 '인적재산'(personal property; personalty)은 봉건적 토지보유에서 유래하는 '물적재산'(real property; realty)과 대비되는 개념이다.

이라서 이해관계를 갖는 사람에게 알려져서는 안 된다는 것, 유언은 **철회 가능**해서 언제든 새로운 유언으로 번복할 수 있다는 것 따위를 거론할 수 있다. 하지만 나는 이러한 속성들 중 어느 것도 유언의 속성이 아니었던 시대가 있었음을 보여줄 것이다. 우리 유언의 직접적 선조였던 유언은 처음에는 행위 즉시 효력이 발생했고 비밀도 아니었고 철회도 불가능했다. 사실, 법제도 중에서 인간의 의도를 담은 문서에 의해 사후死後의 그의 재산 처분이 좌우된다는 것만큼 복잡한 역사적 작용의 산물인 것은 거의 없을 것이다. 유언이 위에 언급한 속성들을 얻게 되는 것은 아주 천천히 그리고 점진적으로 이루어졌다. 그것은 우연이라 할 만한 사건들이, 적어도 법의 역사에 영향을 준 것이 아닌 한 어쨌든 당장 우리의 관심 대상은 아닌 사건들이 원인이 되어 그 압력으로 이루어졌다.

　지금보다 법이론이 넘쳐나던 시절, 법이론이 대체로 근거 없고 미성숙한 상태에 머물러 있지만 그럼에도 불구하고 어떤 일반화도 없이 단지 경험적으로만 법을 추구하는 열등하고 조야한 상태 — 영국법에도 이런 측면이 없지 않다 — 는 벗어난 시절, 유언의 속성에 대해 우리가 흔히 가지는 표면적인 직관을 설명하는 데 널리 사용된 방식은 그 속성들이 유언에 자연적이라고 말하는 것, 또는, 이 용어를 끝까지 밀고 나가, 자연법에 의해 유언에 주어진다고 말하는 것이었다. 생각건대, 일단 이 모든 속성들이 역사의 기억 속에 그 기원을 가지고 있음을 알게 되면 아무도 이런 법리를 유지하려 하지 않을 것이다. 하지만, 우리 모두가 사용하고 있고 그것 없이는 어찌할 바를 잘 모르는 표현 형태 안에는 이 법리를 낳은 이론의 흔적들이 여전히 남아있다. 나는 17세기 법문헌에 자주 등장하는 명제를 가지고 이를 보여주고자 한다. 당시의 법학자들은 흔히 유언권한을 자연법상의 것이라고, 자연법이 부여한 권리라고 주장했다. 그들의 가르침, 비록 모든 이들이 연관성을 한눈에 알아보는 것은 아니지만, 재산의 사후死後처분을 지시하고 통제하는 권한이 소유권 자체의 필연적이고도 자연적인 귀결이라고 보는 사람들의 주장으로 실제 이어졌다. 전문적으로 법을 공부하는 법학도라면 누구나, 학파 간에 서로 다른 언어의 옷을 입고 있더라도, 이와 동일한 견해를 만나보았을 것이다. 그것은, 이 법분야의 논리에 따르면, 유언_{ex testamento}상속을 망자_{亡者}의 재산이 일차적으로 따라야 할 이전_{移轉} 방식으로 취급하고, 이어서 무유언_{無遺言ab intestato}상속은 사망한 소유권자가 실수로 또는 불운으로 행하지 않은 것을 처리하기 위한 입법자의 부수적 대응책일 뿐이라고 설명하는 것이다. 이러한 견해는 유언처분이 자연법상의 제도라는 더 간결한 법리가 확장된 형태에 불과하다. 물론, 자연과 자연법을 숙고하는 근대 학자들의 관념연관의 범위를 도그마틱하게 단정짓는 것은 결코 안전한 일이 아닐 것이다. 그러나 유언권이 자연권이라고 인정하는 사람들 대다수는 그것이 사실상 보편적임을 의미하거나, 아니면 인간의 최초 본능과 충동에 의해 인정됨을 의미한다고 나는 믿는다. 전자의 입장에 관해서는, 나폴레옹 법전_{Code Napoléon}에서 유언권이 심하게 제약되고 있고 프랑스 법전을 모델로 삼은 법체계들이 속속 증가하고 있는 이 시대에 그것을 명시적으로 주장한다면 이는 진지하게 내세울 수 있는 주장이 못 된다는 것이 내 생각이다. 후자의 주장에 관해서는, 그것은 법의 초기 역사에서 충분히 확인된 사실에 반한다고 해야 할 것이다. 모든 토착적 사회에서는 유언이 허용되지 **않는**, 아니, 생각조차 되어보지 못한 법상태가 소유권자의 단순한 의사가 약간의 제약 아래 그의 혈연 친족들의 요구에 우선하는 후대의 발달된 법상태에 일반적으로 선행했었다고 나는 감히 주장하고 싶다.

유언의
성질

　유언 개념은 그 자체만으로 이해될 수 있는 것이 아니다. 그것은 일련의 개념들 중 하나일 뿐이며, 그들 중 첫 번째 것도 아니다. 유언 자체는 유언자의 의사가 선언되는 수단일 뿐이다. 생각건대, 이러한 수단을 논의하기에 앞서 우선 예비적으로 몇 가지 논점을 밝혀둘 필요가 있다. 가령, 망자의 사망으로 그에게서 이전되는 것은 무엇이며 어떤 종류의 권리 혹은 이익인가? 그것은 누구에게 어떤 형태로 이전되는가? 망자가 자기 재산의 사후死後 처분을 통제할 수 있는 것은 어째서인가? 따위가 그것이다. 유언이라는 관념에 기여하는 다양한 종속적 개념들은 다음과 같이 법기술적인 용어로 표현될 수 있다: 유언이란 상속재산의 이전移轉을 정하는 수단이다. 상속이란 포괄적 승계universal succession의 일종이다. 포괄적 승계란 포괄적 재산universitas juris의 승계, 즉 권리와 의무의 총체를 승계하는 것이다. 그리하여 우리는 역순으로, 무엇이 포괄적 재산인지, 무엇이 포괄적 승계인지, 그리고 상속이라 불리는 포괄적 승계의 방식은 무엇인지를 탐구해야 한다. 나아가, 내가 말한 논점들과 어느 정도 무관한, 그러나 유언이라는 주제를 마치기 전에 해결해야 할 두 가지 논점이 더 있다. 어떻게 해서 상속재산이 유언자의 의사의 통제대상이 되었을까, 그리고 상속재산을 통제하는 수단의 성질은 무엇인가 하는 것이다.

첫 번째 문제는 "포괄적 재산", 즉 권리와 의무의 총체(혹은 묶음)에 관한 것이다. 포괄적 재산이란 특정한 한 시점에 특정한 한 사람에게 속한다는 단일한 상황으로 결합된 권리와 의무의 집합물을 말한다. 말하자면 그것은 특정 개인의 법적인 옷[衣]인 것이다. 몇몇 권리와 몇몇 의무를 하나로 묶는다고 해서 되는 것이 아니다. 오직 특정인의 모든 권리와 모든 의무를 하나로 묶어 성립할 수 있을 뿐이다. 다수의 소유권, 통행권, 유증에 대한 권리, 특정이행 채무, 금전채무, 불법행위 손해배상compensation 채무² 따위의 모든 법적 권리와 의무를 하나로 묶어 포괄적 재산을 이루게 하는 힘은 이를 행사하고 이행할 수 있는 어떤 개인에게 이들이 속해 있다는 **사실**에 있다. 이러한 **사실**이 없으면 포괄적 재산은 존재할 수 없

포괄적
재산

---

2 'compensation'의 본래 의미, 즉 전보(塡補)란 뜻을 살려 읽을 수도 있겠다. 로마법에서 불법행위에 기한 벌금소권(actiones poenalis, 전보가 아닌 징벌적 성격의 배상청구권)은 피해자의 상속인에게는 상속되었지만 가해자의 상속인을 상대로는 소송을 제기할 수 없었다. Gai.4.112 및 Inst.4.12.1 및 Dig.47.1.1. 현대적으로 표현하면, 형사책임은 상속되지 않았던 것이다.

다. '포괄적 재산'이라는 용어는 고전기의 것이 아니지만,[3] 그 관념은 오로지 로마법에 빚지고 있다. 그것을 이해하는 것도 결코 어렵지 않다. 우리들 각자가 바깥 세상에 대해 갖는 모든 법률관계의 집합을 하나의 개념 아래에 끌어 모으면 된다. 그 성격이나 성분이 어떠하든, 이들이 모여 포괄적 재산을 구성한다. 권리뿐만 아니라 의무도 포함된다는 점만 명심한다면 개념을 형성함에 실수할 위험은 거의 없다. 의무가 권리보다 더 많을 수도 있다. 어떤 이는 적극재산보다 채무가 더 많아서 그의 법률관계의 집합을 금전으로 평가하면 소위 지급불능 상태로 판명될 수도 있다. 그렇다고 그를 둘러싸고 있는 권리와 의무의 총체가 "포괄적 재산"이 아닌 것은 아니다.

**포괄적
승계**

　　다음으로 "포괄적 승계"가 문제된다. 포괄적 승계란 포괄적 재산을 승계하는 것이다. 어떤 사람이 다른 사람의 법적인 옷을 입어, 그의 모든 책임을 부담하고 그의 모든 권리를 가질 때 이런 일이 일어난다. 포괄적 승계가 진정하고 완전한 것이 되려면 이전移轉이, 법률가들의 표현을 빌면, '일거一擧에'uni ictu 일어나야 한다. 물론, 어떤 이가 다른 사람의 권리와 의무의 전부를 여러 번에 걸쳐, 가령 순차적 매수를 통해 취득할 수 있다. 혹은 서로 다른 자격으로, 가령 일부는 상속인으로, 다른 일부는 매수인으로, 나머지는 수유자受遺者로서 취득할 수도 있다. 그러나 이렇게 해서 얻은 권리와 의무의 집합이 사실상 특정인의 법인격 전부라 할지라도 이러한 취득은 포괄적 승계가 아니다. 진정한 포괄적 승계가 되기 위해서는 권리와 의무의 총체의 이전이 **동일한** 시점에 이루어져야 하고 수령인이 **동일한** 법적 자격에서 넘겨받는 것이라야 한다. "포괄적 재산" 개념과 마찬가지로 포괄적 승계의 개념도 법학에서 항상 발견되는 개념이

3　로마법의 고전기(classical period)는 대체로 제정기 시작부터 기원후 223년 알렉산데르 세베루스 황제의 근위장관이던 울피아누스의 사망에 이르는 시기를 말한다. 저명한 법률가들이 다수 등장하여 로마의 법학을 가장 세련되게 발달시켰던 시기이다. 이 책에서 메인이 '안토니누스 황조 시대'(138-192년)라고 말하는 시기는 고전기의 절정에 해당한다.

다. 다만 영국법에서는 권리를 취득하는 사뭇 다양한 자격으로 인해, 특히 "물적재산"realty과 "인적재산"personalty이라는 영국 재산법의 두 개의 큰 영역 간의 구분으로 인해 그 개념이 흐려져있을 뿐이다. 하지만 파산관재인이 파산자의 전 재산을 승계하는 것은 일종의 포괄적 승계에 해당하거니와, 다만 파산관재인은 그 재산의 한도 내에서만 채무를 지불하므로 원래 개념의 변형된 형태일 뿐이라 할 것이다. 만약 어떤 이가 어떤 다른 사람의 **모든** 채무를 지불한다는 조건으로 그의 **모든** 재산을 양수하는 일이 영국에도 흔한 일이라면, 그러한 양수는 초기 로마법이 알고 있던 포괄적 승계와 정확히 일치할 것이다. 어떤 로마 시민이 아들을 **자권자입양**自權者入養adrogate할 때, 즉 가부장권 아래 있지 않는 남자를 양자로 입양할 때,[4] 그는 입양되는 아들의 재산을 **포괄적으로** 승계했다. 모든 재산을 취득했을 뿐만 아니라 모든 의무에 대해서도 책임을 졌다. 초기 로마법에는 포괄적 승계의 몇몇 다른 형태들도 있었으나, 가장 중요하고 가장 지속적인 형태는 지금 우리의 관심대상인 상속haereditas이었다. 상속은 사망을 원인으로 하는 포괄적 승계였다. 이때 포괄승계인은 '상속인'haeres이라고 불렸다. 그는 망자의 모든 권리와 모든 의무를 동시에 물려받았다. 그는 즉시 망자의 법인격 전체를 옷으로 입었다. 유언으로 지명된 상속인이든,[5] 아니면 무유언 상속인이든, 상속인이라는 지위에는 아무런 차이가 없었다는 점은 부연할 필요가 없을 것이다. '상속인'이라는 용어는 유언상속인에 대해서도, 무유언상속인에 대해서도 똑같이 사용되었다. 상속인이 되는 것은 그가 갖는 법적 성격이 무엇이냐와 무관하기 때

---

4 자권자입양은 타권자입양(他權者入養, adoptio)보다 요건이 엄격했다. 무엇보다 원래는 쿠리아 민회(comitia curiata)의 승인을, 나중에는 황제의 승인을 받아야했던 것이다. 키케로의 정적이었던 클로디우스(Publius Clodius Pulcher)는 유서 깊은 귀족인 클라우디우스 씨족에 속했으나 호민관(tribunus plebis) 출마 자격을 얻기 위해 어느 평민의 가에 자권자입양되어 이름도 클라우디우스에서 클로디우스로 바꾸었다고 전해진다.
5 우리 민법에서는 유언으로 상속인을 지명할 수 없다. 따라서 한국법은 유언상속 제도를 알지 못한다.

문이다. 유언으로 상속인이 되든, 무유언상속의 상속인이 되든, 망자의 포괄승계인은 그의 상속인인 것이다. 그러나 상속인은 반드시 한 사람이어야 할 필요는 없었다. 법적으로 하나의 단위로 간주되는 일군의 사람들이 **공동상속인**이 되어 승계할 수 있었다.

포괄
승계인

이제 로마인들의 상속의 정의를 인용해보자. 독자들은 각각의 용어를 이제 완전히 이해할 수 있을 것이다. "상속은 망자가 가졌던 포괄적 법적 지위를 승계하는 것이다." Haereditas est successio in universum jus quod defunctus habuit.[6] 비록 망자의 육신은 소멸하지만 그의 법인격은 살아남아 그와 동일성이 (적어도 법의 관점에서는) 이어지는 상속인 또는 공동상속인들에게 전달된다는 뜻이다. 영국법에서 유언집행인executor 또는 유산관리인administrator을 인적재산에 관한 한 망자의 대표자로 보는 것은 여기서 유래한 이론으로 예시할 수 있을 것이다.[7] 그러나 예시는 몰라도 설명까지 되는 것은 아니다. 후기 로마법의 견해에 따르더라도 망자와 상속인 간에는 일정한 상호관계가 필요했으나, 이는 영국법상의 대표자에게는 요구되지 않는 것이다. 또한 초기 법에서는 모든 것이 승계의 연속성을 지향하고 있었다. 유언자의 권리와 의무를 즉시 넘겨받을 상속인이나 공동상속인들이 유언에서 지정되지 않았다면, 그러한 유언은 전부 무효였다.

고법상의
상속

후기 로마법과 마찬가지로 근대 유언법에서도 가장 중요한 목적은 유언자의 의사를 집행하는 일이다. 로마 고법古法에서 그에 상응하는 중요성을 띠는 것은 포괄적 승계를 수여하는 일이었다. 우리 눈에 전자는 상식이 명령한 원리로 보이지만 후자는 한가한 변덕의 발로로 보이기 십상이다. 하지만 후자가 없었다면 전자도 존재할 수 없었을 것이라는 점은 유사한 다른 명제들만큼이나 여기서도 확실하다.

---

6 Dig.50.16.24.
7 유언집행인은 유언에 의해 지명되고, 유산관리인은 유언이 없는 경우 법원에 의해 선임된다. 인적재산은 이들이 일단 취득하여 관리 · 집행하고, 물적재산은 상속인이나 수유자가 직접 승계했으나, 오늘날 영국에서는 물적재산도 인적재산과 마찬가지로 취급된다.

이 역설처럼 보이는 것을 풀기 위해서는, 그리고 내가 보이고자 하는 원시 사회
관념의 연쇄를 더 명백히 보여주기 위해서는, 바로 앞 장에서 행했던 탐
구의 결론을 빌려와야 할 것 같다. 거기서 우리는 사회의 유년기에 나타
나는 보편적인 특징 하나를 발견했다. 사람들은 개인이 아니라 언제나
어떤 집단의 구성원으로 간주되고 취급되었다. 누구나 우선은 시민이었
다. 다음으로 시민인 그는 신분집단—그리스의 귀족aristocracy이나 평민
democracy, 혹은 로마의 귀족patrician이나 평민plebeian, 혹은 발달과정에서 불
행한 운명이 할퀴고 간 타락한 사회에서는 카스트—에 소속되었다. 그
다음으로 그는 씨족gens; house; clan의 구성원이었다. 그리고 마지막으로 **가
족**의 구성원이었다. 이 마지막 것은 그가 서 있는 가장 좁은 관계이자 가
장 친밀한 관계였다. 역설적으로 보일지 몰라도 그는 **그 자신**으로, 독립
적 개인으로, 간주되지 않았다. 그의 개인성은 가족에 흡수되었다. 전술
한 원시사회의 정의를 재차 강조하자면, 그것의 단위는 개인이 아니라,
실제의 또는 의제擬制의 혈연관계에 기초한 사람들의 집단이었다.

저발전 사회의 이러한 특성에서 우리는 포괄적 승계의 최초의 흔적을 가족이라는
발견한다. 근대국가의 구조와 달리, 원시시대의 국가는 다수의 작은 전 단체
제專制적 정부들로 구성되어 있었고, 그 각각은 다른 것들로부터 완전히
독립적이었으며, 각각은 단일한 군주의 대권大權이 절대적으로 지배하고
있었다고 기술함이 마땅하다. 하지만, 비록 이 가부장patriarch—아직 로
마의 가부장paterfamilias이라고 해서는 안 된다—은 광범위한 권리를 가지
고 있었지만, 의심할 여지없이 수많은 의무도 마찬가지로 부담하고 있었
다. 그가 가족을 지배했다면, 그것은 가족을 위한 것이었다. 그가 가족재
산의 주인이었다면, 그것은 자식들과 친족들을 위한 수탁자受託者로서 보
유하는 것이었다. 그가 특권이나 높은 지위를 가졌다면, 그것은 그가 지
배하는 작은 국가와의 관계가 그에게 부여하는 것이 전부였다. 가족은
실로 단체였고 그는 그 단체의 대표자였다. 어쩌면 그 단체의 공직자였

다고도 말할 수 있을 것이다. 그는 권리를 향유하고 의무를 부담했으나, 동료시민들이 보기에는, 그리고 법의 관점에서는, 이들 권리와 의무는 그의 것인 동시에 집합체의 것이기도 했다. 이러한 대표자의 사망으로 어떤 일이 발생하는지 잠시 생각해보자. 법의 관점에서는, 국가 정무관의 관점에서는, 가내 권위자의 사망은 전혀 중요하지 않은 일이었다. 가족이라는 집합체를 대표하고 국가법정에서 일차적으로 책임지는 사람이 이제 다른 이름을 가진다는 것, 그것이 전부였다. 사망한 가家의 수장에게 주어졌던 권리와 의무는 연속성이 끊어지지 않은 채 그의 승계인에게 주어진다. 사실 이들 권리와 의무는 가족의 권리와 의무였고 가족은 단체 특유의 성질 ─ 결코 죽지 않는 성질 ─ 을 가지기 때문이다. 채권자들은 옛 수장에 대한 것처럼 새로운 수장에 대해서도 동일한 구제수단을 가진다. 가족은 여전히 존속하고 가족의 책임도 완전히 동일하기 때문이다. 가족이 가지던 모든 권리는 수장의 사망 전과 똑같이 사망 후에도 가족에게 남는다. 다만, 이제 단체는 조금 다른 이름으로 ─ 이렇게 정확한 법기술적인 용어를 저 초기 사회에도 사용할 수 있다면 ─ **소송**을 제기해야 할 따름이다.

가족과
개인　　　법제사의 전 역사를 추적해야만 가족이 어떻게 해서 그것을 구성하는 원소들로 점차 느리게 해체되어갔는지 ─ 어떤 비가시적인 점진적 변화에 의해 개인의 가족에 대한 관계가, 그리고 가족의 가족에 대한 관계가, 개인의 개인에 대한 관계로 대체되어갔는지 ─ 를 이해할 수 있다. 지금 우리가 살펴볼 논점은 혁명이 완수된 후에도, 가부장paterfamilias의 자리를 정무관이 거의 떠맡은 후에도, 국가법정이 가내법정을 대체한 후에도, 사법당국이 다루는 권리와 의무의 체계 전체에는 여전히 낡은 특권의 영향이 남아있었고 그 반영反影이 구석구석을 물들이고 있었다는 것이다. 로마법에서 유언상속이나 무유언상속의 첫 번째 요건으로 강조되었던 포괄적 재산의 이전은 옛 사회구조의 특징이었고 새로운 발달단계와는 진정한 또는 적합한 결합을 이루지 못함에도 불구하고, 인간의 정신은 새로운 사회구조에서 옛 구조를 떨쳐버릴 수 없었음이 거의 틀림없어 보인다. 어떤 사람의 법적 존재가 그의 상속인이나 공동상속인단團에게 연장된다는 것은 **가족**의 성격이 의제擬制에 의해 **개인**에게 부여된다는 것, 그 이상도 이하도 아니다. 단체를 승계하는 것은 포괄적일 수밖에 없거니와, 가족은 단체였다. 단체는 죽지 않는다. 개인 구성원의 사망은 집합체의 집단적 존재에 아무런 차이도 가져오지 못하고 그것의 법적 측면, 그것의 권한과 책임에도 아무런 영향을 주지 못한다. 이제 로마법상의 포괄적 승계 개념에서는 단체의 이 모든 속성들이 개인 시민에게 부여된 것으로 보인다. 그의 물리적 죽음은 그가 가졌던 법적 지위에 아무런 영향도 주지 못했거니와, 이는 분명 그의 지위가 가족이라는 것에 최대한 유사한 것이어야 한다는 원리에 기초했을 것이다. 단체로서의 가족은 당연히 물리적으로 소멸하지 않았던 것이다.

  포괄적 승계를 구성하는 개념들 간의 관계의 본질을 이해하는 데에 적지 않은 대륙법학자들이 큰 어려움을 겪고 있는 것으로 보이며, 그들의 법철학 주제 중에 이것만큼 일반원리로서의 가치를 거의 갖고 있지 못한 것도 없는 것 같다. 하지만 영국의 법학도들은 지금 우리가 다루고 있는 관념을 분석하는 데 실패할 위험이 없다고 할 것이다. 모든 법률가들이 익히 알고 있는 영국법상의 의제擬制 하나를 가지고 그것을 해명할 수 있기 때문이다. 영국 법률가들은 법인을 집합법인corporation aggregate과 단독법인corporation sole으로 구분한다. 집합법인은 진정한 단체이다. 하지만 단독법인은 의제를 통해 단체의 속성이 개인에게 주어지는 것에 불과하거니와, 이 개인은 연속적으로 등장하는 개인들의 일원이다. 국왕이나 교구목사를 단독법인의 예로 드는 일은 굳이 필요치 않을 것이다. 그것의 권한이나 직무는 그 자리를 수시로 차지하는 특정인과 분리하여 취급된다. 또한 이 권한은 영구적이므로, 그 자리를 차지하는 일련의 개인들은 단체의 제일가는 속성 — 영구성 — 의 옷을 입는다. 옛 로마법 이론에서 개인의 가족에 대한 관계는 영국법 법리에서 단독법인이 집합법인에 대해 갖는 관계와 정확히 일치한다. 관념들의 파생관계와 연합관계가 완전히 동일하다. 실로, 로마 유언법을 가르칠 목적으로 각 개인 시민은 단독법인이었다고 영국인들에게 말한다면, 영국인들은 상속의 개념을 완전히 이해할 뿐 아니라 그것이 어떤 생각에서 기원했는지에 대한 실마리도 얻어낼 수 있을 것이다. 국왕은 단독법인이어서 죽지 않는다는 것이 영국인들의 공리公理이다. 국왕의 권한은 즉시 그의 계승자에 의해 채워지고 통치권의 연속성은 단절되지 않는다. 로마인들에게도 권리와 의무의 이전으로부터 사망의 사실을 제거하는 것은 똑같이 단순하고 자연스러운 과정이었을 것이다. 유언자는 상속인 또는 공동상속인단 속에 여전히 살아있었다. 법적으로 그는 그들과 동일인이었다. 만일 누군가의 유언처분이, 그것의 해석에 의해서라도, 그의 현실적 존재와 사후死後적 존재를 결합시키는 원리를 위반하는 것이라면, 법은 그러한 흠결 있는 유언장을 무효로 선언하고 그의 혈연 친족들에게 상속권을 부여했다. 이 경우 혈연 친족들의 상속인 자격은 법 자체에 의해 주어진 것이지, 잘못 작성되었을 수 있는 유언장에 의한 것이 아니었다.

무유언
상속   로마 시민이 유언 없이 사망하거나 유효한 유언을 남기지 못한 경우, 조금 뒤에 언급할 순위에 따라 그의 자손들이나 친족들이 상속인이 되었다. 상속인 또는 상속인단은 단순히 망자를 **대표하는** 것이 아니라, 방금 서술한 이론에 따라 그의 시민적 삶, 그의 법적 존재를 계속 **이어갔다.** 이런 결과는 유언으로 상속의 순위가 정해지더라도 똑같이 발생한다. 그러나 망자와 상속인 간의 동일성 이론은 분명 그 어떤 유언 방식보다도, 그 어떤 유언법 단계보다도 더 오래된 것이다. 실로 이제 이 주제를 파고들면 들수록 점점 더 강하게 우리를 압박해오는 의문 하나를 제기할 적절한 때가 된 것 같다. 포괄적 승계에 관련된 저 중차대한 관념이 없었더라면 도대체 **유언**이라는 것이 등장할 수 있었을 것인가 하는 의문이 그것이다. 오늘날 유언법에 적용되는 원리는 근거는 없지만 그럴듯해 보이는 다양한 철학적 가설에 기초하여 설명될 수 있다. 그것은 근대사회의 모든 부분과 얽혀있고, 일반적 공리功利라는 대단히 폭넓은 근거에서 정당화되고 있다. 하지만, 오늘날 기존 제도를 유지하게 하는 저 근거들이 그 제도의 기원을 가져왔던 감정과 반드시 같을 것이라는 인상이야말로 법학에서 잘못된 생각의 큰 원천이 되고 있다는 경고는 아무리 반복해도 지나치지 않을 것이다. 확실히, 옛 로마 상속법에서 유언 관념은 사람이 상속인의 인격 속에서 사후에도 존재한다는 이론과 불가분 혼합되어 있었던, 아니 어쩌면 일체화되어 있었던 것이다.

포괄적 승계의 개념은 법학에 굳건히 뿌리내렸지만 모든 법체계의 기초자들에게 자동적으로 주어졌던 것은 아니다. 오늘날 그것이 발견되는 곳 어디서나 그것은 로마법에서 유래한 것임을 증명할 수 있을 것이다. 또한 그것과 더불어 유언과 유증에 관한 일군의 법규칙들이 전해 내려왔거니와, 오늘날 법률가들은 저 근원적 이론과의 관계를 알지 못한 채 이들을 적용하고 있다. 그러나 순수한 로마법에서는 사람이 그의 상속인 속에서 계속 살아남는다 — 말하자면 사망의 사실이 제거된다 — 는 원리가 너무도 자명해서, 유언상속법과 무유언상속법 전체의 핵심이 무엇인지 도저히 오인할 수 없는 것이다. 지배적 이론을 따르도록 강제하는 로마법의 단호한 엄격함은 저 이론이 로마 사회의 초기 구조에서 자라났을 것임을 짐작하게 한다. 하지만 우리는 추정을 넘어 입증까지 나아가야 할 것이다. 로마의 초기 유언제도에서 기원하는 몇몇 법기술적인 표현들이 우연히도 우리에게 전해졌다. 가이우스의 저서에서는 포괄승계인을 지명하는 방식formula이 발견된다.[8] 나중에 상속인이라고 부르게 되

[8] 고법상의 '구리와 저울에 의한 유언'을 말하고 있다. 매수인은 "당신의 가와 재산이 나의 책임과 보관에 넘어오도록 ..." 이라고 언표한다. Gai.2.104.

는 사람을 애초에 지칭했던 옛 이름도 등장한다.[9] 또한 우리는 유언권한
을 명시적으로 인정하는 유명한 12표법 조문의 텍스트를 알고 있으며,[10]
무유언상속을 규율하는 조문들 역시 전해지고 있다.[11] 이 모든 고법古法
상의 표현들은 두드러진 특징 하나를 가진다. 유언자로부터 상속인에게
넘어가는 것은 다름 아닌 가家라는 것, 즉 가부장권에 속하고 가부장권에
서 유래하는 권리와 의무의 총체라는 것이다. 물질적인 재산은 세 가지
경우에는 전혀 언급되지 않고 있으며, 나머지 두 가지 경우에는 가家의
부속물로서 거론되고 있을 뿐이다. 그리하여 원래 유언은 가家의 이전을
규율하는 문서 또는 (처음에는 문서로 작성되지 않았을 것이므로) 절차였던
것이다. 그것은 유언자를 승계하여 누가 수장首長이 될 것인가를 선언하
는 양식이었다. 유언의 원래 목적이 이러했음을 이해할 때, 우리는 그것
이 고대종교와 고대법의 가장 진기한 유물의 하나인 사크라sacra, 즉 가족
제사祭祀와 어떻게 연결되는지 즉시 알 수 있다. 사크라는 원시의 옷을 완
전히 벗어버리지 못한 사회라면 어디서나 보이는 제도의 로마적 형태였
다. 그것은 가족의 동포애를 기념하는 희생제의였고 가족의 영속성을 담
보하고 증언하는 장치였다. 그 성격이 어떠하든―어떤 신화적인 조상
에 대한 숭배이든 아니든―그것은 어디서나 가족관계의 신성함을 증명
하기 위해 사용되었다. 따라서 수장인 사람이 바뀜으로써 가족의 연속성
이 위협받는 경우라면 그것은 특별한 의미와 중요성으로 다가왔다. 그리
하여 우리는 그것을 가내 주권자의 사망과 관련하여 자주 듣게 된다. 인
도인들 사이에서, 망자의 재산을 상속하는 권리는 그의 장례식을 치르는

---

9 '구리와 저울에 의한 유언'에서 상속인에 해당하는 자는 '가(家)의 매수인'(familiae
  emptor)이라고 불리고 있다. Gai.2.103.
10 "가부장이 자신의 가(家)와 재산에 관하여 종의처분(終意處分)한 바가 있으면 그대
  로 법으로 한다"(5.3). Cicero, *De Inventione*, 2.148.
11 "무유언으로 사망하는 자에게 가내상속인이 없을 경우에는 가장 가까운 종친이 가
  (家)를 상속한다"(5.4). "그러한 종친이 없을 경우에는 씨족원들이 가(家)를 상속한
  다"(5.5).

의무와 정확히 궤를 같이했다. 제의가 제대로 거행되지 않거나 엉뚱한 사람이 거행한다면 죽은 자와 산 자 간에는 아무런 관계도 형성되지 않는다고 간주된다. 상속법이 적용되지 않고 누구도 재산을 상속받을 수 없는 것이다. 인도인이 삶에서 겪는 중대한 사건들은 모두 이 엄숙한 의례와 관련되고 이를 지향하는 것으로 보인다. 인도인이 혼인을 한다면 그것은 그의 사후에 제의를 거행할 자식을 얻기 위해서이다. 그에게 자식이 없다면 다른 가족으로부터 양자를 들여야 한다는 강한 의무감을 갖는다. 인도인 학자에 따르면 "장례식의 떡과 물과 신성한 제물을 염두에 두고" 그렇게 한다는 것이다. 키케로 시대에 로마의 사크라가 포괄하는 범위도 그에 못지않았다. 그것은 상속과 입양을 다 포괄했다. 아들을 내어주는 가족의 사크라에 대한 적절한 대비對備가 없다면 입양은 효력을 발생하지 않았다. 공동상속인들 간에 장례식 비용을 엄격히 분배하지 않으면 유언에 의한 상속재산 분할은 일어날 수 없었다. 사크라를 마지막으로 엿볼 수 있는 이 시대의 로마법과 현존하는 힌두법 간의 차이는 시사하는 바가 크다. 힌두법에서는 종교적 요소가 전적으로 우세했다. 가족제의祭儀는 신분법 전부와 물권법 대부분의 초석이 되었다. 그것은 심지어 기괴하게 확장되기까지 했으니, 인도인들이 역사시대에 이르기까지 지속한 관행이며 몇몇 인도·유럽 민족의 전승傳承에도 남아있는, 남편의 장례식에서 과부가 스스로를 제물로 바치는 관행이,[12] 인간의 피야말로 최고의 제물이라는, 희생제의에 언제나 동반되는 인상 탓에 원시적 사크라에 접목되어 들어간 것이다. 반면, 로마인들에게는 법적 의무와 종교적 의무가 서로 분리되었다. 사크라를 엄숙히 거행해야 한다는 요청은 세속법 이론에 속하지 않았고, 대신 신관단神官團college of pontiffs이 다루는 별도의 법영역에 속했다. 키케로가 아티쿠스에게 보내는, 사크라에

---

12 '사티'(sati) 관행을 말한다. 이 관행을 자식 없는 과부의 망부 재산에 대한 생애권과 관련하여 설명한 대목은 Maine, *Early History of Institutions*, 1885, pp. 334f.

대한 암시로 가득한 편지들을 보면, 분명 그것이 상속에 참기 힘든 부담
이 되고 있었음을 알 수 있다.[13] 하지만 법이 종교로부터 분리되기 시작
하는 발달지점은 지나 있었으며, 후대의 법에서는 사크라가 완전히 사라
진 것을 발견하게 된다.

로마의
상속 관념

힌두법은 진정한 유언에 해당하는 것을 알지 못한다. 유언의 자리를
대신 차지하고 있는 것은 입양이다. 이제 우리는 유언권한의 입양권능에
대한 관계를, 그리고 어째서 양자兩者의 행사가 사크라의 거행에 대한 염
려를 상기시키는지 그 이유를 알 수 있을 것이다. 유언과 입양은 둘 다 가
계家系의 통상적인 진행을 왜곡시킬 위험을 안고 있지만, 분명 이들은 계
승할 친족이 존재하지 않아 가계가 단절되는 것을 막기 위한 장치들인
것이다. 이들 두 가지 수단 중에 혈연관계의 인위적 창설인 입양만이 다
수의 초기 사회에서 널리 발견된다. 사실 인도인들은 분명 고대의 관행
인 것에서 한 걸음 더 나아가, 남편이 생전에 하지 못했다면 과부가 입양
을 할 수 있도록 허용했다. 또한 벵골 지방의 관습에서는 유언권한의 희
미한 흔적도 보이고 있다. 하지만, 계약 다음으로 인류 사회의 변화에 큰
영향을 끼친 제도인 유언을 발명한 것은 다름 아닌 로마인들의 공적에
속한다. 그러나 더 최근에 유언이 가지는 기능을 유언의 초기 형태에도
부여하지 않도록 주의해야 한다. 초기의 유언은 망자의 재산을 분배하는
방법이 아니라, 가家의 대표권을 새로운 수장에게 전하는 여러 방법의 하
나였던 것이다. 물론 재산도 상속인에게 승계되지만, 그것은 이전되는
가家의 통치권에 공동재산을 처리하는 권한까지 포함되기 때문일 뿐이
다. 유언의 역사에서 아직 우리는 유언이 재산의 유통을 자극하고 소유
권에 유연성을 가져옴으로써 사회 변화의 강력한 도구가 되는 그러한 단
계로부터 한참 멀리 있다. 사실 최후의 로마 법률가들조차 유언권한에
그러한 결과가 주어지는 상태를 만들어내지 못한 것으로 보인다. 후술하

---

13 관련하여 키케로, 《법률론》, 2.51-53 참조.

겠지만, 로마 사회는 유언을 재산과 가족을 분할하는 장치나 잡다한 이해관계를 만들어내는 장치로 결코 생각한 적이 없으며, 오히려 무유언상속의 법규칙에 의한 것보다는 유언이 가의 구성원들을 위해 더 나은 대비對備를 할 수 있는 수단이라고 생각했다. 실로 유언행위에 대해 로마인들이 가지는 관념은 오늘날 우리가 친숙하게 여기는 관념과는 완전히 달랐다고 보아도 좋을 것이다. 입양과 유언을 가家의 연속성을 위한 장치로보는 습관은 주권主權의 상속에 관해 로마인들이 가졌던 특유의 느슨한 관념과도 무언가 관련이 있음이 분명하다. 초기 로마 황제들 간의 승계를 꽤나 정상적이라고 여겼던 점, 그리고 테오도시우스나 유스티니아누스 같은 황제들이 카이사르와 아우구스투스의 전례前例를 따른다는 구실을 내세웠을 때 우여곡절은 있었지만 이를 비정상이라고 여기지 않았던 점 등은 보기 싫어도 보이는 사실들이다.[14]

원시사회의 현상들에 비추어볼 때, 17세기 법학자들이 의문시했던 명제, 즉 무유언상속이 유언상속보다 더 오래된 제도라는 명제를 반박하기란 불가능해 보인다. 이 문제가 해결되면 즉시 대단히 흥미로운 질문 하나가 떠오른다. 어떻게, 어떤 조건에서 유언의 지시가 가家에 대한 권위의 이전을, 또한 결과적으로 재산의 사후적 분배를, 처음으로 통제할 수 있게 되었는가 하는 것이다. 이것을 규명하기 어려운 이유는 유언권한을 인정하는 초기 공동체가 드물었다는 데 있다. 로마를 제외하면 진정한 유언권한을 알고 있는 초기 사회가 있었는지 의심스럽다. 유언의 초보적 형태는 여기저기서 발견되지만, 그들 대부분은 로마의 것을 빌려왔다는 의심에서 자유롭지 못하다. 물론 아테네의 유언은 자생적인 것이었으나, 후술하듯이 그것은 미숙한 제도에 지나지 않았다. 로마 제국을 정복한 만족蠻族들의 법전의 형태로 우리에게 전해지는 법체계들에서 인정되는

---

14 379년 테오도시우스 1세는 선임인 서로마 지역 황제 그라티아누스에 의해 동로마 지역 황제로 지명되었다. 동로마제국의 유스티니아누스 1세는 전임 황제 유스티누스 1세에 의해 양자로 입양되었다.

유언을 보면, 이들은 거의 확실히 로마적이다. 이들 '만족蠻族들의 법전'leges barbarorum에 대한 사뭇 철저한 분석이 최근 독일에서 행해졌거니와, 그 목적은 각 법체계에서 어떤 부분이 그들의 원래 고향에서부터 부족 관습을 구성하던 부분이며 어떤 부분이 로마인들의 법에서 빌려온 부차적인 요소인지를 가려내는 것이었다. 이러한 과정을 거쳐 하나의 결과가 한결같이 도출되었으니, 각 법전의 오래된 핵심부분에는 유언의 흔적이 발견되지 않는다는 것이었다. 유언법이 존재한다면, 어느 것이나 로마법에서 가져온 것이었다. 마찬가지로, (내가 알기로) 율법학자들이 유대법에 첨가한 초보적 유언도 로마인들과의 접촉에서 유래했다. 로마나 그리스 사회에 속하지 않으면서 어떤 이유에서건 자생적이라고 할 만한 유언의 형태로는 벵골 지방의 관행에서 인정되는 것이 유일하거니와, 인도에 사는 영국인 법률가들의 발명이라고 보는 이도 있는 이 벵골의 유언은 기껏해야 초보적인 유언에 지나지 않는다.

초기
유언의
작동

하지만, 이러한 증거가 가리키는 것으로 보이는 결론은 유언이 처음에는 진정한 혹은 의제적 혈연권血緣權에 의해 상속자격을 갖는 사람이 없을 때에만 허용되었다는 것이다. 그리하여, 솔론의 법으로 아테네 시민들에게 처음 유언을 할 수 있는 권한이 주어졌을 때, 직계비속 남자를 상속에서 제외하는 것이 금지되었다. 마찬가지로 벵골 지방의 유언도 가족의 어떤 우선적 권리와 부합하는 경우에만 상속을 통제할 수 있도록 허용된다. 또한, 유대인들의 초기 제도는 유언자의 특권을 전혀 알지 못했는데, 후대 율법학자들의 법은 모세법에 누락이 있는 경우casus omissi에만 보완한다는 명분으로 모세법상 상속자격 있는 친족들이 전혀 없거나 발견되지 않을 때에만 유언권한을 인정한다. 고대 게르만 법전들이 유언법을 수용하면서도 그것에 울타리를 쳐서 제한한 것도 의미심장하며 동일한 방향을 지시한다. 우리에게 알려진 형태로만 볼 때 이들 게르만법 대다수는 자유소유지allod, 즉 가家의 소유지 외에 여러 하위유형 또는 하위등급의 재산을 인정하는 특징을 갖고 있거니와, 이들 후자의 각각은 로마법 원리가 튜턴족의 원시적 관습체계에 개별적으로 융합되어 들어간 결과로 보인다. 원시 게르만법상의 재산, 즉 자유소유지는 전적으로 친족들에게만 주어진다. 그것은 유언처분의 대상이 될 수 없을 뿐만 아니라, 살아있는 사람들 간inter vivos에도 양도가 거의 불가능하다. 힌두법과 마찬가지로 고대 게르만법에서도 아들들은 아버지와 함께 공동소유자가 되며 가족의 토지는 모든 구성원의 동의 없이는 처분할 수 없다. 그러나 후대에 기원하며 자유소유지보다 등급이 낮았던 다른 종류의 재산은 훨씬 더 쉽게 양도될 수 있고 훨씬 더 느슨한 상속규칙에 따른다. 여자들과 그녀의 후손들도 그것을 상속할 수 있거니와, 이는 그것이 종족宗族관계의 성역聖域 바깥에 있다는 원리에 의한 것이 분명하다. 로마로부터 차용한 유언법이 처음 작동하도록 허용된 것은 바로 이 후자의 성격의 재산에 대해서였고 오직 그것에 국한되었다.

　이들 몇몇 사례가 주는 암시는 로마 유언법의 초기 역사에서 확인되는 사실의 사뭇 그럴듯한 설명에 추가적인 설득력을 제공할 수 있을 것이다. 풍부한 전거에 따르면, 로마 국가의 초기 역사 동안 유언은 코미티아 칼라타comitia calata[15]에서 행해졌다. 코미티아 칼라타는 로마 귀족시민들의 입법기구인 쿠리아 민회comitia curiata가 사적인 안건을 위해 소집된 것이다. 이러한 유언 방식은 대륙법학자들 사이에서 세대를 거쳐 전해져온 주장, 즉 로마 역사에서 한때 모든 유언은 엄숙한 입법행위였다는 주장의 근거가 되었다. 그러나 고대 민회의 절차에 지나치게 정확성을 부여하는 결함이 있는 설명에 굳이 의존할 필요가 있는지는 의문이다. 코미티아 칼라타에서의 유언에 관한 이야기를 풀이할 적절한 열쇠는 **무유언**상속에 관한 옛 로마법에서 찾아야 할 것이 분명하다. 친족 간의 상속을 규율하는 원시 로마법의 규칙은, 법무관의 고시법告示法으로 변경되기 전

귀족의
유언

15　굳이 번역하자면 '소집된 민회'라는 뜻이다.

까지는, 다음과 같은 순서를 따랐다: 첫째, 가내상속인家內相續人sui, 즉 부권면제되지 않은 직계비속이 상속한다. 가내상속인이 없으면 최근친 종족nearest agnate, 즉 망자와 동일한 가부장 아래 있었거나 있을 수 있었던 친족 중에 가장 가까운 사람 또는 사람들이 그 자리를 차지한다. 세 번째이자 마지막 순위로 상속재산은 씨족원들gentiles, 즉 망자가 속한 씨족gens; house의 공동 구성원들에게 넘어간다. 전술했듯이 씨족은 가족의 의제擬制적 확장이었다. 그것은 동일한 이름을 가진, 그리고 동일한 이름을 가졌기에 공통 조상의 후손들이라고 믿어진,[16] 모든 로마 귀족시민들로 구성되었다. 쿠리아 민회라고 부르는 귀족들의 집회는 그야말로 씨족들만을 대표하는 입법기구였다. 국가를 구성하는 단위가 씨족이라는 전제 위에 구성된, 로마 인민을 대표하는 집회였던 것이다. 사정이 이러하다면 다음과 같은 추론이 불가피해진다. 저 민회에 의한 유언의 확인은 씨족원들의 권리와 관련된다는 것, 그리고 그들의 최종적 상속권을 보호하려는 의도에서 이루어졌다는 것이다. 씨족원들을 발견할 수 없을 때에만, 혹은 씨족원들이 권리를 포기했을 때에만 유언이 행해질 수 있었다고 가정한다면, 그리고 로마 씨족들의 총회에 제출된 모든 유언은 유언처분으로 손해를 입을 사람들이 원한다면 거부권을 행사하거나 아니면 유언을 통과시킴으로써 최종 상속권을 포기한 것으로 간주하기 위해서 제출되었다고 가정한다면, 일견 이상하게 보이던 모든 것들이 말끔히 해소된다. 12표법 제정 직전에는 이러한 거부권이 대단히 축소되었거나 아니면 간헐적이고 예외적으로만 행사되었을 수 있다. 하지만 코미티아 칼라타에 주어진 권한이 어떻게 점차 발달했는지 혹은 점차 쇠퇴했는지 추적하는 일보다 그것의 본래 의미와 기원을 밝히는 일이 훨씬 더 수월하다.

　하지만, 근대 유언법의 계보를 거슬러올라갈 때 만나는 유언은 코미

---

16 여기서의 '이름'은 흔히 인명(人名, praenomen) 족명(族名, nomen) 가명(家名, cognomen)으로 구성된 로마인들의 삼명법(三名法) 이름 중에 가운데 부분, 즉 족명(nomen)을 말한다.

티아 칼라타에서 행한 유언이 아니라, 그것과 경쟁하여 마침내 그것을 대체한 또 다른 유언이다. 로마 유언법의 초기 역사가 대단히 중요하고 또 그것을 통해 많은 고대 관념들을 해명할 수 있기에 다소 장황한 서술이 이어지더라도 양해하시길 바란다.

유언권한이 법의 역사에 처음 등장했을 때, 로마의 거의 모든 위대한 제도들과 마찬가지로 이것도 귀족들과 평민들 간의 투쟁의 대상이었다. "평민은 씨족을 갖지 않는다"Plebs gentem non habet,[17] 즉 평민은 씨족의 구성원이 될 수 없다는 정치적 격률이 뜻하는 바는 평민은 쿠리아 민회에서 전적으로 배제되었다는 것이다. 그리하여 일부 학자들은 평민은 귀족들의 집회에서 유언을 낭독하거나 구술할 수 없었고 따라서 유언의 특권을 완전히 박탈당했다고 주장했다. 다른 학자들은 유언자가 대표되지 못하는 비우호적인 집회에 유언 안건을 제출해야 하는 고초를 지적하는 데 만족했다. 어느 견해가 진실이든, 불쾌한 어떤 의무를 회피할 의도에서 고안되었다고 볼 수밖에 없는 유언 방식 하나가 널리 사용되기에 이르렀다. 문제의 유언은 살아있는 사람 간의inter vivos 양도로서, 유언자의 가家와 재산을 그가 상속인으로 점찍은 사람에게 양도하는 완전하고 철회 불가능한 행위였다. 로마의 엄격법에 따라 이러한 양도행위는 언제나 허용되었으나, 그것이 사후死後적 효과를 의도하는 경우에는 귀족들의 입법기구의 공식 승인을 받지 않고도 유효한 유언일 수 있는지 논란이 될 수 있었다. 이 점에 관해 로마의 두 신분집단 간에 의견대립이 있었다 할지라도, 다른 많은 시기猜忌의 원인들과 함께 이것도 십인관十人官의 타협으로 사라졌다. "가부장이 금원과 그의 재물의 후견에 관하여 종의처분終意處分한 바 있으면, 그대로 법으로 한다"Pater familias uti de pecuniâ tutelâve rei suae legâssit, ita jus esto는 12표법상의 텍스트가 우리에게 전해지거니와, 이 조항

---

17 "당신들[귀족들]만이 씨족을 갖는다." 리비우스,《로마사》, 10.8.9. 이 명제의 진위는 현대 학자들 간에 큰 논란의 대상이 되어왔다.

은 평민의 유언을 합법화하는 것 이외의 목적을 가졌다고 보기 어렵다.

귀족들의 집회가 로마 국가의 입법기구임을 그치고 수 세기가 지나서도 여전히 사적인 안건을 처리하기 위해 그것이 공식적으로 개최되었다는 것은 학자들 사이에 잘 알려져 있다. 결과적으로, 12표법이 공포되고 나서도 오랫동안 유언의 확인을 위해 코미티아 칼라타가 소집되었다고 믿을 이유가 있다. 아마도 그 기능은 그것이 유언등기소court of registration였다는 말로써 가장 잘 표현될 수 있을 것이다. 하지만 이 말은 제출된 유언이 **대장에 기록**되었다는enrolled 뜻이 아니라, 단지 참가자들에게 구술하여 그 취지를 이해시키고 기억하도록 하는 데 그쳤음에 유의해야 한다. 이러한 방식의 유언은 문서로 작성되지 않았을 것이 거의 확실하며, 설령 유언이 애초 문서화되었다 할지라도 민회의 임무는 분명 그것을 큰 소리로 낭독하는 것을 듣는 것에 그쳤을 것이니, 그 후 그 문서는 유언자가 보관하거나 아니면 어느 신전神殿의 보관에 맡겨졌을 것이다. 코미티아 칼라타에서의 유언의 한 측면인 이러한 공개성은 대중들이 그것을 꺼리는 원인이 되었을 것이다. 제정 초기에도 저 민회는 개최되었으나 단순히 형식적인 것으로 전락했던 듯하고, 아마도 가끔씩 열린 집회에 제출되는 유언은 거의 또는 전혀 없었을 것이다.

악취행위   근대세계의 문명을 크게 바꾼 장기적 영향력을 가진 것은 고대 평민의 유언 — 방금 기술한 유언의 대체물 — 이었다. 그것은 코미티아 칼라타에 제출되는 유언이 상실한 인기를 고스란히 획득했다. 그 성격을 이해하는 열쇠는 고대 로마의 양도방식인 악취행위握取行爲mancipium에서 그것이 유래했다는 데 있다. 악취행위는 근대사회에서는 하나로 연결지어 생각하기 힘든 두 가지 위대한 제도, 즉 계약과 유언의 모태라고 서슴없이 말할 수 있는 절차이다. 후대 라틴어에서 '만키파티오'mancipation라고 부르게 되는 악취행위의 제반 측면들은 우리를 국가사회의 유년기로 이끌고 간다. 문자의 발명까지는 아니더라도 어쨌든 문자의 대중화 이전으로 그 기원을 소급하기에, 몸짓과 상징적 행위와 엄숙한 어구語句가 서면의 방식을 대신했다. 길고 복잡한 의식儀式은 거래의 중요성에 대한 당사자들의 주의를 환기시키는 동시에 증인들의 기억에 각인을 남기려는 것이었다. 또한, 서면 증거에 견주어 불완전할 수밖에 없는 구두口頭절차였기에, 후대 사람들이 합리적이라고 또는 적절하다고 생각하는 수준 이상으로 많은 증인들과 보조자들이 필요했다.

　로마의 악취행위에는 우선 당사자 모두, 즉 매도인과 매수인이, 혹은 오늘날의 법률용어로는 양도인과 양수인이라고 불러야 할 사람들이 참가해야 했다. 또한 적어도 **다섯 명**의 증인들과 더불어 좀 특이한 인물인 저울잡이libripens가 필요했다. 저울잡이는 고대 로마의 주조되지 않은 구리 화폐의 무게를 다는 천칭을 가지고 왔다. 우리가 다루는 유언 — 오랫동안 '구리와 저울에 의한per aes et libram 유언'이라고 법기술적으로 불러온 유언 — 은 통상적인 악취행위와 방식에서 동일했고 언표하는 내용도 거의 다르지 않았다. 유언자가 양도인이 된다. 다섯 명의 증인과 저울잡이도 현장에 나와 있다. 양수인의 자리에는 법기술적으로 '가家의 매수인'familiae emptor이라고 불리던 사람이 선다. 이제 악취행위의 통상적인 의식儀式이 거행된다. 어떤 형식적인 몸짓들이 행해지고 형식적인 문장들이 선언된다. 가의 매수인이 구리 화폐 조각으로 저울을 쳐서 대금을 지불하는 행위를 흉내낸다. 끝으로 유언자가 거래의 공표에 해당하는 "언명"言明nuncupatio이라 부르는 일련의 형식적인 말로써 지금까지 행해진 것을 승인한다. 법률가들에게는 상기시킬 필요가 없겠지만, 이 언명은 유언법에서 장구한 역사를 가지고 있다. 특히 '가의 매수인'이라고 불리는 사람의 성격에 주목할 필요가 있다. 처음에는 그가 상속인 자신이었다는 데 의심의 여지가 없다. 유언자는 그에게 "가家" 전체, 즉 가에 대해 그리고 가를 통해 유언자가 향유하는 일체의 권리를 완전히 양도했다. 그의 재산, 노예, 선조에게 물려받은 모든 특권을, 그의 모든 의무 및 채무와 더불어, 함께 양도했던 것이다.

양도로서의   이러한 자료를 앞에 두고, 우리는—이렇게 부를 수 있다면—'악취
유언
행위에 의한 유언'이 그 원시적 형태에서 근대의 유언과 어떻게 다른지
몇 가지 주목할 점을 지적할 수 있다. 그것은 유언자의 가산家産을 **아주**
양도해버리는 것이므로 **철회 가능**하지 않았다. 이미 소진해버린 권한을
새로 행사할 수는 없었던 것이다.

또한 그것은 비밀성이 없었다. 가의 매수인은 자신이 상속인이었기에
그의 권리가 무엇인지 정확히 알았고, 상속재산에 대한 권원을 불가역적
으로 가지게 되었음을 알았다. 아무리 질서 잡힌 고대사회라 하더라도
없을 수 없는 폭력이 이 지식을 대단히 위험한 것으로 만들었다. 그러나
아마도 양도에 대한 유언의 이러한 관계가 가져오는 가장 놀라운 결과는
상속인에게 상속재산이 즉시 주어진다는 점일 것이다. 적지 않은 대륙법
학자들에게 이것은 너무도 믿을 수 없는 일이었기에, 그들은 유언자의
가산이 유언자의 사망을 조건으로 하여 주어졌다거나, 불특정 시점부터,
즉 양노인의 사망시부터 주어졌다고 말해왔다. 하지만 로마법의 마지막
에 이를 때까지, 조건에 의해 직접 달라질 수 없는, 혹은 어떤 시점까지
나 어떤 시점부터라는 제한이 있을 수 없는 거래유형이 존재했다. 법기
술적 용어로는 조건conditio이나 기한dies이 붙을 수 없는 거래들이 있었던
것이다. 악취행위가 바로 그런 거래의 하나였다. 따라서, 이상하게 보일
지 몰라도 초기 로마의 유언은, 비록 유언자가 자신의 유언행위 이후 오
래 산다고 하더라도, 즉시 효력을 발생했다고 결론짓지 않을 수 없다. 어
쩌면 사실 로마 시민들은 원래 사망에 임박해서만 유언을 했을 것이고,
한창 나이의 남자가 가의 연속성을 위한 대비를 할 때는 유언이 아니라
입양의 형식을 취했을 것이라고 추정할 수 있다. 그렇지만, 만약 유언자
가 건강을 회복한다 해도 그는 상속인의 묵인 아래서만 그의 가를 계속
지배할 수 있었을 것이다.[18]

어떻게 해서 이러한 불편함이 치유되었는지, 어떻게 해서 유언이 오늘날 널리 가지는 성격을 가지게 되었는지 설명하기 전에 두세 가지 먼저 말해둘 것이 있다. 유언은 문서화될 필요가 없었다. 처음에는 언제나 구두口頭였던 것으로 보이며 나중에도 유증을 선언하는 문서는 유언에 부수적인 요소였을 뿐, 본질적 구성요소를 이루지는 않았다. 그것의 유언에 대한 관계는 옛 영국법에서 종국화해終局和解fine나 공모회수소송共謀回收訴訟recovery의 이용을 이끄는 날인증서가 종국화해와 공모회수소송에 대해 가지는 관계,[19] 또는 부동산권양도날인증서charter of feoffment가 부동산권양도 자체에 대해 가지는 관계[20]와 정확히 일치한다. 실로 12표법 이전에는 문서가 조금도 이용되지 않았을 것이니, 유언자에게는 유증legacy할 권리가 없었고, 유언으로 이익 보는 자는 상속인 또는 공동상속인들에 국한되었기 때문이다. 하지만 12표법 조문의 극단적 일반성 탓에 곧이어 상속인은 유언자의 지시를 이행할 부담을 안고서, 다시 말해 유증의 부담을 안고서 상속재산을 취득해야 한다는 법리가 형성되었다. 따라서 서면으로 작성된 유언장은 수유자受遺者legatee의 권리를 침해하는 상속인의 기망행위를 방지한다는 새로운 가치를 띠게 되었다. 그러나 증인들의 증언에만 의존할 것인가, 즉 가의 매수인이 지불해야 할 유증의

---

18 참고로《고대법》에 대한 폴록의 주석에 따르면, 적어도 가이우스 시대에 이르면 악취행위에 용익권(usufruct), 즉 생애 동안의 사용수익권의 유보가 주어질 수 있었다. Gai.2.33.

19 종국화해(final concord; fine)와 공모회수소송(common recovery; recovery)은 예컨대 한정승계부동산권(fee tail) 같은 불완전한 소유권을 단순부동산권(fee simple) 같은 완전한 소유권으로 만들기 위한 공모소송(collusive action)의 방식들로서, 전자는 재판상화해의, 후자는 판결의 형식을 취한다. 1833년 '종국화해 및 공모회수소송에 관한 법률'(Fines and Recoveries Act)에 의해 모두 폐지되었다. 한편, 이들 공모소송과 관련하여 몇몇 날인증서가 작성되었는데, '종국화해의 이용을 이끄는 날인증서'(deed to lead the uses of a fine)와 '공모회수소송의 이용을 이끄는 날인증서'(deed to lead the uses of a common recovery)가 대표적이다. 이들 증서에는 이러한 공모소송을 이용하려는 목적이 제시된다.

20 원래 부동산권은 어떤 상징적 행동과 언명에 의해 양도되었는데, 이를 확인하는 날인증서의 작성 또한 관행상 널리 행하여졌다. 하지만 1677년 사기방지법(Statute of Frauds) 제정 이전에는 날인증서의 작성이 필수요건은 아니었다.

선언을 말로써 할 것인가 여부는 마지막까지도 유언자의 재량에 맡겨져 있었다.

가의
매수인

  '가의 매수인'emptor familiae이라는 용어는 특별히 주목을 요한다. "매수인"emptor은 유언이 글자 그대로 매매였음을 의미한다. "가家"라는 단어는 12표법의 유언 관련 조문의 표현에 비추어볼 때 시사하는 바가 적지 않다. 고전 라틴어에서 "가familia"는 항상 어떤 사람의 노예를 뜻한다. 하지만 여기서는, 그리고 로마 고법상의 일반적 용법에서는, 그의 가부장권에 복속하는 모든 사람을 포함하는 의미이며, 유언자의 물질적 재산은 가家에 따르는 부속물로서 이전된다고 이해된다. 그런데 12표법 조문을 보면 "그의 재물의 후견"tutela rei suae이라는 표현이 등장하거니와, 이는 방금 설명한 용어를 정확히 거꾸로 뒤집은 표현형태이다. 따라서, 비교적 늦은 시기인 십인관에 의한 타협의 시기에도 "가"를 지칭하는 용어와 "재산"을 지칭하는 용어가 당대의 용법에서 서로 혼재되어 쓰였다는 결론을 피해가기는 불가능해 보인다. 만약 어떤 사람의 가家를 그의 재산을 뜻하는 말로 사용했다면, 이 표현은 가부장권의 확장된 범위를 가리키는 말로 이해할 수 있을 것이다. 그러나, 거꾸로 뒤집을 수도 있는 것이기에, 저 표현형태는 재산은 가족이 소유하고 가족은 가부장인 시민이 지배하는, 그리하여 공동체의 구성원은 재산과 가족을 소유하는 것이 아니라 가족을 **통해** 재산을 소유하는 그러한 더 원시적 시기를 우리에게 시사한다고 인정하지 않을 수 없다.

법무관법상
의 유언

  정확히 언제부터인지는 알 수 없지만 로마의 법무관들은 엄격한 형식요건을 요하는 유언을 법의 문언보다는 법의 정신에 더 부합하게 취급하기 시작했다. 그때그때의 처리가 어느새 확립된 관행이 되어갔고, 마침내 완전히 새로운 유언의 형태가 자라나 꾸준히 고시법告示法에 접목되어 들어갔다. 이 새로운 **법무관법상의** 유언praetorian testament은 그 견실함을 오직 명예관법名譽官法jus honorarium, 즉 로마의 형평법에 빚지고 있었다. 어느 해인가 신임 법무관은 취임시 선포하는 자신의 고시에 이러저러한 형식 요건들을 갖춘 유언은 모두 인정하겠노라는 뜻을 담은 조항 하나를 삽입했을 것이다. 이 개혁조치가 유익한 것으로 판명되자, 관련 조항을 차기 법무관이 재차 도입했을 것이며, 후임자들도 이를 반복하여 마침내 이러한 연속적 포함 덕분에 영구고시록Perpetual Edict으로 부르게 되는 법체계의 공인된 일부를 형성하게 되었다. 법무관법상의 유언의 효력 요건을 조사해보면, 그것은 악취행위에 의한 유언의 요건에 기초하고 있었음이 명백히 드러날 것이다. 저 혁신가 법무관은 옛 형식요건들 가운데 진정성을 담보할 수 있거나 기망행위를 방지할 수 있는 것들만 보존하기로 결정했음이 분명하다. 악취행위에 의한 유언에서는 유언자 외에 7명의 사람들이 현장에 나와야 했다. 따라서 법무관법상의 유언에도 7명의 증인이 요구되었다. 그 가운데 두 명은 원래 저울잡이libripens와 가의 매수인 familiae emptor이었으나 이제 이들의 상징적 성격은 제거되고 단지 증인의 역할만 담당하게 되었다. 각종 상징적 의식절차도 사라졌다. 유언이 구술口述될 뿐이었다. 그렇지만 아마도 (전적으로 확실하지는 않으나) 유언자의 처분에 관한 증거를 영구화하기 위해 서면이 필요했을 것이다. 어쨌든, 유언자가 마지막 의사로서 서면을 읽거나 제시한 경우, 7명의 증인들이 각자 그 겉봉에 자신의 인장을 날인하지 않았다면 특별히 법무관 법정이 개입할 때 그 효력이 인정되지 않았음을 우리는 잘 알고 있다. 이는 **날인**sealing이 법의 역사에서 인증認證의 수단으로 처음 등장하는 사례이다. 하지만 단순히 잠금장치로서 날인이 사용된 것은 물론 훨씬 오래 전의 일이며, 히브리인들에게도 알려져 있었던 듯하다. 로마인들에게 유언장이나 다른 중요한 문서의 날인은 날인한 자의 참석과 승인의 징표로서 기능했을 뿐만 아니라, 또한 나중에 서면을 조사하기 전에 깨뜨려야 할, 말 그대로 잠금장치이기도 했음을 알 수 있다.

그리하여, 악취행위의 방식으로 거행되지 않고 단지 7명의 증인의 날   유산점유인으로만 입증되는 경우, 그러한 유언자의 처분은 고시법이 강제할 수 있게 되었다. 그러나 로마인의 재산 중 높은 등급의 것들은 시민법과 그 기원을 함께 한다고 여겼던 절차를 통하지 아니하고는 양도될 수 없었다는 것을 일반 명제로 제시할 수 있다. 따라서 법무관은 그 누구에게도 **상속재산**inheritance을 수여할 수는 없었다. 유언자가 자신의 권리와 의무에 대해 가졌던 관계 그 자체를 상속인이나 공동상속인들에게 줄 수는 없었던 것이다. 법무관이 할 수 있는 것이라고는 물려받은 재산의 사실상의 향유권을 상속인으로 지명된 자에게 주는 것과 유언자의 채무에 대한 그의 변제에 법적 효력을 인정하는 것이 전부였다. 이러한 목적을 위해 법무관이 권한을 행사할 때, 법기술적으로는 '유산점유'bonorum possessio를 수여한다고 표현되었다. 이 경우 상속인에 해당하는 자, 즉 유산점유자 bonorum possessor는 시민법상의 상속인이 누리는 모든 재산법상의 특권을 가지고 있었다. 과실果實 수취도 할 수 있었고 양도도 할 수 있었다. 하지만 피해를 구제받기 위해서는 법무관 법정의, 이런 표현을 쓸 수 있다면, 보통법적 측면이 아니라 형평법적 측면에 호소해야 했다. 그를 상속재산에 대한 **형평법상의**equitable 소유자라고 부르더라도 크게 잘못된 표현은 아닐 것이다. 그렇지만, 이러한 유추가 불러올 수 있는 오해를 불식시키기 위해 한 가지 반드시 유념할 점이 있다. 유산점유가 1년이 지나면 점용취득占用取得usucapion이라 불리는 로마법 원리의 적용을 받는다는 것이다. 그리하여 점유자는 상속재산에 해당하는 모든 재산에 대해 로마시민법상의quiritarian 소유자가 되었다.

옛 유언의 개량

옛 민사소송법에 대해 우리가 가진 지식이 얕은 수준에 머물러 있기에, 법무관 법정이 제공한 여러 유형의 구제수단들의 장단점을 균형 있게 파악하기가 쉽지 않은 것이 현실이다. 하지만 한 가지 확실한 점은, 포괄적 재산을 한꺼번에 고스란히 이전하는 악취행위에 의한 유언은 그 모든 결함에도 불구하고 새로운 유언에 의해 결코 완전히 대체되지 않았

다는 것이다. 옛 방식에 대한 집착이 완화된 이후에도, 옛 방식의 의미가
어느 정도 활력을 잃은 이후에도, 법률가jurisconsult들의 재능은 더 유서 깊
은 유언수단을 개량하는 데 집중되었던 것으로 보인다. 가이우스의 시
대, 즉 안토니우스 황조 시대에 이르면 악취행위에 의한 유언을 둘러싼
주요 결함들이 사라지게 된다. 전술했듯이, 원래 이 방식의 본질적 성격
은 상속인 자신이 가의 매수인이 될 것을 요구했고, 따라서 상속인은 유
언자의 재산에 속한 기존 권리의무를 즉시 취득했을 뿐만 아니라 자신의
권리가 무엇인지도 공식적으로 알 수 있었다. 하지만 가이우스의 시대에
는 이해관계 없는 사람이 가의 매수인의 역할을 할 수 있었다. 그리하여
실제 상속인에게는 그가 받게 될 상속에 대해 굳이 알려줄 필요가 없었
으니, 이후로는 유언이 **비밀성**을 획득하게 되었다. 이렇게 실제 상속인
대신에 국외자가 "가의 매수인" 기능을 담당함으로써 훗날 또 다른 결과
도 생겨났다. 이것이 합법화되자 로마의 유언은 두 부분 또는 두 단계로
구성되는 것이 되었다. 하나는 순수한 형식이었던 양도conveyance이고, 다
른 하나는 언명nuncupatio, 즉 공표이다. 후자의 절차단계에서 유언자는 자
신의 사후에 행해져야 할 것에 관한 의사를 보조자들에게 구두로 선언하
거나, 아니면 자신의 의사가 담겨있는 문서를 제출했다. 거래의 핵심부
분에 주어지는 관심이 가상의 양도로부터 멀어지고 언명에 집중되자, 이
제 유언은 **철회 가능한** 것이 될 수 있었다.

　지금까지 법사法史를 따라 내려오면서 유언의 계보를 살펴보았다. 그
것의 뿌리는 악취행위, 즉 양도에 기초하는 "구리와 저울에 의한" 유언
이다. 하지만 이 고대의 유언은 다수의 결함을 가지고 있었고, 그것은 법
무관법으로 간접적으로만 교정될 수 있었을 뿐이다. 그러는 동안, 재능
있는 법률가들은 동시대 법무관들이 형평법을 통해 수행해온 것과 같은
성격의 개량을 보통법상의 유언, 즉 악취행위에 의한 유언에 대해 수행
했다. 하지만 이러한 개량은 단지 법률가들의 재능에 의존한 것이었기에

가이우스나 울피아누스 시대의 유언법은 과도기적인 것에 불과했다. 그
후의 변화과정에 대해서 우리는 잘 알지 못한다. 그러나 마침내 유스티
니아누스에 의한 법의 재건이 있기 직전 동로마제국 백성들이 사용하고
있던 유언의 형태는 그 계보를 한편으로는 법무관법상의 유언에, 다른
한편으로는 "구리와 저울에 의한" 유언에 소급할 수 있는 것이었다. 법
무관법상의 유언처럼, 그것은 악취행위를 요구하지 않았고 7명의 증인
들의 날인이 없으면 무효였다. 악취행위에 의한 유언처럼, 그것은 단순
히 유산점유가 아니라 상속재산을 이전하는 것이었다. 하지만 그 주요
특징의 일부는 실정 입법에 의해 추가된 것이었다. 이렇게 법무관의 고
시, 시민법, 그리고 황제의 칙법이라는 세 가지 기원을 가진다는 의미에
서 유스티니아누스는 당시의 유언법을 '삼중三重의 법'jus tripertium이라고
불렀다.[21] 방금 언급한 이 새로운 유언이 로마인의 유언이라고 일반적으
로 알려져 있는 것이다. 그러나 그것은 동로마제국에 국한된 것이었다.
사비니Friedrich Carl von Savigny의 연구가 밝혀놓은 것처럼, 서유럽에서는 옛
악취행위에 의한 유언이 양도·구리·저울 등 그것의 모든 장치들과 함께
중세에 들어서도 한동안 계속 사용되었다.

---

21 Inst.2.10.3.

제7장
고대와 근대의 유언 및 상속에 관한 관념

근대 유럽의 상속법에는 역사 초기에 사람들 사이에 준행된 유언처분의 규칙과 밀접히 관련된 것들이 많이 있지만, 유언과 상속이라는 주제에 대한 고대와 근대의 관념들 간에는 몇 가지 중요한 차이점들이 있다. 이번 장에서는 그러한 몇 가지 차이점들을 설명해보고자 한다.

12표법이 제정되고 몇 세기가 흐른 시점에 이르면, 자녀를 상속에서 제외하는 것을 제한하는 여러 법규칙들이 로마 시민법에 접목되어 들어가 있었다. 이러한 관심에서 법무관의 재판권이 적극적으로 행사되고 있었으며, 또한 아버지의 유언에 의해 상속에서 부당하게 제외된 자녀에게 상속재산을 회복시켜주는, "배륜유언背倫遺言의 소訴"querela inofficiosi testamenti 라고 부르는, 성질이 특이하고 기원이 모호한 새로운 구제수단이 제공되고 있었다.[1] 이러한 법상태를 최대한의 유언 자유를 문언상 인정하는 12표법의 텍스트와 비교하면서, 몇몇 학자들은 로마 유언법에 어떤 커다란 극적인 변화가 있었다고 추정하기도 한다. 그들에 따르면, 가족의 수장들은 무제한의 상속제외 권한을 즉각 남용하기 시작했고, 이 새로운 관행이 대중의 도덕감정을 침해하여 스캔들을 일으켰으며, 가부장의 악행을 저지하는 법무관들의 용기에 모든 선량한 사람들이 환호를 보냈을 것이라고 한다. 이러한 이야기는, 관련 주요 사실에 비추어 전혀 근거가 없지는 않으나, 법제사의 기본 원리에 대한 자못 심각한 오해를 노정한다

자녀의
상속제외

---

1 이유 없이 상속제외(exheredatio)되거나 법정상속분의 1/4에 미달하는 재산을 물려받은 경우 지정상속인들을 상대로 이 소송을 제기하여 자신의 법정상속분을 회복할 수 있었다.

고 일반적으로 평가된다. 12표법은 제정 당시의 시대적 성격에 비추어 설명되어야 한다. 12표법은 후대에 반작용을 불러올 어떤 경향을 허용하려고 만들어진 것이 아니다. 그러한 경향이 존재하지 않는다는 가정 아래, 아니 어쩌면 그러한 경향의 존재 가능성조차 인식하지 못한 채 만들어진 것이다. 로마 시민들이 상속제외의 권한을 즉시 자유롭게 이용하기 시작했다는 것은 개연성이 없다. 가족 속박의 압력이 가장 강하게 느껴지는 곳에 아직도 꾸준히 속박의 감내가 주어지고 있거니와, 오늘날에도 환영받지 못할 일로써 그 멍에를 벗어던졌을 것이라는 가정은 일체의 합리성과 역사에 대한 건전한 판단에 역행하는 것이다. 12표법은 유언을 행할 수 있을 만한 경우에만, 즉 자식들과 근친들이 없는 경우에만 유언을 행하도록 허용한 것이다. 직계비속의 상속제외를 금지하지 않은 것은 당대 로마 입법자가 생각할 수 없었던 일에 대비한 입법을 하지 않은 것에 불과하다. 물론, 가족애의 의무가 점차 개인의 일차적 의무인 측면을 상실하면서 자식의 상속제외도 이따금 행해졌을 것이다. 하지만 법무관의 개입은 남용이 보편적이었기에 촉발된 것이 아니라, 애초 그러한 부자연스런 변덕이 소수의 예외적 사례였고 당대의 도덕감정에 반하였기에 촉발되었음에 틀림없다.

로마의 무유언 상속　　로마 유언법의 이 부분이 시사하는 것은 이와는 전혀 다른 성격을 지닌다. 로마인들은 유언을 가족을 **상속제외하는** 수단이나 재산을 불균등 분배하는 수단으로 보지 않았을 것이라는 데 주목해야 한다. 유언법이 전개됨에 따라 그러한 목적에 유언이 사용되는 것을 방지하는 법규칙들이 증가하고 강화되어갔거니와, 이러한 법규칙들은 개인의 일시적 감정 변화와는 구분되는, 로마 사회의 불변의 감정에 분명 부합하는 것이었다. 유언권한의 주된 가치는 가족을 위해 **대비를 하는** 데에, 무유언상속법이 나누어주는 것보다 더 균등하고 공정하게 상속재산을 나누어주는 데에 기여하는 것이었다고 생각한다. 대중의 일반적 감정을 이렇게 읽는 것이 옳다면, 이것은 로마인들이 줄곧 가졌던 무유언상속에 대한 특유의 두려움을 어느 정도 설명할 수 있을 것이다. 그들은 유언 특권을 박탈당하는 것보다 더 큰 불행은 없다고 생각했다. 적에게 퍼부을 수 있는 저주 가운데 유언 없이 죽으라는 말보다 더 심한 저주는 없다고 생각했다. 오늘날의 여론에는 이에 해당하는 감정이 아예 없거나 찾아보기 어렵다. 물론 어느 시대 어느 누구든 자신의 임무를 법이 대신 수행해주는 것보다 스스로 자신의 재산의 운명을 설계하는 것을 더 선호할 것이다. 그러나 유언을 향한 로마인들의 열정은 그 강도強度로 볼 때 단순히 자의로 처분하려는 욕구와는 차원을 달리하는 것이었다. 또한 그것은 봉건제의 산물에 불과한, 재산의 한 종류를 단일한 대표자의 수중에 모아두어 가족의 위신을 지키려는 것과도 물론 아무런 공통점이 없었다. 추론컨대, 무유언상속법에 들어있는 무언가가 법에 의한 재산분배보다 유언에 의한 재산분배를 강렬하게 선호하게 만들었던 것 같다. 하지만 문제는, 근대 입법자들이 거의 보편적으로 받아들인 유스티니아누스의 상속법 정비[2] 이전으로 수 세기를 거슬러올라가 무유언상속에 관한 로마법을 일별하더라도, 눈에 띄게 불합리하거나 불공정한 부분을 발견하기 어렵다는 것이다. 오히려 법이 예정한 분배규칙이 자못 공정하고 합리적이었고 근대사회가 널리 만족하고 있는 것과 별반 다르지 않았음에도, 무엇보다 보살필 자식을 둔 사람의 유언권한이 이미 법으로 좁게 제한되고 있었음에도, 왜 그렇게 그것이 특별히 꺼리는 대상이어야 했는지 이해하기 어려운 것이다. 차라리, 오늘날 프랑스처럼, 일반적으로 가족의 수장은 수고스럽게 유언장을 작성하느니 법이 예정한 대로 재산이 분배되도록 내버려두는 현상까지 기대할 수 있을 법한 지경이었다. 하지만 생각건대, 유스티니아누스 이전 시대의 무유언상속의 척도를 더 면밀히 들여다보면

2　Nov.118 및 Nov.127. 무유언상속에서 종족의 권리를 완전히 폐지하고 상속순위를 정비했다.

이 미스테리를 해결할 열쇠를 발견할 수 있을 것이다. 당시의 법은 두 가지 독립된 부분으로 직조되어 있었다. 하나는 로마의 보통법이라 할 수 있는 시민법ius civile에서 유래한 법규칙들이고, 다른 하나는 법무관의 고시에서 유래한 것들이었다. 앞서 다른 목적에서 언급했듯이, 시민법은 오직 세 단계의 상속순위를 차례로 인정할 뿐이다. 부권면제父權免除되지 않은 자녀, 최근친 종족宗族, 그리고 씨족원들gentiles이 그것이다. 법무관은 이들 세 상속인 집단 사이에 시민법이 전혀 고려하지 않는 여러 친족 집단들을 끼워 넣는다.[3] 결국, 이러한 고시법과 이러한 시민법이 결합해 근대 법전들에 널리 전해진 것과 그다지 다르지 않은 상속순위를 형성하고 있었던 것이다.

유언과
자연적
감정
     한때 무유언상속이 시민법으로만 규율되고 고시법은 아직 존재하지 않던, 또는 일관되게 적용되지 않던 시기가 있었음을 기억해야 한다. 유년기의 법무관법은 강력한 저항에 부딪쳐 고전했을 것이 틀림없다. 또한 대중의 여론과 법감정이 법무관법을 용인한 후로도 오랫동안, 그것이 주기적으로 도입하는 변경은 확고한 원리에 의해 지배되기보다는 개별 법무관들의 서로 다른 견해에 따라 동요했을 것이 거의 확실하다. 생각건대, 이 시기 로마인들이 적용한 무유언상속법은 로마 사회가 그렇게 오랫동안 유지했던 무유언상속에 대한 강렬한 혐오를 설명 — 아니, 설명 이상의 것을 — 할 수 있을 것이다. 상속의 순위는 다음과 같았다: 로마 시민이 유언 없이 또는 무효인 유언만 남기고 사망하면, 부권면제되지 않은 자녀가 그의 상속인이 된다. **부권면제된** 아들은 상속분이 전혀 없다. 사망시 살아있는 직계비속을 남기지 않았다면 최근친 종족宗族이 상속한다. 망자와 (아무리 가깝더라도) 여계女系로 이어지는 친족은 한 푼도

---

3 기원전 1세기에 이르면 법무관에 의해 대체로 다음과 같은 무유언상속의 순위가 인정된다: ① liberi: 부권면제된 자녀를 포함한 자녀 ② legitimi: 부권면제시킨 아버지 및 최근친 종족 ③ cognati: 6촌까지의 혈족과 6촌형제자매의 자녀 가운데 근친자 ④ vir et uxor: 배우자.

받지 못한다. 종족 이외의 다른 모든 가계도상 가지[枝]들은 배제되고 결국 상속재산은 최종적으로 씨족원들gentiles, 즉 망자와 동일한 이름을 가진 로마 시민들의 집단 전체에게 귀속된다. 그리하여, 유효한 유언이 없었다면, 지금 다루고 있는 시대의 로마인은 부권면제된 자식에게 생계를 위해 아무것도 남겨주지 못한다. 또한 만약 자식 없이 사망하면, 그의 재산은 가족을 완전히 떠나 단지 동일 씨족gens의 모든 구성원을 공통 조상의 후손으로 만드는 신관법神官法상의 의제擬制에 의해 연결될 뿐인 다수의 사람들에게 넘어가게 될 위험이 즉각 발생한다. 바로 이 문제점만으로도 저 대중적 감정에 대한 거의 충분한 설명이 될 수 있을 것이다. 그러나 실은, 독립된 가家들로 구성된 원시적 구조로부터 로마 사회가 막 벗어나기 시작한 바로 그 단계에 내가 서술해온 사회상태가 놓여있었음을 생각하지 못한다면 아직 우리는 절반만 이해한 것에 불과하다. 사실, 부권면제가 합법적 관행으로 인정받으면서 가부장의 제국에 최초의 일격이 가해졌다. 그러나 가부장을 여전히 가족관계의 뿌리로 간주하던 법은 부권면제된 자식을 친족적 권리에서 남으로, 혈연에서 이방인으로 취급하고 있었다.[4] 하지만, 가족범위의 한계가 법기술적으로 부과되었다고 해서 부모의 자연적 감정에도 동일한 한계가 있었다고는 조금도 생각할 수 없다. 가족애는 원시 가부장제patriarchal system 아래서 가졌던 거의 무한한 신성함과 강력함을 그대로 유지하고 있었음에 틀림없다. 부권면제 행위로 가족애까지 소멸한다는 것은 상상하기 어려우며, 오히려 완전히 그 반대였을 확률이 높다. 부권에서의 해방이 친애親愛의 단절이기는커녕 표현 — 가장 사랑하고 가장 우대하는 자식에 대한 은혜와 호의의 표시 — 이라고 주저 없이 인정할 수 있는 것이다. 이렇게 다른 자식들보다 존중받는 아들이 무유언상속의 유산에서 전적으로 배제된다면, 이를 꺼리게 되는 것은 더 이상의 설명을 요하지 아니한다. 지금까지 우리는 무유언

---

4 부권면제된 자식은 종족(宗族)에 속하지 않고 단지 혈족(血族)에 속할 뿐이었다.

상속법이 초래하는 어떤 도덕적 부정의 탓에 유언상속에 대한 열정이 생겨났다는 추론을 진행해왔다. 그리고 무유언상속법이 바로 저 초기 사회를 묶어주던 본능과 배치되고 있었음을 알게 되었다. 지금까지의 주장을 어떤 간명한 형태로 요약할 수 있을 것이다. 원시 로마인들을 지배한 모든 감정은 가족관계와 밀접히 얽혀 있었다. 그런데 어떤 가족을 말하는가? 법은 이 가족을, 자연적 감정은 저 가족을 말하고 있었다. 양자 간의 갈등에서 우리의 분석대상인 열정이 자라났다. 친애가 지시하는 대로 목적재산의 운명을 정할 수 있도록 허용하는 제도에 대한 열정으로 나타난 것이다.

따라서 나는 무유언상속에 대한 로마인들의 두려움을 가족에 관한 고대법과 서서히 변화할 뿐인 고대적 감정 간의 옛 갈등의 유물이라고 이해한다. 몇몇 로마 제정법들이, 특히 여자의 상속능력을 제한하는 법률 하나가,[5] 통과됨으로써 저 열정이 계속 유지되는 데 기여했을 것이다. 또한 이러한 제정법들이 부과하는 금지를 회피하기 위해 신탁유증信託遺贈 fideicommissa[6]이라는 제도가 고안되었다는 것이 정설이다. 하지만 저 열정의 특별한 강렬함에 비추어볼 때, 그것은 법과 여론 사이의 어떤 더 깊은 대립관계를 지시하고 있는 듯하다. 그러니 법무관법의 발달로 저 열정이 완전히 소멸하지 않은 것도 놀라운 일이 아니다. 여론의 철학에 능통한 사람이라면 어떤 감정을 만들어낸 상황이 사라졌다고 해서 반드시 그 감정까지 소멸하는 것은 아님을 잘 알고 있을 것이다. 감정은 더 오래 살아

---

5 기원전 169년의 보코니우스 법(Lex Voconia)을 말하는 듯하다. 10만 아스 이상의 재산을 가진 자는 여자를 상속인으로 지정할 수 없도록 한 법률이다. Gai.2.274. 보코니우스 법의 이 조항은 무유언상속이나 유증에는 적용되지 않았다.

6 시민법상의 유증(legatum)이 갖는 엄격한 제한을 회피하기 위해 널리 이용된 것으로, 유산의 일부 또는 전부를 제3자에게 이전하도록 상속인이나 수유자나 사인증여의 수증자에게 지시했다. 이로써 가령 시민이 아닌 자에게 유증하거나, 상속인의 상속인을 지정할 수 있었다. 원래는 단지 신의에 기초한 것이고 법적 강제력이 없었으나, 아우구스투스 시절부터는 비상심리절차(cognitio extraordinaria)를 이용해 강제할 수 있었다. 나중에는 유언을 대체하는 비공식적 유언으로 기능하기도 했다. 유스티니아누스에 의해 유증과 신탁유증은 하나로 통합된다. Cod.6.43.2.1.

남을 수 있다. 아니, 상황이 아직 지속될 때는 볼 수 없었던 최고도의 강
렬함이 상황이 사라진 후에 나타날 수도 있다.

    재산을 가족 바깥으로 유출하는 권한, 혹은 유언자의 임의대로 불균
등하게 재산을 분배하는 권한으로서의 유언 관념은 봉건제가 완전히 공
고해진 중세 후반기에 비로소 등장한다. 근대법이 처음 그 거친 모습을
드러내기 시작했을 때, 유언법은 망자의 재산처분의 절대적 자유를 거의
인정하지 않았다. 이 시기, 유언에 따른 재산승계가 인정되는 지역 어디
서나 — 유럽 대부분 지역에서 동산 또는 인적재산人的財産은 유언처분의
대상이 될 수 있었다 — 승계되는 재산 중 과부에게 주어지는 일정 몫의
권리[7]와 자식들에게 주어지는 일정 비율의 권리를 침해하는 유언권한의
행사는 거의 허용되지 않았다. 자식들의 몫은, 그 양에서 알 수 있듯이,
로마법의 선례를 따른 것이었다.[8] 과부를 위한 대비책은 교회의 노력에
기인한 것이다. 나아가 교회는 과부의 이익을 위한 배려를 멈추지 않았
고 마침내 가장 힘겨운 승리 중의 하나를 쟁취했다. 혼인식에 임한 남편
에게 아내에게 나누어줄 것을 명시적으로 약속하도록 2, 3백 년에 걸쳐
압박한 결과, 서유럽 전역의 관습법에 과부산寡婦産dower의 원리를 집어넣
는 데 성공했던 것이다. 놀랍게도, 이러한 부동산의 과부산이 그에 대응
하는 더 오래된, 인적재산에 대한 과부 및 자식들의 유류분遺留分보다 안
정적인 제도였음이 드러났다. 프랑스 일부 지역의 관습법은 프랑스혁명

---

7 인적재산의 유언과 상속에 관한 관할권을 교회가 장악한 13세기 초부터 영국에서 아
   내의 인적재산은 혼인하면 남편의 것이었다. 그러나 남편의 유증에도 불구하고 과부
   는 수유자를 상대로 자신의 신분에 걸맞은 개인 의복과 식기 등 생필품과 장신구를 요
   구할 수 있었다. 이러한 처의 특별재산을 '파라페르날리아'(paraphernalia)라고 부른
   다. 다만 장신구는 남편의 금전채무에 대해 책임을 부담했다.
8 영국에서 인적재산의 유언 — 물적재산의 유언은 1540년 유언법(Statute of Wills)에 이
   르러 비로소 인정된다 — 에서 유류분은 지방마다 달랐으나 대체로 과부와 자녀 모두
   생존하고 있다면 각 1/3씩이고 과부만 혹은 자녀만 생존하고 있다면 1/2이었다. 자녀
   가 여러 명이면 1/3 또는 1/2을 균분했다. 한편 로마법의 유류분 비율은 전술한 배륜유
   언의 소의 예에 따라 원래 무유언상속분의 1/4이었다가 유스티니아누스 신칙법에 의
   해 네 자녀까지는 1/3, 다섯 자녀부터는 1/2이 되었다. Nov.18.1.

기까지 이 권리를 유지했고, 영국에서도 유사한 관행의 흔적이 남아있는
것이다. 그러나 동산은 유언으로 자유롭게 처분할 수 있다는 법리가 전
반적으로 지배하게 되었고, 과부의 권리가 계속 존중되고 있었던 때에도
자식들의 권리는 법에서 사라져갔다. 이러한 변화의 원인을 장자상속제
primogeniture의 영향에서 찾는 데 주저할 필요는 없을 것이다. 봉건 토지법
이 한 명을 제외한 다른 자식들을 상속에서 사실상 제외함에 따라, 종래
균등 분배되던 종류의 재산조차 더는 그것의 균등한 분배를 의무로 여기
지 않게 되었다. 유언은 불균등 분배를 만들어내는 주요 수단이었고, 이
러한 상황 속에서 고대와 근대의 유언 관념 간에 미묘한 차이가 나타났
던 것이다. 유언을 통해 행사되는 유증의 자유는 이렇게 봉건제의 우연
한 산물이었다. 그러나 유언으로 자유롭게 처분되는 재산의 체계와 봉건
토지법처럼 정해진 계통을 따라 강제적으로 상속되는 재산의 체계 간에
존재하는 차이만큼 큰 차이도 없을 것이다. 프랑스 법전의 입안자들은
이런 실상을 외면한 것 같다. 그들은 주로 가족승계적 재산설정family
settlement[9]에 기초한 장자상속제를 파괴해야 할 사회구조의 일부로 보았
을 뿐만 아니라, 유언도 가장 엄격한 한정승계부동산권entail[10] 아래서 장
자가 누리는 것과 동일한 우선권을 장자에게 주는 데 자주 사용된다고
보았다. 그리하여, 목표를 이루기 위해 그들은 부부재산계약에서 다른
자식들보다 장자를 우대하는 것을 금지했을 뿐만 아니라,[11] 상속재산이

---

9 재산이 가족 바깥으로 유출되지 못하도록 하는 부동산권 설정. 한 번의 설정에서 여러
   개의 연속적 권리를 창설함으로써 만들어진다. 그러나 아래 한정승계부동산권도 넓
   은 의미의 가족승계적 재산설정으로 볼 수 있다. 가족승계적 설정의 '엄격한'(strict)
   버전은 장자상속을 실현하기 위한 것이다. 그 형식은 대단히 복잡하지만 기본 골격은
   ① 장자에게 생애권(for life)을 부여하고 ② 장래 태어날 그의 아들들에게 연장자순으
   로 각각 한정승계권(fee tail)을 부여하는 것이다. 이러한 설정은 장자의 장자가 성년
   (21세)이 되면 공모회수소송(common recovery)을 통해 깨뜨릴 수 있었으므로 매 세
   대마다 갱신될 것을 상정하고 행해졌다.
10 직계비속 또는 직계비속남성(이론상 '여성'도 가능은 하다)에게만 상속될 수 있도록
   설정된 부동산. 'estate in fee tail' 또는 간단히 'fee tail'이라고도 부른다. "to A and
   the heirs (male) of his body" 따위의 말로써 수여된다. 이에 비해, "to A and his heirs"라
   고만 하면 단순부동산권(fee simple)이 수여된다.

자식들 간에 균등 분배되도록 한 원칙을 회피하는 데 유언이 사용되지
않도록 유언상속을 법에서 거의 추방해버렸다.[12] 결과적으로 그들은 유
증의 자유가 완전히 인정되는 체계 대신 봉건제 아래 유럽의 체계에 훨
씬 더 가까운 일종의 작은 영구적 한정승계부동산권 체계를 만들어냈다.
물론 "봉건제의 헤르쿨라네움"인 영국의 부동산법은 대륙 국가들의 그
것보다 중세 부동산법에 훨씬 가깝다.[13] 또한 영국에서는 부동산에 관한
부부재산계약에 거의 항상 등장하는 장자 및 그의 계통이 갖는 우선권을
조장하거나 흉내내는 데 유언이 자주 사용된다. 그럼에도 불구하고 영국
인들의 법감정과 여론은 자유로운 유언처분의 관행에 의해 크게 영향받
았다. 내가 보기에, 프랑스 사회에서 가족 내에 재산을 보존하는 문제에
관한 법감정의 일반적인 상태는 현재 영국인들의 여론보다는 2, 3백 년
전에 유럽을 지배했던 것에 훨씬 더 가까운 것 같다.

　장자상속제를 언급했거니와, 이는 법제사의 가장 어려운 문제의 하나 　장자
를 제기한다. 자세히 설명하지는 않았지만, 로마 상속법과 관련해 단일 　상속제
한 상속인과 나란히 다수의 "공동상속인"을 수차 언급했던 것을 기억하
실 것이다. 사실, 로마법 역사 전체에 걸쳐 공동상속인 집단이 상속인,
즉 포괄승계인의 지위를 가질 수 없었던 때는 한 번도 없었다. 이 집단은
하나의 단위로서 상속했고 그 후 상속재산은 별도의 법적 절차를 통해
그들 사이에 분할되었다. 무유언상속의 경우, 이 집단이 망자의 자식들
로 이루어진다면 그들은 균등한 몫으로 재산을 나누어가졌다. 남자들이
여자들에 비해 약간의 우대를 받는 때도 있었지만 장자상속제의 흔적은

11　1804년 프랑스 민법전 제1389조는 법정 상속순위를 부부재산계약으로 변경하는 것
　　을 금지한다.
12　1804년 프랑스 민법전 제913조에 따르면, 증여나 유언이 가능한 재산은 자녀가 1명일
　　때는 1/2, 자녀가 2명일 때는 1/3, 자녀가 3명 이상일 때는 1/4에 국한된다. 또한 제896
　　조는 한정승계적 성격의 증여나 유언을 금지한다: 제3자에게 재산을 공여하도록 수
　　증자·지정상속인·수유자를 부담지우는 모든 처분은 원칙적으로 무효이다.
13　헤르쿨라네움은 베수비우스 화산의 폭발로 폼페이와 함께 매몰된 고대 도시.

조금도 발견되지 않는다. 이러한 분배방식은 고법古法 전반에 걸쳐 일관된다. 국가사회가 시작되고 가족들이 여러 세대에 걸쳐 하나로 모여 살기를 그친 무렵 인간의 자연스러운 관념은 재산을 각 세대의 구성원들 간에 균등하게 분할하여 장자나 그의 계통에 어떠한 특권도 부여하지 않는 것이었음이 분명해 보인다. 이러한 현상과 원시적 사고 간의 밀접한 관계에 관해 특별히 중요한 힌트 몇 가지를 로마보다 더 오래된 법체계들에서 발견할 수 있다. 인도인들 사이에서 아들이 태어나면 그는 아버지의 재산에 대해 확정적 권리를 가지고, 그의 공동소유권에 대한 인정 없이는 재산을 팔아버릴 수 없다. 아들이 성년에 이르면, 아버지의 반대에도 불구하고 그는 때로 가산의 분할을 강제할 수 있고, 아버지가 묵인한다면 한 아들은 다른 아들들의 반대에도 불구하고 항상 분할을 강제할 수 있다. 그러한 분할이 일어날 때, 아버지는 자식들 각자의 지분의 두 배를 가져가는 것 외에는 자식들보다 더 우대받지 않는다. 게르만의 고대 부족법도 대단히 유사하다. **자유소유지**allod, 즉 가家의 소유지는 아버지와 아들들의 공동소유였다. 하지만 이것은 아버지의 사망시에도 쉬이 분할되지 않았던 것으로 보인다. 마찬가지로 인도인의 토지도, 이론적으로는 분할 가능하지만, 실제로는 좀처럼 분할되지 않아서 수 세대 동안 분할 없이 상속되는 일이 흔하다. 그리하여 인도의 가족은 끊임없이 촌락공동체village community로 확장되는 경향을 보이거니와, 어떤 조건에서 그러한지는 추후 설명할 것이다. 이 모든 것들은 아버지의 사망시 아들들 간의 철저한 재산 균등분배가 가족종속성이 해체되기 시작할 무렵의 사회에 나타나는 일반적 관행이었음을 사뭇 명료하게 지시하고 있다. 여기서 장자상속제라는 법제사적 난제가 등장한다. 봉건제가 형성되고 있을 무렵, 한편으로 로마 속주들의 법과 다른 한편으로 만족蠻族들의 옛 관습 외에는 세상 어디에도 봉건제를 이루는 요소들의 원천이 될 만한 것이 없었음을 분명히 인식하면 할수록, 우리는 일견 더욱더 당혹스러움에

빠져들지 않을 수 없거니와 로마인들도 만족蠻族들도 재산상속에서 장자
나 그의 계통에 아무런 우선권도 주지 않았다는 사실을 알고 있기 때문
이다.

　만족蠻族들이 로마 제국 내에 처음 정착했을 때 그들의 관습은 장자상
속제가 아니었다. 장자상속제의 기원은 제국을 침공한 수장들이 나누어
준 **은대지**恩貸地benefice에 있다는 것이 정설이다. 초기 이주민 국왕들에 의
해 이따금 주어진, 그러나 샤를마뉴에 의해 대규모로 주어진 이 은대지
는 수혜자의 군사적 봉사를 대가로 로마 속주의 토지를 나누어준 것이었
다. **자유소유지** 소유자들은 그들 군주의 멀고 험난한 원정에 잘 따라나서
려 하지 않았던 것으로 보이며, 프랑크의 수장들이나 샤를마뉴의 대규모
원정은 모두 왕실에 예속된 군인들이나 토지보유의 대가로 봉사에 나서
야했던 군인들로 군대를 구성하여 수행되었다. 하지만 은대지는 처음에
는 결코 세습적이 아니었다. 수여자가 원하면 언제든 되돌려주어야 하거
나, 기껏해야 수혜자의 생애 동안만 보유할 수 있는 것이었다. 그러나 처
음부터 수혜자들은 토지보유를 늘리는 데, 그리고 사망 후에도 가족들이
토지를 계속 보유토록 하는 데 모든 노력을 아끼지 않았다. 샤를마뉴 이
후 허약한 후계자들이 속출하자, 그들의 노력은 예외 없이 성공을 거두
었고 은대지는 점차 세습봉토fief로 변모해갔다. 그러나 세습적이었다고
해서 반드시 장자에게 상속되었다는 말은 아니다. 상속규칙은 수여자와
수혜자 간에 맺어진, 혹은 그들 가운데 강자가 약자에게 강요한 약정에
의해 전적으로 결정되었다. 따라서 애초에는 토지보유양태가 무척 다양
했다. 물론 지금까지 서술한 로마의 상속방식과 만족蠻族들의 상속방식
이 결합한 것이기에 완전히 무작위적인 것은 아니었으나, 그래도 대단히
잡다한 양상이었다. 어떤 곳에서는 분명 장자와 그의 계통이 우선하여
봉토를 상속했으나, 그러한 상속은 보편적이기는커녕 일반적이지도 않
았던 것으로 보인다. 정확히 동일한 현상이 그 후 일어난 유럽 사회의 변

화, 즉 (로마의) 절대소유지the domainia와 (게르만의) 자유소유지the allodial가 봉건적 토지보유로 대체되는 과정에서도 반복되었다. 자유소유지는 완전히 봉토로 흡수되어갔다. 대규모 자유소유지 소유주들은 그들 땅의 일부를 종자從者들에게 조건부로 양도함으로써 봉건영주가 되어갔다. 소규모 자유소유지 소유주들은 그들의 땅을 어떤 힘 있는 수장에게 양도하고 전쟁시 복무한다는 조건으로 다시 되돌려받음으로써 험악한 시절의 압박에서 벗어나고자 했다. 그러는 동안, 서유럽 인구의 대다수를 차지하는 예속적 또는 반半예속적 신분의 사람들 — 로마와 게르만의 노예들, 그리고 로마의 콜로누스coloni와 게르만의 리두스lidi — 도 동시에 봉건조직에 흡수되어 갔으니, 그들 중 일부는 영주의 하인이 되었으나 대부분은 당시 굴욕적이라 여겨진 조건으로 땅을 하사받았다. 이렇게 보편적 봉건화가 진행되는 동안 형성된 토지보유양태는 토지보유자가 그들의 새로운 수장들과 맺은, 또는 맺도록 강요당한 조건에 따라 사뭇 다양했다. 은대지의 경우처럼 전부가 아닌 일부 부동산권만이 장자상속의 규칙을 따랐다. 하지만 봉건제가 서유럽 전역을 지배하게 되자, 다른 상속방식보다 장자상속제가 큰 장점을 갖는 것임이 명백히 드러났다. 그것은 놀라운 속도로 전 유럽에 퍼져나갔거니와, 확산의 주요 수단은 영국의 가족승계적 재산설정family settlement, 프랑스의 팍트 드 파미유pacte de famille, 독일의 하우스게제츠Hausgesetz 따위였으니, 이들은 모두 기사騎士봉사의 대가로 보유한 토지를 장자가 상속하도록 설정한 것이었다. 마침내 이 규칙은 만성적인 관행으로 굳어져, 서서히 형성되어온 모든 관습법 체계에서, 자유로운 군사적 보유양태의 부동산권 상속에서 장자와 그의 계통이 우선권을 가지게 되었다. 예속적 토지보유의 경우 (처음에는 보유자가 금전을 지불하거나 노역을 제공할 의무가 있는 모든 보유가 예속적이었다) 관습법상의 상속체계는 나라에 따라 지방에 따라 서로 사뭇 달랐다. 그나마 이런 성격의 토지에 일반적이라 할 만한 규칙은 자식들 간에 균분상속하는 것이었으나, 그래도 어떤 곳에서는 장자長子가 우대되었고 어떤 곳에서는 말자末子가 우대되었다. 그러나, 영국의 농역農役토지보유socage[14]처럼 비교적 나중에 등장했고 완전히 자유롭지도 완전히 예속적이지도 않은, 어떤 측면에서는 가장 중요한 유형의 부동산권 상속은 일반적으로 장자상속제에 의해 규율되었다.

장자상속제의 확산에 대한 설명으로 일반적으로 거론되는 것은 이른바 '봉건제적' 근거이다. 봉건관계의 주군主君의 입장에서는 직전 보유자의 사망으로 봉토가 여러 명에게 분산되는 것보다 한 명에게 상속되는 것이 군사적 봉사를 안정적으로 확보하는 데 더 낫다는 것이다. 이런 이유가 장자상속제의 점진적 확산에 대한 부분적인 설명이 될 수 있음은 부인할 수 없지만, 장자상속제가 유럽 전역의 관습이 된 데에는 주군이 누리는 이익보다 토지보유자들 사이의 인기가 더 크게 작용했다는 점을 지적하지 않을 수 없다. 더욱이, 앞의 이유는 장자상속제의 기원을 전혀 설명하지 못한다. 편의성에 대한 감각만으로는 어떤 법제도도 생겨나지 않는다. 반드시 미리 어떤 관념들이 존재하고, 여기에 편의성의 감각이 작용하여 새로운 결합이 형성될 수 있을 따름인 것이다. 이 관념들이 무엇인지 찾는 것이 지금 우리에게 주어진 과제이다.

이에 관한 암시가 풍부한 어떤 지역에서 유용한 힌트를 얻을 수 있겠다. 인도에서는 아버지의 사망시, 때로는 아버지의 생존시에도, 그의 재산이 아들들 간에 균분으로 분할될 수 있거니와, 이러한 **재산**의 균분원칙은 인도의 모든 법제도에 두루 퍼져있다. 하지만 최후 보유자의 사망으로 **공직** 또는 **정치권력**이 이양되는 경우, 상속은 거의 항상 장자상속의 규칙을 따른다. 그리하여 통치권은 장자에게 세습된다. 또한 인도 사회

---

14 일정한 지대의 정기적 제공을 조건으로 보유하는 토지보유양태. 처음에는 주군의 토지에서 특정 농사일(파종, 수확 등)을 제공하는 것을 조건으로 하는 양태를 가리켰으나, 차츰 기사봉사 등을 제외한 자유토지보유의 일반 명칭이 되어갔다. 1660년에는 기사봉사보유도 폐지되어 자유농역보유(free socage)로 전환된다.

를 구성하는 단위체인 촌락공동체의 업무가 단일한 관리자에게 맡겨져 있는 경우, 아버지의 사망시 일반적으로 장자가 관리업무를 이어받는다. 실로 인도의 공직은 세습되는 경향이 있으며, 또한 성질이 허용한다면 가장 손윗 계통의 가장 연장인 구성원에게 주어지는 경향을 보인다. 이러한 인도의 상속제도를 최근까지 유럽에 남아있던 몇몇 미개한 사회조직과 비교해보면, 가부장권이 **가족내부**의 것을 넘어 **정치적**인 것일 때 그것은 아버지의 사후 모든 자식들에게 고루 분배되는 것이 아니라 장자의 생득권生得權이 된다는 결론이 자연스레 도출된다. 가령 스코틀랜드 고지高地의 씨족장 자리는 장자상속제를 따른다. 사실 그곳에는 조직된 국가사회의 초기 기록에서 발견되는 것보다 훨씬 더 오래된 가족종속성의 한 형태가 남아있는 듯하다. 옛 로마법에서 보이는 저 종족宗族집단은, 그리고 다른 많은 유사한 징후들도, 가계도의 모든 가지[枝]들이 한때 단일한 유기체로 결합되었던 때가 있음을 암시하거니와, 이렇게 결합된 친족단체가 그 자체로 하나의 독립된 사회였을 때 가장 손윗 계통의 가장 연장인 남자가 이를 통치했다고 보더라도 지나친 억측은 아닐 것이다. 물론 우리는 그러한 사회에 대한 실제 증거는 갖고 있지 않다. 우리가 알고 있는 가장 초보적 사회에서도 가족조직은 기껏해야 '통치권 안의 통치권'imperia in imperio인 것이다. 그러나 그들 중 일부, 특히 켈트족 씨족의 상태는 역사시대에 속하면서도 독립적 상태에 사뭇 가까워서 그것이 한때 독자적인 '통치권'imperia이었다는 확신을, 그리고 장자상속제가 씨족장의 상속을 규율했다는 확신을 우리에게 심어준다. 하지만 현대적 법률용어가 불러오는 인상은 주의할 필요가 있다. 지금 우리는 인도 사회나 고대 로마법을 통해 알고 있는 그 어떤 것보다 훨씬 친밀하고 훨씬 엄한 가족결합의 형태를 말하고 있는 것이다. 로마의 가부장이 가족재산의 가시적 관리인이었다면, 인도의 아버지가 아들들과 공동소유자에 불과하다면, 저 진정한 가부장적 씨족장은 더더욱 공동재산의 관리인에 불과했을 것이 분명하다.

따라서 은대지에서 보이는 장자상속의 예는 로마 제국을 침공한 민족
들이, 비록 일반적이었다고 할 수는 없을지라도, 원래 가지고 있던 가족
통치권을 흉내낸 것이라 할 수 있다. 몇몇 미개한 부족들이 여전히 그것
을 행하고 있었기에, 혹은 더 그럴듯하기로는, 사회가 원시적 상태를 거
의 벗어나지 못하고 있었기에, 새로운 형태의 재산에 관한 상속규칙을
정해야 했을 때 몇몇 사람들은 자연스레 그것을 머리에 떠올렸을 터이
다. 그러나 한 가지 문제가 아직 남아있다. 어째서 장자상속제가 점차 다
른 상속원리들을 대체해갔는가 하는 것이다. 생각건대, 그에 대한 답은
카롤링거 제국의 해체가 진행되는 동안 유럽 사회가 결정적으로 퇴보했
다는 데 있는 것 같다. 과거 만족蠻族들의 왕국 시절의 몹시도 저급한 수
준보다 한두 단계 정도 더 퇴보했던 것이다. 저 시대의 큰 특징은 왕의 권
위가, 따라서 국가의 권위가 허약했다는 것, 아니 차라리 부재했다는 것
이다. 그리하여 국가사회가 더는 결속력을 제공하지 못하는 상황에서 사
람들은 국가공동체의 등장보다 더 오래된 사회조직에 너도나도 뛰어들
었던 것으로 보인다. 9세기와 10세기 무렵 봉신封臣들을 거느린 주군은,
초기 사회에서와 같은 입양이 아니라 이제 수봉授封으로 사람들을 충원
하는, 일종의 가부장적 가家라고 보아도 좋을 것이다. 장자상속제는 그러
한 연합체제에 힘과 지속성의 원천이 되었다. 조직 전체가 의존하고 있
는 토지가 하나로 결합되어 있는 한, 그것은 방어와 공격에서 큰 힘을 발
휘했다. 땅을 분할하는 것은 안 그래도 작은 사회를 또 분할하는 것이고,
폭력이 만연한 시대에 스스로 외부의 공격을 불러오는 일이었다. 이러한
장자상속제의 선호에는 한 명을 위해 나머지 자식들을 모두 상속제외한
다는 관념이 아직 들어있지 않았다고 전적으로 확신할 수 있다. 봉토가
분할되면 모두가 고통받을 것이었다. 봉토의 결합으로 모두가 이득을 누
렸다. 권력을 한 사람에게 집중시킴으로써 가족은 더 강해졌다. 그러하

기에, 상속재산을 차지한 주군이 사용·수익·향유 등에서 그의 형제들과 친족들보다 더 유리한 지위를 누렸다고는 볼 수 없다. 봉토의 상속인이 상속하는 특권을 영국의 엄격한 가족승계적 재산설정 아래서 장자가 누리는 것과 동일시하는 것은 완전히 시대착오적인 발상이라 하겠다.

가부장이 소유권자가 되다

　　나는 초기 봉건연합체를 원시적 가족 형태에서 유래한 것으로, 또한 그것과 강한 유사성을 갖는 것으로 본다고 말했다. 그렇지만 고대세계에서는, 그리고 봉건제의 시련을 겪지 않은 사회에서는, 종래 장자상속제가 지배적이었더라도 그것이 나중에 유럽 봉건제에서 나타난 장자상속제로 전환되는 일은 일어나지 않았다. 친족집단을 각 세대마다 한 명의 세습 수장이 통치하던 시대가 마감되자, 모두를 위해 관리되던 토지가 이제 모두에게 균등하게 분할되기 시작한 것으로 보인다. 왜 봉건제의 세상에서는 이런 일이 일어나지 않았을까? 봉건제 초기의 혼란 속에서는 장자가 전체 가족을 대신해 토지를 보유했다 하더라도, 유럽에서 봉건제가 공고해진 후에는, 정상적인 공동체가 다시 수립된 후에는, 왜 가족들이 로마도 게르만도 다 가지고 있던 균분상속의 권리를 회복하지 못했을까? 봉건제의 계보를 추적해온 학자들은 이 난제를 해결할 열쇠를 거의 찾지 못했다. 그들은 봉건제를 구성하는 재료들은 발견했지만 그것들을 연결시키는 데 실패했다. 봉건제의 형성에 기여한 관념들과 사회형태들은 분명 미개하고 원시적인 것이었지만, 법원과 법률가들이 이를 해석하고 정의하는 일에 소환되자 그들이 적용한 해석원리는 최후의 로마법의 그것이었고 따라서 자못 세련되고 성숙한 것이었다. 원시 가부장이 통치하는 사회에서 장자는 종족宗族집단의 통치권을, 그리고 집단재산에 대한 절대적 권한을 상속할 수 있었을 것이다. 그러나 그렇다고 해서 그가 진정한 의미의 소유권자인 것은 아니다. 소유권 개념에는 들어있지 않은 사뭇 불확정적이고 사뭇 정의 불가능한, 상응하는 의무도 그는 부담한다. 하지만 오늘날의 법과 마찬가지로 후기 로마법은, 재산에 대한 무제약적 권한을 소유권과 등치시켰기에, 정식으로 법이 등장하기 이전 시기에 속하는 그러한 책임 개념을 알지 못할 뿐만 아니라 사실 알 수도 없는 것이다. 세련된 관념과 미개한 관념의 접촉은 불가피 장자를 상속 재산의 법적 소유권자로 전환시키는 결과를 낳았다. 교회법률가들과 세속법률가들은 장자의 지위를 처음부터 그렇게 정의했다. 그러나 부지불식간에 그의 연하 형제들은 친족의 모든 위험한 일과 즐거운 일에 동등하게 참여하던 것에서 사제로, 용병으로, 영주 저택의 식객으로 그 지위가 조금씩 떨어져갔다. 이와 동일한 성격의 법적 혁명이 최근에 더 작은 규모로 스코틀랜드 고지 대부분에 걸쳐 일어났다. 씨족의 생계를 책임지는 토지에 대한 씨족장의 법적 권한을 결정하도록 소환되었을 때, 스코틀랜드법은 토지지배권의 완전성이 씨족원들의 권리에 의해 막연하게나마 제한된다는 사실을 알아차릴 수 있는 시대를 한참 지나 있었고, 따라서 다수의 재산은 일인一人의 재산으로 불가피 전환되었던 것이다.

　설명을 단순화하기 위해 나는 어떤 가※나 단체의 권위를 한 명의 아들 또는 자손이 상속할 때 이를 장자상속제라고 불러왔다. 하지만, 이러한 상속유형의 아주 오래된 사례를 보여주는 소수의 남아있는 기록들 중에는 반드시 우리가 생각하는 그러한 장자가 대표자 자리를 차지하지는 않는 경우도 있음을 유의해야 한다. 서유럽에 널리 퍼진 장자상속의 형태가 인도인들 사이에서도 준행되어왔거니와, 그것이 통상적인 형태라는 데는 의심의 여지가 없다. 여기서는 장자뿐만 아니라 가장 손윗 계통이 항상 우대된다. 만약 장자가 먼저 죽고 없다면, 그의 장자가 다른 형제들뿐만 아니라 삼촌들에 대해서도 우선하는 것이다. 만약 장자의 장자도 죽고 없다면, 그 다음 세대에 대해 같은 규칙이 적용된다. 그러나 단순히 **민사적** 권력이 아니라 **정치적** 권력의 상속이 걸려있을 때는 곤란한 문제가 대두될 수 있거니와, 이 문제는 사회의 결속력이 불완전할수록 커질 것으로 짐작된다. 마지막으로 권력을 가졌던 수장이 그의 장자보다 오래 살았고, 일차적 상속권을 갖는 손자는 아직 너무 어리고 미성숙해서 공동체를 실제로 이끌고 관리할 수 있는 상태가 아닐 수 있다. 이런 경우, 어느 정도 안정된 사회에서 널리 사용되는 방식은 어린 상속인이 통치에 적합한 나이가 될 때까지 그를 후견 아래 두는 것이다. 일반적으로 종족宗族 남성이 후견인이 되지만, 다른 대안도 있을 수 있음에 유의해야 한다. 드물지만 어떤 고대 사회는 여자가 권력을 행사하는 데 동의했거니와, 이는 분명 어머니의 권리가 우선한다는 인식에서 나온 것이다. 인도에서는 통치자의 과부가 어린 아들의 이름으로 대신 통치한다. 또한 프랑스의 왕위계승에 관한 관습—그 기원이 무엇이건 이는 아주 오래된 고대의 유산임이 분명하다—에서는, 여성이 왕위에 오르는 것은 엄격히 배제하면서도, 다른 누구의 섭정보다 대비大妃의 섭정이 선호되었음을 떠올리지 않을 수 없다. 하지만 어린 상속인에게 통치권이 이전될 때 발생하는 문제점을 회피하는 또 다른 방법이 있거니와, 이는 미개한 구조를 가진 공동체에서 자연스럽게 일어나는 일이라고 보면 틀림없을 것이다. 어린 상속인을 완전히 제치고 윗세대의 가장 연장인 살아있는 남성이 수장 자리를 차지하는 것이 그것이다. 켈트족 씨족집단은 민사적 권력과 정치적 권력이 아직 초보적으로도 분화되지 못한 시대의 현상들을 다수 보존해왔거니와, 그 중에서도 특히 이러한 상속규칙을 역사시대에 이르기까지 보존해왔다. 장자가 상속할 수 없다면, 통치권 이양시의 손자들의 나이를 전혀 불문한 채 손자들에 우선하여, 그 장자의 바로 밑 남동생이 상속하는 것이 실정규범의 형태로 그들에게 존재해온 것으로 보인다. 혹자는 마지막 족장을 일종의 뿌리 또는 계통으로 파악해 그에게 가장 가까운 후손에게 상속시키는 것이 켈트족의 관습이었다고 가정함으로써 이 원리를 설명한다. 삼촌이 손자보다 공통의 뿌리에 더 가까우므로 삼촌이 우선한다는 것이다. 이런 설명은 단지 상속규칙을 기술하는 목적만 가진다면 아무런 이의도 제기할 수 없을 것이다. 그러나 저 규

칙을 처음 채용한 사람이 법률가들 사이에서 봉건제적 상속규칙이 논쟁
대상이 되기 시작할 시대에 기원했음이 분명한 추론과정을 적용했다고
본다면 이는 심각한 오류가 아닐 수 없다. 손자보다 삼촌이 선호되는 것
의 진정한 기원은 어린아이보다는 어른 족장이 다스리는 것이 더 낫다
는, 그리고 장자의 자식들보다는 차자次子가 성숙기에 도달했을 확률이
더 높다는, 미개한 사회의 미개한 사람들의 단순한 계산이었음에 틀림없
다. 뿐만 아니라, 우리가 알고 있는 장자상속의 형태가 일차적 형태라는
것을 보여주는 증거도 있거니와, 전승에 의하면 어린 상속인을 제치고
그의 삼촌이 우대될 때 씨족원들의 동의가 필요했던 것이다. 스코틀랜드
맥도널드Macdonald 씨족의 연대기에는 이러한 의식儀式의 사례가 전해지
거니와, 그 진정성은 상당히 믿을 만하다. 또한 최근 연구자들의 해석에
따르면 아일랜드 켈트족의 옛 기록도 비슷한 관행의 흔적을 다수 보여준
다고 한다.[15] 인도의 촌락공동체에서도 선거를 통해 "보다 훌륭한" 종친
宗親이 선순위 종친을 대체하는 일이 없지 않다.

아라비아 관습을 이어받은 것으로 보이는 무함마드의 법에 따르면, 이슬람의
상속재산은 아들들 간에 균등하게 분할되고 딸들은 아들 몫의 절반을 갖 법
는다. 그런데 상속재산 분할 전에 자식들 중 누군가가 자녀를 남기고 사
망했다면, 이들 손자녀는 상속에서 배제되고 그들의 삼촌들이 재산을 독
차지한다. 이 원리가 동일하게 적용되어, 통치권이 이양될 때의 상속도
켈트족 사회에서 행해져온 장자상속의 형태와 같은 형태를 따른다. 서양
의 무슬림 가문 중 가장 큰 두 가문의 상속규칙은, 조카가 장자의 아들이

---

15 아일랜드와 스코틀랜드 켈트족 사이에서 왕이나 족장의 후계자는 일정한 자격자들 —
왕이나 족장의 가까운 종친이라야 하고 성년에 이르러야 하고 심신상에 중대한 흠이
없어야 한다 — 중에서 종족원들에 의해 선출되는 방식으로 정해졌다. 이 제도를 '타
니스트리'(tanistry)라 부르고, 그렇게 선출된 후계자는 '타니스트'(tanist)라고 부른
다. 차기 수장인 타니스트는 수장이 사망하면 자동적으로 그 지위를 승계한다. 수장
의 아들이 선출되기도 하지만, 나이 많고 능력 있는 후보자를 선출하는 것이 원칙이
므로 일반적으로는 수장의 동생이나 조카, 사촌 등이 타니스트가 된다.

라 할지라도, 조카에 우선해 삼촌이 왕위를 계승하는 것이라고 믿어지고 있다. 이 규칙은 이집트와 투르크 양자 모두에서 최근까지 준수되어왔지만, 투르크의 통치권 이양에 관해서만은 이 규칙이 늘 어떤 의문의 대상이 되어왔다고 한다. 술탄들의 정책으로 말미암아 그것의 적용이 사실상 널리 방해받았다는 것이다. 물론 연하의 남동생들을 대량 학살함으로써 왕좌를 둘러싼 위험한 경쟁자들을 제거할 수 있을 뿐만 아니라 자기 자식들의 이익도 확보할 수 있었을 것이다. 하지만 한 가지 확실한 것은 일부다처제 사회에서 장자상속제는 반드시 다양한 형태를 띨 수밖에 없다는 것이다. 상속권 주장에는 가령 어머니의 순위라든가, 혹은 어머니가 아버지의 총애를 얼마나 받는가 따위의 다양한 사항이 고려대상이 될 수 있다. 따라서 인도의 몇몇 무슬림 통치자들은, 유언권한은 전혀 내세우지 않은 채, 자신을 계승할 아들을 지명할 권리가 자신에게 있다고 주장한다. 이삭과 그의 아들들 이야기와 관련해 성서에 언급된 **축복**blessing을 일종의 유언이라고 보는 이도 있지만, 그보다는 장자를 지명하는 방법의 하나였던 것으로 보인다.[16]

---

16 창세기 27:1-40.

제8장
물권법의 초기 역사

로마의 법학제요 저서들은 소유권의 여러 형태들과 변종들을 정의한 후, 자연법상의 물건취득 방식들을 논한다. 법제사를 잘 모르는 이들은 취득의 이러한 "자연법상의 방식들"이 일견 사변적으로나 실무적으로나 큰 관심의 대상이 아닐 것이라고 생각하기 쉽다. 야생동물을 덫으로 잡거나 사냥해서 죽이는 것, 토양이 강물에 의해 충적되어 부지불식간에 내 땅에 부합附合하는 것, 나무가 내 땅에 뿌리를 내리는 것 따위를 로마 법률가들은 모두 **자연적으로** 취득한다고 말했다. 옛 법률가들은 그들 주위의 여러 작은 사회의 관행에서 이들 취득이 보편적으로 인정되는 것을 분명 관찰했을 것이다. 그리하여 이들이 옛 만민법萬民法jus gentium에 분류되어 있고 단순명쾌하게 기술되어 있는 것을 본 후대 법률가들은 이들에게 자연법의 자리를 내주었을 것이다. 이들에 부여된 존엄성은 근대에 이르러 점점 커져, 이제는 원래 가졌던 중요성을 훨씬 능가하게 되었다. 자연법이론은 이들을 가장 즐기는 양식糧食으로 삼았고, 실무에 자못 심각한 영향력을 행사할 수 있도록 만들었다.

이러한 "자연법적 취득방식들" 가운데 한 가지만은 반드시 짚고 넘어갈 필요가 있거니와, 선점先占occupatio이 그것이다. [선점] 선점은 취득 당시 누구의 물건도 아닌 것을 (법기술적 정의定義가 이어진다) 당신의 물건으로 삼고자 하는 의사로써 점유하는 것을 말한다. 로마 법률가들이 무주물無主物res nullius ― 소유자가 없거나 있어본 적이 없는 물건 ― 이라 불렀던 것이 무엇인지는 열거함으로써만 알 수 있을 뿐이다. 소유자가 **있어본 적이 없는**

- 169 -

물건에는 야생 동물, 물고기, 야생 조류鳥類, 최초로 캐낸 보석, 새로 발견
했거나 경작된 적 없는 토지[1] 따위가 속한다. 소유자가 **없는** 물건에는 포
기된 동산, 버려진 토지, (특이한 그러나 가공스러운 항목인데) 적敵이 소유
한 물건 따위가 속한다. 이 모든 것들은 자기 것으로 삼으려는 의사 — 일
정한 경우 이 의사는 특정한 행위에 의해 명시적으로 드러나야 한다 —
를 가지고 처음 점유한 **선점자**가 완전한 소유권dominion을 취득한다. 생각
건대, 선점 관행의 보편성 탓에 한 세대의 로마 법률가들이 이를 모든 민
족에 공통인 법으로 자리매김한 것, 그리고 그 단순성으로 말미암아 다
음 세대 로마 법률가들이 그것을 자연법에 귀속시킨 것은 그리 어렵지
않게 이해할 수 있다. 그러나 근대법사法史에서 그것이 누린 행운은 선험
적 고찰로는 얼른 이해되지 않는다. 로마법의 선점 원리와 이를 둘러
싸고 로마 법률가들이 전개한 법규칙들은 근대 국제법 중에서도 전쟁시
포획에 관한 법과 새로 발견한 땅의 주권획득에 관한 법의 원천이 되었
다. 또한 소유권의 기원에 관한 어떤 이론의 근거가 되었거니와, 이 이론
은 대중적으로 인기 있는 이론인 동시에 대다수의 사변적 법학자들이 이
런저런 형태로 널리 수긍하고 있는 이론이다.

적의
소유물,
발견의
법리

　　방금 나는 로마법의 선점 원리가 전쟁시 포획에 관한 국제법의 흐름을
결정했다고 말했다. 전쟁시 포획법의 법규칙들은 적대관계의 발발로 국
가들이 일종의 자연상태로 환원되고 이러한 인위적 자연상태에서 교전
국 간에는 사적소유권 제도가 중지된다는 가정假定에 기초한다. 후기 국
제법 학자들은, 그들이 다루는 법체계에서도 사적소유권이 어느 의미에
서는 인정된다는 주장을 유지하려 했기에, 적의 재산이 무주물이라는 가
설을 정도正道를 벗어난 충격적인 것으로 여겼고 따라서 이 가설은 단지
법적인 의제擬制에 불과하다고 내세우는 신중함을 보였다. 그러나 자연

---

[1] 소유자가 있었던 적이 없는 토지에 선점의 법리가 인정되는 사례로는 바다 위에 새로
섬이 솟아오른 사례가 로마법에서는 유일하다. Inst.2.1.22 및 Dig.41.1.7.3.

법이 만민법에서 기원함을 잘 아는 우리는 어떻게 적의 재산이 무주물로
취급되고 그리하여 최초 점유자가 취득할 수 있는 것으로 여기게 되었는
지 금방 이해할 수 있다. 고대적 형태의 전쟁을 수행하는 사람들은 승전
으로 정복군의 군대가 해산되고 해산된 군인들이 무차별 약탈을 자행했
을 때 저 관념을 자동적으로 떠올렸을 것이다. 하지만 이때 포획자가 취
득하도록 허용된 재산은 원래 동산에 국한되었을 것으로 보인다. 우리는
고대 이탈리아에서 피정복 국가의 토지에 대한 소유권 취득에는 전혀 다
른 규칙이 지배했음을 별도의 전거를 통해 알고 있다.[2] 따라서 토지에 선
점 원리가 적용되기 시작한 것은 (항상 어려운 문제이지만) 만민법이 자연
법으로 전환되는 시기였을 것으로, 그리하여 황금시대 법률가들이 행한
일반화의 결과였을 것으로 짐작할 수 있다. 이에 관한 법리는 유스티니
아누스의 학설휘찬Pandects에 보존되어 있거니와, 그것은 모든 종류의 적
의 재산은 교전 상대방에게 무주물이라는, 그리고 이를 포획자의 것으로
만드는 선점은 자연법상의 제도라는 터무니없는 주장으로 나아간다.[3]
이러한 명제로부터 국제법이 이끌어낸 규칙들은 때로 군인들의 만행과
탐욕에 쓸데없이 관대하다는 비판을 받아왔지만, 생각건대 이 비판은 전
쟁의 역사를 잘 모르는 사람들이, 그리하여 어떤 종류의 규칙이든 규칙
에 대한 복종을 명하는 것이 얼마나 위대한 업적인지 잘 모르는 사람들

---

2 로마 국가의 국유지(ager publicus)가 되었다는 의미일 것이다.
3 "현재 누구에게도 속하지 않는 물건은 자연의 이치에 따라 선점자의 물건이 된다."
"적으로부터 포획한 물건은 만민법에 따르면 포획자의 물건이 된다." Dig.41.1.3.pr 및
Dig.41.1.5.7. "소유권은 자연적 점유에서 기원했는데, 땅·바다·하늘에서 붙잡은 것들
의 취급에서 그 유산을 볼 수 있다. 그것들은 선점자의 물건이 되는 것이다. 마찬가지
로 전쟁에서 포획한 물건, 바다 가운데서 솟아오른 섬, 해변에서 발견한 보석 따위도
선점자의 물건이 된다." Dig.41.2.1.1. 그런데 토지도 선점의 대상이 된다는 법리는 적
어도 고전기 법에서는 그다지 인정받지 못했던 것으로 보인다. 소유자가 없었던 토지
에 관해서는 전술한 바다 위의 섬 사례가 사실상 유일했다. 소유자가 있었으나 포기된
토지에 관해서는, 이탈리아 토지는 선점이 아닌 점용취득(usucapio)의 대상일 뿐이었
고, 속주 토지는 원칙적으로 국유지였기에 시민법상 사적소유권의 대상일 수 없었다.
그러므로 주인 없는 토지의 선점은 게르만족의 침입과 로마제국 멸망의 시기에 이르
러 비로소 전면에 부상했을 것이다.

이 가하는 비판이다. 선점에 관한 로마법 원리가 전쟁시 포획에 관한 근대법에 수용되어 들어왔을 때, 그 남용을 제한하고 정밀함을 부여하는 많은 부수적 법규칙들도 함께 들어왔으니, 만약 그로티우스의 저서가 권위를 획득한 이후 수행된 전쟁들을 이전의 전쟁들과 비교해본다면, 로마법 규칙들이 수용되자마자 이제 전쟁은 그나마 어느 정도 인내할 만한 성질의 것이 되었음을 알 수 있을 것이다. 선점에 관한 로마법이 근대 만민법law of nations에 어떤 해로운 영향을 끼쳤다고 비난받아야 한다면, 해로운 영향을 입었다고 자신 있게 말할 수 있는 분야는 근대 만민법의 다른 영역에 존재한다. 보석의 발견에 로마인들이 적용한 원리와 똑같은 원리를 새로운 땅의 발견에도 적용함으로써 공법학자publicist들은 원래 기대되는 용도와 전혀 맞지 않는 곳에다 억지로 저 법리를 가져다 썼다. 15, 16세기의 위대한 항해자들의 발견으로 극히 중요한 것으로 부상한 저 법리는 분쟁을 해결하기보다는 오히려 야기시켰다. 확실성이 무엇보다 요청되는 두 가지 사항에 커다란 불확실성이 존재한다는 점이 곧 드러났거니와, 하나는 발견자가 주권자를 위해 취득한 영토의 범위에 관한 것이고, 다른 하나는 '확보'確保adprehensio, 즉 주권적 점유의 획득에 필요한 행위가 무엇이냐에 관한 것이다. 더욱이, 가장 모험적인 몇몇 유럽국가들, 즉 네덜란드·영국·포르투갈은 약간의 행운의 결과치고 엄청난 이득을 가져다주는 저 원리를 본능적으로 거부했던 것이다. 우리 영국인들은, 저 국제법 규칙을 대놓고 부인하지는 않았지만, 실제로는 멕시코만 이남의 아메리카 대륙 전부를 독점한다는 스페인의 주장을 결코 받아들이지 않았다. 오하이오강 유역과 미시시피강 유역을 독점한다는 프랑스 왕의 주장도 마찬가지였다. 엘리자베스 1세의 등극부터 찰스 2세의 등극에 이르기까지 아메리카의 수역水域에는 완전한 평화가 깃든 날이 하루도 없었다고 할 수 있고, 프랑스 왕의 영토에 대한 뉴잉글랜드 식민지인들의 잠식은 그로부터도 한 세기 이상 계속되었다. 저 법리의 적용을 둘러싼 혼란상에 충격을 받은 벤담은 아조레스 제도 서쪽 100리그_{league} 지점에 그은 선을 기준으로 스페인과 포르투갈 간에 이 세상의 미발견된 땅을 나누어갖도록 한 저 유명한 알렉산데르 6세 교황의 칙서를 짐짓 칭송하기까지 했다.[4] 그의 칭송이 일견 생뚱맞아 보이기는 하지만, 손으로 잡을 수 있는 귀중품의 취득 요건으로 로마 법률가들이 내건 요건을 어떤 군주의 신민이 수행했다고 해서 그 군주에게 대륙의 절반을 내주는 공법학자들의 법규칙보다 과연 저 알렉산데르 교황의 조치가 원칙적으로 더 불합리한 것인지는 의문의 대상일 수 있다.

사적소유권의 기원에 관한 가상의 설명을 사변적 법학에 제공해왔다는 점에서 선점은 이 저서의 주제를 연구하는 모든 사람에게 특히 관심의 대상이다. 애초 공유의 대상이었던 대지와 그 열매가 개인적 소유권의 대상으로 허용되는 과정이 선점이 함의하는 과정과 동일하다고 한때 널리 인정되었다. 자연법에 관한 고대적 관념과 근대적 관념 간의 미묘한 차이를 포착한다면, 이러한 가정假定을 이끌어내는 사고방식을 그리 어렵지 않게 이해할 수 있다. 로마 법률가들은 선점을 자연법적 물건취득의 한 방식이라고 주장했고, 만약 인류가 자연의 제도 아래 살고 있다면 선점도 그들 관행의 일부일 것으로 분명 믿었을 것이다. 인류가 실제 그러한 상태에 살았던 적이 있다고 로마 법률가들이 과연 믿었는지는, 전술한 것처럼, 남아있는 자료로는 확인하기 어렵다. 그러나 그들은 소유권 제도가 인류의 존재만큼 오래된 것은 아니라고 생각했음이 거의 확실하거니와, 이런 생각은 언제나 상당한 설득력을 가지는 것이다. 그들의 모든 도그마를 유보 없이 수용한 근대법학은 가상의 자연상태를 강조하는 열성에서만큼은 그들보다 훨씬 멀리 나아갔다. 그리하여 근대법학

---

4 1493년 알렉산데르 교황의 칙서는 아조레스 제도 서쪽 100리그 지점 자오선의 서쪽을 아라곤·카스티야 왕국에 주었다. 이에 불만을 품은 포르투갈은 스페인과의 협상 끝에 다음 해인 1494년 저 유명한 '토르데시야스 조약'을 맺어 교황의 자오선을 조금 더 서쪽으로 옮겼다.

은 대지와 그 열매가 한때 무주물이었다는 명제를 수용했을 뿐만 아니라, 자연에 대한 특유의 견해 탓에 국가사회가 형성되기 오래 전부터 인류가 무주물 선점을 실제로 관행했었다고 서슴없이 가정하기에 이르렀다. 그리고 이로부터 원시시대의 "누구의 것도 아닌 물건"이 역사시대의 개인의 사적소유권으로 전환되는 과정이 바로 선점이었다는 추론이 즉시 도출되었다. 이런 이론을 이런저런 형태로 지지하는 법학자들을 일일이 열거하는 것은 지루한 일이 될 터이고 그다지 필요하지도 않을 것이다. 언제나 당대의 평균적 의견을 충실하게 드러내주는 인물인 블랙스톤이 그의 저서 제2권 제1장에서 그것을 잘 요약해놓았기 때문이다.

블랙스톤의 이론   그는 이렇게 쓰고 있다. "대지와 대지 위의 모든 것은 창조주의 직접적 증여로서 인류 공동의 재산이었다. 물론 최초의 시기에도 물건의 공유성은 물건의 본질에만 적용될 수 있을 뿐, 그것의 사용에까지 확장될 수 없었다. 왜냐하면, 자연법과 이성법에 따르면, 물건을 처음 사용하기 시작한 사람은 일종의 일시적 소유권을 취득하거니와, 계속 사용하고 있는 동안은 그것이 지속되기 때문이다. 더 정확히 말하면, 점유 행위가 지속되는 동안만 점유권도 지속하는 것이다. 그리하여 토지는 공유였고 토지의 그 어떤 일부도 특정인의 영구적 소유권의 대상일 수 없었으나, 누군가가 휴식을 위해, 그늘을 위해, 또는 다른 이유로 특정 장소를 선점occupation하면, 그는 당분간 일종의 소유권을 취득하고 그에게서 강제로 그 소유권을 빼앗는 것은 부정의하고 자연법에 반하는 일이 될 것이다. 하지만 그가 사용이나 점유occupation를 그치는 순간, 다른 사람이 그 장소를 차지하는 것은 아무런 부정의가 아니다." 그리고 이렇게 이어간다. "인류의 인구가 증가하면서 영구적 소유권 관념이 필요해졌고, 일시적 사용뿐만 아니라 사용할 물건의 본질에 대한 권리까지 개인에게 허용할 필요가 생겨났다."

위 인용문에 나타난 몇몇 모호한 표현을 볼 때 블랙스톤은 그가 참조한 전거들에 나오는, **선점자**가 지구 표면에 대한 소유권을 자연법에 의해 취득한다는 명제를 제대로 이해하지 못한 것이 아닌가 한다. 그러나 의도적이든 오해 탓이든 이 이론에 이처럼 제한을 가함으로써 그는 흔히들 상정되어온 형태를 그대로 따르고 있다. 언어의 정확한 구사에서 블랙스톤보다 더 유명한 많은 학자들이 태초에는 우선 선점으로 배타적이지만 일시적인 향유권이 대세對世적으로 부여되었고, 그 후 이 권리가 배타성은 유지한 채 영구적인 것이 되었다고 주장해왔다. 그들이 이렇게 이론을 전개한 목적은 자연상태에서는 무주물이 선점으로 소유권의 대상이 된다는 법리와 가부장들이 양 떼와 소 떼에게 풀을 먹이던 토지를 처음에는 영구적으로 차지하지 않았다는 성서의 이야기에서 추론한 결과[5]를 조화시키려는 데 있었다.

블랙스톤의 이론에 직접 적용할 수 있는 유일한 비판은 그가 묘사하는 원시사회 상태가 똑같이 쉽게 상상할 수 있는 다른 상태들보다 과연 더 설득력이 있느냐 하는 데 있을 것이다. 이 문제를 탐구하기 위해 우리는 토지의 특정 장소를 휴식이나 그늘을 위해 **선점한**occupied(블랙스톤은 이 단어를 일상적 의미로 사용하고 있음이 분명하다) 사람이 아무런 방해 없이 그것을 보유할 수 있겠는가를 질문해보는 것이 좋겠다. 그의 점유권은 그것을 지킬 수 있는 힘에 정확히 비례할 것이고, 똑같이 그 장소를 갈망하고 있고 점유자를 충분히 힘으로 내쫓을 수 있다고 생각하는 경쟁자들로 말미암아 끊임없이 방해를 받을 것임에 틀림없다. 그러나 사실 이 모든 트집잡기는 저 이론 자체의 근거 없음에 비하면 한가한 이야기에 불과하다. 원시상태의 사람들이 무엇을 했는가 탐구하는 것이 전혀 희망 없는 일은 아닐 수 있지만, 그들 행위의 동기를 안다는 것은 도저히 불가능한 일이다. 태초의 사람들에 대한 저 이론의 묘사는 우선 오늘날 우리가 처

---

5 창세기 13:1-12와 관련 있는 듯하다. 아브람의 가축과 롯의 가축이 원래는 같은 땅에서 함께 풀을 먹었기에 그들 사이에 분쟁이 일어났고 결국 저마다 동과 서로 갈라져 다른 땅에 거주하게 되었다.

해있는 상태와는 사뭇 다른 상태에 그들이 놓여있었다고 가정함으로써, 그리고 이런 가상의 상황에서도 지금 우리가 가지고 있는 감정과 선입견을 그들도 똑같이 가지고 있었다고 상정함으로써 이루어진다. 그 감정이 실은 가설상의 그들의 상태와는 전혀 다른 상태에서 만들어진 감정일 수 있음에도 말이다.

사비니의
금언 때로 소유권의 기원에 관한 블랙스톤의 요약과 비슷한 견해를 지지한다고 여겨지기도 했던 사비니의 금언金言이 있다. 저 위대한 독일 법학자는 모든 소유권의 기초가 취득시효取得時效prescription로 완성되는 적대적 점유adverse possession에 있다고 주장했다. 사비니의 이러한 진술은 오직 로마법에 근거한 것이고, 진술에 사용된 표현들을 설명하고 정의하는 데 충분한 노력을 들여야만 완전히 이해될 수 있는 것이다. 하지만 로마인들이 채용한 소유권 관념을 아무리 깊게 탐구하더라도, 법의 유년기에 이르기까지 그 관념을 아무리 멀리 추적하더라도, 저 금언에 포함된 세 가지 요소—점유, 적대적 점유, 그리고 취득시효—로 구성된 것 이상의 다른 소유권 개념을 얻을 수는 없다는 주장으로 그의 주장을 이해한다면, 우리는 그가 말하고자 한 바를 충분히 정확하게 이해했다고 할 수 있다. 여기서 적대적 점유란 허락받은 점유나 종속적인 점유가 아닌, 온 세상을 상대로 배타성을 주장하는 점유를 말한다. 취득시효란 적대적 점유가 평온하게 지속되어온 시간의 경과를 말한다. 이 금언은 사비니가 의도한 것을 넘어 더 일반적으로 적용될 수 있다고 확신한다. 그리하여 이들 세 가지가 결합된 소유권 관념의 시기보다 더 멀리 거슬러올라가는 어떠한 법체계를 조사해보더라도 이보다 더 적절하고 견실한 결론을 찾아낼 수는 없으리라고 확신한다. 동시에, 소유권의 기원에 관한 대중적 이론을 지지하기는커녕 사비니의 금언은 그것의 가장 약한 고리를 드러내는 특별한 가치를 지니고 있다. 블랙스톤 및 그가 추종하는 사람들의 견해에서는 배타적 점유를 획득하는 방식이 인류의 조상들의 정신에 어

떤 불가사의한 영향을 주었었다. 그러나 사비니의 금언에는 이러한 불가
사의함이 없다. 적대적 점유에서 소유권이 시작한다는 데는 놀라울 것이
전혀 없다. 최초의 소유자는 자신의 재산을 안전하게 지켜내는 무장武裝
한 힘 있는 사람이었을 것이라는 데는 놀라울 것이 전혀 없다. 하지만 어
째서 시간의 경과가 그의 점유를 존중하는 감정 ─ 이것이야말로 장기간
사실상de facto 존재해온 것에 대한 인류 보편의 존중심의 원천이다 ─ 을
만들어내는지는 진정 깊이 연구해볼 가치가 있는 문제이지만, 이는 지금
우리의 탐구 범위를 훨씬 넘어선다.

　많지 않은 불확실한 정보에 불과하지만 소유권의 초기 역사에 관한 약 소유권의
추정
간의 정보를 얻을 수 있을 법한 지역을 다루기에 앞서, 우선 나는 문명의
초기 단계에서 선점이 수행한 역할에 주목하는 대중적 견해가 실은 진실
을 거꾸로 뒤집은 것이라는 점을 감히 지적하고자 한다. 선점은 의사意思
에 의한 물리적 점유의 획득이다. 이런 유類의 행위가 "무주물"에 권리를
수여한다는 관념은 초기 사회의 특징이기는커녕 세련된 법학과 확립된
법상태의 결과물일 공산이 농후하다. 소유권이 오랜 관행을 통해 그 불
가침성을 인정받은 후에야, 대부분의 향유의 객체가 사적소유권의 대상
이 되고 난 후에야, 종래 소유권이 주장된 바 없는 물건의 소유권을 최초
점유자가 단순한 점유로써 취득하도록 비로소 허용되는 것이다. 이러한
원리를 만들어낸 감정은 문명의 시초를 특징짓는다는 저 드물고 불확실
한 소유권과는 전혀 조화되지 않는다. 그 감정의 진정한 기초는 소유권
제도를 지향하는 본능적 선입견이 아니라 소유권 제도의 오랜 지속으로
등장한, **모든 것은 주인이 있어야 한다**는 추정推定인 것이다. "무주물", 즉
소유권의 대상이 **아닌** 또는 소유권의 대상인 적이 **없는** 객체가 점유될
때, 점유자가 소유권자로 허용되는 것은 모든 가치 있는 물건은 당연히
배타적 향유의 대상이라는, 그리고 당해 사례에서는 선점자밖에 소유권
을 수여받을 사람이 없다는 감정에 기인한다. 요컨대, 모든 물건은 누군

가의 소유물이어야 하기에, 그리고 특정 물건의 소유권자로 선점자보다 더 나은 권리를 갖는 사람을 찾을 수 없기에, 선점자가 소유권자로 되는 것이다.

대중적 이론의 반박   우리가 논의해온 자연상태 사람들에 관한 기술記述은, 이에 대해 다른 반박이 없다 할지라도, 적어도 한 가지 점에서만은 우리가 가진 믿을 만한 증거에 결정적으로 배치되고 있다. 저 이론이 상정하는 행위와 동기는 개인의 행위와 동기라는 점을 주목하자. 사회계약 체결의 당사자는 각 개인들이다. 홉스의 이론에 따르면 개인이라는 모래알로 구성된 어떤 움직이는 모래더미가 완전한 강제력에 의해 사회적 바위로 굳어지는 것이다. 블랙스톤의 묘사에서 "휴식을 위해, 그늘을 위해, 또는 다른 이유로 특정 장소를 선점하는" 것도 개인이다. 로마인들의 자연법에서 유래한 모든 이론이 이 결함에서 자유로울 수 없거니와, 로마인들의 자연법은 개인의 취급에서 그들의 시민법과 근본적으로 달랐고, 초기 사회의 권력으로부터 개인을 해방시킴으로써 문명 진보에 크게 기여했다. 그러나 고대사회는, 반복하여 말하지만, 개인을 거의 알지 못한다. 그 관심은 개인이 아니라 가족에 있었고 단독의 인간이 아니라 집단에 있었다. 국가법이 친족집단이라는 작은 원圓들을 원래 전혀 뚫지 못하다가 마침내 뚫고 들어갔을 때도, 그것이 바라보는 개인은 훗날 성숙한 단계의 법이 바라보는 개인과 사뭇 달랐다. 각 시민의 생애는 출생과 사망에 의해 한계지워지지 않았다. 그는 선조들의 존재의 계속이었을 뿐이고 또한 후손들의 존재 속에 계속 살아있었다.

인법과 물법   편리하기는 하지만 전적으로 인위적인, 신분법law of persons과 재산법law of things 간의 로마인들의 구별은 지금 우리 앞에 놓인 주제에 대한 탐구를 올바른 경로에서 벗어나게 하는 데 분명 크게 기여했다. 인법人法jus personarum에서 배운 지식은 물법物法jus rerum에 이르러서는 완전히 망각되었다.[6] 그

---

6 인법과 물법은 각각 신분법(오늘날의 친족법)과 재산법(물권법과 상속법과 채권법)

리하여 인법의 원초적 상태에 관해 알게 된 사실로부터 물권법, 계약법, 불법행위법의 기원에 관한 힌트를 전혀 얻을 수 없는 것처럼 지금까지 생각되어왔다. 이런 사고방식이 잘못임은 순수한 고법古法체계 하나를 가져다 놓고 그것에 로마법의 분류를 적용하는 실험을 해볼 수 있다면 분명해질 것이다. 법의 유년기에는 재산법에서 신분법을 분리하는 것이 무의미하다는 것을, 두 영역에 속하는 법규칙들이 불가분 서로 엉켜 있다는 것을, 후대 법학자들의 분류는 후대의 법에만 적합하다는 것을 알게 될 것이다. 이 저서의 앞부분에서 말한 것들을 종합하면, 우리가 개인의 소유권에만 관심을 국한한다면 초기 소유권의 역사에 대한 어떠한 단서도 얻을 수 없을 것이라는 강한 선험적 개연성을 감지할 수 있다. 개인소유가 아니라 공동소유가 초기 법의 진정한 모습이라는 것은, 우리에게 시사점을 주는 소유 형태는 가족의 권리, 친족집단의 권리와 관련된다는 것은, 그저 그럴 수도 있겠다는 정도를 넘어선다. 여기서 로마법은 우리를 깨우치는 데 별 도움을 주지 못하거니와, 자연법이론에 의해 변형되어 우리에게 전달된 바로 그 로마법이 개인적 소유가 소유권의 정상적 상태라는 인상을, 인간집단이 공유하는 소유권은 원칙에 대한 예외에 불과하다는 인상을 우리에게 심어주기 때문이다. 하지만 원초적 사회의 잃어버린 제도를 탐구하는 연구자라면 반드시 주의 깊게 살펴봐야 할 공동체가 하나 있다. 오래 전부터 인도에 정착해 살아온, 인도·유럽 계통의 한 갈래인 사람들 사이에서 그들의 제도가 어떤 변천을 겪어왔든, 그것은 자신을 배태한 껍질을 완전히 벗어버리지 못했음을 알 수 있을 것이다. 우리의 신분법 연구에서 얻을 수 있는, 소유의 원초적 형태에 관한 관념과 정확히 들어맞는다는 점에서 즉시 우리의 눈길을 끄는 소유 형태가 인도인들 사이에서 발견된다. 인도의 촌락공동체village community는 조직화된 원시적 가부장제 사회이자 공동소유

을 지칭하는 로마인들의 용어.

자들의 연합체이다. 그 구성원들 간의 신분적 관계는 그들의 소유권과 불가분 결합되어 있어서, 영국인 관리들이 이 둘을 분리하려 하면 이는 영국의 인도 통치에서 가장 치명적인 실책이 될 것이다. 이 촌락공동체 는 무한히 오래된 것으로 알려져 있다. 인도 역사를 어느 방향에서 접근 하든, 일반 역사든 지방 역사든, 이 공동체가 진보의 초기부터 존재했음 이 언제나 발견되어왔다. 그것의 성격과 기원에 대한 특별한 이론을 거 의 갖고 있지 않은 수많은 지식인들과 관찰자들이 이구동성으로 말하 기를, 이 사회가 어떤 혁신에도 좀처럼 굴하지 않고 지켜온 관행 가운데 그것이야말로 가장 파괴되기 어려운 관행이라고 한다. 정복과 혁명이 수차례 휩쓸고 지나갔지만 그것을 어지럽히거나 없애지 못했으며, 인 도에서 가장 유익한 통치체제는 언제나 그것을 행정의 기초로 인정하 는 통치체제였던 것이다.

공동체와
분할

　성숙한 로마법과 그 자취를 따른 근대법은 공동소유를 소유권의 예외 적이고 일시적인 상황으로 바라본다. 이런 견해는 "누구도 자신의 의사 에 반하여 공동소유에 묶이지 않는다"Nemo in communione potest invitus detineri 는, 서유럽에서 보편적으로 받아들여지는 법언에 명료하게 드러나 있 다.[7] 그러나 인도에서는 관념의 순서가 거꾸로이며, 개별 소유권은 언제 나 공동소유권으로 되돌아가는 경향이 있다고 할 수 있다. 그 과정에 대 해서는 이미 언급한 바 있다. 아들이 태어나자마자 그는 아버지의 재산 에 대해 확정적 권리를 취득한다. 결정권을 행사할 수 있는 나이가 되면, 일정한 경우 가족재산의 분할을 요구할 권리가 법문法文에 의해 주어진 다. 하지만 사실 아버지의 사망시에도 분할은 잘 일어나지 않는다. 재산 은 수 세대에 걸쳐 분할되지 않은 채 계속 유지되거나와, 다만 각 세대의 각 구성원들이 미분할된 지분에 대해 법적 권리를 가질 뿐이다. 이러한 공동소유의 토지는 때로는 선출된 관리자가 관리하지만, 일반적으로는,

---

7 Cod.3.37.5. "누구도 의사에 반하여 공유나 조합에 묶이지 않는다."

그리고 일부 지역에서는 언제나, 가장 연장인 종친宗親, 다시 말해 가장 손윗 계통의 가장 나이 많은 대표자가 관리한다. 이러한 공동소유자들의 연합체, 즉 토지를 공동소유하는 친족집단은 인도 촌락공동체의 가장 단순한 형태이다.[8] 그러나 이 공동체는 친족으로 구성된 동족집단 그 이상이고 조합원들로 구성된 조합 그 이상이다. 그것은 하나의 조직화된 사회이다. 공동재산을 관리하는 것 외에도, 거의 항상 그것은 다수의 스태프들을 통하여 내치內治를, 치안을, 사법司法을, 그리고 조세와 부역의 할당을 수행한다.

　내가 기술한 촌락공동체의 형성과정은 전형적인 것으로 간주해도 좋다. 하지만 인도의 모든 촌락공동체가 그러한 단순한 방식으로 결합되어 있다고 생각해서는 안 된다. 기록에 의하면 인도 북부에서는 공동체가 거의 항상 혈연관계에 기초한 단일한 연합체의 모습이라지만, 같은 기록은 때로 외부인이 접목되어 들어가는 일이 늘 있어왔다는 것도 알려준다. 일정한 조건 아래 단순히 지분을 매수한 것에 불과한 자가 동족집단에 받아들여지는 것이다. 인도 남부에서는 하나의 가족이 아니라 둘 이상의 가족에서 유래한 것으로 보이는 공동체도 다수 존재하거니와, 어떤 공동체는 그 구성이 전적으로 인위적인 것으로 알려져 있다. 사실, 서로 다른 카스트에 속하는 사람들이 동일한 사회로 결합하는 것은 공통 조상의 후손이라는 가설에 전혀 부합하지 않는다. 그럼에도 불구하고 이 모든 동족집단에는 최초의 공통 조상에 관한 전승傳承이 내려오거나 혹은 그러한 가정假定이 만들어져있다. 특히 남부의 촌락공동체를 주로 연구한 마운트스튜어트 엘핀스톤Mountstuart Elphinstone은 이렇게 말한다(《인도사》History of India, 71쪽. 1905년판): "대중적 견해에 따르면, 마을의 지주들

---

[8] 하지만 《고대법》에 대한 폴록의 주석에 따르면 이러한 공동소유적 촌락공동체보다 각 가(家)의 개별 소유권을 인정하는 공동체 유형 — 흔히 라이야트와리(raiyatwari)라고 불리며 특히 인도 중부와 남부에서 지배적이다 — 이 아리아인의 침입 이전부터 존재한 더 오래된 유형임이 이후의 인도 연구에서 밝혀졌다고 한다.

은 모두 그 마을에 정착한 한 개인 또는 여러 개인들의 후손이다. 유일한
예외는 원주민 혈통의 구성원에게서 매수 등을 통해 권리를 취득한 사람
들뿐이다. 이런 견해는 오늘날 작은 마을에는 지주 가족이 하나만 존재
하고 큰 마을에도 몇 안 되는 가족만 존재한다는 사실에서도 확인된다.
그러나 각 마을은 수많은 구성원들로 분기分岐되어왔기에, 농사에 필요
한 노동은 소작인이나 노무자의 도움 없이 전적으로 지주들에 의해 행해
지는 경우가 적지 않다. 지주들의 권리는 그들에게 집단적으로 속한다.
그들은 거의 항상 그 권리에 대한 다소간의 완전한 지분을 갖지만, 완전
한 분리가 일어나는 일은 결코 없다. 가령 어떤 지주가 그의 권리를 매각
하거나 저당 잡힐 수는 있지만, 그러려면 그는 우선 마을의 동의를 얻어
야 한다. 또한 매수인은 정확히 매도인의 지위를 대신하고 그의 모든 의
무도 넘겨받는다. 만약 어떤 가족이 소멸하게 되면, 그 지분은 공동재산
으로 되돌려진다."

공동체의
유형

　　앞서 제5장에서 살펴본 고찰이 엘핀스톤의 인용문을 이해하는 데 독
자들에게 도움을 주리라 믿는다. 원시세계의 어떤 제도도 생동력 있는
법적의제를 통해 원래의 성질에는 없는 유연함을 얻지 못했다면 오늘날
까지 전해지지 못했을 것이다. 그리하여 촌락공동체는 반드시 혈연관계
에만 기초한 연합체인 것이 아니라, 그러한 연합체이거나 **아니면** 친족관
계의 모델에 기초하여 형성된 공동소유자 집단이다. 이에 비견되어야 할
유형은 로마의 가족이 아니라 로마의 씨족gens임에 틀림없다. 씨족 또한
가족의 모델에 기초한 집단이었다. 그것은 다양한 의제를 통해 확대된
가족이었거니와, 그 의제의 정확한 성질이 무엇인지는 아주 오래 전에
잊혀져버렸다. 역사시대에 이르렀을 때, 그것의 주된 성질은 촌락공동체
에 관한 엘핀스톤의 언급에 나타난 바로 그 두 가지였다. 공통의 기원에
관한 가정假定이 항상 있었거니와, 다만 그 가정은 때로 실제 사실과 노골
적으로 배치되기도 한다. 그리고 저 역사학자의 말을 반복하자면, "만약

어떤 가족이 소멸하게 되면, 그 지분은 공동재산으로 되돌려진다." 옛 로마법에서도 상속인 없는 상속재산은 씨족원들gentiles에게 복귀했던 것이다. 나아가, 로마사 연구자라면 누구나 씨족과 같은 공동체는 외부인을 수용함으로써 수시로 불순물이 혼입되었다고 믿고 있다. 수용의 정확한 방식은 지금으로서는 알 수 없지만 말이다. 그런데 엘핀스톤이 알려주듯이 인도에서도 동족집단의 동의를 얻어 매수인이 받아들여짐으로써 외부인이 유입되고 있는 것이다. 하지만 수용된 자의 취득의 성질은 포괄적 승계universal succession에 해당한다. 매수한 지분뿐 아니라, 그는 전체 집단에 대해 매도인이 부담하고 있던 책임도 함께 승계한다. 그는 바로 가家의 매수인emptor familiae으로서, 그가 대체하게 될 사람의 법적인 옷을 물려 입는 것이다. 그를 수용하는 데 필요한 전체 동족집단의 동의는 쿠리아 민회comitia curiata, 즉 동일한 이름을 가진 친족집단이 결합한 더 큰 동족집단인 고대 로마국가의 입법기구가 입양의 허가나 유언의 확인에 반드시 필요하다고 강하게 주장했던 그 동의를 상기시킨다.

인도 촌락공동체의 거의 모든 특징들에서 그것이 대단히 오래된 것임을 알려주는 징후를 발견할 수 있다. 법의 유년기에는 공동소유가 지배적이었음을, 신분권과 재산권이 서로 엉켜있었음을, 공적 의무와 사적 의무가 혼재되어 있었음을 알려주는 수많은 근거들이 있어서 이들 공동소유의 동족집단을 관찰함으로써 여러 중요한 결론들을 이끌어내도 무리가 없다 하겠거니와, 유사한 구조를 가진 사회가 세계 어디서도 발견되지 않는다 해도 그러할 것이다. 하지만, 봉건제에 의한 소유권의 격변을 그다지 겪지 않았고 여러 중요한 면에서 동양과도 서양과도 밀접한 친화성을 갖는 유럽의 한 지역에 존재하는 유사한 구조의 현상들이 최근 많은 진지한 관심의 대상이 되고 있다. 학스타우젠August von Haxthausen, 텡고보르스키Ludwig Tengoborski 등의 연구자들이 러시아의 촌락은 사람들의 우발적인 결합도 아니고 그렇다고 계약에 기초한 결합도 아님을 보여주었다.[9] 그것은 인도의 공동체와 마찬가지로 자연적으로 조직화된 공동체이다. 물론, 이들 촌락은 이론적으로는 언제나 어떤 귀족의 소유지이며, 역사시대 동안 농부들은 그 영주의 토지에 예속된 농노predial serf로, 혹은 더 일반적으로는 그에게 신분적으로 예속된 농노personal serf로 전락해 갔다. 그러나 이러한 상급소유권의 압력도 촌락의 고대적 구조를 파괴하지 못했다. 농노제를 도입한 것으로 여겨지는 러시아 차르의 입법도 기실 옛 사회질서를 유지하는 데 불가결한 저 협력관계를 농부들이 버리지 못하도록 막기 위해 만들어졌을 것이다. 마을 사람들 간의 종족宗族적 관계를 고려할 때, 신분법과 재산법의 혼재를 고려할 때, 또한 다양한 자생적 자치규범들을 고려할 때, 러시아의 촌락은 인도 촌락공동체의 거의 정확한 반복으로 보인다. 그러나 한 가지 중대한 차이점이 있으니 크게 관심을 둘 만하다. 인도 촌락의 공동소유자들은, 비록 그들의 소유권이 통합되어 있기는 하나, 각자 자기만의 권리를 가지며 이러한 권리들이 분할되면 그 분리는 완전하고 또한 무한히 지속된다. 러시아 촌락에서도 이론적으로는 권리들의 분할이 완전하지만, 그러나 여기서는 그것이 일시적인 데 그친다. 일정한 시간이, 그러나 모든 경우에 다 동일하지는 않은 시간이 경과하면 분리된 소유권들은 소멸하여 촌락의 토지가 하나의 덩어리로 합쳐지고, 그 후 공동체를 구성하는 가족들 간에 식구 수에 따라 재분배된다. 이러한 재분할이 행해지면 가족들의 권리와 개인들의 권리는 다시 다수의 계통으로 가지를 칠 수 있거니와, 이러한 가지치기는 또 다른 분할의 시기가 도래할 때까지 계속된다. 이러한 소유권 유형의 변종인 더욱 특이한 형태가 오랫동안 투르크 제국과 오스트리아 왕가 영토 사이에 분쟁지역이 되어온 몇몇 나라들에서 발견된다. 세르비아, 크로아티아, 오스트리아령 슬라보니아에서도 촌락들은 공동소유자이자 친족관계인 사람들로 구성된 동족집단이다.[10] 그러나 여기서는 공동체

---

9 러시아의 촌락공동체는 흔히 '미르'(mir) 혹은 '옵쉬나'(obshchina)라고 불린다.

내부 구조가 앞서 살펴본 두 사례와 상이하다. 여기서는 공동소유의 재산이 실제로도 분할되지 않고 이론적으로도 분할될 수 없다고 간주된다. 토지 전부가 마을 사람 모두의 공동 노동으로 경작되고, 수확물은 매년 가구별로 분배되거니와 때로는 각 가구의 필요에 따라, 때로는 특정인에게 일정한 용익권usufruct을 주는 규칙에 따라 분배된다. 동유럽의 법학자들은 이 모든 관행이 초기 슬라보니아법에서 발견되는 원리에서 나왔다고 주장하는데, 그것은 가족의 재산은 영원토록 분할될 수 없다는 원리인 것이다.

　우리의 탐구에서 이러한 현상들이 큰 관심의 대상이 되는 이유는 원래 공동으로 재산을 소유하던 집단 **속에서** 어떻게 해서 개별적 소유권이 발달했는가에 대해 실마리를 던져주기 때문이다. 개인도 아니고 독립된 가족도 아닌, 원시 가부장제 모델에 기초한 더 큰 사회단위에 재산이 한때 속해 있었다고 믿을 만한 강력한 근거가 있다. 그러나 고대로부터 근대로의 소유권의 변화 양상은, 그 자체로도 모호하지만, 서로 다른 여러 형태의 촌락공동체들이 발견되어 조사되지 않았다면 훨씬 더 모호해졌을 것이다. 인도·유럽 혈통의 민족들 사이에서 현재 관찰되는, 혹은 최근까지 관찰되었던 원시 가부장제 집단들의 내부 구조의 다양성은 주목할 가치가 충분하다. 스코틀랜드 고지의 미개한 씨족들의 씨족장들은 그들이 관할하는 가家의 수장들에게 아주 짧은 간격으로, 때로는 매일, 식량을 분배해주었다고 한다. 오스트리아와 투르크 변방 지역의 슬라보니아 촌락에서도 촌장들이 주기적 분배를 행하거니와, 다만 이 경우에는 일 년에 한 번씩 수확물 전체를 분배한다. 하지만 러시아의 촌락에서는 재산은 불가분이라는 관념이 존재하지 않아서 개별 소유권이 성장할 수 있도

10　이들 남슬라브 지역의 씨족공동체(house community)는 흔히 '자드루가'(zadruga)라고 불린다. 메인에 따르면 이 공동체는 친족 기반이지만 인도의 촌락공동체는 토지 기반이다.《초기 제도사》에서 메인은 당대의 인도 촌락공동체를 토지 기반이라고 보아《고대법》에서의 자신의 견해를 다소 수정했다. Maine, *Early History of Institutions*, pp. 79-82.

록 기꺼이 허용되지만, 그러다가 일정 시간이 경과하면 소유권 분리의 진행이 단호히 중단된다. 인도에서는 공유재산의 불가분성이 부재할 뿐만 아니라 거기서 분리된 소유권은 영구히 존속할 수 있고 무한히 많은 파생적 소유권으로 가지치기를 할 수 있지만, 재산의 분할은 뿌리깊은 관행에 의해, 그리고 동족집단의 동의 없는 이방인 유입을 막는 규칙에 의해 사실상 제한되고 있다. 물론, 이러한 다양한 형태의 촌락공동체들이 어디서나 똑같은 방식으로 이어지는 변화과정의 각 단계들을 대표한다고 주장하려는 것은 아니다. 이렇게까지 주장하기에는 증거가 부족하다. 그러나 이들 증거에 의해, 공동체의 공동 권리로부터 개인의 분리된 권리가 점차 해방되어 나옴으로써 우리에게 익숙한 형태의 사적소유권이 형성되었을 것이라는 추측이 그나마 덜 뻔뻔한 주장이 되는 것은 사실이다. 신분법에 관한 우리의 연구로부터, 가족이 종족宗族집단으로 확장되고 그 후 종족집단이 개별 가家들로 해체된다는 것을, 그리고 종국에는 그 가家가 개인에 의해 대체되는 것을 알 수 있었을 것이다. 그런데 이제 우리는 이 변화의 각 단계에 상응하여 소유권의 성질도 함께 변화한다고 시사받고 있는 것이다. 이런 생각에 일말의 진실이 들어있다면, 소유권의 기원에 관한 이론가들이 제기했던 문제에 그것이 중대한 영향을 줄 수 있음을 알아챌 수가 있다. 그들이 불러일으킨 문제 —아마도 해결 불가능한 것일 텐데— 는 사람들이 처음 서로의 점유를 존중하도록 만든 동기는 무엇이었는가, 라는 것이었다. 이제 이를 달리 표현하면 —그런다고 답을 발견할 희망이 그리 많이 커지는 것은 아니지만— 하나의 복합집단이 다른 복합집단의 영역으로부터 멀어지게 되는 이유는 무엇인가, 라는 질문 형태로 바꿀 수 있다. 그러나, 사적소유권의 역사에서 가장 중요한 과정이 친족의 공동소유로부터 사적소유권이 점차 분리되어 나오는 과정이라고 한다면, 저 중대한 질문은 역사시대의 모든 법의 초입에 놓여있는 문제, 즉 애초 사람들을 가족결합으로 묶어주었던 동기는 무엇인가, 라는 질문과 동일한 것이 된다. 다른 학문의 도움 없이 법학만으로는 이러한 질문에 대한 답을 찾을 수 없다. 사실만 알 수 있을 뿐이다.[11]

　　고대사회의 미분할된 재산 상태는 집단의 재산에서 어떤 하나의 지분이 완전히 분리되면서 나타나는 특별한 날카로운 분할과 모순되지 않는다. 이 현상은 재산이 어떤 새로운 집단의 소유물이 된다고 상정되는 상황에서 생겨남이 분명하므로, 분리된 상태에서의 그것의 거래는 두 개의 대단히 복합적인 집단 간의 거래가 된다. 앞서 나는 고대법을 근대 국제법에 비유한 바 있거니와, 그것이 다루는 권리의무의 주체인 단체의 크기와 복합성에 비추어 그리 했다. 고대세계에 알려진 계약과 양도는 개인들이 당사자인 것이 아니라 사람들로 조직된 단체들이 당사자인 계약과 양도이기에, 그것은 사뭇 의례儀禮적일 수밖에 없다. 참석자 모두의 기억에 거래를 각인시키기 위한 여러 상징적 행동과 단어들이 요구되고, 또한 지나치게 많아 보이는 증인들의 참석이 요구된다. 이러한 특징들 및 기타 부수적인 특징들로부터 재산의 고대적 형태에서 보편적으로 보이는 경직성이 생겨난다. 슬라보니아의 경우처럼 때로 가족의 재산은 전혀 양도 불가능하다. 좀 더 흔하기로는, 대부분의 게르만 부족법에서처럼 양도가 완전히 불법은 아니지만 수많은 사람들의 동의가 요구되어 사실상 양도가 거의 불가능한 경우도 있다. 이러한 장애물이 없는 또는 극복될 수 있는 경우에도, 미세한 잘못 하나조차 허용하지 않는 철두철미한 의례성이 양도 행위 자체에 널리 부담으로 작용한다. 고대법에서는 한결같이, 아무리 이상하게 보이는 몸짓 하나라도, 아무리 그 의미가 망각된 음절 하나라도, 아무리 쓸모없어 보이는 증인 하나라도 빠뜨려서는 안 된다. 엄숙한 의례 하나하나가 그것을 수행할 법적 권리를 가진 사람

11　말년의 메인은 찰스 다윈의 《인간의 유래》(Descent of Man)에서 '성적 질투심' 이론을 인용하면서 이로부터 결과하는 가부장제 가족에서 이 질문에 대한 답을 찾는 시도를 한다. Maine, *Early Law and Custom*, pp. 206ff.

들에 의해 정확히 수행되어야 하고, 그렇지 못하면 양도가 무효가 되어 매도인은 그가 헛되이 내주려 했던 그 권리를 그대로 가지게 된다.

물건의 분류   이용과 향유의 객체인 물건의 자유로운 유통에 대한 이러한 다양한 장애는 사회가 조금이라도 활기를 얻게 되면 즉시 고통으로 느껴지기 시작한다. 진보적 공동체가 이를 극복하기 위해 애써 강구한 수단들은 물권법 역사의 주요 주제를 이룬다. 그러한 수단 중에 고대성과 보편성에서 다른 것들을 능가하는 한 가지가 있다. 대다수 초기 사회에서 자생적으로 생겨난 것으로 보이는 이 관념은 바로 물건을 종류에 따라 분류하는 것이다. 어떤 종류의 물건은 다른 종류의 물건보다 낮은 가치의 지위에 놓이지만, 동시에 옛 법이 부과한 족쇄로부터 면제된다. 그 후, 낮은 등급의 물건을 규율하는 양도 및 상속 규칙의 편리함이 널리 인식되고, 점진적 혁신을 통해 낮은 가치의 물건 유형이 갖는 유연성이 전통적으로 높은 지위에 있던 물건 유형에도 전파되어간다. 로마 물권법의 역사는 악취물握取物res mancipi이 비非악취물res nec mancipi에 동화되어가는 역사이다. 내륙 유럽의 물권법의 역사는 봉건 토지법이 로마법을 계수한 동산動産법으로 대체되어가는 역사이다. 영국의 소유권 역사는 아직 완성되지 않았지만 인적재산人的財産법이 물적재산物的財産법을 흡수하고 폐기시킬 공산이 농후하다.

고대의 분류들, 상급재산과 하급재산   향유의 객체인 물건의 유일한 **자연법적** 분류, 물건의 본질적 차이에 따른 유일한 분류는 동산動産과 부동산不動産의 구분뿐이다. 법학에서 이 분류는 익숙한 것이지만, 로마법에서는 사뭇 느리게 발달했거니와 결국 로마법의 마지막 단계에서 채택된 것을 우리가 물려받은 것이다. 고대법의 분류들은 때로 이 분류와 피상적인 유사성을 가질 뿐이다. 물건을 범주들로 나누고 그 중 하나에 부동산을 집어넣지만, 부동산과 아무 관련 없는 물건들을 부동산과 함께 묶어 분류하거나, 아니면 부동산과 무척 가까운 권리들을 부동산과 따로 떼어 분류하는 경우가 흔하다. 그리하여

로마법의 악취물은 토지뿐만 아니라 노예·말·소를 포함한다. 스코틀랜
드법은 토지를 몇몇 담보권들과 함께 분류한다. 힌두법은 토지를 노예와
함께 묶는다. 한편, 영국법은 정기定期부동산임차권lease of land for years[12]을
토지에 대한 다른 권리들과 분리하여 '부동산에 관한 인적재산'chattel real
이라는 이름으로 인적재산에 포함시킨다. 더욱이 고대법의 분류는 상급
과 하급의 우열을 나누는 분류이다. 동산과 부동산의 구분은, 적어도 로
마법에 관한 한, 그러한 가치의 차이를 상정하지 않는 것이었다. 그러나
악취물은 비악취물에 비해 처음에는 확실히 우월한 지위를 누렸다. 스코
틀랜드의 법정상속재산heritable property[13]과 영국의 물적재산도 이들에 대
비되는 인적재산에 비해 그러했다. 모든 법체계의 법률가들은 이러한 분
류를 어떤 합리적인 원리로 설명해보려는 노력을 아끼지 않았다. 그러나
구별의 근거를 법철학적으로 찾으려는 노력은 허사로 끝날 수밖에 없거
니와, 그것은 철학이 아니라 역사에 속하는 문제이기 때문이다. 대부분
의 경우를 포괄할 수 있을 만한 설명은 이러하다: 다른 것들보다 우대받
는 향유의 객체는 각 공동체의 초창기에 가장 먼저 알려져 있던 유형의
물건들이었고, 따라서 **재산**property이라는 이름으로 강조되어 불리면서 존
중받았다. 한편, 우대받는 객체에 포함되지 못하는 물건들은 상급재산의
목록이 정착되고 나서 나중에야 그 가치가 알려졌기 때문에 낮은 지위에
자리매김되었다. 이들은 처음에는 알려지지 않았거나 드물었거나 용도
가 제한적이었거나 아니면 우대받는 객체에 딸린 부속물로만 취급되었
다. 그리하여 로마법의 악취물은 가치가 큰 여러 동산들을 포함하지만,
아주 값나가는 보석들은 초기 로마인들에게 알려져 있지 않았기 때문에

---

12 정해진 일정 기간 동안 부동산을 점유·수익할 수 있는 권리. 'term of years'라고도 부
   른다. 명칭과 달리 반드시 연(年) 단위일 필요는 없다. 생애부동산권(life estate)은 자
   유보유권(freehold)으로서 물적재산이지만, 정기부동산권은 설령 기간이 990년이라
   해도 인적재산에 불과하다.
13 영국의 물적재산과 마찬가지로 봉건제의 유산이며 대체로 부동산과 동의어이다.
   1868년까지는 유언의 대상이 될 수 없었다.

악취물로 분류되지 못했다. 마찬가지로 영국법의 '부동산에 관한 인적재산'은 봉건 토지법 시대에는 그러한 부동산권이 흔하지도 않았고 별 가치도 없었기 때문에 인적재산의 지위로 떨어졌다. 그러나 무엇보다 흥미로운 점은 중요성이 커지고 숫자가 늘어난 뒤에도 이들 물건과 권리들이 계속해서 낮은 지위에 머물렀다는 것이다. 왜 우대받는 향유의 객체에 여전히 포함되지 못했을까? 고대법의 분류가 갖는 완고함에서 한 가지 이유를 찾을 수 있다. 무지한 사람과 초기 사회의 공통된 특징은 관행을 통해 익숙해진 것의 특정 적용에 매몰되어 일반 원리를 거의 발견하지 못한다는 점이다. 그들은 일상 경험에서 만나는 특수한 사례들로부터 일반적 공준公準을 분리하지 못한다. 그리하여, 잘 알려진 유형의 물건을 부르는 명칭을 향유의 객체이자 권리의 대상인 면에서 그것과 정확히 닮은 물건에 붙이기를 거부하는 것이다. 그러나, 법처럼 안정을 추구하는 영역에서 특별한 힘을 발휘하는 이러한 영향력 외에도, 계몽주의와 일반적 공리功利 개념의 진보에 비견할 만한 다른 영향력이 훗날 더해진다. 법원과 법률가들은 우대받는 물건의 양도·회수·상속에 요구되는 성가신 형식요건들의 불편함에 마침내 눈을 떠, 새로운 유형의 물건에 유년기 법의 특징인 법기술적 속박을 씌우기를 점점 꺼리게 된다. 그래서 법적인 분류에서 이 후자의 것들을 계속 낮은 등급에 머물러둠으로써, 신의성실에 걸림돌이 되고 기망행위에 디딤돌이 되는 옛 양도방식보다 간편한 과정으로 양도가 이루어질 수 있게 하려는 경향이 일어난다. 우리에게는 고대 양도방식의 불편함을 과소평가하는 위험이 있는 것 같다. 우리의 양도수단은 서면에 의한 것이기에, 전문가가 신중하게 작성하면 그 문언에는 흠결이 별로 없다. 그러나 고대의 양도는 서면이 아니라 **행위**에 의한 것이었다. 몸짓과 말이 서면의 법기술적 문언을 대신했고, 공식公式을 조금이라도 잘못 발음하면, 상징적 행위를 하나라도 빠뜨리면 그 절차는 치명적인 흠결이 있는 것으로 간주되었다. 마치 2백 년 전[14] 영국에서 유스_{use}의 진술[15]이나 잔여권殘餘權remainder[16]의 설정에 중대한 실수가 있으면 양도행위가 무효로 되었던 것처럼 말이다. 사실, 이것으로는 원시적 의례 절차가 갖는 문제점을 절반만 말한 것에 불과하다. 서면이든 행위든 복잡한 양도요건이 **토지**의 양도에만 요구되는 한, 급하게 거래할 일이 적은 유형의 재산 양도인지라 실수할 가능성은 그리 크지 않다. 그러나 고대세계의 상급재산의 범주에는 토지뿐 아니라 몇몇 아주 평범한, 그리고 몇몇 아주 값나가는 동산들이 들어있었다. 사회의 수레바퀴가 빠르게 굴러가기 시작하자, 말이나 소의 양도에, 혹은 고대세계에서 가장 값나가는 동산 — 노예 — 의 양도에 대단히 복잡한 방식을 요구하는 것은 큰 불편을 초래했을 것이 틀림없다. 분명 이러한 물건들을 불완전한 방식으로 양도하는 일이, 따라서 불완전한 권리가 보유되는 일이 지속적으로, 심지어 일상적으로 벌어졌을 것이다.

옛 로마법에서 악취물은 토지 — 역사시대에는 이탈리아의 토지 — 와 노예와 짐을 끄는 가축, 예컨대 말이나 소를 의미했다. 분명 이러한 유형의 객체는 농사를 짓기 위한 주요 수단이었고 원시시대 사람들에게는 더없이 중요한 물건이었을 것이다. 처음에는 이들 물건을 '재물' 또는 '재

악취물과
비악취물

---

14 1677년 사기방지법(Statute of Frauds) 제정 이전을 말하는 듯하다. 이 법률로 부동산권의 양도나 임대차, 일정 유형의 계약이나 유언 등은 서면으로 행하지 않으면 효력을 인정받을 수 없게 되었다.
15 '신탁'(信託, trust)의 전신인 유스 — 이익(benefit)의 뜻으로, 가령 A에게 보통법상의 부동산권을 양도하면서 이를 B의 이익을 위해 관리 또는 처분하라고 지시하는 설정 — 는 원래 보통법상 효력이 인정되지 않았다. 그러나 형평법법원이 이를 보호하기 시작하자, 이를 이용한 각종 탈법을 막기 위해 유스금지법(Statute of Uses, 1536)이 제정되었다. 이로써 "to A, to the use of B" 같은 설정에서 B는 동법에 의해 완전한 보통법상 소유권자로 간주된다. 그러나 동법의 허점을 파고든, 가령 "to A, to the use of B, to the use of C" 같은 경우의 C에게 이후 형평법법원에 의한 보호가 다시 주어지고 이제 C는 형평법상의 소유권자로 불리게 된다. 그리하여 17세기부터는 "to A and his heirs, to the use of B (or A) and his heirs, in trust for C" 형태의 신탁 설정이 널리 이용되었다. 본문의 '유스의 진술'은 유스금지법 이전의 유스 또는 동법에도 불구하고 여전히 유효했던 몇몇 유스 설정을 말하거나, 아니면 신탁 설정의 도구로 사용되는 유스의 진술를 말하는 것으로 보인다.
16 가령 "to A for life, and then to B and his heirs"라며 부동산을 양도할 때, B가 갖는 장래의 권리를 '잔여권'이라 부른다.

산'이라며 강조하여 불렀을 테고 이들을 양도하는 방식이 바로 악취행위
mancipium; mancipation였으나, 이들을 "악취행위가 요구되는 물건"이란 뜻의
'악취물'이라는 명칭으로 부르게 된 것은 나중에 가서였을 것이다. 그런
데 이들 외에, 악취행위의 복잡한 의례를 전부 거칠 필요가 없다고 생각
되는 유형의 객체들이 존재했거나 발달하게 되었을 것이다. 이 후자의
물건들의 소유권 양도에는 통상적으로 요구되는 형식적 요건의 일부인
현실적인 교부, 물리적인 이전만 행해지면 충분하다고 생각되었다. 이것
이 바로 **인도**引渡tradition이거니와, 이는 소유권 변동의 가장 명백한 지표
이다. 이런 물건들을 고법古法에서는 "악취행위가 필요치 않은 물건"이
란 뜻의 '비악취물'이라 불렀으니, 처음에는 그다지 값어치 없는 것들이
었고 한 집단에서 다른 집단으로 양도될 일도 별로 없는 것들이었을 것
이다. 하지만, 악취물의 목록은 전적으로 폐쇄적이었으나 비악취물의 목
록은 개방적이었고 무한히 확장되어갔다. 인간이 물질적 자연을 하나씩
정복함에 따라 비악취물은 항목이 하나씩 늘어나거나 기존의 항목에 개
선이 이루어졌던 것이다. 그리하여 부지불식간에 사람들은 이들이 악취
물과 동등한 가치를 갖는다고 여기게 되었고, 본질적으로 낮은 등급의
물건이라는 인상이 사라지면서, 이들의 양도에 수반되는 간편한 요건이
복잡하고 장엄한 의례절차보다 여러모로 장점을 갖는다는 것을 알아채
기 시작했다. 로마 법률가들은 법 개선의 두 가지 장치, 즉 법적의제fiction
와 형평법equity을 열심히 활용하여 인도에 사실상 악취행위와 동일한 효
과를 부여했다. 비록 로마 입법자들은 단순한 교부로 악취물의 소유권이
즉시 이전한다는 입법에 오랫동안 몸을 사려왔으나, 마침내 유스티니아
누스가 이러한 조치를 단행하여 악취물과 비악취물의 차이가 사라졌고
인도는 법이 인정하는 유일한 양도방식이 되었다.[17] 로마 법률가들이 일

---

17 Cod.7.25.1 및 Cod.7.31.1. "모든 종류의 유체물은 인도될 수 있고, 소유자에 의해 인도
    되어 양도된다." Inst.2.1.40.

찍부터 인도를 특별히 높이 평가하여 그들의 이론에 한 자리를 내주었던 까닭에 근대 법학자들은 그것의 진짜 역사를 잘 모르는 경향이 있다. 인도는 "자연법적" 취득방식의 하나로 분류되었거니와, 이탈리아 부족들 사이에 널리 행해지는 방식이었을 뿐만 아니라 또한 물건을 취득하는 가장 단순한 방식이었기 때문이다. 로마 법률가들에게서 억지로 의견을 끌어낸다면, 그들은 분명 자연법에 속하는 인도가 시민법상 제도인 악취행위보다 더 오래된 것이라고 답할 것이다. 말할 것도 없이 이것은 진실과 정반대이다.

악취물과 비악취물의 구분은 문명세계가 크게 빚지고 있는 분류 유형, 즉 모든 물건을 일부는 그 자체로 가치 있는 것으로 자리매김하고 다른 것들은 낮은 등급의 범주에 집어넣는 분류 유형의 한 형태이다. 낮은 등급의 물건들은 멸시받고 무시당했기에 원시법이 즐겨 채용한 복잡한 의례절차에서 처음 면제된 것들이었으며, 그 후 지성의 상태가 진보하자 이러한 간편한 이전 및 회수의 방식이 그 편리성과 단순성 덕택에 옛날부터 내려온 성가신 의례절차를 폐기하는 데 모범으로 작용했다. 그러나 어떤 사회에서는 '재산'을 얽어매는 질곡이 무척 복잡하고 강고해서 그리 쉽게 완화되지 못했다. 인도에서 남자 아이가 출생하면, 전술했듯이, 인도의 법은 그에게 재산권을 완전히 부여하고 재산의 양도에 그의 동의가 필수요건이 된다. 마찬가지로 옛 게르만 민족들의 일반적 관습—앵글로색슨의 관습이 예외였던 것은 주목할 만하다[18]—은 아들들의 동의 없는 양도를 금지했다. 또한 슬라보니아의 원시법은 양도 자체를 아예 금지했다. 이러한 장애가 모든 유형의 거래대상에 적용된다면 이는 물건의 종류를 구분해서 극복될 수 있는 것이 아님이 분명하다. 따라서, 일단

전래재산과
취득재산,
부동산과
동산

---

[18] 《고대법》에 대한 폴록의 주석에 따르면, 앵글로색슨 시대의 양도의 자유를 과대평가해서는 안 된다. 일부 특권층이 특별한 증서로써 인증된 토지를 양도할 수 있었을 뿐이다('book land'). 일반적으로는 양도가 불가능하거나 마을이나 가족의 동의가 필요했다('folk land').

진보의 물결이 일어나자 고대법은 또 다른 성격의 분류를 행함으로써 장
애에 대처했거니와, 물건의 성질이 아니라 물건의 기원에 따른 분류가
그것이다. 두 가지 분류체계의 흔적을 다 가지고 있는 인도에서는 전래
재산傳來財産inheritances과 취득재산acquisitions 간의 힌두법상의 분류가 여기
에 해당한다. 아버지의 전래재산은 자식들이 태어나자마자 그들과 공유
된다. 그러나 대부분 지방의 관습에 따르면 아버지가 그의 생애 동안 획
득한 취득재산은 전적으로 그의 것이며 마음대로 양도할 수 있다. 유사
한 구분이 로마법에서도 없지 않거니와, 가부장권의 최초 혁신은 아들이
군복무 중 취득하는 재산이 아들의 것이 되도록 허용하는 형태를 취했던
것이다. 그러나 이러한 방식의 분류를 가장 광범위하게 사용한 것은 게
르만인들이었을 것이다. 누차 언급했듯이 자유소유지allod는 양도 불가능
은 아니었지만 대체로 양도가 무척 어려웠다. 더욱이 종친宗親들만이 그
것을 상속받을 수 있었다. 그리하여 사뭇 다양한 분류방식이 인정되기에
이르렀으니, 그 모두가 자유소유지와 불가분 결합된 불편함을 줄이려는
것이었다. 예컨대, 게르만법의 큰 부분을 차지하는 인명속죄금人命贖罪金
wehrgeld, 즉 친족이 살해되어 받은 배상금은 가족재산의 일부를 구성하지
않았기에 전혀 다른 상속규칙에 따라 귀속되었다.[19] 마찬가지로, 과부의
재혼시에 부과되는 벌금인 레이푸스reipus도 지불받는 자의 자유소유재
산에 속하지 않았고, 따라서 그 귀속에서 종친의 특권이 무시되었다.[20]
또한, 인도인들처럼 게르만법도 가家의 수장의 취득재산을 그의 전래재

---

19 렉스 살리카(Lex Salica) 제59장에 따르면 자유소유지는 직계비속-부모-형제자매-고
모-이모-최근친 부계혈족(6촌까지) 순으로 상속한다. 하지만 제62장에서는 살인에
기한 속죄금은 망자의 자식들이 그 절반을 가져가고, 나머지 절반은 부계와 모계의
최근친 혈족들이 나누어가진다고 규정한다.

20 렉스 살리카 제44장에 의하면, 과부와 혼인하고자 하는 남자는 소집된 법정에서 3솔
리두스와 1데나리우스를 지불해야 한다. 특이하게도 이 벌금은 죽은 남편의 여계혈
족에게 귀속되었다. 1순위는 전남편의 누이의 장자, 즉 조카(생질)이고, 2순위는 조카
딸(생질녀)의 장자, 3순위는 이모의 아들, 4순위는 모계 사촌의 아들, 5순위는 전남편
의 어머니의 남자형제, 즉 외삼촌이며, 그 다음으로 비로소 남계혈족에게 넘어간다.

산과 구별하여 취득재산은 그가 더 자유롭게 처분할 수 있었다. 다른 유형의 분류도 인정되었거니와, 가장 친숙한 것은 부동산과 동산의 구분이다. 그러나 동산은 몇 가지 하위범주로 다시 세분되었고 각각에는 서로 다른 규칙이 적용되었다. 이렇게 분류가 많은 것은, 로마 제국을 정복한 게르만인들의 미개함을 감안할 때 이상한 일이라고 여길 수도 있겠지만, 실은 로마의 국경 부근에서 오랫동안 체류하는 동안 로마법적 요소가 그들 법에 상당히 많이 유입되어 들어갔다는 것으로 설명할 수 있을 것이다. 자유소유지를 제외한 물건의 양도와 상속에 관한 법규칙 대부분은 로마법에서 유래한 것으로 어렵지 않게 그 기원을 추적할 수 있거니와, 아마도 장기간에 걸쳐 조금씩 로마법에서 빌려왔을 것이다. 재산의 자유로운 유통에 대한 장애가 이러한 방법들로 얼마나 극복되었을지는 우리로서는 추측조차 할 수 없으니, 근대사에서는 내가 말한 그러한 분류들이 존재하지 않기 때문이다. 전술했듯이 자유소유 형태의 재산은 봉건제의 와중에서 완전히 망각되었고, 봉건제가 공고화된 이후에는 서구세계에 알려졌던 모든 분류 가운데 오직 한 가지 분류만이 사실상 남게 되었다. 부동산과 동산의 구분이 그것이다. 이 분류는 로마법이 마침내 채택한 것과 겉보기에는 동일했으나, 중세의 법은 부동산을 동산보다 훨씬 높게 평가했다는 점에서 로마법과 달랐다. 하지만 이 한 가지 예를 가지고도 이를 포함하는 수단 유형이 갖는 중요성을 보여주기에 충분하다. 프랑스 법전에 기초한 법체계를 가진 모든 나라들에서는, 다시 말해 유럽대륙의 대부분 지역에서는, 언제나 로마법적이었던 동산법이 봉건 토지법을 대체하고 무효화시켰다. 주요국 가운데 이러한 변화가 어느 정도 진행되었으나 아직 완성의 근처에도 이르지 못한 유일한 국가가 바로 영국이다. 게다가 주요 유럽국가 중 영국은 자연법적으로 용인되는 유일한 분류로부터 고대법의 분류를 이탈하게 만들었던 바로 그 영향력 탓에 동산과 부동산의 구분이 상당 정도 방해받은 유일한 국가이다. 영국법의 분류도 대체로 부동산과 동산에 일치하지만, 어떤 종류의 동산은 세습동산heirloom[21]으로서 부동산과 함께 상속되고, 어떤 종류의 부동산권은 역사적 이유에서 인적재산으로 분류되어왔던 것이다. 영국법이 법발달의 주류와 동떨어져 고법古法의 현상을 재현한 예는 이것만이 아니다.

시효의 이론들　　소유권에 대한 고대적 질곡을 비교적 성공적으로 완화시킨 장치들 가운데 한두 가지를 더 다루고자 한다. 이 저서의 구도상 아주 오래된 것들만 언급하는 것을 양해해 주시길 바란다. 그 중 하나는 조금 자세히 들여다볼 필요가 있거니와, 초기 법의 역사를 잘 모르는 사람들에게는 근대법이 아주 천천히 그리고 대단히 어렵게 겨우 인정하게 된 어떤 원리가 유년기의 법에는 실로 친숙한 원리였음이 쉽게 믿기지 않을 것이기 때문이다. 법원리들 중에 근대인들이 그 유용성에도 불구하고 수용하기를 꺼리고 그 합당한 결론을 관철시키기를 꺼린 원리로 로마인들이 '점용취득'占用取得usucapion이라고 불렀고 근대법에서는 이를 물려받아 '취득시효'prescription라고 부르는 제도에 비할 만한 것이 또 있을까 싶다. 가장 오래된 로마법 규칙으로 12표법보다도 더 오래된 이 실정규칙은 일정 기간 동안 중단 없이 점유상태가 지속된 물건은 그 점유자의 소유로 한다는 규칙이었다. 점유의 기간은 대단히 짧았으며 — 물건의 성질에 따라 1년 또는 2년[22] — 역사시대에는 특정한 방식으로 점유가 개시된 경우에만 점용취득이 허용되었다.[23] 그러나 생각건대 그전에는 지금 우리가 전거들에서 보는 것보다 훨씬 덜 엄격한 요건으로 점유가 소유권으로 전환되었던 것 같다. 전술했듯이, 나는 사실상의 점유에 대한 사람들의 존중이 법학 자체만으로 설명될 수 있는 현상이라고 주장하지 않는다. 단지 점용취득 원리의 채택에서 원시사회는 근대인들 사이에 그것의 수용을

21　영전 등을 수여하는 특허장, 날인증서, 문장(紋章), 묘석, 전래되는 국왕의 보석 등.

22　부동산은 2년, 동산은 1년.

23　정당한 원인(iusta causa, 가령 매매)에 의해, 그리고 선의로(bona fide, 가령 매도인이 무권리자임을 모르는 상태) 점유가 개시되어야 한다. 단, 도품(盜品)이나 강탈된 물건은 대상에서 제외된다.

방해했던 어떤 사변적인 의심이나 망설임을 전혀 갖지 않았음을 말하고
싶을 뿐이다. 근대 법률가들 사이에서 취득시효는 처음에는 반감의 대상
이었고 나중에는 어쩔 수 없이 수용하는 것으로 여겨졌다. 영국을 포함
한 몇몇 나라에서는 과거 특정 시점—일반적으로 어떤 선임 국왕의 치
세 원년—이전에 입은 손해에 기해서 제소가 이루어지는 것을 막는 것
이상으로 입법이 나아가지 못했다. 중세가 마침내 마감하고 제임스 1세
가 영국 왕에 오른 후에 비로소 사뭇 불완전한 것이었으나 진정한 출소
기한법出訴期限法statute of limitation이 제정되었다. 대다수 유럽 법률가들이
계속 읽어왔음이 분명한 로마법의 가장 유명한 분야 하나를 근대세계에
재현하는 데 이렇게 오래 걸린 것은 무엇보다 교회법의 영향 탓이다. 교
회법의 기원이 된 교회의 관습은 성스러운 권리 또는 그에 준하는 권리
로 여기는 것을 취급하므로, 교회가 인정한 특권은 아무리 오랫동안 불
사용不使用하더라도 상실될 수 없다고 자연스레 간주되었다. 이런 견해에
따라, 후대의 체계화된 교회법도 취득시효를 배척하는 특징을 나타냈다.
교회법률가들이 세속 입법이 따를 본보기로 치켜세우자 교회법이 세속
입법의 핵심 원리들에 특유의 영향을 미친 것은 당연한 일이었다. 유럽
전역에 걸쳐 형성되어가던 관습법체계들에게 교회법은 비록 로마법보
다 적은 수의 명시적 법규칙들만 가져다주었지만, 놀랄 정도로 많은 근
본적 문제에 관해 전문가들에게 어떤 선입견을 심어준 것으로 보이며 이
렇게 형성된 경향은 각 법체계가 발달하면서 점점 강화되었다. 그러한
경향 중 하나가 취득시효에 대한 혐오였다. 그러나 만약 실재론realist 분
파의 스콜라 법학자들의 법리와 일치하지 않았다면 이 편견이 과연 그렇
게 강력하게 작용했을지는 의문이다. 이들의 가르침에 따르면, 실정 입
법이 어떤 입장을 취하든 간에 **권리**는 아무리 오래 방치되어도 실로 소멸
될 수 없는 것이었다. 이러한 정서 상태의 유산은 오늘날까지도 남아있
다. 법철학이 진지하게 논의되는 곳이라면 어디서나 취득시효의 사변적

기초에 관한 문제는 항상 열띤 논쟁의 대상이다. 여전히 프랑스와 독일에서는 수년간 계속해서 점유하지 않은 자가 오랫동안 방치한 벌로 소유권을 박탈당할 수 있느냐, 또는 소송의 종료finis litium를 바라는 법의 정략적 개입으로 소유권을 상실할 수 있느냐가 큰 관심의 대상이 되고 있다. 그러나 초기 로마 사회의 사람들은 이러한 망설임으로 구애되지 않았다. 그들의 고대 관행은 일정 조건 아래 1년이나 2년 동안 점유를 상실한 자로부터 바로 소유권을 빼앗았다. 초기 형태의 점용취득 규칙이 정확히 어떤 취지에서 만들어졌는지는 알기 어렵다. 그러나 전거들에 나타난 점용취득의 한계들을 살펴보건대, 그것은 지나치게 복잡한 양도방식의 해악에 대한 사뭇 유용한 안전장치였음이 드러난다. 점용취득이 인정되려면 적대적 점유가 선의善意good faith로, 즉 점유자가 그 물건을 합법적으로 취득한다고 믿으면서 시작되어야 한다. 또한 당해 사안의 완전한 권리양도에 아무리 미치지 못하더라도 적어도 법이 인정하는 어떤 양도방식으로 물건이 그에게 이전되었어야 한다. 따라서 가령 악취행위가 요구되는 사안에서 아무리 절차가 날림으로 수행되었더라도 적어도 인도引渡가 행해졌다면, 길어야 2년이면 점용취득을 통해 권리의 하자瑕疵가 치유된다. 로마인들의 관행 중에 점용취득의 관행보다 그들의 법적 천재성을 강하게 입증하는 것은 없다고 나는 생각한다. 로마인들을 괴롭힌 문제는 영국 법률가들을 괴롭혔고 지금도 괴롭히고 있는 문제와 거의 동일한 것이었다. 그들이 재건축할 용기도 힘도 아직 갖고 있지 않은 영국법의 복잡성 탓에 실질적 권리와 법기술적 권리가, 형평법적 소유권과 보통법적 소유권이 계속 분리된 상태로 남아있다. 그러나 로마 법률가들이 솜씨 있게 요리했던 점용취득은 소유권의 흠결이 계속해서 치유되어가는, 소유권들 간에 일시적 분리가 생기더라도 최소한의 지체 후에는 다시 재빨리 결합되어가는 일종의 자동기계 같은 것이었다. 점용취득은 유스티니아누스의 개혁 전까지 그 장점을 잃지 않았다. 그러나 시민법과 형평법이 완전히 통합되자, 악취행위가 로마법의 양도방식이기를 그치자, 고대적 장치는 더는 필요치 않게 되었다. 이제 점용취득은 완성에 소요되는 기간이 대폭 늘어난 채 취득시효가 되었거니와,[24] 이것은 마침내 거의 모든 근대 법체계에 수용되었다.

방금 살펴본 것과 동일한 목적을 갖는 또 다른 수단 하나를 간단히 언급하고자 한다. 그것은 영국법사에서는 초기부터 등장한 것이 아니었으나, 로마법에서는 먼 옛날부터 있었던 오래된 제도이다.[25] 영국법을 유추하여 이 제도를 조명할 능력이 부족한 독일의 몇몇 로마법 학자들은 심지어 악취행위보다도 오래되었다고 생각할 정도로 오래된 제도이다. 내가 말하려는 것은 바로 양도하려는 물건의 법정양도法廷讓渡cessio in jure로서, 일종의 공모회수소송collusive recovery에 해당한다. 원고는 통상적인 소송 방식으로 소송의 목적물을 주장하고, 피고는 침묵한다. 그러면 당연히 판결로써 그 물건은 원고에게 주어진다. 영국 법률가들에게는 우리 선조들도 이러한 수단을 고안했음을 굳이 상기시킬 필요가 없을 것이다. 봉건 토지법의 가혹한 질곡에서 벗어나는 데 크게 기여한 저 유명한 종국화해fine와 공모회수소송recovery을 만들어냈던 것이다. 이들 로마법의 장치와 영국법의 장치는 공통점이 많고 사뭇 유익한 사례를 서로에게 제공한다. 그러나 이들 간에는 차이점이 있으니, 영국법의 장치는 이미 취득한 권리에 붙어있는 골칫거리를 제거하는 데 목적이 있었던 반면,[26]

법정양도

---

24 동산은 3년이고, 부동산이면 같은 속주 주민들 간에는 10년, 다른 속주 주민들 간에는 20년이다. Inst.2.6.pr.

25 로마법에서는 법정양도에 관한 언급이 12표법에도 나온다(6.6.b). 영국법의 공모회수소송(common recovery)은 15세기 후반부터 비로소 널리 이용되었다. 공모회수소송과 종국화해(final concord)에 대해서는 본서 제6장 '고대 유언의 비서면성' 부분과 관련 각주 참조.

26 공모회수소송의 얼개는, 실제로는 더 복잡하지만, 대체로 이러하다: 한정승계부동산권자 A와 지인 B가 공모하여 B는 A를 상대로 단순부동산권에 기초한 회수소송을 제기한다. A는 부동산을 C — 부동산 없는 법원직원으로 수수료를 받고 이름을 빌려준다 — 에게서 매수했고 C가 권리담보책임을 진다고 주장한다. C는 재판에 결석한다. 판사는 B의 단순부동산권을 인정하는 판결을 내린다. 동시에 C에게는 권리담보책임 이행을 위해 대체 부동산을 A에게 지급하라고 판결한다. 부동산이 없는 C에 대한 A

로마법의 장치는 자칫 잘못 수행하기 쉬운 양도방식을 대신해 일종의 탄핵 불가능한 양도방식을 제공함으로써 골칫거리를 미리 막는 데 목적이 있었다. 사실 이 장치는 법원이 안정적으로 작동하는 시기에 이르면 바로 등장할 수 있지만, 그래도 역시 원시적 관념의 제국에 속한다. 법관념의 진보가 이루어지면 법원은 공모소송을 소권訴權의 남용이라고 간주한다. 그러나 방식만 정확히 갖추어진다면 그 이상은 따지지 않는 시절이 반드시 있었던 것이다.

소유권과
점유　　법원과 소송절차가 물권법에 끼친 영향은 광범위한 것이지만, 이 주제는 너무나 방대해서 이 책에서 다 다룰 수 없을 뿐만 아니라 이 책의 기획보다 훨씬 더 많이 법사法史를 따라 내려가야 한다. 하지만 소유권과 점유권이라는 중요한 구분이 이 영향에서 유래하는 것임은 언급해둘 필요가 있겠다. 사실, 구분 그 자체 — 이는 (어느 저명한 영국의 로마법 학자에 의하면) 물건에 대하여 결정할 법적 권리와 사실적 권리 간의 구분과 같은 것이라 한다 — 가 아니라, 이 구분이 법철학에서 가지는 특별한 중요성에 대해 말하려는 것이다. 법문헌을 조금 읽어본 교양 있는 사람이라면 점유라는 주제에 관한 로마 법률가들의 언어가 오랫동안 큰 혼란을 만들어냈다는 것, 그리고 사비니의 천재성이 이 수수께끼를 해결한 데서 주로 입증되었다는 것을 들어본 적이 있을 것이다.[27] 실로 로마 법률가들은 쉽게 설명할 수 없는 다양한 의미로 점유라는 말을 사용했던 것으로 보인다. 점유라는 말의 어원을 따져보면, 이 말은 본디 물리적 접촉 또는 원한다면 언제든 회복할 수 있는 물리적 접촉을 뜻했음이 분명하다. 그러나 실제로 사용될 때는, 수식어가 따로 붙지 않는 한, 단순한 물리적 소지所持detention가 아니라 물건을 자기 것으로 보유하려는 의사가 결합된

의 집행권원은 무가치하지만, A의 후손들이 갖는 잔여권(remainder) 따위도 대체 부동산에 이전되어 사라진다. 이후 A는 B로부터 부동산을 양도받는다. 이로써 A의 한정승계부동산권(fee tail)은 자유롭게 상속하고 양도할 수 있는 단순부동산권(fee simple)으로 전환된다.

27 사비니의 1803년 저서《점유법론》(Das Recht des Besitzes)을 말한다.

물리적 소지를 의미한다.[28] 니부르의 견해를 수용한 사비니는 이러한 특
이한 개념이 오로지 역사의 산물이라고 보았다. 그에 따르면, 명목상의
차임借賃만 내면서 국유지의 상당 부분을 보유하게 된 로마의 귀족시민
들은 옛 로마법에 따르면 단순한 점유자에 불과했지만, 그러나 그들의
점유는 모든 도전자들을 상대로 자기 땅을 지키고자 하는 의사를 가진
점유였다. 실로 그들의 주장은 최근 영국에서 교회토지의 임차인들이 내
세운 주장과 거의 동일한 것이었다. 이론적으로 보면 그들은 국가의 임
의任意부동산임차인tenants-at-will[29]에 불과했으나, 시간의 경과와 평온한
향유로 자신들의 보유가 일종의 소유권으로 성숙했으며 토지의 재분배
를 위해 자신들을 퇴거시키는 것은 부당하다고 그들은 주장했다. 이러한
주장은 귀족들이 토지를 보유한다는 점과 결합하여 "점유" 개념에 항구
적인 영향을 끼쳤다. 이 경우 토지보유자들이 퇴거당하거나 방해의 위협
을 받을 때 이용할 수 있는 법적 구제수단은 점유보호특시特示명령
possessory interdicts이 전부였다. 로마법의 약식절차였던 점유보호특시명령
은 법무관이 그들을 보호하기 위해 특별히 고안해낸 수단이었거나, 또는
다른 이론에 의하면 법적 권리를 다투는 동안 임시로 점유를 유지하도록
옛날부터 사용해온 수단이었다. 그리하여 물건을 **자기 것으로** 점유하는
모든 이들이 이 특시명령을 신청할 자격이 있다고 여기게 되었고, 사뭇
인위적인 소송 방식에 기초하여 이 특시명령 절차는 점유를 둘러싼 분쟁
을 재판하는 데 적합한 형태를 갖추어나갔다. 그러자, 존 오스틴이 지적
한 대로 영국법에서도 똑같이 반복된 어떤 흐름이 시작되었다. 소유권자
들domini이 지루하고 복잡한 대물소송對物訴訟real action 대신 간편하고 신속
한 특시명령 절차를 선호하기 시작한 것이다. 점유보호 구제수단을 이용
하려는 목적에서 그들은 소유권에 내포되어 있는 점유를 원용하기 시작

28　사실적 소지로 점유를 파악하는 우리 민법의 점유 개념과 다름에 유의할 것.
29　기한의 보장 없이 당사자 일방의 의사로 언제든지 종료될 수 있는 부동산임대차의 임
　　차인.

했다. 협의의 점유자가 아닌 소유권자들에게 점유보호 구제수단에 의한 권리주장을 허용한 것은, 처음에는 은혜로운 일이었을지 몰라도, 결국에는 영국법과 로마법 모두에 심각한 퇴행을 낳았다. 로마법은 이 때문에 생겨난, 점유 개념을 둘러싼 온갖 복잡미묘한 주장들로 불신을 초래했다. 한편, 영국법은 물적재산real property의 회수를 위한 소송들이 절망적 혼란상태에 빠져들었고, 결국 영웅적 결단으로 저 혼란한 덩어리 전체를 잘라내 버렸다. 누구도 거의 30년 전에 단행된 영국 물적소송物的訴訟real action의 사실상의 폐지[30]가 공공에 이익이었다는 점을 의심할 수 없을 것이다. 그러나 여전히 법학의 조화를 중시하는 사람들은 물적소송을 정비하고 개선하고 단순화하는 대신 물적소송 전부를 부동산점유회복소송 ejectment[31]에 갖다 바침으로써 부동산회수소송 체계 전체를 법적의제에 기초하게 만들었다며 한탄할 것이다.

형평법상의 소유권   또한 법원은 재판권 간의 최초의 구별일 수밖에 없는 보통법과 형평법 간의 구별을 통해 소유권 개념을 형성하고 수정하는 데 크게 기여했다. 영국의 형평법상equitable 소유권은 단지 형평법법원Court of Chancery의 재판권에 의해 인정된 소유권일 뿐이다. 로마에서는 법무관의 고시edict가 일정한 경우 특정 소송이나 신청을 허용하겠노라는 약속의 형태로 새로운 원리들을 도입했다. 따라서 '법무관법상의 소유권'property in bonis, 다시 말해 로마법의 형평법상의 소유권은 고시에서 기원한 구제수단들로써만 보호되었다. 형평법상의 권리가 보통법상의 소유권 주장에 의해 무효화되지 않게 한 방법에는 양 법체계가 다소 차이가 있다. 영국에서 그것의 독립성은 형평법법원의 금지명령injunction으로 보장된다. 하지만 로마법

---

30 1833년 물적재산출소기한법(Real Property Limitation Act). 물적소송의 출소기한(이 법률에서는 20년, 그 후 12년으로 단축된다)만 정한 것이 아니라, 본문에서 언급하고 있듯이 각종 부동산 소송을 부동산점유회복소송(ejectment)으로 거의 단일화했다.
31 부동산에 관한 것이지만 법적으로는 인적소송(personal action)에 해당한다. 인적재산인 정기부동산임차권(term of years)의 임차인이 퇴거당했을 때 성립하는 소송이었기 때문이다.

에서는 시민법과 형평법이 아직 통합되지 않았던 시절에도 동일한 법원에서 다루어졌기에, 금지명령 같은 것이 필요치 않았고 정무관은 더 간단한 방법을 사용할 수 있었다. 그 방법은 형평법상 타인에게 속하는 물건을 회수하려는 시민법상 소유권자에게 정무관이 소송이나 신청을 허가해주지 않는 것이었다. 그러나 양 법체계의 실제 작동은 거의 동일했다. 양자 모두 소송절차의 구별을 통해, 나중에 법 전체에 의해 인정될 때까지 일종의 잠정적 존재로서 새로운 소유권 형태를 보호할 수 있었다. 그리하여 로마 법무관은 단순한 인도로 악취물을 취득한 자에게 점용취득 기간의 완성을 기다리지 않고 즉각 소유권을 부여했다.[32] 마찬가지로 차츰 그는 애초 "보관인"bailee 또는 수치인受置人depositary에 불과했던 질권자質權者mortgagee에게,[33] 그리고 정액지료定額地料를 정기적으로 내는 영구적 토지임차인인 영차권자永借權者emphyteuta에게 일종의 소유권을 인정했다. 유사한 진보과정을 거쳐 영국의 형평법법원도 양도저당권讓渡抵當權설정자mortgagor에게,[34] 신탁信託의 수익자cestui que trust에게, 특정 유형의 재산설정에 대해 이익을 갖는 기혼여성에게,[35] 완전한 보통법적 소유권을 취득하지 못한 매수인에게,[36] 특수한 소유권을 부여했다. 이 모두

---

32 이른바 푸블리키우스 소권(actio Publiciana). 점용취득을 의제하여 소권을 부여했다. Inst.4.6.4.

33 이른바 세르비우스 소권(actio Serviana). 농지 임대인이 차임의 담보물에 대해 갖는 대물소권이다. 질물뿐만 아니라 저당물에 대해서도 허용된다. Inst.4.6.7.

34 우리의 저당권 제도와 달리 1925년 재산권법(Law of Property Act) 이전의 양도저당(mortgage)에서는 채권자인 저당권자에게 담보물의 보통법상 부동산권이 귀속했다. 보통법상으로는 사소한 채무불이행으로도 채무자는 그 즉시 담보물을 완전히 상실하지만, 형평법법원은 '형평법상 상환권'(equity of redemption) 법리를 발달시켜 설령 기한 내에 채무를 변제하지 못하더라도 상당한 기간 내에 이자와 비용을 붙여 갚으면 담보물을 되찾아올 수 있도록 했다. 이 상환권은 양도저당권자가 반역을 저질러 재산을 몰수당하더라도 보호될 정도로 확고한 물권적 권리이다.

35 혼인한 여자는 보통법상 자신만의 재산을 가질 수 없었으나, 형평법의 신탁(trust) 법리에 의해 차츰 아내에게 독자적 재산권을 부여하는 설정이 가능하게 되었다. 그런데 강박 등으로 아내가 남편에게 자신의 재산을 양도하거나 남편의 채무를 자신의 재산으로 변제하는 등의 처분이 문제되자, 혼인 중에 그러한 처분을 하지 못하도록 하는 조항('기한전 처분 금지'restraint on anticipation)이 부부재산계약 등에 포함되는 일이 많아졌고, 다시 형평법법원이 나서서 그러한 조항의 효력을 인정한 것이다.

는 분명 새로운 형태의 소유권을 인정하고 보호한 사례들이다. 그러나 간접적으로는 영국의 물권법도 로마의 물권법도 형평법에 의해 수천 가지 방법으로 영향받았다. 법학의 저자들이 구사하는 강력한 수단이 법의 어떤 분야를 파고들어가든, 그들은 반드시 물권법을 만나고 건드리고 다소간 중대한 변경을 가하게 된다. 지난 몇 페이지에 걸쳐 내가 이런저런 고대법적 분류와 수단들이 소유권의 역사에 큰 영향력을 행사했다고 말했다면, 이는 그들이 시대정신에 불어넣은 개선의 힌트와 제안들이 형평법 체계의 담당자들에 의해 호흡되어 그 영향력의 대부분이 생겨났다는 의미였다고 이해해주시길 바란다.

로마법과 봉건법, 만족들의 법전

그러나 소유권에 대한 형평법의 영향을 기술하는 것은 현대에 이르기까지 역사를 기술하는 것이 될 터이다. 앞서 내가 이런 말을 했던 주된 이유는, 오늘날의 몇몇 저명한 학자들에 따르면, 로마 제국의 법과 중세의 법이 소유권 개념에서 차이를 보이는 것의 단서를 로마인들이 형평법상의 소유권과 시민법상의 소유권을 분리한 데서 찾을 수 있다고 하기 때문이다. 봉건세적 소유권 개념의 주요 특징은 이중二重 소유권double proprietorship, 즉 봉토 주군의 상급소유권과 토지보유자의 하급소유권 또는 부동산권의 병존을 인정하는 것이다. 그런데 이러한 소유권의 이중성이 **시민법**상의quiritarian, 즉 보통법상의 소유권과 (나중에 생겨난 용어를 쓰면) **법무관법**상의bonitarian, 즉 형평법상의 소유권 간의 로마인들의 구별을 일반화한 형태와 대단히 유사하다는 것이다. 가이우스는 **소유권**dominion이 두 부분으로 분리되는 것을 로마법에 특유한 현상이라고 보았고, 이를 다른 민족들의 관습인 단일한 또는 완전한allodial 소유권과 뚜렷이 대비시키고 있다.[37] 물론 유스티니아누스가 소유권을 하나로 재통합했지만,[38] 만족蠻族들이 수 세기 동안 접촉했던 것은 서로마제국의 부분적으

---

36 부동산의 매매계약이 체결되면 아직 양도(날인증서의 작성 및 교부, 오늘날은 등기)를 경료하지 않았더라도 매수인이 형평법상의 소유권자가 된다.
37 Gai.2.40.

로 개량된 법체계였지 유스티니아누스의 법이 아니었다. 로마 제국의 경계선 근처에 자리잡으면서 그들은 나중에 중대한 결실을 낳은 저 구분을 알게 되었을 가능성이 다분히 있다. 이 이론에 유리하게도, 만족들의 관습을 모은 법전들에 로마법적 요소가 얼마나 들어있는지 충분히 조사되지 않았음을 어쨌든 인정하지 않을 수 없다. 봉건제도를 설명하는 잘못된 또는 불충분한 이론들은 봉건제도라는 직조물에 들어있는 이 특별한 요소를 무시하는 경향을 공통적으로 보인다. 옛 연구자들은 봉건제 형성기의 혼란스런 상황에만 중점을 두었거니와, 주로 영국에 그 추종자들이 많았다. 이후 이러한 오류에 새로운 오류가 더해졌으니, 독일 학자들은 민족적 자부심에서 그들 선조들이 로마 세계에 등장하기 전부터 가지고 있던 사회조직의 완전성을 강조했다. 소수의 영국 학자들은 봉건제의 토대에 관해 올바른 방향으로 연구를 시도했으나 만족할 만한 결과를 얻는 데 실패하고 말았거니와, 유스티니아누스 법전에서 유사한 것을 찾는 데만 너무 몰두했거나, 아니면 몇몇 현존하는 만족蠻族들의 법전에 추가된 로마법 집성集成들에 관심을 한정했기 때문이었다.[39] 그러나, 로마법이 만족들의 사회에 어떤 영향을 끼쳤다면, 이는 대부분 유스티니아누스의 입법 이전의 일이었을 테고 또한 저 집성들을 준비하기 이전의 일이었을 것이다. 생각건대 만족蠻族들의 관습이라는 빈약한 골격에 살과 근육을 붙인 것은 유스티니아누스의 개혁되고 정화된 법이 아니라 동로마제국의 로마법대전이 결코 완전히 대체하지 못한, 서로마제국에서 지배적이었던 정돈되지 못한 법이었다. 게르만 부족들이 정복자로서 로마 영토의 일부라도 본격적으로 차지하기 전에, 따라서 게르만 왕들이 로마인 백성들을 위해 로마법 약전略典breviary들을 편찬하도록 명하기 한참 전에, 이미

---

38 Cod.7.25.1.

39 가령 서고트왕국은 서고트족 게르만인을 위한 에우릭법전(Codex Euricianus, 480년 이전)에 이어 로마인 백성들을 위한 알라릭약전(Breviarium Alaricianum, 506년)을 편찬했다. 후에 서고트법전(Liber Iudiciorum, 일명 Lex Visigothorum)으로 통합된다. 메인이 말하는 '만족들의 법전'이란 서고트족의 경우 에우릭법전을 지칭한다.

변화가 일어났다고 보아야 한다. 원시적 법과 발달된 법의 차이를 잘 아는 사람이라면 이 가설을 지지하지 않을 수 없을 것이다. 만족蠻族들의 법전leges barbarorum은 비록 미개한 모습으로 우리에게 전해지지만, 순수하게 만족들의 관습에서만 기원한다는 이론을 만족시킬 만큼 그렇게 미개하지는 않다. 또한 성문의 기록으로 남아있는 규칙 전부가 정복 부족 구성원들 사이에서 관행되던 규칙이라고 믿을 만한 근거도 없다. 비속화卑俗化한 로마법의 상당수가 이미 만족들의 법체계에 들어있었다고 확신할 수 있다면, 우리는 커다란 난제 하나를 제거할 수 있다. 정복자들의 게르만법과 그들 백성의 로마법이 세련된 법과 야만인의 관습 간에 통상 존재하는 정도를 넘어 서로 친화성을 갖지 않았다면 이들은 결합할 수 없었을 것이기 때문이다. 만족들의 법전은, 비록 원시적으로 보일지라도, 진정한 원시적 관행과 반쯤 이해된 로마법의 복합체일 뿐이며, 그것이 서로마 황제들의 치하에서 달성된 비교적 완성된 형태로부터 이미 다소 후퇴한 로마법과 융합할 수 있었던 것은 이러한 외래적 요소 덕분이었을 가능성이 대단히 크다.

영차권,
콜로누스,
봉건적
봉사

그러나, 이 모두를 인정하더라도, 봉건적 소유 형태가 로마법의 이중 소유권에서 직접 유래했다고 보기 어렵게 하는 몇 가지 고려사항이 있다. 시민법상의 소유권과 형평법상의 소유권의 구분은 만족蠻族들이 이해하기 힘들 정도로 복잡미묘한 것으로 보인다. 더욱이 그것은 법원이 정규적으로 작동하는 곳에서가 아니면 이해되기 어렵다. 그러나 이 이론을 반박할 수 있는 무엇보다 강력한 근거는 로마법에 존재하는 어떤 재산권 형태 하나 —분명 형평법의 산물이다— 를 가지고서 하나의 관념 체계에서 다른 것으로의 전이轉移를 훨씬 간단하게 설명할 수 있다는 것이다. 엠퓌테우시스emphyteusis, 즉 영차권永借權이 그것이니, 봉건적 소유권을 탄생시키는 데 이것이 기여한 지분이 얼마인지 그다지 정확한 지식 없이 중세의 봉토권이 바로 여기서 유래했다고 종종 주장되어왔다. 실로 영차권은, 어쩌면 아직 저 그리스식 명칭으로 불리기도 전에, 나중에 봉건제를 만들어낸 관념의 흐름에 중대한 획을 그었다. 로마 역사에서 가부장이 자기 가家의 아들들과 노예들을 데리고 농사를 지을 수 없을 만큼의 넓은 소유지에 대한 언급은 로마 귀족들의 토지에서 최초로 만나게된다. 이들 대토지소유주들은 자유차지인借地人들을 이용해 농사짓는 체제를 알지 못했던 듯하다. 그들의 라티푼디움은 어디서나 노예집단을 부려 경작되었고, 이들을 감독하는 관리자도 노예이거나 해방노예였다. 유일하게 시도된 조직형태로, 하급 노예들을 작은 집단으로 나누고 이들집단을 상급의 더 믿을 만한 노예에게 특유재산特有財産peculium으로 맡기는 형태가 있었던 것으로 보이며, 이로써 특유재산을 가진 노예는 노동의 효율성에 대해 일종의 이해관계를 갖게 된다. 하지만 이 체제는 토지소유자의 한 부류인 지방도시municipality에게는 특히 불리했다. 이탈리아의 관리들은 교체가 사뭇 빈번하여, 로마의 행정 중에서도 우리를 자주놀라게 하는 점이다. 이 때문에 이탈리아의 지방도시가 드넓은 소유지를감독하는 일은 대단히 불완전했을 것이 틀림없다. 그리하여 지방도시들은 '영구임대국유지'agri vectigales를 세놓는, 다시 말해 일정한 조건 아래정액지료를 받으며 자유차지인에게 영구적으로 토지를 임대하는 관행을 형성하기 시작했다고 한다. 이 체제는 그 후 개인 소유자들도 대거 모방했다. 토지보유자들은 원래는 계약에 따라 소유주와의 관계가 정해졌으나, 후에 법무관에 의해 일종의 소유권자로 인정받았고 시간이 흐르면서 이 권리가 '영차권'이라는 명칭으로 불리게 된 것이다. 이때부터 토지보유양태의 역사는 두 갈래로 갈라진다. 로마 제국의 남아있는 역사기록이 사뭇 불완전한 긴 기간 동안, 로마의 대토지소유 가문의 노예집단들은 콜로누스coloni로 전환되어갔다. 콜로누스의 기원과 지위에 관한 문제는 역사학 전체에서 가장 모호한 문제의 하나이다. 부분적으로는 노예에서 신분이 상승하고 부분적으로는 자유농에서 신분이 하강하여 형성되었을 것이라고 짐작해볼 수 있다. 그들은 로마의 부유한 계층에게 경작자들이 토지의 산물에 대해 이해관계를 가질 때 부동산의 생산성이 증가한다는 사실을 깨닫게 해주었다. 그들이 토지에 예속되어 있었다는 점, 완전한 노예의 속성 중 다수가 그들에게는 없다는 점, 매년 수확물의 일정 부분을 지주에게 바침으로써 봉사의무를 다했다는 점 등을 우리는 알고 있다. 또한 우리는 고대로부터 근대에 이르는 온갖 변화의 소용돌이 속에서도 그들이 살아남았음을 안다. 봉건구조의 하층에 편입되어서도, 그들은 로마의 소유주dominus에게 지불하던 소작료와 정확히 똑같은 것을 지주들에게 내면서 여러 나라에서 그 존재를 이어갔다. 그들 중 일부인 분익分益콜로누스coloni medietarii는 수확물의 절반을 소유주에게 지불했거니와, 이는 오늘날 남유럽 대부분의 토지를 경작하고 있는 분익농分益農metayer 토지보유로 이어지고 있다.[40] 다른 한편, 로마법대전의 언급으로부터 이해하건대, 영차권은 소유권의 변종 중에서도 가장 선호되는 유익한 변종이었을 것이다. 자유농이 존재하는 곳이라면 어디서나 그들의 부동산권을 규율하는 것은 바로 이 토지보유양태였다고 추정할 수 있다. 전술했듯이 법무관은 영차권자emphyteuta를 진정한 소유권자의 하나로 취급했다. 퇴거당하면, 소유권의 독특한 표지인 대물소송對物訴訟real action을 통해 토지를 회복할 수 있었다. '정조'定租canon, 즉 정액지료만 제때 납부하면 임대인의 방해로부터도 보호되었다. 그렇지만 임대인의 소유권이 소멸했다거나 휴면 중이라고 생각해서는 안 된다. 그것은 여전히 살아서 지료지불 해태의 경우 점유회복권, 매매의 경우 선매권先買權pre-emption, 경작방식에 대한 일정한 통제권 등을 가지고 있었다. 그리하여 우리는 영차권에서 봉건 소유권의 특징이었던 이중 소유권의 현저한 예를 보게 되는 것이다. 더욱이 이는 시민법상 권리와 형평법상 권리의 병렬보다

---

40 이 문장의 두 경우 모두 '분익'보다는 '타조'(打租)라는 용어로 옮기는 것이 더 적절할 수도 있겠다.

훨씬 간단하고 훨씬 모방하기 쉬운 것이다. 하지만 로마의 토지보유양태의 역사는 여기서 끝나지 않는다. 라인강과 다뉴브강 줄기를 따라 배치되어 있으면서 오랫동안 인접 만족蠻族들을 상대로 국경선을 지켜온 큰 요새들 사이로 '국경지'國境地agri limitrophi라고 불리는 길쭉한 땅뙈기들이 연속적으로 펼쳐져 있어서 로마 군대의 퇴역 군인들이 이를 영차권에 기하여 점유하고 있었다는 명백한 증거가 있다. 역시 이중 소유권이 있었다. 지주는 로마 국가였으나, 국경 상황이 요구할 때면 군역에 소환될 채비가 갖추어져 있는 한 아무런 방해도 받지 않고 군인들이 경작하고 있었다. 사실, 오스트리아·투르크 국경지대의 군사식민지 체제와 사뭇 유사한 이런 종류의 주둔지 군역은 통상적인 영차권의 대가였던 정액지료를 대체하는 것이었다. 의심할 여지없이 이것이야말로 봉건제의 기초를 놓은 만족蠻族의 군주들이 모방한 선례였을 것이다. 그들은 수백 년 동안 그것을 지켜보았을 것이고, 또한 국경을 수비하는 퇴역군인들 중에는 게르만어를 구사할 줄 아는 만족 출신 군인도 다수 있었다는 점을 기억해야 한다. 이렇게 쉽게 따라할 수 있는 모델이 근처에 있었다는 것은 프랑크와 롬바르드 군주들이 국유지를 나누어주고 종자從者들의 군사적 봉사를 확보한다는 아이디어를 어디서 얻었겠는가를 설명해줄 수 있다. 뿐만 아니라 은대지恩貸地benefice가 곧장 세습화되어간 경향을 설명할 수도 있을 것이니, 비록 원래의 계약조건에 따라 달라질 수 있다 해도 일반적으로 영차권은 수혜자의 상속인에게 상속되는 것이었기 때문이다. 사실, 은대지의 보유자는, 그리고 나중에 은대지에서 전환된 봉토의 영주는 군사식민지 주민들은 제공하지 않았던 것 같은, 그리고 영차권자는 제공하지 않았음이 분명한 제반 봉사를 제공할 의무가 있었던 것으로 보인다. 봉건 상급자에게 존경과 감사를 바칠 의무, 그의 딸의 혼인지참금과 그의 아들의 군장비 조달에 조력할 의무, 미성년자라면 그의 후견을 받아야할 의무, 기타 토지보유에 수반되는 여러 부담들은 로마법상 두호인

護人patron과 해방노예freedman의 관계, 즉 전前주인과 전前노예 간의 관계를 그대로 빌려온 것임에 틀림없다. 비록 초기의 은대지 수혜자는 군주의 인간적 동료였다고 하나, 그 지위는 보기에는 화려해도 처음에는 일말의 예속상태로의 강등을 수반하는 것이었음을 부인할 수 없다. 군주의 궁정 신하가 된 사람들은 자유소유지 소유자의 자랑스런 특권이었던 절대적인 신분상의 자유를 일부 포기했던 것이다.

제9장
계약법의 초기 역사

우리 시대에 관한 명제로, 오늘날의 사회가 지난 시대의 사회와 차이나는 주요 특징은 계약법이 차지하는 영역이 대폭 증가했다는 데 있다는 주장만큼 일견 쉽게 수긍할 수 있을 만한 것도 없을 것이다. 이 명제가 근거하고 있는 현상들 중 일부는 무척 빈번하게 관심과 논평과 칭송의 대상이 되고 있다. 옛 법이 사람의 출생에 따라 그의 사회적 지위를 불가역적으로 고정시켰던 수많은 사안들에서 근대법은 합의로써 스스로 자신의 지위를 만들어갈 수 있도록 허용하고 있음을 알아차리지 못할 정도로 무감한 사람은 별로 없을 것이다. 실로 이 원칙에 대한 예외로 남아있는 소수의 몇몇 것들은 열정적 분노에 찬 비난을 지속적으로 받고 있다. 가령 흑인노예제를 둘러싸고 여전히 진행 중인 열띤 논쟁에서 실제 다투어지고 있는 논점은 노예제가 지난 시대의 제도가 아니냐는 것, 그리고 근대적 도덕성에 부합하는 고용주와 노동자의 관계는 오직 계약으로 정해지는 관계뿐이지 않느냐는 것이다. 과거와 현재 간의 이러한 차이의 인정은 현대의 가장 유명한 사변적 논의의 본질을 짐작케 해준다. 확실히, 통치법imperative law이 한때 장악하고 있던 영역의 많은 부분을 포기하지 않았다면, 그리고 최근까지 허용되지 않던 자유를 누리며 사람들이 스스로 행위규칙을 정하도록 허용하지 않았다면, 도덕에 관한 연구 분야 중 우리 시대에 비약적인 진보를 보인 유일한 분야인 정치경제학political economy은 생활 현실에 부응하지 못하고 실패했을 것이다. 실로 정치경제학의 훈련을 받은 사람들 대다수가 가지고 있는 선입견은 그들 학문이

의지하는 일반적 진리가 보편적인 것이 될 권리가 있다고 보는 것이다. 또한 이를 현실에 응용할 때면 그들의 노력은 대개 계약법 영역을 확장하고 통치법 영역은 축소하는 방향을 지향하거니와, 단지 계약의 이행을 강제하는 데 필요한 한에서만 통치법을 용인하고 있다. 이러한 관념의 영향을 받은 사상가들이 불러일으킨 충격은 바야흐로 서구세계에서 사뭇 강하게 느껴지기 시작하고 있다. 입법은 발견하고 발명하고 축적된 부富를 사용하는 사람들의 행동을 따라잡을 능력이 없음을 거의 자백했다. 가장 덜 진보된 공동체의 법조차 점점 단지 껍데기에 불과한 것이 되어가고 있거니와, 그 아래에는 지속적으로 변화하는 계약적 규칙들의 연합이 존재하여, 여기에 법이 개입하는 경우는 몇몇 근본원리들의 준수를 강제하거나 신의信義 위반을 벌하는 데 소환되는 경우 외에는 거의 없는 실정이다.

계약에 관한 통념　　법현상을 고려하는 데 의존하는 사회 탐구는 그 상황이 매우 낙후되어 있는지라, 사회 진보에 관해 널리 통용되는 통속적 견해에서 저 진리가 발견되지 않더라도 놀라울 것이 없다. 이들 통속적인 견해는 우리의 신념보다는 우리의 편견에 더 잘 부응한다. 대부분 사람들은 도덕의 진보를 인정하기를 꺼리는 경향을 강하게 가지고 있거니와, 이런 경향은 계약의 기초가 되는 덕성을 문제 삼을 때 특히 더 강력해지는 듯하다. 우리들 중 다수는 신의와 성실이 옛날보다 오늘날에 더 널리 퍼져있음을, 적어도 고대세계의 충실성에 비견할 만한 풍속이 오늘날에도 존재함을 인정하는 데 대한 거의 본능적인 거부감을 가지고 있다. 때로 이러한 선입견은 전대미문의 사기행각의 범죄성이 불러오는 커다란 혼란과 충격을 보면서 더욱 강화된다. 그러나 이러한 사기행각의 성격으로부터, 그것이 가능하기 위해서는 우선 그것이 위반하는 도덕적 의무가 크게 성장해야 한다는 것을 명백히 알 수 있다. 다수가 믿고 따르는 신뢰가 있어야만 소수의 신뢰 위반도 생길 수 있는 법이므로, 커다란 부정직의 사례들이 발

생한다면 이는 다수의 평균적 거래에서는 성실한 정직이 지배적이어서
예외적인 경우 범죄자들에게 기회가 주어졌다고 추론하지 않을 수 없다.
계약법이 아니라 형법을 통해 법에 반영된 도덕의 역사를 읽고자 할 때
도 우리는 이를 오독誤讀하지 않도록 주의해야 한다. 최초의 로마법에서
부정직한 행위로 취급된 형태는 절도가 유일했다. 이 글을 쓰는 순간, 영
국 형법의 최신 영역은 수탁자受託者trustee의 사기행위를 처벌대상으로 삼
으려는 시도이다. 이러한 대비에서 얻을 수 있는 올바른 추론은 원시 로
마인들이 우리보다 더 높은 도덕성을 지녔다는 것이 아니다. 오히려 그
들 시대와 우리 시대 사이의 기간 동안 아주 미개한 도덕성으로부터 무
척 세련된 도덕성으로 도덕성 관념이 진보했음을 알 수 있다. 소유권만
신성시하던 관념에서 단지 일방적 신뢰의 수여만으로 발생하는 권리까
지도 형법으로 보호하는 관념으로 진보가 이루어진 것이다.

　이 점에 관해 법학자들의 정연한 이론이라고 해서 대중들의 의견보다
더 진리에 가까운 것도 아니다. 로마 법률가들의 견해부터 말하자면, 그
것은 도덕과 법의 진보에 관한 참된 역사와 일치하지 않았다. 계약당사
자들이 약속한 신의가 유일하게 중요한 요소인 계약의 한 유형을 그들은
만민법상의juris gentium 계약이라고 지칭했거니와,[1] 이 유형의 계약은 로
마법에 나중에야 편입되어 들어갔음이 확실함에도 불구하고, 그들이 채
택한 표현으로부터 어떤 확정적 의미를 추출할 수 있다면 그것은 로마법
이 인정하는 다른 유형의 계약들, 즉 법기술적 방식요건의 하나만 잘못
되어도 오늘날의 착오나 사기만큼 계약의무 성립에 치명적이었던 다른
유형의 계약들보다 저 유형의 계약이 더 오래되었다는 의미일 것이다.
하지만 당시 그들이 암시한 옛 것은 모호하고 희미한 것이었고 현재를
통해서만 이해될 수 있는 것이었다. 또한 "만민법law of nations상의 계약"이
자연상태 사람들 간의 계약으로 간주된 것은 로마 법률가들의 언어가 그

---

1 낙성계약(contractus consensu)을 말하고 있다.

들의 사고양식을 이해하는 열쇠를 상실해버린 언어로 변질된 후의 일이
었다. 루소는 법률가들의 오류와 대중들의 오류를 모두 이어받았다. 관
심을 끈 첫 작품이자 그를 한 종파의 선구자로 만든 의견이 사뭇 기탄없
이 개진된 논문인 예술과 학문이 도덕에 끼친 영향에 관한 논문에서,[2] 그
는 고대 페르시아인들이 지녔던 정직함과 신의성실이야말로 문명 발달
과 더불어 점차 망각되어간 원시적 순수성의 특징이라고 누차 지적한다.
그리고 이후 그는 원초적 사회계약의 교리에서 그의 모든 사변思辨의 토
대를 발견한다. 사회계약론은 우리가 논하고 있는 오류를 지닌 것 가운
데 가장 체계적인 형태이다. 비록 정치적 열정 덕분에 그 중요성이 커졌
지만 이 이론은 법률가들의 사변에서 모든 수액樹液을 채취한 이론이다.
처음 이 이론에 감화된 고명한 영국인들은 주로 정치적 유용성의 면에서
그 가치를 높이 평가한 것이 사실이지만, 뒤에서 설명하겠으나 만약 정
치학자들이 법적인 용어로 장기간 논쟁해오지 않았더라면 영국인들은
결코 이 이론에 다가가지 못했을 것이다. 또한 이 이론을 창안한 영국인
학자들도 그들로부터 이를 전수받은 프랑스인들에게 강한 호소력을 가
졌던 저 사변적 풍부함을 모르지 않았다. 그들의 저술은 이 이론이 정치
적 현상뿐만 아니라 사회적 현상까지 모두 설명할 수 있다고 그들이 인
식했음을 보여준다. 사람들이 준수하는 실정규칙 가운데 계약contract으로
만들어진 것이 점점 많아지고 통치법imperative law으로 만들어진 것이 상대
적으로 줄어들고 있는 현상, 그들 시대에도 이미 현저하게 나타나고 있
던 이 현상을 그들은 관찰을 통해 알고 있었다. 하지만 법을 구성하는 이
두 가지 요소의 역사적 관계에 대해서는 그들은 무지했거나 주의를 게을
리 했다. 그리하여 그들은 모든 법은 계약에서 기원한다는 이론을 창안
했거니와, 이는 모든 법의 기원을 단일한 원천에 둠으로써 그들의 사변
적 취향을 만족시키기 위한 것이었으며, 또한 통치법은 신에게서 기원한

---

2 《학문예술론》(Discours sur les sciences et les arts)을 말한다.

다는 교리[3]를 피하려는 견해에서 나온 것이었다. 한 단계 더 사고가 진보
했다면 그들은 기꺼이 그들의 이론을 어떤 기발한 가설이나 편리한 언어
공식公式에 불과하다고 치부했을 것이다. 그러나 당시는 법적 미신迷信이
지배하던 시대였다. 자연상태에 관한 논의는 그것이 역설적이라고 여겨
지기 전까지 계속되었고, 그리하여 사회계약을 역사적 사실로 주장함으
로써 법의 계약적 기원이라는 거짓 현실과 확신을 쉽게 심어줄 수 있었
던 것으로 보인다.

　　우리 세대는 이러한 잘못된 법이론을 떨쳐버렸다. 이는 부분적으로는
저 이론이 속했던 지적 상태를 벗어났기 때문이고 또 부분적으로는 그러
한 주제를 이론화하는 일을 거의 그만두었기 때문이다. 오늘날 민첩한
정신을 가진 이들이 선호하는 작업은, 그리고 사회의 기원에 관한 우리
선조들의 사변에 답할 수 있는 작업은 사회의 존재를 있는 그대로, 사회
의 운동을 운동하는 그대로 분석하는 것이다. 그러나 역사의 도움을 무
시한다면 이런 분석은 단순한 호기심의 충족으로 전락하기 일쑤이거니
와, 특히 연구자가 익숙해있는 사회상태와는 사뭇 다른 사회상태를 이해
하는 데 장애물로 작용할 공산이 크다. 우리 시대의 도덕성으로 다른 시
대의 사람들을 판단하는 잘못은 현대사회라는 기계장치의 톱니바퀴 하
나, 볼트 하나까지 원초적 사회에 대응물이 있을 것이라고 가정하는 잘
못에 견줄 만하다. 이러한 인상印象은 근대적 양식으로 써진 역사학 저술
들에서 사뭇 다양하게 가지를 치고 있으며 사뭇 미묘하게 모습을 숨기고
있다. 그러나 나는 몽테스키외의《페르시아인의 편지》Lettres Persanes에 삽
입된 혈거인穴居人Troglodytes의 우화[4]에 흔히 주어지는 찬사에서 법학 영역
에서의 그러한 인상의 흔적을 발견한다. 혈거인들은 계약을 항상 위반하
는 사람들이었으며 그래서 완전히 멸망해버렸다. 만약 이 이야기에 저자

3　필머(Robert Filmer)로 대표되는 왕권신수설을 말하는 듯하다.
4　편지 11-14.

가 의도한 교훈이 담겨있고 그것이 금세기와 지난 세기를 위협해온 반사회적 이단異端을 폭로하기 위한 것이라면, 그것은 전혀 나무랄 데가 없을 것이다. 그러나 성숙한 문명이 보여주는 것과 같은 정도로 약속과 합의에 신성함을 부여하지 않는 한 어떤 사회도 결속을 유지할 수 없다는 주장이 저 이야기에서 추론되어 나온다면, 이는 법사法史의 어떤 건전한 이해와도 상반되는 치명적인 오류가 될 것이다. 사실, 혈거인들은 계약적 의무에 거의 관심을 두지 않고도 번성할 수 있었고 강력한 국가를 건설할 수 있었다. 원시사회의 헌정憲政에 관해 무엇보다 먼저 이해해야 할 것은 개인은 자신을 위해 권리나 의무를 거의 혹은 전혀 만들지 못한다는 점이다. 개인이 지켜야 할 규칙은 우선 출생에 따르는 지위에서 나오고, 다음으로 그가 속하는 가家의 수장이 그에게 부과하는 명령에서 나온다. 이러한 체제는 계약을 위한 여지를 거의 남겨두지 않는다. 동일한 가家의 구성원들은 (증거로부터 해석하건대) 서로 간에 전혀 계약을 체결할 수 없으며, 가家는 그 구성원이 가를 구속시키려고 맺은 계약을 무시할 수 있는 권리를 가진다. 물론 가와 가 사이, 가부장과 가부장 사이의 계약은 있을 수 있지만, 그 거래는 물건의 양도와 마찬가지 성격을 지니고 마찬가지로 수많은 방식요건들이 부과되므로 실행에서 사소한 실수라도 계약의무 성립에 치명적이 된다. 타인의 말을 신뢰하는 데서 생겨나는 법적 의무는 진보적 문명이 아주 나중에야 성취하게 되는 것이다.

초기 로마의 계약들

고대법도 어떤 다른 전거도 계약 개념을 전혀 알지 못하는 사회가 있음을 보여주지 못한다. 그러나 이 개념이 처음 나타났을 때 그것은 확실히 아주 원시적이었다. 어떤 믿을 만한 원시 기록에서도 약속을 유효하게 만드는 인간 정신이 아직 미숙했음을, 그리고 노골적인 배신행위가 비난 없이, 때로는 칭송의 대상으로 언급되고 있음을 읽을 수 있다. 가령 호메로스의 문헌에서 오뒷세우스의 기망적인 교활함은 네스토르의 현려賢慮, 헥토르의 지조, 아킬레우스의 용기와 동급의 미덕으로 나타난다.

고대법은 계약의 원시적 형태가 그것의 성숙한 형태로부터 멀리 떨어져 있었음을 훨씬 더 분명히 보여준다. 초기 사회에서 법의 개입은 단순히 약속의 이행을 강제하기 위한 것이 아니었다. 법이 제재로써 강제하는 것은 단순한 약속이 아니라 엄숙한 의례儀禮를 수반하는 약속이었다. 요식성要式性은 약속만큼 중요했을 뿐 아니라 오히려 약속 이상으로 훨씬 더 중요했다. 성숙한 법학이 구두口頭의 동의를 가져오는 내심의 상태를 섬세히 분석하듯이 고대법은 동의에 수반되는 실행의 말과 몸짓을 섬세히 분석한다. 사소한 방식form 하나라도 빠뜨리거나 잘못 실행되면 어떠한 서약도 강제될 수 없었다. 반면, 방식의 정확한 준수가 입증되면 사기나 강박으로 약속했다는 항변은 아무 소용이 없었다. 법제사는 이러한 고대적 관념에서 우리에게 친숙한 계약 관념으로의 이행을 명백히 보여준다. 처음에는 의례의 한두 단계를 건너뛸 수 있게 되고, 그 후 다른 것들도 간소화되거나 일정 조건 아래 생략할 수 있게 되며, 마침내 몇몇 특정 계약들이 다른 것들에서 분리되어 방식의 구애를 받지 않고 체결할 수 있게 되거니와, 이들 특정 계약들은 사회적 거래의 활동성과 에너지가 그에 의존하는 계약인 것이다. 서서히, 그러나 사뭇 명백하게, 법기술적 요소로부터 심적心的 요소가 분리되어 나오고 차츰 법률가들의 관심을 한몸에 받는 유일한 요소가 된다. 외부적 행위로 표현되는 이러한 심적 요소를 로마인들은 '약정'約定pact; convention이라 불렀다. 그리고 약정이 계약의 핵심으로 인정되자, 곧이어 방식과 의례의 껍질을 부수어버리는 것이 진보적 법학의 경향성이 된다. 이때부터 방식은 진정성을 보증하는 한에서만, 그리고 주의와 숙고를 담보하는 한에서만 보존될 뿐인 것으로 된다. 이로써 계약 관념은 완전한 발달을 보이게 되거니와, 로마법의 용어를 사용하자면 계약은 약정에 흡수되어버리는 것이다.

    로마법이 보여주는 이러한 변화의 역사는 자못 시사적이다. 로마법의 여명기에 계약에 해당되는 말로 쓰인 용어는 고대 라틴어 연구자들에게는 무척 익숙한 용어이다. 그것은 바로 넥숨nexum, 즉 구속행위拘束行爲로서, 이 계약의 당사자들은 '피구속자'被拘束者들nexi이라 불렸다. 이 표현들의 근저에 놓인 은유의 이례적인 지속성에 특히 주목할 필요가 있다. 계약관계에 놓인 사람들이 강력한 **속박**bond 또는 **사슬**chain로 연결되어 있다는 관념은 마지막까지 계속해서 로마 계약법에 영향을 주었고, 거기서 흘러나와 근대적 관념에도 섞여 들어갔다. 그렇다면 이 구속행위 혹은 속박이란 무엇을 의미했을까? 라틴어에 관한 고문헌을 통해 우리에게 전해진 바에 따르면 구속행위는 "구리와 저울로써 행해지는 모든 것"omne quod geritur per aes et libram이라고 정의되어 있거니와,[5] 이 단어들은 상당히 큰 혼란을 불러왔다. 구리와 저울은 악취행위에 수반되는 것들로 잘 알려져 있다. 악취행위는 다른 장에서 서술한 고법古法상의 엄숙한 행위로서, 로마 물권법에서 높은 등급의 물건의 소유권이 한 사람에게서 다른 사람에게 양도되는 방식이었다. 이렇게 악취행위는 **양도**conveyance의 방식이기에 곤란한 문제가 부상한다. 위에 인용한 정의는 계약과 양도를 혼동하고 있거니와, 법철학에서는 이 두 가지가 단지 구분될 뿐만 아니라 사실상 서로 대립하는 것이기 때문이다. 성숙한 법학의 분석가들은 물物에 대한 직접적 권리jus in re, 대세적對世的 권리right in rem, "온 세상에 대하여 주장할 수 있는" 권리, 즉 물권物權proprietary right과 물物에 대한 간접적 권리jus ad rem, 대인적對人的 권리right in personam, "특정인이나 특정집단에 대하여 주장할 수 있는" 권리, 즉 채권債權obligation을 날카롭게 구별한다. 그런데 양도는 물권을 이전하고 계약은 채권을 창설한다. 어떻게 이 두 가지가 동일한 이름 아래, 동일한 일반개념 아래 포섭될 수 있다는 말인가? 다른 유사한 난제들과 마찬가지로 이 문제도 진보된 지적 단계에 속하는 능력, 현실에서 혼재되어 있는 것을 사변적 관념들로 구별하는 능력을 미발달된 사회의 정신적 상태에 끼워 맞추려는 오류 탓에 발생한

---

5 Varro, *De Lingua Latina*, 7.105.

것이다. 여기서 우리는 양도와 계약이 실무상 혼재되어 있는 사회상태에
관해 오해하지 말아야 함을 알 수 있다. 계약과 양도에 관해 각각 독자적
인 실무관행이 채택되기 전까지는 저 개념들 간의 차이는 인식될 수 없
었다.

　로마 고법古法에 관한 우리의 지식으로부터 법의 여명기에 법적 개념　구속행위
과 법적 용어가 어떻게 변해갔는지 그 변화의 양상에 대한 약간의 관념
을 얻을 수 있을 것이다. 이 변화는 일반적인 것에서 특수적인 것으로의
변화라고 할 수 있다. 다시 말해 고법상의 개념과 고법상의 용어는 점진
적 분화의 과정을 겪었던 것이다. 고법상의 개념 하나는 하나가 아니라
다수의 근대적 개념에 대응된다. 고법상의 법기술적 표현 하나는 근대법
이 여러 개의 이름으로 나누어놓은 다수의 것들을 지칭한다. 하지만 법
사法史의 다음 단계에 이르면 하위 개념들이 점차 서로 분리되어, 예전의
일반적 이름은 특수적 명칭들로 바뀌어간다. 그렇다고 옛 개념이 사라지
는 것은 아니고 단지 원래 포섭하던 관념 가운데 하나 또는 일부만 포섭
하게 된다. 예전의 법기술적 이름은 여전히 존재하지만 한때 수행했던
기능들 중 하나만 수행할 뿐이다. 이러한 현상의 예로는 여러 가지를 들
수 있겠다. 가령 여러 종류의 가부장권은 한때 그 성격이 모두 동일했고
따라서 하나의 이름으로 불렀을 것이 틀림없다. 존속친尊屬親이 행사하는
가부장권은 가족에 대한 것이든 물질적 재산에 대한 것이든 — 양 떼나
소 떼, 노예, 자식, 아내를 불문하고 — 모두 동일했다. 그것의 옛 로마식
명칭에 대해 완전히 확신할 수는 없지만, 가부장의 **권력**power을 지칭하는
여러 명칭들에 마누스manus라는 단어가 들어가 있음을 볼 때, 옛 일반적
명칭은 '마누스'였을 것으로 믿을 만한 근거는 충분해 보인다.[6] 그러나
로마법이 더 진보하면서 저 이름도 저 관념도 특수화되었다. 가부장권은

---

6 '마누스'는 흔히 '수권'(手權)으로 번역되나 여기서는 본문의 의미맥락상 원어를 살렸
　다. 이하 관련 단어들도 마찬가지다.

행사하는 대상에 따라 단어에서도 개념에서도 분화되어갔다. 물건이나 노예에 행사될 때는 '도미니움'dominium, 자식들에 대해서는 '포테스타스'potestas, 존속친이 다른 사람의 권력에 제공한 자유인에 대해서는 '만키피움'mancipium이 되었고, 아내에 대해서는 여전히 '마누스'로 남았다.[7] 여기서 알 수 있듯이, 원래의 단어가 전혀 안 쓰이게 된 것이 아니라 종래 지칭하던 권력행사 중 특수한 한 가지 권력행사에 국한하게 된 것이다. 이 사례를 모범삼아 계약과 양도 간의 역사적 결합관계의 성질에 대해서도 이해를 도모할 수 있을 것이다. 처음에는 모든 엄숙한 거래에 오직 하나의 엄숙한 의례儀禮만 존재했을 것이니, 로마에서는 그 명칭이 '구속행위'nexum였던 것으로 보인다. 물건의 양도에 사용되던 바로 그 방식이 계약의 체결에도 사용되었던 것으로 보인다. 그러나 양도 관념에서 계약 관념이 분리되어 나오는 데는 그다지 긴 시간이 필요치 않았다. 그리하여 한 쌍의 변화가 일어났다. "구리와 저울에 의한" 거래가 물건의 이전을 의도하는 경우에는 '악취행위'mancipation라는 새롭고 특수한 이름으로 불리게 된다. 옛 이름인 '구속행위'는 여전히 동일한 의례절차를 지칭하지만, 이제 오직 계약을 엄숙하게 체결하는 특수한 목적을 위해서만 사용하게 된다.

변화   두세 가지 법개념이 고대에는 하나로 혼재되어 있었다고 해서 거기에 포함된 관념 중 하나가 다른 것들보다 더 오래된 것이 아니라는 말은 아니다. 혹은 그 하나가, 다른 것들이 형성된 후, 이들보다 크게 우세하거나 우선하지 않는다는 말도 아니다. 하나의 법개념이 오래도록 여러 법개념들을 포괄할 수 있는 이유는, 하나의 법기술적 용어가 여러 용어들을 대신할 수 있는 이유는, 원시사회의 법에 실무관행의 변화가 일어나더라도 오랫동안 사람들은 이에 주목하거나 이름붙일 필요를 느끼지 못하기 때문일 것이 분명하다. 전술했듯이 비록 처음에는 가부장권에 행사

---

7 Gai.1.49 참조.

대상에 따른 구별이 없었다 할지라도, 자식들에 대한 권력power이 옛 가부장권 개념의 근본이었다고 나는 믿어 의심치 않는다. 또한 '구속행위'라는 말의 최초 용법은, 그리고 이를 사용했던 사람들이 주로 염두에 둔 것은, 물건의 양도에 엄숙한 형식을 부여하려는 것이었음을 나는 의심치 않는다. 구속행위가 원래의 기능에서 아주 조금 벗어나기 시작했을 때 그것은 바로 계약의 체결에 사용되었을 것이나, 아주 조금의 변화였기에 변화는 오랫동안 인정되거나 감지되지 못했다. 새로운 것을 원한다고 사람들이 자각하지 못했기에 옛 이름은 그대로 남았다. 아무도 수고스럽게 새로운 것을 검토해볼 필요를 느끼지 못했기에 옛 관념은 그대로 남았다. 우리는 이러한 과정의 사례를 유언법의 역사에서 명료하게 살펴본 바 있다. 유언은 처음에는 단순히 재산의 양도였다. 점차 이러한 특수한 양도와 기타 모든 요소 간에 커다란 실무상 차이가 나타나자 비로소 이들이 서로 다른 것으로 간주되기 시작했고, 그리고도 수 세기가 흐른 뒤에야 법의 개량에 나선 이들이 허울뿐인 악취행위에 붙어있던 복잡한 절차를 제거했고 또한 유언에서 유언자의 명시적 의사말고는 다른 어떤 것도 중요하지 않다는 데 합의했던 것이다. 유언법의 초기 역사만큼 절대적 확신을 가지고 계약법의 초기 역사를 추적할 수 없음은 유감스런 일이지만, 구속행위가 새로운 사용에 놓임으로써 계약이 처음 등장했고 이어서 이 실험의 중차대한 실무적 결과로써 계약이 독자적 거래형태로 승인되었다는 힌트마저 얻을 수 없는 것은 아니다. 대체로 다음과 같은 과정을 따랐을 것이라는 추측이, 그러나 그리 억지스럽지만은 않은 추측이 가능하다. 구속행위의 통상적인 방식으로 일정한 대금을 받고 매매가 행해진다고 가정하자. 매도인은 처분하고자 하는 목적물—가령 노예 한 명—을 가지고 온다. 매수인은 당시 화폐로 사용되던 구리 덩어리를 가지고 참석한다. 필수 보조인인 저울잡이libripens도 저울을 들고 나와 있다. 정해진 요식절차에 따라 노예가 매수인에게 건네진다. 저울잡이는 구리 조각을 저울에 달고는 매도인에게 넘겨준다. 이러한 거래행위가 지속되는 한 그것은 '구속행위'이고, 당사자들은 '피구속자'들nexi이다. 그러나 그것이 완료되자마자 구속행위는 끝나고, 매도인과 매수인도 그들의 일시적 관계에서 유래하는 이름으로 불리기를 그친다. 이제 여기서 거래의 역사를 한 걸음 진척시켜보자. 노예는 양도되었으나 대금은 지불되지 않았다고 가정해보자. **이 경우** 매도인에 관한 한 구속행위는 종료된다. 이미 자기 물건을 넘겨주었으므로 더는 '피구속자'nexus가 아니다. 그러나 매수인에 관해서는 구속행위가 계속된다. 매수인 쪽에서는 거래가 끝나지 않았고 그는 여전히 '피구속자'로 남는다. 따라서 동일한 용어가 물권을 이전하는 양도를 기술하는 동시에 미지불된 매매대금에 관한 채무자의 채무도 기술하고 있음을 알 수 있다. 다시 한 걸음 나아가 완전히 형식적인 거래, 즉 아무것도 건네지지 **않고** 아무것도 지불되지 **않는** 절차를 상상해보자. 우리는 사뭇 발달된 상거래 행위의 하나, 바로 **미이행**未履行 executory **매매계약**에 도달하게 된다.

양도와 계약　　대중적 견해에서나 전문가적 견해에서나 **계약**이 오랫동안 **미완의 양도** incomplete conveyance로 간주된 것이 사실이라면, 이 사실은 여러모로 의미심장하다.[8] 자연상태 인류에 관한 지난 세기의 사변적 이론을 "원시사회에서는 물권은 아무것도 아니었고 채권이 모든 것이었다"는 교리로 요약하는 것이 그다지 부당하지는 않을 것이다. 그러나 이제 우리는 이 명제를 거꾸로 뒤집으면 그것이 오히려 진실에 가깝다는 것을 알게 되었다. 다른 한편, 역사적으로 볼 때, 양도와 계약의 원시적 결합은 학자들과 법

---

[8] 《고대법》에 대한 폴록의 주석에 따르면, 후술하는 문답계약의 기원을 "미완의 양도," 즉 불완전한 구속행위로 보는 것은 원래 사비니의 견해였는데, 현대 학자들은 이런 견해를 더는 수용하지 않고 있다. 대신 서약(oath)과 같은 초기의 종교적 방식에 의한 채무관계에서 문답계약의 기원을 찾는 것이 오늘날 일반적이다. 애초 로마 시민 간의 문답계약은 'spondes?'라고 묻고 'spondeo.'라고 답하는 한 가지 동사만 허용되었는데, 이는 원래 신에게 술을 바치는 행위를 뜻했던 서약(sponsio)에서 유래했다는 것이다. 여하튼 구속행위와 관련해서는 남아있는 사료가 거의 없어 사실상 추측에 의존할 수밖에 없다.

률가들이 특히 수수께끼로 여기곤 했던 어떤 것을 설명할 수 있을 것이
다. 초기 고대법은 어디서나 **채무자들**을 무척 가혹하게 처우했으며 **채권
자들**에게는 막강한 권한을 주었다는 수수께끼 말이다. 채무자에게 긴 시
간 동안 인위적으로 구속행위가 지속되었음을 알고 나면, 대중들과 법이
바라보는 그의 지위가 어떤 것이었을지 더 잘 이해할 수 있다. 그의 채무
상태는 틀림없이 비정상적인 것으로 여겨졌을 테고, 지불 해태解怠는 일
반적으로 간교한 책략이자 엄격법의 왜곡으로 비춰졌을 것이다. 반대로,
거래에서 자신의 의무를 성실하게 완수한 사람은 특별한 호의로써 대우
받았을 것이니, 엄격법에 따르면 지체되거나 유예되어서는 안 될 어떤
절차를 강제로 완성시킬 권한을 그에게 주는 것보다 더 당연한 일은 없
어 보인다.

    따라서 구속행위는 원래 재산의 양도를 의미했지만 부지불식간에 계
약도 의미하게 되었고, 그 후 구속행위 개념과 계약 관념 간의 결합이 강
고해지자 마침내 악취행위mancipium; mancipatio라는 특별한 용어가 진정한
구속행위, 즉 실제로 재산이 양도되는 거래를 지칭하는 데 사용되었다.
그리하여 계약은 이제 양도와 분리되었고 이로써 계약법 역사의 첫 단계
가 마무리되었으나, 계약당사자의 약속이 이를 둘러싼 요식성보다 더 신
성하게 평가되는 단계에 이르기까지는 아직 한참 멀리 떨어져있었다. 그
사이 기간 동안 진행된 변화의 성격을 알아보려면 지금 우리가 다루고
있는 주제의 범위를 살짝 넘어갈 필요가 있거니와, 바로 로마 법률가들
이 합의agreement를 어떻게 분석했는지 살펴보는 것이다. 그들의 재능이
만들어낸 가장 아름다운 기념비인 이 분석에 관해, 나는 그것이 채권채
무관계obligation를 약정pact으로부터 이론적으로 분리하는 데 기초하고 있
다는 것 이상을 말할 필요를 느끼지 않는다. 벤담과 오스틴은 이렇게 주
장했다. "계약의 주요 성질은 다음 두 가지이다: 첫째, 하기로 약속하는
작위를 하겠다는, 또는 하지 않기로 약속하는 부작위를 하지 않겠다는

약속자約束者의 **의사**의 표시. 둘째, 이 주어진 약속을 약속자가 이행할 것이라는 데 대한 수약자受約者의 **기대**의 표시." 이는 로마 법률가들의 법리와 거의 동일하지만, 그러나 로마 법률가들은 이러한 "표시들"의 결과를 '계약'이 아니라 '약정'으로 보았다. 약정은 개인들의 상호 합의로 맺어지는 최종 산물이지만, 그렇다고 그것이 바로 계약인 것은 아니다. 약정이 계약이 되는가 여부는 법이 그것에 채권채무관계를 덧붙이느냐 여부에 달려있다. 계약이란 '약정' **더하기** '채권채무관계'인 것이다. 약정이 채권채무관계의 옷을 입고 있지 않는 한, 그것은 **나약정**裸約定, 즉 **벌거벗은** 약정이라 불렀다.

로마법의
채권채무
관계   채권채무관계obligation란 무엇인가? 로마 법률가들의 정의에 따르면 "누군가에게 변제辨濟를 할 것이 필연적으로 구속되는 법의 사슬"juris vinculum, quo necessitate adstringimur alicujus solvendae rei이다.[9] 이 정의는 채권채무관계를 구속행위와 연결짓거니와, 이들의 배경에 놓인 공통의 은유를 통해서 그러하다. 또한 이 정의는 특정 개념의 계보를 사뭇 명료하게 보여준다. 채권채무관계는 "속박" 또는 "사슬"이거니와, 이로써 사람들 혹은 사람들의 집단들은 어떤 자발적 행위의 결과로서 법에 의해 하나로 결속된다. 채권채무관계를 이끌어내는 행위들은 주로 합의와 위법행위, 즉 계약과 불법행위라는 표제 아래 분류되지만, 정확히 분류하기 힘든 여러 다른 행위들도 유사한 결과를 낳는다.[10] 하지만 약정을 채권채무관계로 만드는 것은 어떤 도덕적 필요성이 아니라는 데 유의해야 한다. 약정에 채권채무관계의 힘을 완전히 부여하는 것은 법이다. 이 점 특히 유의할

---

9 Inst.3.13.pr.

10 '준(準)계약'과 '준(準)불법행위'를 말한다. 준계약은 부당이득, 사무관리 등의 법리에 해당한다. Inst.3.27. 또한 절도(furtum), 강도(rapina), 재산침해(아퀼리우스법, Lex Aquilia), 인격침해(iniuria) 등의 통상의 불법행위에 해당하지 않지만, 재판을 자기 것으로 만든 심판인, 누구든 무언가를 집 밖으로 내던지고 쏟아부어 가해하거나 무언가를 집 밖으로 위험하게 세워두고 걸어놓은 경우 그 거주자, 피용인의 불법행위에 대해 선박주인·여관주인·마구간주인 등이 지는 책임은 준불법행위로 취급되었다. Inst.4.5.

필요가 있거니와, 도덕적 또는 형이상학적 이론을 지지하는 근대 대륙법학자들이 때로 이와 다른 법리를 주창해왔기 때문이다. '법의 사슬'vinculum juris이라는 이미지는 로마 계약법과 불법행위법의 모든 부분을 물들이고 있고 지배하고 있다. 법은 당사자들을 하나로 결속시키는데, 이 **사슬**은 '변제'辨濟solutio라고 불리는 과정으로만 풀 수 있다. '변제'라는 표현도 은유적이거니와, "지불"payment이라는 일상용어는 가끔씩 그리고 우연히 여기에 들어맞을 뿐이다. 이러한 은유적 이미지의 일관성은 이것이 없었다면 혼란을 초래했을 로마법 용어의 특별한 의미를 이해할 수 있게 해준다. "채권채무관계"obligation는 의무뿐만 아니라 권리도 의미한다. 이를테면 빌린 돈을 지불할 의무뿐만 아니라 빌려준 돈을 지불받을 권리도 의미한다. 실로 로마인들의 눈앞에는 "법의 사슬"의 전체 그림이 펼쳐져있었으며, 사슬의 한쪽 끝을 다른 쪽 끝보다 더 많이 혹은 더 적게 바라보지 않았다.

　발달된 로마법에서는 약정이 맺어지자마자 거의 모든 경우 즉시 채권채무관계의 관冠이 씌워지고 따라서 계약이 된다. 이것은 분명 계약법이 지향하는 결과이다. 그러나 우리의 탐구 목적을 위해서는 그 중간 단계, 즉 채권채무관계가 되려면 완전한 합의 이상의 어떤 것이 요구되는 단계에 주목해야 한다. 이 단계는 계약을 네 종류 — 언어계약, 문서계약, 요물계약, 낙성계약 — 로 구분한, 저 유명한 로마법상의 계약 분류가 사용되던 시기와 일치한다. 이 시기 동안 법으로 강제된 약속은 저 네 가지에 국한되었다. 채권채무관계를 약정과 분리하는 이론을 알고 있다면 저 네 가지 항목의 의미는 쉽게 이해할 수 있다. 사실, 계약들의 각 항목은 계약당사자들의 단순한 합의 이외에 어떤 요식성이 필요한가에 따라 이름 붙여진 것이다. 언어verbal계약에서는 약정을 맺은 후 일정한 방식의 말들을 발설해야 "법의 사슬"이 부여된다. 문서literal계약에서는 원장元帳, 즉 회계장부에 기입해야 약정에 채권채무관계의 옷이 입혀진다. 요물要物real

계약의 경우 사전 약속의 목적물인 물건의 인도引渡가 있어야 동일한 결과가 뒤따른다. 요컨대, 이 모든 경우 계약당사자들 간에 의사합치가 있어야 하지만, 거기에 그친다면 그들은 서로에게 **채권채무**를 갖지 못하고 따라서 이행을 강제할 수도, 신의信義 위반을 이유로 배상을 청구할 수도 없다. 그러나 그들이 어떤 정해진 요식성을 충족시킨다면 계약은 바로 체결되고, 그 계약의 이름은 그들이 채택한 특정한 방식에 따라 붙여지는 것이다. 이러한 관행에 대한 예외는 조금 있다 살펴보겠다.

언어계약   나는 네 가지 계약을 역사적 순서에 따라 열거했으나, 로마의 법학제요 저자들이 이 순서를 반드시 따른 것은 아니다. 언어계약이 넷 가운데 가장 오래되었음은 의심의 여지가 없다. 그것은 원시적 구속행위의 후손으로 알려진 것 중 가장 먼저 나타났다. 언어계약에 속하는 몇몇 종種이 옛날에는 사용되었으나, 가장 중요한 것이자 우리의 전거들이 다룬 유일한 것은 질문과 답변으로 이루어진 '문답계약'stipulation이다. 요약자가 질문을 하고 낙약자가 답변을 한다. 전술했듯이 이러한 질문과 답변이야말로 원시적 관념이 당사자들 간의 단순한 합의를 넘어 추가적으로 요청하는 요소이다. 이들은 채권채무관계가 부여되기 위한 매개체이다. 옛 구속행위는 더 성숙한 법학에게 무엇보다 계약당사자들을 결속시키는 사슬의 개념을 물려주었으니, 이것이 이제 채권채무관계가 되었다. 그것은 또한 약속에 수반하고 약속을 성별聖別하는 의례행위의 개념도 물려주었으니, 이 의례행위가 이제 질문과 답변으로 변형된 것이다. 초기 구속행위의 특징이었던 엄숙한 양도행위가 어떻게 단순한 질문과 답변으로 전환되었을까는 이와 유사한 로마 유언법의 역사가 우리에게 가르쳐준 바가 없었다면 더욱 미스테리로 남았을 것이다. 유언법의 역사를 돌아보면, 실질적 관심대상에 직접 관련되는 절차 부분[11]으로부터 어떻게 형식적 양도가 처음 분리되었는지, 그리고 어떻게 그 후 이것을 완전히 생략

---

11 '양도'와 대비되는 '언명'(nuncupatio)을 말하는 듯하다.

하게 되었는지 이해할 수 있다. 그렇다면 문답계약의 질문과 답변은 단순화된 형태의 구속행위였음이 분명하고, 따라서 그것은 오랫동안 법기술적 형식form의 성질을 띠었을 것이라고 쉽게 추정할 수 있다. 옛 로마 법률가들이 문답계약을 옹호했던 이유를 합의에 임한 당사자들에게 숙고와 성찰의 기회를 제공하는 유용성 때문이라고만 본다면 이는 잘못일 것이다. 물론 이런 유類의 가치가 있었고 점점 중요하게 인식되었음을 부인할 수는 없다. 그러나 우리의 전거들에 나타난 증거에 비추어볼 때 계약에서 질문과 답변의 기능은 처음에는 형식적이고 의례적인 것이었다. 초기에는 아무 질문이나 답변이라고 해서 다 허용되는 것이 아니라 특정한 경우에 적합한 법기술적 용어를 사용하는 질문과 답변만이 문답계약을 구성할 수 있었다.

    그러나, 비록 문답계약이 유용한 안전장치로 인식되기 전에 엄숙한 형식으로 인식되었다고 이해하는 것이 계약법의 역사를 올바르게 평가하는 데 필수적이라 할지라도, 다른 한편 그것의 현실적 유용성에 눈을 감아버리는 것도 잘못된 일일 것이다. 언어계약은, 비록 고법古法상 누리던 중요성을 상당 부분 상실해갔지만, 로마법의 마지막 시기까지 계속 살아남았다. 당연한 말이겠지만 로마법의 어떤 제도도 어떤 현실적 유용성이 없었다면 그렇게 오래 유지될 수 없었을 것이다. 놀랍게도, 어느 영국인 학자에 따르면, 초창기부터 로마인들은 숙고 없이 서둘러 계약을 맺는 것에 대한 방비가 거의 없어도 괘념치 않았다고 한다. 그러나 문답계약을 면밀히 조사해보면, 그리고 서면증거를 만들기 쉽지 않았던 당시 사회상태를 감안하면, 문답계약의 질문과 답변은, 만약 그것이 실제 기여한 목적을 위해 의도적으로 고안되었다면, 그야말로 천재적인 방책이었다고 평가해도 좋다고 생각한다. **요약자**要約者promisee가 계약의 모든 조항을 질문의 형태로 만들어 질문하면 **낙약자**諾約者promisor가 답변을 한다. "당신은 이러이러한 노예를 이러이러한 장소에서 이러이러한 날짜에 나

        문답계약

에게 양도할 것을 약속하는가?" "약속하노라." 잠깐만 생각해보면, 이렇게 질문 형태로 약속을 표현하는 채권채무관계는 당사자들의 자연스런 입장을 거꾸로 뒤집고 대화의 통상적인 흐름을 깨뜨리는 효과를 가져와, 위험한 약속에 빠지지 않도록 주의를 환기시키는 기능을 함을 알 수 있다. 우리 영국인들은 구두의 약속에서 일반적으로 약속자promisor의 말만으로 그 내용을 파악한다.[12] 옛 로마법에서는 또 하나의 단계가 반드시 요구된다. 합의가 이루어지고 나면 요약자가 엄숙한 질문의 형태로 이 합의의 모든 조항들을 요약해야 한다. 또한 재판에서 증거로 제출되는 것은 구속력 없는 약속 자체가 **아니라** 바로 이 질문과 그에 대한 답변이다. 일견 사소해 보이는 이 차이가 계약법 용어에 얼마나 큰 차이를 만들어내는지는 로마법 입문자들이 입문 후 금세 깨닫게 되는 것이니, 그들은 첫 번째 걸림돌을 거의 언제나 여기서 만나고 있다. 우리가 영어로 어떤 계약에 관해 말하면서 그것을 편의상 한쪽 당사자와 결부시킬 때 —가령 일반적으로 수급인受給人contractor에 대해 말할 때— 우리의 말이 지시하는 것은 언제나 **약속자**promisor 쪽이다. 그러나 로마법의 일반적 언어는 방향이 반대다. 로마법은 계약을 언제나, 이런 용어를 쓸 수 있다면, **수약자**受約者promisee 쪽에서 바라본다. 계약의 당사자 중에서 주로 언급되는 대상은 언제나 요약자stipulator, 즉 질문을 하는 사람이다. 하지만 문답계약의 유용성이 자못 생생하게 드러나는 예를 라틴 희극작가들의 희곡의 몇몇 페이지에서도 찾아볼 수 있다. 이런 대목이 등장하는 장면 전체를 읽어보면 (예컨대, Plautus, *Pseudolus*, 1막 1장; 4막 6장; *Trinummus*, 5막 2장), 질문을 하기 위해 잠시 숙고하는 것이 계약에 임한 사람의 주의를 얼마나 많이 이끌어내는지, 그리고 즉흥적인 계약에 이르지 않게 할 가능

12 원어로는 똑같이 'promisor'이지만, 로마법의 맥락에서는 '낙약자'(promissor)로, 영국법의 맥락에서는 '약속자'로 번역하고 있음을 유의할 것. 마찬가지로 'promisee'는 로마법의 맥락에서는 '요약자'(stipulator)로, 영국법의 맥락에서는 '수약자'로 번역한다. 사실 '요약자'니 '낙약자'니 하는 우리의 법률용어는 바로 로마법의 문답계약에서 유래하는 말이다.

성이 얼마나 커지는지 알 수 있을 것이다.

문서계약에서 약정에 채권채무관계를 입히는 데 필요한 요식행위는,   문서계약
채무액이 확정될 수 있는 경우, 채무의 총액을 원장元帳의 차변借邊에 기
입하는 것이었다. 이 계약은 로마의 가家의 관행으로 설명될 수 있거니
와, 고대에는 이것이 체계적인 성격을 띠었고 무척 규칙적으로 장부작성
이 이루어졌다. 로마 고법古法과 관련해 가령 노예의 특유재산peculium의
성격 같은 몇몇 작은 의문들이 있는데, 이는 로마의 가家가 가부장에게
엄격히 책임지는 다수의 사람들로 구성되었고, 가의 수입과 지출의 모든
항목은 일단 일지日誌에 기재한 후 정해진 시기에 가의 총總원장에 이기移
記했음을 상기할 때 비로소 해소될 수 있다. 하지만 문서계약에 관해 남
아있는 기술記述에는 몇 가지 모호한 점이 있으며, 사실 나중에는 장부작
성의 습관이 보편적이지 않게 되었고 또한 "문서계약"이라는 표현은 원
래 가졌던 의미와 완전히 다른 형태의 계약을 지칭하게 되었다.[13] 따라
서 우리는 초기 문서계약에서 채권채무관계가 단순히 채권자 측의 기입
만으로 성립했는지, 아니면 이에 대한 채무자의 동의나 채무자 측 장부
에 상응하는 기입도 있어야만 법적 효력이 주어졌는지 말할 수 있는 입
장에 있지 않다. 하지만 이 계약의 경우 한 가지 조건만 충족되면 다른 모
든 요식성은 필요치 않다는 핵심적 성격만은 확실하다. 이것은 계약법의
역사에서 또 한 걸음의 진전이었다.

역사적 순서에 따라 다음에 등장하는 계약인 요물계약은 윤리 개념의   요물계약
큰 진전을 보여준다. 어떤 합의가 물건의 인도를 목적으로 한다면 — 이
는 대다수 단순한 계약을 포괄한다 — 그 인도를 실제로 행하는 즉시 채
권채무관계가 성립하는 것이다.[14] 이러한 결과는 초기 계약 관념에 커다

---

13 문답계약이나 소비대차 따위를 문서로써 확정적 증거를 남기는 경우가 흔해졌는데,
    이러한 서면계약을 뜻하게 되었다. Inst.3.21.
14 요물계약에는 소비대차(mutuum), 사용대차(commodatum), 임치(depositum), 입질
    (pignus) 등이 속했다. 우리의 현행 민법에서는 입질(질권설정계약)을 제외하면 모두
    낙성계약으로 되어있다.

란 혁신이었음이 분명하다. 의심할 여지없이 초창기에는 계약당사자가 자신의 합의에 문답계약의 옷을 입히지 못했다면 계약의 이행으로써 무엇을 했던지 간에 법은 아무것도 인정해주지 않았기 때문이다. 방식을 갖춰 **문답계약**을 체결하지 않았다면 돈을 빌려주었더라도 빌린 돈을 갚으라고 소송할 수 없었다. 그러나 요물계약에서는 일방의 이행이 상대방에게 법적 의무를 — 분명 윤리적 근거에서 — 부과한다. 도덕적 고려가 계약법의 요소로 처음 등장한 것이다. 요물계약이 앞의 두 계약과 다른 점은, 법기술적 방식이나 로마의 가家의 습관에 대한 존중이 아니라, 도덕적 고려에 기초한다는 데 있다.

낙성계약   이제 네 번째 유형인 낙성계약에 이르렀거니와, 이는 가장 흥미롭고 가장 중요한 유형이다. 여기에는 네 가지 계약들이 속했는데 그 이름은 이러하다: 위임mandatum, 조합societas, 매매emtio-venditio, 임약賃約 locatio-conductio.[15] 몇 페이지 앞에서 계약이란 약정에 채권채무관계가 덧붙여진 것이라고 말한 후, 나는 약정이 채권채무관계로 되기 위해 법이 요구하는 어떤 행위나 요식성에 관해 이야기했다. 나는 일반적 표현의 장점을 활용해 이런 말을 했으나, 적극적인 것 외에 소극적인 것까지 포괄한다고 이해하지 않으면 전적으로 옳은 말이 되지는 못한다. 기실, 낙성계약의 특이성은 약정말고는 그 어떤 요식성도 **전혀** 요구되지 않는다는 데 있기 때문이다. 낙성계약에 관해 많은 옹호될 수 없는 것들과 더 많은 모호한 것들이 주장되어왔거니와, 심지어 낙성계약에서는 당사자들의 **동의**consent가 다른 합의 유형들보다 더 강하게 주어진다는 주장까지 있었다. 그러나 저 '낙성'諾成 consensual이라는 용어는 여기서는 단지 합의consensus만 있으면 바로 채권채무관계가 덧붙여진다는 것을 의미할 뿐이다. 합의, 즉 당사자의 상호 동의는 약정에 채권채무관계를 수여하는 종국적 요소이다. 당사자들의 동의가 이 요소를 제공하자마자 **즉시** 계약이 성립하는 것은 매매,

---

15 '임약'은 우리 민법의 '임대차' '고용' '도급'을 포괄하는 개념이다.

조합, 위임, 임약의 네 가지 이름 중 하나에 속하는 합의가 갖는 특별한 성질이다. 합의가 채권채무관계를 바로 끌고 들어오기에, 이러한 종류의 거래에서 합의가 행하는 기능은 다른 종류의 계약에서 물건res이, 문답의 언어verba가, 장부 기입을 뜻하는 문서literae가 행하는 기능과 정확히 일치한다. 따라서 '낙성'은 조금도 이상할 것이 없는 용어이며, '요물' '언어' '문서'에 정확히 대응한다.

일상생활에서 가장 흔하고 가장 중요한 계약은 틀림없이 낙성계약에 속하는 저 네 가지 계약일 것이다. 어떤 공동체든 집단생활의 대단히 큰 부분이 사고파는 거래, 세賃 놓고 세 드는 거래, 공동사업을 위해 사람들이 결합하는 거래, 업무처리를 타인에게 맡기는 거래로 구성된다. 바로 그 때문에 다른 많은 사회와 마찬가지로 로마도 이들 거래에서 법기술적 장애물을 제거하여 사회적 운동의 효율적 동력이 가능한 한 방해받지 않도록 했을 것이다. 물론 이러한 동기는 로마에만 국한된 것이 아니었거니와, 로마인들과 이웃 민족들 간의 거래는 전술한 계약들이 어디서나 **낙성계약**, 즉 상호 동의의 의사표시만으로 구속력 있는 계약이 되어가는 경향을 관찰할 풍부한 기회를 로마인들에게 제공했을 것이다. 그리하여 그들의 통상적 관행에 따라 로마인들은 이들 계약을 만민법상의juris gentium 계약으로 분류했다. 하지만 나는 아주 초기부터 이렇게 부르지는 않았다고 생각한다. 만민법jus gentium이라는 관념은 외인外人담당법무관 praetor peregrinus이 임명되기 오래 전부터 로마 법률가들의 정신에 이미 들어있었다. 그러나 다른 이탈리아 공동체들의 계약 관행에 로마인들이 익숙해진 것은 수많은 거래가 일상적으로 이루어지면서부터일 것이고, 이러한 거래는 이탈리아가 완전히 평정되어 로마의 패권이 확고해지고 나서 비로소 대규모로 이루어질 수 있었을 것이다. 하지만, 낙성계약이 가장 늦게 도입되었을 확률이 무척 크다고 할지라도, 그리고 '만민법상의'juris gentium라는 수식어가 그 뒤늦은 도입을 나타낸다고 하더라도, 낙

성계약을 "만민법"law of nations에 귀속시키는 바로 이 표현이 근대에 들어
서는 그것이 아득한 옛날의 것이라는 관념을 만들어냈다. "만민법"이
"자연법"으로 전환되자, 저 표현은 낙성계약이 자연상태에 가장 부합하
는 합의 유형임을 의미한다고 여겨졌다. 그리하여 문명의 나이가 어릴수
록 계약의 형태는 더 단순할 것이라는 이상한 믿음이 형성되었다.

자연법적
채무와
시민법적
채무　　전술했듯이 낙성계약에 속하는 계약들은 그 수가 대단히 제한적이었
다. 그러나 계약법 발달에서 낙성계약은 계약에 관한 모든 근대적 관념
의 출발점이었음이 분명하다. 이제 합의를 구성하는 의사will 작용은 다
른 것들과 완전히 분리되어 독립적 고찰의 대상이 되었다. 계약 관념에
서 방식은 완전히 제거되었고 외적 행위는 오직 내적 의사의 징표로만
간주되었다. 더욱이 낙성계약은 만민법jus gentium으로 분류되었으니, 이
러한 분류 탓에 얼마 안 가 낙성계약이야말로 자연에 의해 승인되고 자
연의 법전에 포함된 계약을 대표하는 합의 유형이라는 추론이 형성되었
다. 이 지점에 이르러 우리는 로마 법률가들의 몇몇 유명한 법리와 구분
들을 만나게 된다. 그 가운데 하나가 자연법상의 채무natural obligation와 시
민법상의 채무civil obligation의 구분이다. 지적으로 완전히 성숙한 어떤 사
람이 자신의 의사에 기해 어떤 약속을 맺었다면, 비록 필요한 방식을 다
갖추지 못했더라도, 또는 어떤 법기술적 장애로 유효한 계약을 체결할
법적 능력이 결여되어 있었더라도, 그는 **자연채무**natural obligation를 진다.
법은 (바로 이것이 저 구분이 의미하는 바이다) 이런 채무를 강제하지 않는
다. 그러나 법이 이런 채무를 전혀 인정하지 않은 것은 아니다. **자연채무**
는 단순히 무효인 채무와는 여러모로 달랐거니와, 특히 계약체결 능력을
사후에 획득한다면 시민법상으로도 인정될 수 있었던 것이다.[16] 로마 법

---

16 가령 노예가 진 빚은 자연채무였으나, 노예가 해방된 뒤 스스로 빚을 갚으면 반환받
을 수 없었다. Dig.12.6.13.pr. 마찬가지로 후견인의 조성(助成) 없이 미성숙자가 돈
을 빌려 이득을 본 경우, 그가 성숙기에 달한 후 갚으면 반환받을 수 없었다.
Dig.12.6.13.1. 가부장이 아들에게 돈을 빌려주었는데 특유재산으로 준 것이 아니라
면 아들이 부권면제된 후 갚으면 이를 반환받을 수 없었다. Dig.12.6.38.1.

률가들의 또 하나의 특유의 법리는 약정이 계약의 법기술적 요소로부터 분리된 후 비로소 등장할 수 있었다. 그들에 따르면, 계약만이 **소권**訴權 action을 근거지울 수 있지만, 단순한 약정이라도 **항변권**抗辯權plea의 기초는 될 수 있었다. 그리하여, 계약의 성립에 필요한 방식을 갖추지 못한 합의에 기초해서는 누구도 소송을 제기할 수 없었지만, 유효한 계약에 기초한 주장이라도 단순한 약정 상태에 불과한 다른 합의가 있었음을 입증함으로써 이를 물리칠 수 있었다. 가령 금전채무의 회수를 구하는 소송은 채무면제나 채무유예의 단순한 비공식적 합의를 입증하여 이에 대항할 수 있었다.

방금 언급한 법리는 궁극적 혁신으로 나아감에 있어 법무관들이 주저했을 것임을 시사한다. 그들의 자연법이론은 낙성계약과 이를 포함하는 약정 일반에 특별한 호의를 갖도록 그들을 이끌었을 것이 틀림없다. 그러나 그들이 즉시 모든 약정에 낙성계약의 효력을 확대적용하는 모험을 감행한 것은 아니었다. 그들은 로마법 초기부터 가지고 있던 소송절차에 대한 감독권한을 이용했거니와, 방식을 갖추지 못한 계약에 근거한 소송은 여전히 허가하지 않았지만, 합의에 관한 새로운 이론을 적극 활용하여 이후의 발달단계로 향하는 길을 텄다.[17] 그러나 여기까지 나아가자 계속 더 나아가는 것이 불가피해졌다. 고대 계약법의 혁명이 달성된 것은, 어느 해인가 법무관의 고시告示가 계약의 옷을 입지 못한 약정이라도 그 약정이 대가관계consideration(약인約因causa)에 기초한 것이라면 형평법상의 소송을 허가하겠노라고 공표했을 때였다.[18] 이런 종류의 약정은 발달

---

17 '법무관법상의 약정'(pacta praetoria)을 말하는 듯. 특정일에 자기나 타인의 기존 채무를 갚겠다는 약정과 중재인이 어떤 분쟁을 맡겠다는, 은행업자가 고객 채무를 특정일에 갚겠다는, 선박주인·여관주인·마구간주인이 고객 물건을 잘 보관하겠다는 인수(引受) 따위는 예외적으로 소권이 주어졌다.

18 이른바 무명요물계약(無名要物契約)을 말한다. 쌍무성(synallagma) 있는 계약의 당사자라면 자신의 급부를 이행한 경우 — 따라서 일종의 요물계약이었다 — 상대방의 이행을 소구할 수 있었다. 혹은 자신의 급부를 돌려달라는 부당이득반환청구소송을 제기할 수 있었다. 로마 법률가들에 따르면 무명요물계약은 다음 네 가지 유형을 포

된 로마법에서는 항상 강제되었다. 이 원리는 낙성계약의 원리가 그 합당한 결과에 도달한 것에 불과했다. 사실, 로마인들의 법기술적 언어가 그들의 법이론만큼이나 유연했다면 법무관이 강제하는 이들 약정을 새로운 계약, 새로운 낙성계약이라고 불렀을지도 모른다. 하지만 법률용어는 가장 바꾸기 어려운 법이어서, 형평법상 강제되는 저 약정들은 여전히 '법무관법상의 약정'praetorian pacts이라고만 지칭되었다. 만약 약정에 대가관계가 없다면 새로운 법에서도 계속 **나약정**裸約定이었음을 유의해야 한다. 이것에 법적 효력을 부여하려면 문답계약을 통해 언어계약으로 전환시켜야 했다.

계약법의
진보
　　수많은 오해에 대한 방패막이로서 큰 중요성을 갖기에 계약법의 역사를 이렇게 길게 다루고 있는 것도 이해해주시리라 믿는다. 그것은 하나의 중대한 법관념에서 다른 중대한 법관념으로의 행진을 완전히 설명해준다. 우리는 구속행위에서 시작했으니, 여기서는 계약과 양도가 혼재되어 있고 합의에 수반되는 요식성이 합의 자체보다 훨씬 중요하다. 구속행위 다음에 오는 문답계약은 옛 의례행위의 단순화된 방식이다. 그 다음의 문서계약에서는 로마의 가家의 엄격한 관행에 의해 합의가 입증되기만 하면 다른 모든 요식성은 포기된다. 요물계약에서는 도덕적 의무가 처음으로 인정되거니와, 합의의 일부 이행에 참여하거나 묵인한 자는 방식의 흠결을 이유로 계약을 부인하는 것이 금지된다. 끝으로 낙성계약이 등장함으로써 계약당사자들의 내심의 의사만 고려대상이 되고 외적 사실은 내적 의사의 증거로서만 의미를 갖는다. 조야한 개념에서 세련된 개념으로 나아가는 로마법의 이러한 관념의 진보가 계약에 관한 인간 사

괄했다. '네가 주도록 내가 준다'(do ut des) '네가 하도록 내가 준다'(do ut facias) '네가 주도록 내가 한다'(facio ut des) '네가 하도록 내가 한다'(facio ut facias). 결국 '주는 채무'과 '하는 채무'가 쌍무적으로 견련되는 모든 약정에 소권이 주어질 수 있었다. Dig.19.5.5. 한편, 참고로 말해두는데, 영미계약법상의 대가관계(consideration) 요건이 로마법의 계약원인(causa) 개념에서 유래했다는 이론은 오늘날 영미법학자들이 대체로 부인하고 있는 편이다.

고의 필연적 진보과정을 얼마나 예시하고 있는지는 물론 확인할 수 없다. 로마를 제외한 다른 모든 고대사회는 계약법이 너무 부족하여 정보를 얻을 수 없거나, 아니면 계약법 자체가 아예 없다. 또한 근대법은 철저히 로마법의 관념을 이어받은 것이어서 가르침을 얻을 만한 비교대상이 되지 못한다. 하지만 우리가 살펴본 고대 로마 계약법의 역사에는 억지스럽거나 놀랍거나 불가해한 것이 전혀 없기에, 어느 정도는 그것이 다른 고대사회의 계약법 개념의 역사에도 통용된다고 보아도 불합리하지 않을 것이다. 그러나 로마법의 진보가 다른 법체계의 진보를 대표하더라도 어느 정도까지만 그렇다는 것이지 그 이상은 아니다. 자연법이론은 로마법에만 있었다. '법의 사슬'이라는 관념도, 내가 아는 한, 로마법에만 있었다. 성숙한 로마 계약법과 불법행위법의 많은 특징들은 이 두 관념이 따로 혹은 함께 작용한 결과이거니와, 따라서 특정 사회 하나만의 산물인 것이다. 이 후대의 법적 개념들이 갖는 중요성은, 어떤 경우에도 진보적 사고의 필연적 결과를 대표한다는 것이 아니라, 근대세계의 지적 기질에 엄청난 영향력을 행사했다는 데 있다.

　로마법, 특히 로마 계약법이 여러 학문의 사고양식·추론과정·전문용어에 기여한 것보다 더 대단한 일이 또 있는지 모르겠다. 자연과학을 제외하면 근대인의 지적 욕구를 자극한 대상 가운데 로마법이라는 여과지를 통과하지 않은 것은 거의 없다. 순수한 형이상학은 물론 로마보다는 그리스의 후예지만, 정치학, 도덕철학, 심지어 신학까지, 모두가 로마법에서 표현수단뿐만 아니라 깊이 있는 탐구가 배양되는 거점도 발견했다. 이런 현상을 설명하기 위해 말과 관념 간의 불가사의한 관계를 논할 필요는 전혀 없을 것이며, 또한 적절한 언어의 창고와 적절한 추론장치가 미리 주어지지 않으면 인간 정신은 어떠한 사고 주제도 다룰 수 없었다는 것을 설명할 필요도 전혀 없을 것이다. 동방과 서방의 철학적 관심이 분리되었을 때, 서방 사상의 기초자들은 라틴어로 말하고 라틴어로 사고하는 사회에 속해 있었다는 것만 말해도 충분할 것이다. 서방에서는 철학적 목적을 충족하는 정확성을 갖는 유일한 언어가 로마법의 언어였거니와, 고유의 라틴어가 불길한 만족蠻族들의 방언으로 전락해가는 동안 로마법의 언어는 특별한 행운으로 아우구스투스 시대의 순수함을 거의 그대로 보존할 수 있었다. 로마법이 언어의 정확성을 위한 유일한 수단이었다면, 사고의 정확성과 명석함과 깊이를 위한 유일한 수단은 더더욱 로마법이었다. 서방에서는 적어도 3백 년 동안 철학과 과학이 자리잡지 못하고 있었다. 형이상학과 형이상학적 신학이 다수 로마인들의 정신적 에너지를 독점하고 있었지만, 이러한 열성적 탐구에 사용된 언어는 오직 그리스어였고 그 탐구의 무대는 동로마제국이었다. 사실, 때로 동로마의 논쟁들의 결과는 사뭇 중요해져서 이에 찬성하고 반대하는 모든 이들의 의견이 기록되어졌다. 그 후 이러한 동방의 논쟁 결과가 서방에 소개되었으니, 대체로 그것은 감흥 없이 그리고 저항 없이 받아들여졌다. 그러는 동안 가장 근면한 자에게도 어렵고, 가장 명석한 자에게도 멀고, 가장 치밀한 자에게도 까다로운 학문분야 하나가 서방 식자층 사이에서 매력을 잃지 않고 있었다. 아프리카, 에스파니아, 갈리아, 북이탈리아의 교양 있는 시민들에게 그것은 법학, 오직 법학이었으니, 이는 시와 역사, 철학과 과학을 대신하는 것이었다. 서방 사상의 초기 노력의 명백히 법적인 양상은 너무나 명백한 것이었기에 그것이 어떤 다른 색깔을 띠었다면 오히려 놀라운 일일 것이다. 나로서는 새로운 요소의 존재로 생겨난 서방과 동방의 관념의 차이가, 서방 신학과 동방 신학의 차이가, 그동안 거의 주목받지 못했다는 것이 놀라울 따름이다. 이렇게 법학의 영향이 강력해지기 때문에, 콘스탄티노플의 건설과 그 후 서로마제국과 동로마제국의 분리가 철학의 역사에서 획을 긋는 사건이 되는 것이다. 그러나 대륙의 사상가들은 분명 이 중차대한 국면의 중요성을 인식하기 어려운 위치에 있으니, 그들은 로마법에서 유래한 관념들에 친숙하고 이것이 일상적 관넘에 섞여 들어가 있기 때문이다. 반면, 영국인들은 놀라울 정도로 그것을 알지 못하니, 근대 지식의 가장 풍부한 원천, 로마 문명의 유일한 지적 성과로부터 스스로를 유폐한 것이다. 하지만, 고전기 로마법에 친숙해지는 데 노력을 아끼지 않는 영국인이라면, 지금까지 영국인들이 이 분야에 무심했다는 바로 그 사실 덕분에, 내가 감히 내놓는 주장의 가치에 관해 프랑스인이나 독일인보다 더 나은 판관이 될 수 있을 것이다. 로마인들이 실제 관용한 로마법이 무엇인지 아는 사람은, 서방의 초기 신학과 철학이 그 이전의 사상 국면과 어떻게 달랐는지 아는 사람은, 사변思辨을 지배하기 시작한 저 새로운 요소가 무엇이었는지 선언할 수 있는 위치에 있다고 할 것이다.

로마법의 여러 영역 가운데 다른 학문분야에 가장 큰 영향을 끼친 것은 채권법, 혹은 거의 같은 말이지만 계약법과 불법행위법이었다. 로마인들도 이 법영역에 속하는 풍부하고 융통성 있는 용어들이 감당할 수 있는 역할을 모르지 않았거니와, 이는 그들이 특유의 **준**準이라는 수식어를 '준계약'quasi-contract과 '준불법행위'quasi-delict 같은 표현에 사용한 것을 보면 알 수 있다. 여기서 "준"이라는 말은 분류를 위한 용어일 뿐이다. 흔히 영국 학자들은 준계약을 **묵시적**implied 계약과 동일시해왔으나, 이는 잘못이다. 묵시적 계약은 진짜로 계약이지만 준계약은 그렇지 않기 때문이다. 명시적 계약에서 말로써 상징되는 것이 묵시적 계약에서는 행위와 상황에 의해 상징되거니와, 어떤 이가 어느 쪽 상징집합을 사용하든 합의의 이론에 관한 한 아무런 차이가 없다. 하지만 준계약은 계약이 아니다. 이 유형에 해당하는 가장 흔한 사례는 한 사람이 다른 사람에게 착오로 돈을 지불한 경우 두 사람 간의 관계에서 발견된다. 법은, 도덕의 관점에서, 반환할 채무를 수령자에게 지운다. 그러나 그 성질은 계약에 기초하는 것이 아니니, 계약의 본질적 요소인 약정convention이 결여되어 있기 때문이다. 로마법의 어떤 용어에 붙는 "준"이라는 말은 그것이 지시하는 개념이 비교대상인 개념과 강한 외관상의 유비類比 혹은 유사성으로 연결되어 있음을 의미한다. 두 개념이 동일하다거나 동일한 종류에 속한다는 말이 아니다. 오히려 그들 간의 동일성을 부정하는 의미가 들어있다. 그러나 그들은 충분히 유사해서 하나가 다른 하나의 속편續篇으로 분류되고, 하나의 법영역의 용어를 다른 법영역에도 쓸 수 있어서, 그렇지 않으면 불완전하게 표현할 수밖에 없는 법규칙의 진술에 과도한 왜곡 없이 사용할 수 있다는 뜻이다.

준계약과
사회계약

　진짜 계약인 묵시적 계약과 계약이 아닌 준계약 간의 혼동이 정치적 권리의무의 원천을 통치자와 피치자 간의 원초적 계약에서 찾는 저 유명한 오류와 공통점이 많다는 예리한 지적이 있어왔다. 원초적 계약 이론이 확립되기 오래 전부터, 로마 계약법의 용어들은 사람들이 주권자와 백성들 간에 존재한다고 항상 생각해왔던 권리와 의무의 상호성을 기술하는 데 자주 사용되었다. 무조건적인 복종을 요구하는 왕의 권리를 적극적으로 내세우는 격률들—신약성서에서 기원한다고 주장되었으나 실은 황제들의 전제정에 대한 기억이 지속된 데서 유래한 격률들—은 세상에 가득했지만, 피치자들이 갖는 상응하는 권리에 대한 인식은, 만약 아직 제대로 발달하지 못한 관념을 암시하는 언어를 로마 채권법이 제공해주지 않았다면, 표현할 수단이 전혀 없었을 것이다. 왕의 특권과 백성들에 대한 그의 의무 간의 대립은 서양 역사가 시작된 이래 한 번도 잊혀진 적이 없다고 하겠으나, 봉건제도가 굳건히 존속하는 동안은 사변적 사상가들을 제외하면 거의 아무도 이 문제에 관심을 두지 않았다. 봉건제의 명시적 관습이 유럽의 대부분 주권자들의 터무니없는 이론적 주장을 효과적으로 통제했기 때문이다. 하지만, 주지하듯이, 봉건체제의 붕괴로 중세의 헌정질서가 혼란에 빠지자, 그리고 종교개혁으로 교황의 권위가 추락하자, 왕권신수설王權神授說이 종래 한번도 누려보지 못한 중요한 이론의 지위로 급부상했다. 이 이론의 인기 덕분에 로마법 용어에

상시 의존하는 경향이 심화되었고, 원래 신학적 옷을 입고 있던 논쟁은
점점 법적인 논쟁의 분위기를 띠어갔다. 그러자 여론의 역사에서 반복해
서 나타나던 현상 하나가 등장했다. 군주의 권력을 옹호하는 주장이 필
머의 교리로 확립되자, 피치자의 권리를 방어하는 데 사용되던, 계약법
에서 빌려온 용어들이 왕과 신민 간의 원초적 계약이 실재한다는 이론으
로 구체화되었던 것이다. 이 이론은 처음에는 영국인들의 손에서, 나중
에는 특히 프랑스인들의 손에서, 모든 사회현상과 법현상을 포괄적으로
설명하는 이론으로 확장되었다. 그러나 정치학과 법학의 진정한 결합은
후자가 전자에게 특유의 융통성 있는 용어를 제공한 것이 전부였다. 주
권자와 백성의 관계에 대해 로마 계약법이 수행한 역할은 더 소박한 영
역에서 "준계약"의 채권채무관계로 묶인 사람들의 관계에 대해 그것이
수행한 것과 정확히 똑같은 것이었다. 그것은 정치적 권리의무관계라는
주제에 관해 수시로 형성되고 있던 관념들에 사뭇 정확하게 다가가는 일
군의 용어와 표현들을 제공했다. 원초적 계약의 교리는, 비록 부당한 것
이지만, 휴얼William Whewell 박사의 찬사보다 더 높은 찬사를 받을 수는 없
을 것이다. "그것은 도덕적 진리를 표현하는 **유용한** 형식일 것이다."[19]

법적 언어가 원초적 계약 이론의 발명 전부터 정치적 주제에 널리 사
용된 것, 그리고 그 후 이 가정假定이 강력한 영향력을 행사한 것은 정치
학에는 용어와 개념이 왜 그렇게 풍부한가를 넉넉히 설명할 수 있거니
와, 그것은 오로지 로마법의 산물이었다. 도덕철학moral philosophy에서 용
어와 개념이 풍부한 것에는 조금 다른 설명이 주어져야 한다. 정치적 사
변思辨에 비해 윤리학 문헌들에서는 로마법의 기여가 훨씬 더 직접적이
었으며 윤리학 저자들도 그 은혜의 크기를 훨씬 더 잘 알고 있었다. 내가
도덕철학이 로마법에 크게 빚졌다고 말하는 것은 칸트Immanuel Kant에 의

윤리학과
로마법

---

19 William Whewell, *The Elements of Morality Including Polity*, Vol. 2, London: John W.
    Parker, 1848, p. 113.

해 도덕철학의 역사에 단절이 일어나기 전의 도덕철학을 대상으로 하는
것임을 알아야 한다. 그것은 인간의 행위를 규율하는 규칙들과 그 규칙
들의 적절한 해석, 그리고 그 규칙들의 한계를 다루는 학문이었다. 비판
철학이 등장한 후 도덕철학은 옛 의미를 거의 완전히 상실했거니와, 로
마 가톨릭 신학자들이 여전히 가꾸고 있는 결의론決疑論casuistry에서 저급
한 형태로 보존되어 있는 것을 제외하면, 도덕철학은 거의 예외 없이 존
재론의 한 분야로 간주되고 있는 듯하다. 형이상학에 흡수되기 전의 도
덕철학, 규칙 자체보다 규칙의 토대가 더 중요하게 고려되기 전의 도덕
철학을 이해하는 현대 영국 학자는 내가 알기로 휴얼 박사를 제외하면
한 사람도 없다. 하지만 윤리학은 실천적 행위준칙을 다루어야 했기에
그것은 어느 정도 로마법에 물들어 있었다. 근대사상의 다른 모든 주요
분야들과 마찬가지로 원래 그것은 신학과 한몸이었다. 처음에는 도덕신
학moral theology이라 불렀고 지금도 로마 가톨릭 신학자들 사이에서는 이
렇게 불리고 있는 이 학문은 분명, 그 저자들도 잘 알고 있었듯이, 행위
의 원리는 교회체계에서 가져오고 그것의 표현과 전개는 법학의 언어와
방법을 사용하는 것으로 구성되어 있었다. 이런 과정이 지속되면서 사고
思考의 운송수단에 불과했어야 할 법학이 사고 그 자체에도 자신의 색깔
을 전달하는 일이 불가피하게 일어났다. 법개념들과의 접촉에서 얻은 이
러한 색조는 근대세계의 초기 윤리학 문헌에서 쉽게 감지할 수 있거니
와, 생각건대 만약 계약법이 없었더라면 도덕적 의무를 신국神國의 시민
의 공적 의무로만 바라보려는 저자들의 경향을, 철저한 상호성과 권리·
의무의 불가분한 결속에 기초하는 계약법이 건강한 방향으로 교정했음
에 틀림없다. 그러나 도덕신학에서 로마법이 차지하는 비중은 저 유명한
스페인 도덕론자들이 이 학문을 키우면서 눈에 띄게 줄어들게 된다.[20]

20 이른바 살라망카 학파를 말하고 있는 듯하다. 비토리아(Francisco de Vitoria, c.1483-1546), 수아레즈(Francisco Suarez, 1548-1617) 등이 대표적 학자다. 살라망카 학파의 자연법론은 그로티우스에게 큰 영향을 주었다는 것이 오늘날의 일반적 평가다.

박사들에 의해 주석에 주석이 달리는 법학적 방법으로 발달하던 도덕신학이 이제 자신만의 용어를 스스로 만들어냈다. 또한 대학 교수들의 도덕 논쟁에서 상당 부분 흡수한 것이 분명한 추론과 표현의 아리스토텔레스적 특징들이 로마법에 정통한 사람이라면 결코 실수하지 않는 사고와 언어의 특수한 문체를 대신하게 된다. 스페인 학파의 도덕신학자들이 계속해서 신망을 유지했다면 윤리학에서 법학적 요소는 하찮은 수준으로 쪼그라들었을 것이다. 그러나 그들의 영향력은 다음 세대 로마 가톨릭 저술가들이 이 학문영역에서 그들의 성과를 이용한 방식에 의해 거의 전적으로 파괴되어버렸다. 결의론으로 전락한 도덕신학은 유럽의 사변思辨을 선도先導하는 이들의 관심을 상실했으며, 전적으로 프로테스탄트의 손에 들어간 새로운 도덕철학은 도덕신학자들이 추종하던 길을 크게 벗어났다. 결과적으로 윤리학에 대한 로마법의 영향은 대폭 증가했다.

"종교개혁 이후,* 21 이 학문영역에는 사상을 달리하는 두 개의 큰 학파 간의 대립이 나타났다. 둘 중 더 영향력 있는 쪽은 애초에는 결의론자로 우리에게 알려진 종파 혹은 학파였거니와, 그들 모두는 로마 가톨릭 교회를 신앙했고 그들의 거의 모두는 이런저런 가톨릭 수도회에 소속되어 있었다. 다른 쪽은《전쟁과 평화의 법》의 위대한 저자 후고 그로티우스의 지적 후예라는 공통점을 갖는 일군의 학자들이었다. 후자 쪽은 거의 모두 종교개혁의 추종자들이었으니, 그들이 공식적·공개적으로 결의론자들과 갈등했다고 할 수는 없을지라도, 그들 체계의 기원과 대상은 결의론자들의 것과 근본적으로 달랐다. 이러한 차이는 주목할 필요가 있거니와, 이들 양 체계의 사상 영역에 끼친 로마법의 영향 문제와 관련되기 때문이다. 그로티우스의 저 저서는, 비록 모든 페이지마다 순수한 윤

그로티우스 학파, 결의론의 쇠퇴

---

* 이 인용문은 1856년《케임브리지 논집》(Cambridge Essays)에 기고한 저자의 논문 일부를 조금 수정하여 가져온 것이다.

21 이 논문의 제목은 "로마법과 법교육"(Roman Law and Legal Education)으로, 저자의 《동·서양의 촌락공동체》(Village Communities in the East and West) 제3판(1876년)에도 재수록되었다.

리학 문제를 다루고 있지만, 또한 비록 형식적 도덕에 관한 수많은 저서의 직·간접적 선조이지만, 주지하듯이 도덕철학에 관한 논저임을 자처하지는 않는다. 그것은 자연법을 명확히 하려는 시도이다. 자연법 개념이 로마 법률가들의 배타적 창안이었는지의 문제를 따질 필요 없이, 그로티우스 본인이 스스로 인정한 것에 근거하여, 실정법의 어느 부분을 자연법의 일부로 보아야 하는가에 관한 로마 법학의 언명은 거의 언제나 사뭇 깊은 존경을 받으며 수용되었다고 단언할 수 있다. 그리하여 그로티우스의 체계는 로마법과 근본적으로 얽혀있는 것이다. 이러한 결합 때문에 불가피 ─ 저자가 법학으로 교육받은 것의 결과이기도 하겠지만 ─ 단락마다 법기술적 용어가 자유자재로 구사되고 있고 추론과 정의定義와 예시의 방식도 마찬가지이다. 이들이 어디서 유래했는지 출처를 모르는 독자들은 틀림없이 때로 그 논증의 의미를 이해하기 어렵고, 거의 항상 그 논증의 힘과 설득력을 파악하기 어려울 것이다. 다른 한편, 결의론은 로마법에서 빌려온 것이 거의 없고, 무엇이 도덕적이냐의 견해도 그로티우스의 것과 공통점이 없다. 결의론의 이름 아래 유명해진, 혹은 악명 높아진, 옳고 그름에 관한 저 모든 철학은 대죄大罪mortal sin와 소죄小罪venial sin의 구분에 기초한다. 어떤 행위를 대죄로 판정하는 끔찍한 결과를 피하려는 자연스런 염려에서, 그리고 프로테스탄티즘과 대결하고 있는 로마 가톨릭 교회에게서 불편한 이론의 짐을 덜어주려는 역시 이해할 만한 열망에서, 결의론 철학의 저술가들은 비도덕적 행위를 가능하면 대죄의 영역에서 제외하여 소죄의 영역에 편입시키려는 복잡한 행위기준의 체계를 발명하게 된다. 이 실험이 맞이한 운명은 일반 역사의 영역이다. 주지하듯이 결의론의 저 구분은 사제들의 영적靈的 통제가 다종다양한 인간성에 부응할 수 있도록 만들어, 실로 군주·정치인·장군들에 대한 사제들의 영향력을 종교개혁 이전에는 들어본 적이 없는 수준으로 키워주었으니, 이는 프로테스탄티즘의 초기 성공을 견제하고 축소시킨 저 반反종교개혁에 크게 기여했다. 그러나 무언가를 세우려는 것이 아니라 피하려는 시도로, 원리를 발견하는 것이 아니라 공준公準을 벗어나려는 시도로, 옳고 그름의 성격을 정하는 것이 아니라 특정 성격의 무엇이 그르지 않은지를 정하려는 시도로 출발한 결의론은 교묘하고 세밀한 구분을 더해 간 결과, 행위의 도덕적 성격을 감소시키고 인간의 도덕적 본능을 배반하는 지경에 이르렀으니, 마침내 그것에 거역하여 인류의 양심이 일거에 들고일어나 그 체계와 그 박사들을 모두 공통의 파멸로 몰아넣었다. 오래도록 유예되었던 일격이 마침내 파스칼Blaise Pascal의 《시골 친구에게 보내는 편지》Provincial Letters에서 가해졌다. 이 주목할 만한 저서가 등장한 이후, 조금이라도 영향력이나 신망이 있는 윤리학자라면 자신의 사변을 공공연히 결의론에 기초하여 전개할 수 없게 되었다. 그리하여 윤리학의 모든 영역은 이제 전적으로 그로티우스의 추종자들의 수중에 남겨지게 되었거니와, 지금도 윤리학은, 때로 그로티우스 이론의 결함으로 평가되기도 하고 때로 그의 이론에 최고의 상찬을 가져다주기도 하는 로마법과의 연루의 흔적을 비상한 정도로 보여주고 있다. 그로티우스 시대 이래 많은 연구자들이 그의 원리를 수정했고 비판철학의 등장 이후로는 많은 이들이 그의 원리를 포기했지만, 그의 근본 가정假定으로부터 가장 멀리 떠나온 사람들조차 그의 진술 방법, 그의 사고 순서, 그의 예시 방식의 많은 것을 물려받았다. 그리고 이런 것들은 로마법에 무지한 사람들에게는 거의 혹은 전혀 이해될 수 없는 것들이다."

　전술했듯이 자연과학을 제외하면 형이상학만큼 로마법의 영향을 적게 받은 학문영역도 없다. 형이상학적 주제의 논의는 언제나 그리스어로 이루어졌다는 데 그 이유가 있다. 정확히 말하면 처음에는 순수한 그리스어로, 나중에는 그리스어 개념을 표현하기 위해 특별히 만들어진 라틴어 방언으로 이루어졌다. 현대 언어들은 이 라틴어 방언을 채용함으로써, 혹은 그것의 초창기 형성과정을 모방함으로써, 비로소 형이상학적 탐구에 적합한 언어가 될 수 있었다. 근대에 들어 형이상학적 논의에 항상 사용되어온 용어의 출처는 라틴어로 번역된 아리스토텔레스였거니와, 그것이 아랍어판을 번역한 것이든 아니든 번역자의 의도는 라틴어 문헌에서 유사한 표현을 찾는 것이 아니라 그리스 철학 관념을 표현하는 일군의 용어들을 라틴어 어근으로부터 새롭게 구성하는 것이었다. 이런 과정에 로마법 용어가 줄 수 있는 영향은 거의 없었다. 기껏해야 몇몇 라틴어 법률용어가 변형된 형태로 형이상학의 언어에 포함되었을 뿐이다. 하지만 동시에 언급하고 싶은 점은, 서유럽을 자못 크게 뒤흔든 형이상학적 문제는 어느 것이든, 그 언어는 몰라도 그 사상은 법학적 기원을 드러낸다는 것이다. 사변思辨의 역사에서 아마도 가장 인상적인 것은 그리스어를 말하는 민족은 자유의지free will와 필연성necessity이라는 중대한 문제로 심각하게 고민해본 적이 없다는 사실일 것이다. 나는 이 문제를 간략하게라도 감히 설명할 생각이 전혀 없다. 그러나 그리스인들도, 그리고 그리스어로 말하고 생각하는 어떤 사회도, 법철학을 생산할 일말의 능력도 보여준 적이 없다는 사실은 이와 무관하지 않다고 생각한다. 법학은 로마인들의 산물이며, 자유의지의 문제는 형이상학적 개념을 법적 측면에서 숙고할 때 등장하는 문제이다. 불변의 사건 연쇄가 필연적 관계와 동일한지 아닌지는 어떻게 해서 질문하게 되었을까? 내가 말할 수 있는 것은 법적 원인과 법적 효과가 흔들림 없는 필연성으로 결합된다고 보는 것이 로마법의 경향이었고 시간이 갈수록 이 경향이 강해졌다는 것뿐이다. 앞서 인용한 채권채무관계의 정의가 이러한 경향의 현저한 사례다. "누군가에게 변제辨濟를 할 것이 필연적으로 구속되는 법의 사슬."

교회에서의 로마법   그러나 자유의지의 문제는 철학 이전에 신학의 문제였으며, 그 용어가 법학의 영향을 받았다면 이는 법학이 신학에 의해 감지되었기 때문일 것이다. 여기서 내가 제시하려는 주요 논점은 한번도 만족스럽게 해명된 적이 없는 것이다. 우리가 확인해야 할 점은 법학이 신학적 원리를 바라보는 방법으로 기능했는가, 특유의 언어를, 특유의 추론양식을, 여러 세상사의 특유한 해결책을 제공함으로써 법학은 신학적 사변이 흘러나오고 확장되어가는 새로운 통로를 열었는가 하는 것이다. 답을 구하기 위해서는 신학이 애초 흡수한 지적 양식糧食이 무엇이었는가에 관해 최고의 학자들 간에 이미 합의된 것을 상기할 필요가 있다. 기독교 교회의 초창기 언어는 그리스어였으며 초기 기독교 교회가 대처한 문제들도 후기 그리스 철학이 그 길을 닦아놓았던 문제였음이 널리 인정되고 있다. 신의 위격位格persons, 신의 실체substance, 신의 본성natures 같은 심오한 논쟁에 인간 정신이 참여할 수 있도록 해주는 언어와 관념의 유일한 창고는 그리스의 형이상학 문헌들이었다. 라틴어와 소박한 라틴 철학은 이러한 임무를 감당할 능력이 사뭇 모자랐고, 따라서 서방, 즉 라틴어를 사용하는 유럽 지역은 동방의 성과를 묻지도 따지지도 않고 그대로 받아들였다. 밀만Henry Hart Milman 주임사제에 따르면, "라틴 기독교는 자신의 협소하고 빈약한 어휘로는 적절하게 표현하기 어려운 저 신조를 받아들였다. 하지만 로마와 서방의 동의는 어디까지나 동방 신학자들의 심오한 신학으로 형성된 교리체계를 수동적으로 묵인한 것이었을 뿐, 신학적 난제들을 스스로 열성적으로 그리고 독창적으로 검토한 것이 아니었다. 라틴 교회는 아타나시우스Athanasius의 제자였고 충성스런 지지자였다."[22] 그러나 동로마와 서로마의 분리가 더욱 확고해지고 라틴어를 쓰는 서로마제국이 스스로의 지적 삶을 살기 시작하면서, 동방에 대한 존경은 갑자기 동방적 사변思辨에는 전적으로 생경한 다수의 문제들에 관한 격론으로 변모했다. "그리스 신학이 (밀만,《라틴 기독교》, 서문, 5쪽) 훨씬 세련된 섬세함으로 삼위일체와 그리스도의 본성을 계속 정의해가는 동안" "끝없는 논쟁이 여전히 길게 이어지고 허약해진 공동체로부터 이런저런 종파들이 계속 분리되어 나가는 동안"[23] 서방 교회는 새로운 종류의 논쟁들

---

22 Henry Hart Milman, *History of Latin Christianity*, London: John Murray, 1854, p. 61.

에 열정적으로 뛰어들었으니, 이는 그때부터 지금까지 라틴 종단에 속하는 사람들이라면 한시도 관심을 놓지 않았던 것들이다. 원죄와 그것의 대물림, 인간의 진 빚과 그것의 대속代贖, 속죄Atonement의 필연성과 충분성, 특히 자유의지와 신의 섭리 간의 표면적 대립관계, 서방은 이런 것들을 동방이 특정 신경信經의 조항을 두고 논쟁했던 것 못지않게 가열차게 논쟁하기 시작했다. 그렇다면 그리스어를 쓰는 지역과 라틴어를 쓰는 지역 간에 신학적 문제의 종류가 서로 그렇게 달랐던 까닭은 무엇이었을까? 교회사가史家들은 동방 기독교를 갈라놓았던 문제들보다 새로운 문제들이 더 "실제적인," 즉 전적으로 사변적이지는 않은 것이었다고 말하여 어느 정도 정답에 가까이 다가갔으나, 내가 아는 한 누구도 정답에 도달하지는 못했다. 나는 두 신학체계 간의 차이가 신학적 사변이 동방에서 서방으로 넘어오면서 그 풍토도 그리스 형이상학에서 로마법으로 바뀌었다는 사실로 설명된다고 서슴없이 주장하고 싶다. 이들 논쟁이 압도적으로 중요한 논쟁으로 부상하기 수 세기 전부터 서로마인들은 그들의 지적 활동을 전적으로 법학에 쏟아부었다. 그들은 세상사가 조합해낼 수 있는 온갖 상황에 특유의 법원리들을 적용하는 일에 몰두해왔다. 다른 어떤 것의 추구나 취미도 그 일에서 관심이 멀어지게 할 수 없었으며, 이를 수행하기 위한 정확하고 풍부한 어휘, 엄격한 추론방법, 경험에 의해 어느 정도 실증된 일반적 행위명제의 저장고, 그리고 엄정한 도덕철학을 그들은 보유하고 있었다. 기독교 기록에 나타난 문제들 중에서 그들에게 친숙한 사고 유형에 가까운 것들을 그들이 발견하지 못한다는 것은 불가능한 일일 것이다. 또한 이것들을 취급하는 방식을 그들의 법학적 습관에서 가져오지 않는다는 것도 불가능한 일일 것이다. 로마법에 대한 지식이 충분해서 로마의 형법체계를, 계약과 불법행위로 성립되는 로마의 채권채무관계 이론을, 채무 및 이를 부담하고 소멸시키고 이전하는 방식

---

23 위의 책, p. 5.

에 관한 로마인의 견해를, 포괄적 승계에 의해 개인의 존재가 계속 이어
진다는 로마인의 관념을 이해할 수 있는 사람이라면 거의 누구나 서방
신학의 저 문제들과 어울리는 사고의 틀이 어디서 온 것인지, 이들 문제
를 진술하는 용어가 어디서 온 것인지, 그 문제의 해결책에 사용된 추론
유형이 어디서 온 것인지 자신 있게 말할 수 있을 것이다. 다만, 서방 사
상에 작용하여 들어간 로마법은 옛 로마시의 고법古法도 아니고, 비잔틴
황제들에 의해 잘려나가 축약된 법도 아니며, 그렇다고 근대 사변적 교
리의 수많은 달콤한 말들 속에 거의 파묻힌 근대 대륙법이라고 불리는
법규칙의 덩어리는 더더욱 아니었다는 점만은 유념해야 한다. 나는 바로
안토니누스 황조 시대의 위대한 법률가들이 일구어낸 법철학을 말하고
있거니와, 이는 유스티니아누스의 학설휘찬Pandects을 통해 지금도 부분
적으로 재구성할 수 있는 것이다. 그 체계의 흠을 굳이 들라면, 인간의
법이 추구할 수 있을 것으로 보이는 한계를 넘어선 고도의 우아함, 확실
함, 정확함을 목표로 했다는 점 정도가 아닐까 한다.

　영국인들이 자진해서 고백하는, 때로 부끄러워하기는커녕 자랑스러 로마에서
법학의
우위
워하는 로마법에 대한 무지 탓에 다수의 저명하고 신망 있는 영국 학자
들조차 제정기 로마의 지적 상황에 관해 도저히 지지할 수 없는 역설적
주장을 내놓는 특이한 결과가 생겨났다. 아우구스투스 시대가 마감된 때
부터 기독교 신앙에 대한 관심이 일반화될 때까지 문명세계의 정신적 에
너지가 마비상태에 빠졌다는 명제가, 그 명제의 주장에 아무런 무모함도
없다는 듯이 서슴없이 주장되어왔다. 그런데 인간 정신이 보유한 모든
힘과 능력을 사용할 수 있도록 하는 사고 영역에는 두 가지 ― 아마 자연
과학을 제외하면 이 두 가지뿐일 것이다 ― 가 있다. 하나는 형이상학으
로, 인간 정신이 스스로 즐겨 활동하는 한 한계가 없는 영역이고, 다른
하나는 법학으로, 인간 세상의 일들과 외연을 같이하는 영역이다. 전술
한 바로 그 시기 동안 그리스어를 말하는 지역에서는 전자가, 라틴어를

말하는 지역에서는 후자가 몰두의 대상이었다. 알렉산드리아와 동방에서의 사변의 결실에 대해서는 모르겠으나, 로마와 서방은 다른 모든 지적 활동의 부재를 보상하고도 남을 만한 직업 하나를 가지고 있었다고 자신 있게 말할 수 있다. 또한 우리가 아는 한 그것이 이룩한 성취는 그것을 생산하는 데 들어간 지속적이고 배타적인 노력에 충분히 값하는 것이었다. 어쩌면 전문법률가가 아니라면 법학이 개인의 지적 능력을 얼마나 많이 빨아들일 수 있는지 완전히 이해할 수 없을지도 모른다. 그러나 일반인이라도 로마의 집단지성 가운데 이례적으로 큰 몫이 어째서 법학에 집중되었는지 어렵지 않게 이해할 수 있을 것이다. "장기적으로 볼 때,* 어떤 공동체의 법학적 능숙함은 다른 어떤 학문분야의 진보와도 동일한 조건에 달려있다. 중요한 것은 한 나라의 지식인 가운데 거기에 투입되는 비율과 투입되는 시간의 길이이다. 그런데 학문을 진보시키고 완성시키는 데 기여하는 직·간접적인 원인들 전부가 12표법부터 두 제국의 분리에 이르기까지 줄곧 로마 법학에 작용했거니와, 불규칙적이거나 간헐적이 아니라 꾸준히 힘이 증가하고 지속적으로 수가 많아지는 양상이었다. 초기 지적 활동이 법의 연구에 바쳐지고 있는 젊은 나라를 상상해보라. 일반화를 위한 의식적 노력이 행해지면서, 일상생활의 관심은 가장 먼저 이를 일반적 규칙과 포괄적 공식에 포섭하는 데 집중된다. 젊은 공동체의 모든 에너지가 바쳐지고 있는 이 분야의 인기는 처음에는 무제한적이다. 하지만 시간이 흐르면서 인기는 시들해진다. 법학이 인간 정신을 독점하는 상황은 깨어진다. 위대한 로마 법률가의 대기실에 아침부터 몰려들던 고객들도 줄어든다. 영국의 법조원法曹院inns of court의 학생 수도 수천 명대에서 수백 명대로 줄어든다. 예술·문학·과학·정치가 그 나라의 지식인 가운데 일정 몫을 가져간다. 법실무는 전문가 그룹 내의 것으로 국한된다. 그러나 쪼그라들거나 하찮은 것이 되지는 않거니와, 보수報

---

* 앞의 1856년도《케임브리지 논집》.

郦의 측면에서도 학문 고유의 매력의 측면에서도 여전히 사람들을 끌어들인다. 이러한 변화는 영국보다 로마에서 더 현저하게 나타났다. 공화정 말기에 이르면 군대를 통솔하는 특별한 재능을 제외하면 모든 재능 있는 사람들은 법학을 공부한다. 그러나, 영국의 엘리자베스 1세 시대가 그러했듯이, 아우구스투스 시대와 더불어 지성의 진보는 새로운 단계를 맞이한다. 주지하듯이 시와 산문에서 그 시대의 업적은 대단했지만, 장식용에 불과한 문학의 번영 외에도 자연과학을 정복하려는 새로운 경향도 막 등장하려 했음에 유의해야 한다. 하지만 이 시기는 로마 국가의 정신의 역사가 그 후 추구되어온 정신 진보의 일반적 경로와 달라지는 시기였다. 엄밀한 의미의 로마 문학은 수명이 짧았고 여러 요인으로 갑자기 종말을 맞았거니와, 여기서 그 요인들을 분석하는 것은 비록 부분적으로 추적 가능하다 할지라도 적합치 않을 것이다. 고대의 지성은 급격히 옛 상태로 되돌아갔고, 로마인들이 철학과 시를 유치한 민족의 장난감으로 경멸하던 시절만큼이나 배타적으로 다시 법학이 재능 있는 사람들에게 적합한 영역으로 각광받았다. 제정기 동안 법학분야에 타고난 능력을 가진 사람들을 끌어들인 외부적 유인이 무엇이었는지 이해하려면 그의 앞에 사실상 놓여 있는 직업의 선택지를 생각해보는 것이 가장 적절할 것이다. 그는 수사학 교사, 전선의 사령관, 또는 온갖 찬사를 쏟아내는 전문작가가 될 수 있을 것이다. 하지만 그에게 열려있는 그 밖의 활동영역으로는 법실무에 종사하는 것이 유일했다. **이것**을 통해 그는 부, 명예, 관직에 접근할 수 있었고, 황제의 자문단council chamber[24]—어쩌면 황제의 자리 자체—에도 오를 수 있었다."

---

24 하드리아누스 치세 이래 최고사법기구로 떠오른 황제자문단(consilium principis)을 말하는 듯하다. 말 그대로 황제의 재판권 및 칙답권 행사에 대한 자문이 본래 역할이지만 황제의 위임을 받아 사실상 사법기구의 기능을 할 수 있었다. '근위장관'(近衛長官, praefectus praetorio)이 핵심 멤버였는데, 파피니아누스, 파울루스, 울피아누스 등이 이 직을 역임한 대표적 법률가들이다. 전주정 시기 들어 이 기구는 최고정무기관인 추밀원(consistorium)으로 대체된다.

서방
신학에서의
로마법

　　법학이 갖는 장점이 이렇게 컸기에 제국 각 지역에, 심지어 형이상학
이 번성한 지역에도 법학교들이 존재했다. 비록 제국의 중심지가 비잔티
움으로 옮아가 동방에서 법학이 발달할 뚜렷한 계기가 되었음에도, 거기
서는 법학이 경쟁관계에 있는 다른 학문들을 결코 몰아내지 못했다. 법
학의 언어는 라틴어였으므로 제국의 동부에서는 외래 방언이었던 것이
다. 오직 서방에서만 법학이 야심과 포부를 가진 사람들의 정신적 양식
이었을 뿐만 아니라 지적 활동의 유일한 자양분이기도 했다. 로마의 식
자층 사이에서는 그리스 철학이 일시적인 유행 이상의 것이 되지 못했
다. 동방에 새로운 수도가 건설되고 그 후 제국이 둘로 갈라지자, 서방은
이전보다 더욱 결정적으로 그리스적 사변으로부터 결별하고 법학에만
매진하게 된다. 그리스의 문하생에서 벗어나 독자적으로 신학을 궁구하
기 시작하자, 그들의 신학은 법적인 관념에 물들고 법적인 용어로 표현
되었다. 확실히 서방 신학에서 이러한 법학적 토대는 대단히 깊은 것이
다. 후에 아리스토텔레스 철학이라는 새로운 그리스 이론이 서방에 유입
되었고 서방의 고유한 원리들을 거의 전부 덮어버렸다. 그러나 종교개혁
이후 서방은 그것의 영향력을 부분적으로 떨쳐버렸고 그 자리에 즉각 법
학을 가져다 앉혔다. 칼뱅Jean Calvin의 종교체계와 아르미니우스Jacobus
Arminius의 종교체계 중 어느 것이 더 법학적 성격이 강한지는 판가름하기
어렵다.

계약법과
봉건제도

　　로마인들이 생산한 특유의 계약법이 근대 계약법에 끼친 막대한 영향
력은 성숙한 법학의 역사에 해당하므로 이 책의 논의대상을 벗어난다.
그것은 볼로냐 대학이 근대 유럽법학의 기초를 다지면서 비로소 감지되
기 시작했다. 그러나 제국이 몰락하기 전에 이미 로마인들이 계약 개념
을 완전히 발달시켰다는 사실은 그보다 훨씬 이른 시기에 중요한 의미를
갖게 된다. 누차 강조했듯이 봉건제도는 만족蠻族들의 옛 관습과 로마법
이 결합한 것이었다. 다른 설명은 지지될 수 없거나 심지어 이해조차 불

가능하다. 봉건시대 초창기의 사회형태는 원시 문명의 사람들이 어디서
나 보여주는 결합의 형태와 별반 다르지 않았다. 봉토는 유기적으로 완
전히 결합된 동료들의 형제애에 기초했으며, 그들의 재산적 권리와 신분
적 권리는 불가분 혼재되어 있었다. 그것은 인도의 촌락공동체와 많은
공통점을 가지며 스코틀랜드 고지의 씨족과도 많은 공통점을 가진다. 그
러나 여러 문명의 시초에 자생적으로 형성된 결합관계와는 다른 특수한
성질도 가진다. 실로 원시 공동체는 명시적 규칙이 아니라 감정에 의해,
아니 어쩌면 본능에 의해 결합된다. 또한 동료관계에 새로 들어오는 자
는 이러한 본능에 부합하게 짐짓 자연적 혈연관계를 공유한다고 내세움
으로써 편입된다. 그러나 초기 봉건 공동체는 단순한 감정으로 결합되는
것도 아니었고 의제擬制로써 충원되는 것도 아니었다. 그들을 결속시키
는 것은 계약이었으니, 그들은 계약을 맺음으로써 새로운 성원을 얻었던
것이다. 애초 주군과 봉신의 관계는 명시적 계약을 통해 설정되었고, **충
성서약**commendation이나 **수봉**授封**행위**infeudation를 통해 동료관계에 편입되고
자 하는 자는 그가 받아들여지는 조건을 분명히 알 수 있었다. 따라서 봉
건제가 원시 민족들의 순수한 관행과 다른 주된 차이점은 계약이 차지하
는 부분에 기인한다. 주군은 가부장의 성격을 다분히 가지고 있었으나,
그의 대권大權은 수봉시 합의된 명시적 조건에서 유래하는, 다양하게 설
정된 관습에 의해 제한되었다. 그리하여 봉건적 결사結社를 진정한 원시
공동체로 분류할 수 없는 주요 차이들이 발생하게 된다. 봉건적 결사는
훨씬 더 지속적이었고 훨씬 더 다양했다. 명시적 규칙은 본능적 습관에
의해 파괴되기 어렵다는 점에서 그것은 훨씬 더 지속적이었다. 봉건적
결사를 설정하는 계약은 세부적인 상황에 따라 그리고 토지를 맡기거나
양도하는 자가 원하는 바에 따라 얼마든지 달라질 수 있다는 점에서 그
것은 훨씬 더 다양했다. 이 마지막 논점은 근대 사회의 기원에 관한 오늘
날 우리의 통속적인 견해가 얼마나 잘못된 것인지를 알려주는 데 도움이

될 수 있다. 근대 문명의 불규칙하고 다양한 모습이 게르만 민족들의 지나치게 많은 변칙적인 풍속 탓이라고 하면서 이를 지루하리만치 틀에 박힌 로마 제국의 그것과 대비시키는 일이 흔히 있다. 그러나 진실은 로마 제국이 이 모든 불규칙성의 원인인 법개념을 근대 사회에 물려주었다는 데에 있다. 여러 만족蠻族들의 관습과 제도의 가장 두드러진 특징 하나가 있다면, 그것은 그들이 무척 단조로웠다는 것이다.

제10장
불법행위법 및 형법의 초기 역사

앵글로색슨 선조들의 법전을 포함한 튜턴족의 법전들은 초기 법영역들 간의 비중을 정확히 알 수 있는 상태로 우리에게 전해지는 유일한 원시 세속법 법전들이다. 로마와 그리스 법전들의 현존하는 단편들은 이들의 일반적 성격을 알려주기에는 충분하지만, 그 부분들 간의 정확한 양이나 비율을 파악하기에는 부족한 상태로 남아있다. 그럼에도 불구하고 전반적으로 보아 우리에게 전해지는 모든 고대법 집성들은 성숙한 법체계와 크게 다른 한 가지 특징을 가진다. 민법 대비 형법의 비율이 대단히 큰 차이를 보이는 것이다. 게르만 법전들에서는 형법에 비해 민법 부분의 비중이 아주 작다. 드라콘의 법전이 규정한 포악한 형벌에 관한 전승_{傳承}을 보더라도 이것 또한 마찬가지 성격이었을 것이다. 뛰어난 법적 재능과 애초 부드러운 풍속을 가졌던 사회의 작품인 12표법만이 유일하게 근대법과 비슷한 정도로 민법의 우위를 보여주지만, 불법행위의 구제방식이 차지하는 상대적 비중이 아주 크지는 않더라도 상당히 큰 편이다. 생각건대 오래된 법전일수록 형법이 더 풍부하고 더 상세하다고 주장할 수 있겠다. 이 현상은 처음으로 법을 성문화한 공동체들에 만연했던 폭력 때문이라고 흔히 인식되고 설명되어왔거니와, 대체로 정확하다고 할 수 있다. 입법자들은 그들 법전의 부분들 간 비율을 미개한 생활에서 일정 종류의 사건들이 발생하는 빈도에 맞추었다는 것이다. 하지만 이런 설명은 불완전하다고 생각한다. 옛 집성들에서 민법이 상대적으로 황무지인 것은 이 책에서 다룬 고대법의 다른 성격들과 밀접히 관련된다는

고대
법전
에서의
형법

데 유의해야 한다. 문명사회의 민법 부분의 십중팔구는 신분법, 물권 및 상속법, 그리고 계약법으로 이루어져있다. 그러나 이들 법분야는 사회적 결속의 유년기로 거슬러 올라갈수록 더욱 좁은 범위로 축소될 수밖에 없음이 명백하다. 신분법law of status에 다름 아닌 인법人法law of persons은 모든 형태의 신분이 가부장권에 함께 복종하는 관계로 통합되어 있는 한, 아내가 남편에 대해, 아들이 아버지에 대해, 미성숙의 피후견인이 종친宗親인 후견인에 대해 아무런 권리도 갖지 않는 한, 아주 좁은 범위로 축소될 것이다. 마찬가지로 물건과 상속에 관한 법도 부동산과 동산이 가족 내에서 대물림되는 한, 설령 분배되더라도 가족 내에서 분배되는 한, 결코 풍부할 수 없을 것이다. 그러나 고대 민법의 가장 큰 빈틈은 언제나 계약법의 부재에 기인할 것이다. 몇몇 원시 법전은 계약법이 아예 없고, 다른 법전들에서는 서약誓約oath[1]에 관한 세세한 법이 계약법을 대신하고 있어서 계약 관련 도덕관념의 미성숙을 보여주고 있을 뿐이다. 그런데 이에 상응하는, 형법의 빈곤을 가져올 만한 이유는 없다. 따라서, 설령 제 민족들의 유년기가 언제나 무제약적 폭력의 시기였다고 말하는 것이 위험하다 할지라도, 왜 근대법의 민법 대비 형법의 관계가 고대법전에서는 역전되는지 우리는 여전히 이해할 수 있다.

범죄와
불법행위

나는 후대에 비해 원시법은 형법, 즉 **범죄법**criminal law에 큰 비중을 둔다고 말했다. 이 표현은 편의상 사용한 것이고, 실은 고대법전을 살펴보면 비상한 양을 차지하는 저 법이 진정한 범죄법은 아님이 드러난다. 문명사회의 법은 국가나 공동체에 대한 침해와 개인에 대한 침해를 구분하는 데 일치하고 있다. 이렇게 구분된 두 종류의 침해를 우리는, 법학에서 이들 용어가 항상 일관되게 사용되어왔다고 할 수는 없지만, 범죄crimes; crimina와 불법행위wrongs; delicta로 부를 수 있겠다. 그렇다면 고대 공동체의

---

1 '서약' '선서' 등 우리말 역어로는 그 뉘앙스가 잘 살아나지 않지만 본디 'oath'는 신을 끌어들여 약속하는 것을 의미했고 종교적 색채를 띠고 있는 말이다.

형법은 범죄법이 아니라 불법행위(영국법 용어로는 토트torts)법인 것이다. 피해자는 가해자를 상대로 통상의 민사소송을 제기하고 승소하면 금전배상의 형태로 배상받는다. 가이우스의 주해서 가운데 12표법에 기초한 처벌법을 취급하는 부분을 펼쳐보면, 로마법이 인정하는 민사 불법행위의 첫머리에 **절도**furtum가 나오는 것을 볼 수 있다. 우리가 익히 **범죄**로만 취급된다고 여기는 침해를 **불법행위**로만 취급하고 있는 것이다. 절도뿐만 아니라 폭행 및 모욕assault[2]과 강도도 로마 법률가들은 영국법상의 불법침해trespass, 문서명예훼손libel, 구두명예훼손slander과 마찬가지로 취급한다.[3] 이들 모두가 채권채무관계, 즉 '법의 사슬'vinculum juris을 가져오고 이들 모두가 금전지불로써 배상된다. 하지만 이 특징은 게르만 부족들의 법전에서 더욱 뚜렷하게 나타난다. 예외 없이 이들은 살인에 대한 금전배상의 방대한 체계를 기술하고 있고, 거의 예외 없이 기타 덜 중대한 침해에 대한 방대한 배상체계를 기술하고 있다. 켐블John Mitchell Kemble에 따르면 "앵글로색슨법에서는 (《앵글로색슨》, 1.177) 모든 자유인의 생명에 그의 신분에 따라 금액이 매겨져있었다. 또한 사람의 신체에 가해질 수 있는 모든 상해에 대해, 그리고 그의 시민권, 명예, 평온에 대해 가해질 수 있는 거의 모든 침해에 대해 그에 상응하는 금액이 매겨져있었다. 그 금액은 우발적인 상황에 따라 가중된다."[4] 이들 배상금은 중요한 수입원이 되었을 것이 분명하고, 매우 복잡한 규칙이 그것에 대한 권리와 책임을 규율하고 있거니와, 귀속되는 사람의 사망으로 면책되지 않는 한 전술했듯이 특별한 상속규칙에 따라 상속되는 것이 일반적이다. 따라서,

---

2 저자는 로마법상의 인격침해(iniuria)를 영어의 'assault'로 옮기고 있는 듯하다. 로마법의 '인격침해'는 신체적 폭행뿐 아니라 모욕, 명예훼손 등 인격적 침해도 포괄하므로 본문에서는 '폭행 및 모욕'으로 번역했다.

3 이들 세 가지 영미법상의 법개념들은 모두 불법행위(tort)에 속하는 소송형식들이었다. 이 가운데 불법침해는 신체와 부동산과 동산에 대한 폭력적 침해를 포괄했다.

4 John Mitchell Kemble, *The Saxons in England: A History of the English Commonwealth Till the Period of the Norman Conquest*, Vol. 1, London: Longman, Brown, Green, & Longmans, 1849, pp. 276f.

국가가 아니라 개인을 피해자로 보는 것이 **불법행위**법의 기준이라면, 법의 유년기에는 형법이 아니라 불법행위법에 의존하여 시민들이 폭력이나 사기로부터 보호받았다고 주장할 수 있다.

불법행위와
종교적 죄

그리하여 원시법에서 불법행위는 방대한 양을 차지하고 있다. 또한 종교적 죄sin도 원시법에 알려져 있었음을 첨언해야 할 것이다. 튜턴족 법전들에 관해서는 이런 주장을 굳이 할 필요도 없거니와, 현존하는 이들 법전은 기독교도 입법자들이 편찬하고 개정했기 때문이다. 그러나 사실 비非기독교적인 옛 법전들도 일정한 작위 유형과 일정한 부작위 유형에 대해 신의 지시와 명령을 위반했다는 이유로 형벌을 부과한다. 아테네의 아레오파고스Areopagus 원로회의가 집행한 법은 아마도 어떤 특별한 종교법이었을 것이다. 로마에서도 일찍이 신관법神官法이 간통, 독신瀆神, 그리고 어쩌면 살인도 처벌했던 것이다. 따라서 아테네와 로마에는 **종교적 죄**를 벌하는 법이 있었다. 또한 **불법행위**를 벌하는 법도 있었다. 신에 대한 침해라는 개념이 전자의 법을 만들었고, 이웃에 대한 침해라는 개념이 후자의 법을 만들었다. 그러나 국가 또는 전체 공동체에 대한 침해라는 관념은 초기에는 진정한 의미의 형법을 만들지 못했다.

범죄의
개념

그렇다고 해서 국가에 대한 침해라는 간단하고도 기초적인 개념이 원시사회에 부재했다고 생각해서는 안 된다. 그보다는 이 개념이 실현되는 특별한 방식이 초기 형법의 성장을 가로막는 원인이었다고 보인다. 여하튼 로마 공동체는 자신이 침해당했다고 생각되면 개인이 침해당한 경우를 유추하여 완전히 똑같은 결과를 강제했거니와, 국가는 어떤 특별한 일회적 행위로써 개인 침해자에게 보복했다. 즉, 로마 공동체의 유년기에는 국가의 안전과 이익을 중대하게 침해하는 모든 행위를 입법기관의 개별 입법으로써 처벌했던 것이다. 그리고 이것이 범죄crimen의 초창기 개념이었거니와, 국가가 사건을 민사법원이나 종교법정에 맡기지 아니하고 침해자에 대한 특별법privilegium을 만들어 처벌할 정도로 중대한 문제를 야기하는 행위가 바로 범죄이다. 따라서 모든 기소는 '처벌법안'bill of pains and penalties의 형태를 띠었고, **범죄자**의 재판은 정해진 규칙이나 정해진 절차로부터 전적으로 독립된, 전적으로 특별하고 전적으로 비정규적인 절차였다. 결과적으로, 재판을 담당하는 법원이 통치자인 국가 자신인 까닭에, 또한 미리 어떤 행위유형을 지시하거나 금지하는 것이 불가능한 까닭에, 이 시대에는 형**법**이 존재하지 않았다. 그 절차는 통상적으로 법률이 통과되는 방식과 동일했다. 동일한 사람들에 의해 발의되었고 동일한 엄숙한 절차에 의해 진행되었다. 나중에 법원 및 사법관의 조직을 갖춘 정규 형사법체계가 들어서고 나서도, 옛 절차는, 이론상 모순될 것이 없다는 점에서 짐작할 수 있듯이, 여전히 가용한 상태로 엄연히 남아있었음을 유념해야 한다. 이러한 수단의 사용을 다분히 경원시했음에도 로마 인민은 이 권한을 항상 보유했고 이를 이용해 특별법으로 대역죄를 처벌하곤 했다. 정확히 같은 방식으로 아테네의 '처벌법안'인 에이산겔리아εἰσαγγελία가 정규법원의 설치 후에도 계속 유지되었음을 고전학자들에게는 굳이 상기시킬 필요가 없을 것이다. 또한 주지하듯이 튜턴족의 자유민들이 입법을 위해 집회했을 때 그들은 특별히 사악한 범죄 또는 높은 신분의 범죄자가 저지른 범죄를 처벌하는 권한도 행사했다. 앵글로색슨의 위테나게모트witenagemot[5]의 형사재판권도 동일한 성격을 가졌다.

　내가 주장한 고대 형법관과 근대 형법관의 차이가 말로만 존재하는 것이 아닐까 생각될 수도 있을 것이다. 가령 공동체는 입법을 통해 범죄를 처벌하는 것 외에도 일찍부터 자신의 법원을 통해 위법행위자에게 피해배상을 강제했고, 이렇게 할 경우 그의 행위로 공동체가 침해받았다고 어떻게든 가정하지 않으면 안 된다고 말할 수 있는 것이다. 그러나, 이런

5　'현자(賢者)들의 모임'이라는 뜻. 앵글로색슨 왕국들에서 일종의 국왕평의회(curia regis)에 해당하는 기구였다.

추론이 현대인에게 아무리 그럴듯해 보이더라도, 먼 옛날 태곳적 사람들이 실제로 이런 추론을 했을까는 대단히 의문스럽다. 공동체에 대한 침해라는 관념이 **자신의 법원을 통한** 초기 국가의 개입과 얼마나 무관한지는 초창기 재판절차가 사적 영역에서 분쟁하고 있으면서 그 분쟁을 진정시키는 데 동의하는 사람들이 행할 법한 일련의 행위를 거의 그대로 모방하는 것이었다는 흥미로운 사실에서도 알 수 있다. 정무관은 무심코 불려온 사적 중재인의 행위를 꼼꼼히 흉내냈던 것이다.

법률소송   이 진술이 그저 상상으로 꾸며낸 말이 아님을 보여주기 위해 이제 나는 그 근거가 되는 증거를 제시하고자 한다. 우리에게 알려진 가장 오래된 소송절차의 하나가 바로 로마의 신성도금법률소송神聖賭金法律訴訟legis actio sacramenti이거니와, 이로부터 모든 후대의 로마 소송법이 발달되어 나온 것을 입증할 수 있다. 가이우스가 그 의례절차를 꼼꼼히 기술하고 있다.[6] 일견 무의미하고 기이하게 보이지만 조금만 주의를 기울이면 그것을 해독할 수 있고 해석할 수 있다.

소송의 목적물이 법정에 나와야 한다. 동산이면 실제로 가지고 나오면 된다. 부동산이면 그것의 일부분 또는 견본을 대신 가지고 온다. 예컨대 토지라면 한줌의 흙덩이, 가옥이라면 벽돌 한 장으로 대신한다. 가이우스가 채택한 예에서는 노예가 소송의 목적물이다. 절차가 시작되면 원고가 막대기 하나를 들고 나서는데, 가이우스가 밝혀놓았듯이 막대기는 창槍을 상징한다. 원고는 노예에게 손을 얹고 다음과 같은 말로 권리를 주장한다. "말했듯이 이 사람은 정당한 권원에 따라 시민법상으로 나의 것임을 주장하노라Hunc ego hominem ex jure quiritium meum esse dico secundum suam causam sicut dixi." 그러고는 이어서 "보라! 이 사람에게 나의 창을 두었노라 Ecce tibi vindictam imposui"고 말하면서 그에게 창을 갖다 댄다. 이어서 피고도 동일한 언명과 몸짓을 수행한다. 그러고 나면 법무관이 개입하여 당사자

---

6 Gai.4.16.

들에게 손을 뗄 것을 명한다. "둘 다 그 사람을 놓아주라Mittite ambo
hominem." 당사자들은 명을 따른다. 이어 원고는 피고에게 주장의 근거를
요청한다. "너는 어떤 권원에서 주장하였는지 진술해줄 것을 요청하노
라Postulo anne dicas quâ ex causâ vindicaveris." 이 질문에 대해 피고는 또다시 자신
의 권리를 주장함으로써 답한다. "나의 창을 두었거니와 나는 나의 권리
를 행사하였노라Jus peregi sicut vindictam imposui." 그러면 원고는 이 사건 재판
에 대해 '신성도금'sacramentum이라 불리는 일정액의 금전을 걸자고 제안
하다. "너는 불법적으로 주장하였으므로, 나는 500아스의 신성도금으로
너에게 도전하노라Quando tu injuriâ provocasti, D aeris sacramento te provoco." 피고는
"나도 너에게 똑같이 도전하노라Similiter ego te"는 말로 내기wager를 받아들
인다. 이후의 절차는 더는 요식적 성격을 띠지 않는다. 그러나 법무관은
신성도금 명목으로 보증금을 받았고, 이 돈은 언제나 국고에 귀속되었음
을 명심해야 한다.

　고대 로마의 모든 소송은 반드시 이러한 절차로 시작했다. 생각건대
재판의 기원이 드라마 형태로 각색되어 있는 것을 여기서 볼 수 있다는
데 동의하지 않을 수 없을 것이다. 두 명의 무장한 사람들이 분쟁 대상을
두고 다투고 있다. 큰 자비慈悲의 소유자vir pietate gravis인 법무관이 마침 그
곳을 지나가다가 분쟁을 해결하기 위해 개입한다. 분쟁당사자들은 각자
자신의 사정을 말하고 법무관이 중재해 줄 것에 동의한다. 패자敗者는 분
쟁의 목적물만 잃는 것이 아니라 중재인에게 그의 노고와 시간에 대한 보
답으로 일정액의 금전도 지불하기로 합의하는 것이다. 법률소송legis actio
의 필수과정으로 가이우스가 묘사한 이 의례절차가 아킬레우스의 방패
첫 부분에 헤파이스토스 신이 새겨 넣은 것으로 호메로스가 묘사한 두 가
지 주제 중 하나와 놀라울 정도로 일치하지 않았다면,[7] 이런 해석은 설득

호메로스가
묘사한
고대 소송

7　아킬레우스의 방패에는 두 개의 도시가 새겨졌으니, 한 도시에는 결혼식 장면과 재판
　장면이 그려졌고, 다른 도시에는 전쟁 장면이 그려졌다고 한다. 첫 번째 도시에 대한 묘
　사는《일리아스》 18.490.

력이 반감되었을 것이다. 호메로스가 묘사한 재판 장면은, 마치 원시사회
의 성격을 드러내고자 의도했다는 듯이, 물건에 대한 소송이 아니라 살인
에 대한 속죄금 소송이다. 한 사람은 이미 지불했다고 주장하고 다른 사
람은 받은 적이 없다고 주장한다. 하지만 여기서 상세히 묘사된 부분은
옛 로마 소송관행의 대응물을 그려내고 있거니와, 판관들에게 주어지는
보답 부분이다. 2달란트의 황금이 가운데 놓여있는데, 판결의 근거를 청
중들에게 가장 만족스럽게 설명하는 이에게 이것이 주어진다. 이 금액이
신성도금의 소액에 비해 무척 큰 것은 유동적인 관행과 법으로 고정된 관
행 간의 차이를 시사하는 것으로 보인다. 저 시인이 영웅시대 도시생활의
두드러진 특징으로, 그러나 아직은 임시적 성격의 것으로 소개한 이 장면
은 후에 민사소송의 역사가 열리면서 정규의 통상적 소송형식으로 굳어
진다. 따라서 법률소송legis actio에 이르면 판관의 보수는 당연히 합리적인
금액으로 줄어들고, 군중의 환호에 따라 여러 중재인 가운데 한 명에게
주어지는 대신 당연히 법무관으로 대표되는 국가에 귀속되는 것이다. 그
러나 호메로스가 생생하게 묘사한 장면과 가이우스가 흔히 법기술적 언
어에서 보이는 것보다 훨씬 더 상세하게 묘사한 장면은 의심할 여지없이
사실상 동일한 것을 의미한다. 또한 근대 유럽의 초기 재판관행을 연구한
다수의 학자들은 법원이 법위반자에게 부과한 벌금이 원래는 신성도금
sacramenta이었다고 말하고 있거니와, 이 또한 우리의 견해를 뒷받침해준
다. 국가는 자신에게 가해진 침해에 대한 배상을 피고인에게서 받아낸 것
이 아니라, 원고에게 주어지는 배상금의 일정 비율을 단지 시간과 노고를
들인 데 대한 정당한 대가로서 요구했던 것이다. 켐블은 앵글로색슨의
'반눔'bannum 또는 '프레둠'fredum에 명시적으로 이러한 성격을 부여한다.[8]

**로마
고법상의
절도**

　　초기 재판관들이 사적 분쟁의 당사자들 간에 있음직한 행위를 모방했
음을 보여주는 다른 증거들도 고대법에서 발견된다. 손해배상의 결정에

---

[8] Kemble, 앞의 책, p. 270.

서 그들은 당해 사건의 상황에서 피해자가 감행했을 법한 복수復讐의 양
태를 감안했던 것이다. 이는 현장에서 또는 범행 직후에 붙잡힌 범죄자
와 상당 시간 경과 후에 발각된 범죄자를 고대법이 사뭇 다르게 처벌했
던 점을 올바르게 설명해줄 수 있다. 이러한 차이를 보여주는 다소 특이
한 예는 로마 고법古法상의 절도에서 볼 수 있다. 12표법은 절도를 현행
도現行盜manifest theft와 비非현행도non-manifest theft로 구분하여 어느 쪽에 속하
는가에 따라 완전히 다른 처벌을 부과했다. 현행도는 절도행위를 하던
중 그 집 안에서 붙잡힌 자, 혹은 훔친 물건을 가지고 안전한 장소로 달아
나다가 붙잡힌 자를 말한다. 12표법에는 이런 자가 노예인 경우 사형에
처하고 자유인인 경우 그 물건 주인의 노예가 되도록 정해놓았다.[9] 비현
행도는 그 밖의 상황에서 발각된 자를 말한다. 저 옛 법전은 이런 종류의
절도는 훔친 물건의 2배액을 배상한다고만 정해놓았다.[10] 당연히 가이
우스의 시대에는 현행도에 대한 12표법의 지나친 가혹함이 상당히 완화
되었다. 그러나 비현행도의 경우 여전히 2배액만 배상하는 데 비해 현행
도는 훔친 물건의 4배액을 배상하게 함으로써 옛 원리를 계속 유지하고
있었다.[11] 분명 고대 입법자는 피해자인 소유주가 스스로 처벌한다면 격
정에 휩싸여 있을 때 처벌하는 것과 시간이 한참 지나 절도범이 발견될
때 만족할 만한 것 간에 큰 차이가 있으리라는 점을 고려했고, 이에 맞추
어 처벌 수위를 조정했던 것이다. 이러한 원리는 앵글로색슨 및 기타 게
르만 법전들이 따르는 원리와 정확히 일치한다. 절도범을 추격하여 도품
과 함께 붙잡은 경우 그 자리에서 그를 교수형이나 참수형에 처했던 반
면, 추격이 중단된 후에는 살인자라도 살인에 대한 완전한 배상금을 받
아내는 데 그쳤던 것이다. 옛 법상의 이러한 구분은 원시적 법과 세련된

9　12표법 8.14.

10　12표법 8.16.

11　Gai.3.189-190. 2배액이나 4배액의 절도소권은 순수한 벌금소권, 즉 징벌적 성격의 소
　　권이었다. 피해 목적물이나 그 가액은 소유물반환청구소송(rei vindicatio) 등 별도의
　　소송으로 환수할 수 있었다.

법 사이에 간격이 얼마나 큰지 실감케 해준다. 근대 재판관들은 법기술적으로 동일한 종류에 속하는 범죄들 간에 죄의 경중을 구별하는 일이 그들 업무 중 가장 큰 고역의 하나라고 고백하고 있다. 어떤 사람이 살인죄, 절도죄, 또는 중혼重婚죄의 유죄라고 말하기는 쉬워도, 그가 어느 정도로 도덕적 죄질이 나쁜지, 그리하여 어떤 형벌을 부과하는 것이 적절한지 판단하기란 무척 어렵다. 우리가 이런 사항을 세세하게 정해놓으려 시도한다면, 불필요하게 동기를 분석해 들어가는 결의론casuistry에 빠진다 해도 그다지 잘못이라 할 수 없을 것이다. 따라서 오늘날의 법은 이 문제에 관해 실정규칙을 정해놓는 일을 가능하면 피하려는 경향을 보인다. 프랑스에서는 유죄로 판명된 범죄에 참작할 만한 정황이 있는지 결정하는 것이 배심원단에게 맡겨져 있다. 영국에서는 형벌의 선택에서 거의 무제한적 재량이 판사에게 주어져 있다. 또한 모든 국가에서 법의 오판을 교정하는 수단으로서 사면권이 최고 통치권자에게 유보되어 있다. 신기하게도 원시시대 사람들은 이러한 망설임으로 고민하는 일이 거의 없었다. 전적으로 피해자의 충동이 그에게 권리로 주어진 복수의 적절한 기준이라고 생각했으며, 또한 형벌의 척도를 정함에서도 피해자의 격정의 있음직한 등락을 그대로 모방했다. 이러한 입법 양태가 이제 완전히 사라졌다고 말할 수 있기를 나는 바란다. 하지만 몇몇 근대법체계에서는 중대한 침해의 경우 가해자가 실행 중에 붙잡혔다는 사실이 피해자가 그에게 가한 과잉된 응징을 정당화하는 항변 사유로 인정되고 있거니와, 겉보기에는 타당해보일지 몰라도 이는 저급한 도덕성에 기초한 면죄부라고 나는 생각한다.

로마의 사문회   전술했듯이 고대사회가 결국 진정한 의미의 형법을 갖도록 이끈 고려사항은 무척 단순한 것이었다. 국가는 스스로를 피해자로 관념했고 민회는 입법행위에 수반되는 것과 동일한 절차로 가해자를 직접 타격했다. 더욱이 실로 고대세계에서 — 후술할 기회가 있겠지만 근대에는 대개 그

렇지 않다―초창기 형사법정은 단지 입법기구의 하위분과, 즉 위원회
에 지나지 않았다. 어쨌든 이것이 법사法史에서 두 위대한 고대국가들에
관해 하나는 그럭저럭 명료하게, 다른 하나는 완전히 확실하게 드러나는
결론이다. 아테네의 원시 형법은 범죄의 처결을 일부는 아르콘archon들에
게 맡겨 **불법행위**로 처벌했고, 일부는 아레오파고스 원로회의에 맡겨 **종
교적 죄**로 처벌했다. 양자의 재판권은 결국 헬리아이아Heliaea, 즉 최고인
민법원에 사실상 넘어갔고, 아르콘의 기능과 아레오파고스의 기능은 행
정적인 것에 불과하거나 아니면 거의 무의미한 것이 되어버렸다. 그런데
"헬리아이아"는 애초 단지 민회를 지칭하는 말이었다. 고전 시대의 헬리
아이아는 사법司法적 목적을 위해 모인 민회였을 뿐이고, 아테네의 저 유
명한 디카스테리온dikastery은 민회의 하위분과, 즉 배심원단이었을 뿐이
다. 로마에서 일어난 이와 유사한 변화는 훨씬 더 수월하게 해석할 수 있
거니와, 로마인들의 실험은 형법에만 국한되었고 아테네인들처럼 민사
재판권과 형사재판권을 포괄하는 인민법원을 만들지 않았기 때문이다.
로마 형법의 역사는 왕이 주재했다고 전해지는 옛 인민재판judicia populi에
서 시작한다. 이는 입법의 형태로 중범죄자들을 처벌하는 엄숙한 재판이
었을 뿐이다. 하지만 일찍부터 민회comitia는 자신의 형사재판권을 사문
회査問會quaestio, 즉 위원회에 위임하곤 했었던 것으로 보인다. 사문회의
민회에 대한 관계는 영국 하원의 위원회가 하원에 대해 갖는 관계와 거
의 동일하지만, 다만 로마의 사문관들quaestores은 민회에 **보고**report만 한 것
이 아니라 민회가 행사하던 모든 권한을 행사했으며, 따라서 피고인에게
판결을 선고할 수 있었다. 이런 종류의 사문회는 특정 범죄자를 재판하
기 위해서만 임명되었으나, 두세 개의 사문회들이 동시에 재판하는 일도
불가능하지는 않았다. 또한 공동체를 침해하는 여러 중대한 범죄사건이
함께 발생하면 여러 개의 사문회가 동시에 임명되는 일도 있었던 것으로
보인다. 때로는 사문회가 **상임**위원회의 성격에 접근하는 경우도 있었거

니와, 이는 중대한 범죄의 발생을 기다리지 아니하고 주기적으로 임명되는 사문회였다. 아주 오래된 직무와 관련해 언급되는 옛 '근친살해담당사문관'quaestores parricidii은 모든 근친살해 및 일반 살인사건의 재판(수사와 재판을 모두 담당했다는 의견도 있다)을 위임받았거니와, 매년 주기적으로 임명되었던 것으로 보인다. 두 명으로 구성되어 국가에 대한 폭력적 침해를 재판하던 '반역담당이인관'二人官duumviri perduellionis도 주기적으로 임명되었다고 보는 것이 통설이다. 이들 두 경우의 권한 위임은 한 걸음 발달된 단계로 우리를 데려다준다. 국가에 대해 범죄가 **이미** 행해진 후 임명되는 것이 아니라, **장래** 행해질 것에 대비해 일시적이기는 해도 일반적인 재판권을 가졌던 것이다. "근친살해"parricidium와 "반역"perduellio이라는 일반적 용어도 정규 형법에 다가가고 있음을 시사하거니와, 범죄의 분류에 해당하는 것에 접근하고 있다.

상설   하지만 진정한 의미의 형법은 기원전 149년에 비로소 등장한다. 칼푸
사문회   르니우스 피소Calpurnius Piso의 발의로 이른바 '부당착취반환에 관한 칼푸르니우스 법'Lex Calpurnia de Repetundis이 만들어졌던 것이다. 이 법률은 부당착취금반환repetundarum pecuniarum소송, 즉 속주총독이 부당하게 수탈한 돈을 반환하라고 속주민들이 제기한 소송에 적용되었다. 그러나 이 법률이 항구적으로 큰 중요성을 갖게 된 것은 최초로 상설사문회常設査問會quaestio perpetua가 설치되었다는 데 있다. 상설사문회는 일종의 **상임**위원회로서, 임시적인 또는 일시적인 위원회와는 그 성격을 달리했다. 그것은 정규 형사법원으로서, 창설하는 법률이 통과된 때부터 폐지하는 법률이 통과될 때까지 존속했다. 그 구성원들은 옛 사문회 구성원처럼 특별히 임명되는 것이 아니라, 그것을 창설하는 법률의 규정에 따라 특정 신분의 사람들 중에서 직무를 맡을 심판인들이 선발되었고 또한 정해진 규칙에 따라 갱신되었다. 담당할 범죄들의 이름과 정의定義도 이 법률에 명시적으로 규정되어 있었다. 그리하여 이 새로운 사문회는 장차 이 법률에 규정

된 범죄 정의에 해당하는 행위를 저지르는 모든 사람들을 재판하고 선고를 내릴 권한을 가졌다. 따라서 진정한 의미의 형법을 집행하는 정규의 형사법원이었다.

그리하여 원시적 형법의 역사는 네 단계로 구분된다. **범죄**의 개념을 **불법행위**와 구분하고 **종교적 죄**와도 구분하여 국가 혹은 전체 공동체에 대한 침해로 관념할 때, 이 개념에 글자 그대로 부합하게, 우선 국가는 개별적 행위로써 스스로 직접 개입하여 자신을 침해한 범죄행위자에게 보복했다. 이것이 출발점이다. 각각의 기소는 일종의 처벌법안이고 범죄자의 이름과 그에 대한 형벌은 개별 특별법으로 정해진다. **두 번째** 단계는 범죄가 많아져서 입법기구가 자신의 권한을 특정 사문회 또는 위원회에 위임할 때 달성된다. 각 사문회 또는 위원회는 특정한 하나의 기소에 대해 수사하고 유죄로 입증되면 그 특정 범죄자를 처벌할 권한을 부여받는다. **또 하나의** 단계는 입법기구가, 범죄의 실행을 기다려 사문회를 임명하는 것이 아니라, 근친살해담당사문관이나 반역담당이인관처럼 일정 유형의 범죄가 저질러질 가능성과 **장래** 이들이 실행될 것이라는 기대 아래 주기적으로 위원들을 임명할 때에 이루어진다. **마지막** 단계는 주기적이거나 임시적이던 사문회가 상설의 왕좌법원Bench들이나 제실법원Chamber들이 될 때, 위원회를 임명하는 특정 법률로써 심판인들을 지명하는 것이 아니라 장래를 향해 영구적으로 일정한 신분 중에서 일정한 방식으로 심판인들을 선발하도록 정해질 때, 일정한 행위가 일반적 언어로 유형화되어 있고 범죄로 선언되어 있어서 그 행위가 실행되면 각 유형에 적합한 예정된 형벌로 처벌될 때에 도달한다.

상설사문회의 역사가 더 오래 지속되었다면 그것은 틀림없이 독자적인 제도로 관념되었을 것이고, 민회에 대한 그것의 관계도 영국 보통법법원들이 모든 사법권의 이론적 원천인 국왕에 대해 갖는 관계 이상으로 가깝게 생각되지 않았을 것이다. 그러나 상설사문회는 그 기원이 미처

형법의
역사

사문회의
결과

망각되기 전에 제정기의 전제정치에 의해 파괴되고 말았다. 그리고 이들 상임위원회가 지속되는 동안 로마인들은 이를 단지 위임된 권한의 담지자로만 생각했다. 그것이 담당하는 범죄는 본디 입법기구의 권한에 속한다고 여겨졌고, 사문회를 떠올릴 때면 로마인들의 머리에는 끊임없이 민회가, 자신의 불가양의 기능의 일부를 행사하도록 위임한 저 민회가 연상되었다. 사문회가 상설화된 후에도 여전히 이를 민회의 위원회로만—상위 권위에 종속된 기구로만—간주하는 견해는 로마 형법의 마지막 시기까지 각인을 남긴 어떤 중요한 법적 결과들을 낳았다. 한 가지 직접적 결과는 사문회들이 설치되고 나서도 오랫동안 민회가 처벌법안을 통해 계속 형사재판권을 행사했다는 것이다. 입법기구가 편의상 다른 기구에 권한을 위임했다고 해서 그 권한을 완전히 양도해버렸다고 할 수는 없다. 민회와 사문회들은 서로 나란히 범죄자들을 재판하고 처벌했다. 그리하여 민중의 분노가 끓어오르는 이례적인 사건이 발생하면, 공화정이 끝날 때까지는, 반드시 그 대상에 대한 기소가 트리부스 민회에 제출되곤 했다.

민회의
재판권,
사형

민회에 대한 사문회의 종속성에서 로마 공화정의 또 하나의 중요한 특징 하나를 더 끌어낼 수 있다. 로마 공화정의 형벌체계에서 사형이 사라진 것은 지난 세기 학자들이 사뭇 선호하던 논의주제였다. 그들은 이를 이용해 로마인들의 심성에 관한 이론이나 근대적 사회경제에 관한 이론을 끊임없이 내세웠다. 그러나 자신 있게 말할 수 있는 저 현상의 원인은 기실 순전히 우연한 것이었다. 잇달아 등장한 로마의 입법기구 셋 중 하나인 켄투리아 민회comitia centuriata는 주지하듯이 오로지 군사적 목적을 위한 로마 국가의 대표기구였다. 따라서 켄투리아 민회는 군대를 통솔하는 사령관에게 주어질 법한 모든 권한을 가졌고, 그 중에서도 군율을 위반한 군인에게 가해지는 처벌과 동일한 처벌을 범죄자들에게 부과하는 권한을 가졌다. 따라서 켄투리아 민회는 사형을 선고할 수 있었다. 하지만 쿠리아 민회comitia curiata나 트리부스 민회comitia tributa는 달랐다. 이들 민회는 로마시 성벽 안에서 시민들의 인격에는 종교와 법에 따라 신성함이 부여되어 있다는 관념에 의해 제약받았다. 특히 후자인 트리부스 민회에 관해 말하자면, 트리부스 민회는 기껏해야 벌금형만 부과할 수 있다는 것이 확고한 원칙이 되어갔음을 우리는 잘 알고 있다. 형사재판권이 입법기구에 국한되어 있는 한, 그리고 켄투리아 민회와 트리부스 민회가 동등한 권한을 계속 행사하는 한, 중형을 과할 수 있는 입법기구에 중대한 범죄를 기소하는 것이 선호되었음은 어렵지 않게 짐작할 수 있다. 그러나 더 민주적인 기구인 트리부스 민회가 거의 전적으로 다른 민회들을 대체하여 공화정 후기의 통상적인 입법기구가 되는 일이 발생했다. 또한 공화정 몰락기는 저 상설사문회들이 창설되던 시기와 정확히 일치한다. 그리하여 상설사문회를 창설하는 법률들은 모두 정상적인 집회로써는 범죄자에게 사형을 부과할 수 없는 입법기구에서 통과되었던 것이다. 결과적으로, 위임받은 권한만 갖는 상설 사법司法위원회들의 속성과 능력은 위임하는 기구가 갖는 권한의 한계에 의해 제한되었다. 트리부스 민회가 할 수 없는 것은 그것들도 할 수가 없었고, 트리부스 민회는 사형을 과할 수 없었으므로 사문회들도 똑같이 사형을 과할 수 없었다. 이렇게 해서 생겨난 특별한 상황을 바라보는 고대인들의 관점은 근대인들 사이에 인기 있는 어떤 관념과 전혀 다른 것이었다. 실로 로마인들의 심성이 이것에 더 부합했는지는 모르겠으나 로마의 헌정에는 확실히 훨씬 더 나쁜 결과를 가져왔다. 역사적으로 인류가 경험했던 다른 모든 제도들과 마찬가지로 사형도 문명화 과정의 일정 단계에서는 사회의 필수요소가 된다. 어떤 시대에는 사형을 없애려는 시도가 모든 형법의 근저에 놓여있는 두 가지 중대한 본능을 거스르게 된다. 사형 없이는, 공동체는 범죄자에게 충분히 복수했다는 느낌도 갖지 못하고, 그를 모방하고자 하는 다른 사람들을 그에 대한 처벌의 사례를 가지고 억지시킬 수 있다는 느낌도 갖지 못하는 것이다. 사형을 선고할 수 없는 로마 법원의 무능력은 명백하게 그리고 직접적으로 '추방'追放proscription 시대라고 불리는 저 가공스런 혁명적 시간들을 낳았다.[12] 당시 복수에 목말라하던 당파적 폭력이 어떤 다른 출구도 찾지 못했다는 단순한 이유로 모든 법이 공식적으로 정지되었던 것이다. 법의 이러한 일시적 정지상태보다 더 강력하게 로마 인민의 정치적 능력을 몰락하게 만든 것은 없었다. 일단 이런 사태를 겪고 나자 로마 공화정의 몰락은 이제 시간문제에 불과하게 되었다고 우리는 주저 없이 말할 수 있다. 민중의 감정이 분출될 수 있는 적절한 출구를 로마 법원이 제공했다면, 사법과정의 모습은 분명 스튜어트 왕조 후기의 영국이 경험했던 도착倒錯적인 형태를 노골적으로 띠었겠지만, 국민성은 그렇게 철저히 손상받지 않았을 것이며 제도의 안정성도 그렇게 심각하게 허약해지지 않았을 것이다.

사문회의
결과,
범죄의
분류
　재판권에 관한 전술한 이론에서 생겨난 로마 형법체계의 특징을 두 가지 더 언급하고자 한다. 하나는 로마에서는 형사법원의 수가 대단히 많았다는 것이고, 또 하나는 범죄의 분류가 변칙적이고 부조화스러웠다는 것으로, 후자는 로마 역사 전체에 걸쳐 형법의 성격을 규정했다. 상설이든 아니든 모든 사문회는 각각 개별적인 법률로 탄생한다. 각 사문회는 이를 만든 법률에 의해 권위가 부여되었고, 그 법률이 정한 한계를 엄격히 준수해야 했으며, 그 법률이 명시적으로 정의하지 않은 범죄 형태는 결코 취급할 수 없었다. 그런데 다양한 사문회를 만든 법률들은 모두 특정한 위기상황에 대응하는 것이었고 각각은 실로 당시 상황에서 특별히 혐오스럽거나 특별히 위험하다고 여긴 일군의 행위를 처벌하기 위해 통과되었기에, 이들 제정법들은 조금도 서로를 고려하지 않았고 공통의 원

---

12 여기서 '추방'이란 법의 보호를 박탈(outlaw)하는 것을 의미한다. 추방자 명부에 등재되어 '국가의 적'으로 선포되면 언제 누구에게 죽임을 당할지 모를 상태가 되며 대체로 재산도 모두 빼앗긴다. 본문은 기원전 82년 독재관 술라에 의한 대규모 숙청과 기원전 43년 옥타비아누스, 안토니우스, 레피두스의 삼두체제에 의한 (키케로를 포함하는) 대규모 숙청을 말하고 있는 듯하다.

리 아래 통합되어 있지도 못했다. 20 내지 30개의 서로 다른 형법들이 공존하고 있었거니와, 정확히 같은 숫자의 사문회들이 난립하고 있었다. 또한 공화정기에는 이들 개별 사법조직들을 하나로 통합하려는 시도도, 이들을 창설하고 그 책무를 정한 법률조항들을 조화시키려는 시도도 전혀 행해지지 않았다. 당시 로마 형사법의 상태는 영국 보통법법원들이 서로 간에 다른 법원의 관할을 넘나들 수 있도록 하는, 그들 영장writ에 기입하는 의제적 사실진술이 도입되기 이전[13] 영국의 민사 구제수단들의 사법司法체계와 비슷한 면을 보이고 있었다. 사문회들처럼 왕좌법원과 민소법원과 재무법원도 모두 이론적으로 상위의 권위에서 권위가 유래하며, 그 상위의 권위가 재판권을 부여한 특별한 사건군群을 각각 관장하고 있었다. 그러나 로마의 사문회들은 그 수가 세 개보다 훨씬 많았고, 각 사문회가 관장하는 행위군을 구분하는 것은 웨스트민스터 홀의 세 법원 간에 관할을 구분하는 것보다 훨씬 더 어려웠다.[14] 서로 다른 사문회 간에 정확하게 경계선 긋기가 어려웠던 점은 수많은 로마 법원들에게 단순히 불편함을 주는 것 이상의 문제를 낳았다. 범죄로 보이는 누군가의 행위가 어떤 일반적 유형에 해당하는지 즉각 명료하지 않은 경우, 서로 다른 여러 위원회들이 동시에 또는 순차적으로 그를 기소할 수 있고 그 가운데 어느 하나가 그에게 유죄판결을 내릴지도 모른다는 데서 우리는 놀라지 않을 수 없다. 또한 비록 하나의 사문회가 유죄판결을 내리면 다른 사문회의 재판권이 배척된다 하더라도, 하나의 사문회가 무죄판결을 내려도 그것이 다른 사문회에의 기소를 저지하는 항변사유가 될 수 없었다. 이는 로마 민사법 규칙과는 정반대였거니와, 로마인들처럼 법의 부조화(혹은 그들이 쓰는 의미심장한 용어로는 **우아하지 못함**inelegancy)에 그렇게

---

13 본서 제2장 '의제의 용도' 부분 참조.
14 엄밀히 말하면, 웨스트민스터 궁의 웨스트민스터 홀에서 개정했던 법원은 왕좌법원, 민소법원, 그리고 형평법법원이었다. 재무법원은 웨스트민스터 홀이 아니라 인근의 다른 방에서 개정했다.

민감한 민족이 이런 상태를 오래도록 방치하지 않으리라는 것은 확신할 수 있다. 다만, 범죄를 교정하는 항구적인 제도로 사문회를 보기보다는, 사문회를 둘러싼 우울한 역사 탓에 이를 파벌들이 장악하는 일시적 무기로 보고 있었을 뿐이다. 제정기 황제들은 머지않아 재판권의 난립과 그들 간의 충돌을 없애버린다. 그러나 그들은 법원의 난립과 밀접히 연관된 형법의 또 다른 특징은 제거하지 않았다는 데 유의해야 한다. 유스티니아누스의 로마법대전에 이르러서도 범죄의 분류는 무척 변칙적인 것이었다.[15] 사실 각각의 사문회는 해당 법률이 수권授權한 범죄들만 취급할 수 있었다. 하지만 이들 범죄는 그 법률의 제정 당시 우연히 동시에 처벌대상이 되었다는 이유로 함께 묶여있었을 뿐이다. 따라서 그들 간에는 필연적인 공통성이 없었다. 그러나 그들이 특정한 사문회의 재판 대상이라는 사실은 자연스레 대중의 머리에 각인되었고, 동일한 법률에 언급된 범죄들 간의 관념적 연관은 고정된 틀로 굳어져, 술라와 황제 아우구스투스가 로마 형법을 통합하려는 노력을 정식으로 행할 때에도 입법자들은 옛 범죄군을 그대로 유지했다. 술라와 아우구스투스의 법률들은 로마제국 형법의 기초를 이루었거니와, 이 법률들이 후대에 물려준 범죄 분류만큼 특이한 것도 없을 것이다. 한 가지 예만 들자면, **위증**은 언제나 **자상**刺傷 및 **중독**中毒과 함께 분류되었으니, 이는 분명 술라의 법률 중 하나인 '자살刺殺범과 독살범에 관한 코르넬리우스 법'Lex Cornelia de Sicariis et

---

15 유스티니아누스 시대에도 적용되던, 상설사문회에서 유래한 범죄 — 이를 아래 '비상심리절차범죄'와 구분하여 '공적 형사소송'(iudicia publica)이라 불렀는데 피해자뿐 아니라 누구나 기소를 할 수 있었다 — 는 다음과 같다: 대역죄에 관한 율리우스 법(lex Iulia maiestatis), 간통처벌에 관한 율리우스 법(lex Iulia de adulteriis coercendis), 자살범(刺殺犯)과 독살범에 관한 코르넬리우스 법(lex Cornelia de sicariis et veneficis), 근친살해에 관한 폼페이우스 법(lex Pompeia de parricidiis), 위조에 관한 코르넬리우스 법(lex Cornelia de falsis), 공적·사적 폭력에 관한 율리우스 법(lex Iulia de vi publica seu privata), 공물횡령에 관한 율리우스 법(lex Iulia peculatus), 약취범에 관한 파비우스 법(lex Fabia de plagiariis), 선거부정에 관한 율리우스 법(lex Iulia de ambitu), 부당착취이득반환에 관한 율리우스 법(lex Iulia repetundarum), 곡물부당이득에 관한 율리우스 법(lex Iulia de annona), 공금유용에 관한 율리우스 법(lex Iulia de residuis) 등. Inst.4.18.

Veneficis이 이 세 가지 범죄 형태 모두를 동일한 상설사문회의 관할로 삼았기 때문이다. 나아가 이러한 변칙적인 범죄 분류는 로마인들의 일상 언어에도 영향을 끼친 것으로 보인다. 하나의 법률에 나열된 모든 범죄를 자연스레 목록의 첫 번째 이름을 가지고 지칭하는 습관이 생겼으며, 이들 범죄 모두를 재판하는 법원도 이 이름으로 부르게 되었음이 분명하다. 그리하여 '간통담당사문회'quaestio de adulteriis가 재판하는 모든 범죄가 '간통죄'로 불리게 되었다.

지금까지 로마 사문회의 역사와 성격을 다루었거니와, 다른 곳에서는 형법의 형성과정을 알려주는 예를 찾을 수 없기 때문이다. 아우구스투스 황제가 마지막 사문회를 설치했고 그때부터 로마는 어느 정도 완비된 형법을 가진다고 말할 수 있게 되었다. 그런데 이러한 형법의 성장에 병행하여 이와 유사한 과정, 내가 불법행위의 범죄로의 전환이라고 불렀던 과정이 진행되었다. 로마의 입법자들은, 비록 더 중대한 위법행위라고 해서 민사적 구제수단을 없애지는 않았지만, 피해자들이 선호할 것이 분명한 구제수단을 그들에게 제공했던 것이다. 아우구스투스가 그의 입법을 마무리한 후에도, 근대사회라면 범죄로만 취급하는 몇몇 침해가 여전히 불법행위로 간주되고 있었다. 이들을 범죄로 처벌할 수 있게 되는 것은, 언제인지는 확인할 수 없으나, 후대에 이르러 학설휘찬Digest에서 '비상심리절차범죄'crimina extraordinaria라고 부르는 새로운 유형의 범죄들을 법이 인정하면서부터이다.[16] 분명 이들은 로마법 이론상 불법행위로만

---

16 원래 로마의 소송절차는 법무관 등 정무관의 면전에서 법률문제를 결정하는 '법정절차'(in iure)와 일반인인 심판인(iudex)의 면전에서 사실문제를 확인하고 판결이 내려지는 '심판절차'(apud iudicem)의 두 단계로 진행되었다. 고법상의 '법률소송'도, 공화정 후기부터 이를 대체하기 시작한 '방식서소송'도 마찬가지였다. 법률소송과 방식서소송의 차이는 후자에서는 법정에서 엄격한 격식어를 사용해야 할 필요가 없어져 쟁점결정과정이 유연해졌다는 것과 법정절차와 심판절차를 방식서(方式書, formula)가 매개하게 되었다는 것뿐이다. 그런데 제정기에 들어 황제가 임명한 재판관이 법률문제와 사실문제를 모두 심리하고 결정하는 직권주의적 성격의 소송절차가 조금씩 사용되기 시작하다가 제정 후기에는 마침내 모든 소송이 이 '비상심리절차'(cognitio extraordinaria)에 의해 대체되었다. 오늘날 대륙법의 소송절차는 로마법

취급되던 행위군이었으나, 사회의 존엄성에 대한 관념이 성장하면서 위반자가 단지 돈으로만 배상하면 그만인 상태를 더는 용납할 수 없게 되었고, 따라서 피해자가 원한다면 비상심리절차범죄로, 즉 통상적인 소송절차와는 여러모로 구별되는 구제방법으로 가해자를 소추할 수 있게 허용한 것으로 보인다. 비상심리절차범죄가 인정되면서부터 로마 국가의 범죄목록은 근대세계의 여느 국가들 못지않는 수준이 되었음에 틀림없다.

주권은
사법권의
원천

　　로마 제국의 형사사법체계를 상세히 기술할 필요는 없겠으나 그 이론과 실무가 근대사회에 강력한 영향을 끼쳤음은 지적해두어야 하겠다. 황제들은 사문회들을 즉시 폐지하지는 않았으며, 또한 처음에는 원로원에게 폭넓은 형사사법권을 주었다. 하지만, 아무리 원로원이 사실상 굴종적이었다고 해도, 원로원에서 황제는 명목상 다른 원로원의원들과 대등한 관계였을 뿐이다. 그러나 황제는 처음부터 몇몇 부수적인 형사재판권을 행사했고, 자유롭던 공화정 시절의 기억이 서서히 사라지면서 이것이 옛 법원들을 꾸준히 대체해나가게 된다. 차츰 범죄의 처벌은 황제가 직접 임명한 관리들의 손에 넘어갔고, 원로원의 특권도 황제의 추밀원樞密院privy council으로 넘어갔거니와, 결국 이 황제의 추밀원이 형사 최고법원이 되었다.[17] 이러한 영향력의 결과, 근대인들에게도 친숙한 원리가 부지불식간에 형성되어 갔으니, 주권자가 모든 사법권의 원천이자 모든 은혜의 저장소라는 원리가 그것이다. 이것은 아첨과 굴종이 증가한 결과물이 아니라, 이 시기에 이르러 완성된 제국의 중앙집권화의 결과물이었다. 형사사법의 이론은 사실상 첫 출발점으로 되돌아갔다고 할 수 있다.

상의 비상심리절차의 후예라 할 수 있다. '비상심리절차범죄'는 종래의 통상적인 민사소송에 그치지 않고 비상심리절차에 의한 특별한 구제수단이 피해자에게 주어지는 범죄유형을 의미한다.

17　제9장 말미의 '로마에서 법학의 우위' 부분에서 언급한 황제자문단(consilium principis) 및 그 후신인 추밀원(consistorium)을 말하는 듯하다. 형사뿐 아니라 민사재판도 담당했다.

자신이 입은 피해에 대해 국가가 스스로 나서서 보복한다는 데서 형법의
역사가 출발했거니와, 범죄의 처벌이 인민의 대표자이자 수임인受任人인
주권자에게 특별한 방식으로 속한다는 원리에서 끝맺고 있는 것이다. 새
로운 견해가 옛 것과 다른 점은 정의의 수호자라는 직무로 말미암아 두
려우면서도 위엄 있는 분위기가 주권자의 인격을 감싸게 되었다는 것 정
도이다.

　사법권에 대한 주권자의 관계에 관한 후기 로마의 견해는 내가 사문회
의 역사로써 예시한 일련의 변화과정을 근대사회가 되풀이할 필요성을
덜어주었다. 서유럽에 정착한 거의 모든 민족의 원시법에서는 범죄의 처
벌이 전체 자유민의 집회에 속한다는 옛 관념의 흔적이 발견된다. 몇몇
나라—스코틀랜드가 그 가운데 하나라고 한다—의 현존하는 법원은
그 기원을 입법기구의 위원회로 소급할 수 있다. 그러나 형법의 발달은
어디서나 두 가지 원인으로 앞당겨졌거니와, 로마 제국에 대한 기억이
그 하나요, 교회의 영향이 다른 하나이다. 한편으로, 잠시였지만 샤를마
뉴 가家의 재위 덕분에 이어진 황제들의 위엄이라는 전통이 주권자들을
감싸고 있었으니, 그 위신은 단순히 만족蠻族의 수장으로서는 도저히 얻
을 수 없는 것이었다. 또한 저 전통은 사회의 수호자이자 국가의 대표자
로서의 주권자의 성격을 봉건 위계의 최하위 통치자에게까지 전해주고
있었다. 다른 한편으로, 교회는 참혹한 폭력을 억제하려는 열망에서 중
대한 범죄행위를 처벌할 권위를 찾고자 했고, 처벌권한이 세속 재판관에
게 있음을 승인하는 성경구절에서 이를 발견했다. 악행을 행하는 자를
두려움에 떨게 하기 위해 세속 통치자가 존재한다는 것을 증명하는 데
신약성서가 원용되었고,[18] 구약성서는 "다른 사람의 피를 흘리면 그 사
람의 피도 흘릴 것이니"라고 선언하는 데 원용되었다.[19] 생각건대, 의심

---

[18] "관헌들은 악을 행하는 자에게나 두려운 존재이지 …" 로마서 13:3.
[19] 창세기 9:6.

할 여지없이 범죄라는 주제에 관한 근대적 관념은 암흑시대에 교회가 내세운 두 가지 가정假定에 근거한다. 하나는 각 위계의 봉건 통치자는 사도 바울이 말한 로마 재판관들에 비견될 수 있다는 것이다. 다른 하나는 그가 처벌해야 할 범죄는 모세의 십계명으로 금지된 것들, 정확히 말하면 교회가 자신의 관할로 유보하지 않은 것들이라는 것이다. 이단異端——이는 십계명의 첫 번째와 두 번째 계명에 들어있다고 여겨졌다——과 간통과 위증은 교회재판이 관할하는 범죄였고, 교회는 특별히 사안이 중대한 경우 더 가혹한 처벌을 부과할 목적에서만 세속권력의 협력을 용인했다. 하지만 교회는 살인과 강도는 그 다양한 변종들과 함께 세속 통치자의 관할에 속한다고 가르쳤다. 다만 그것은 세속 통치자 지위의 우연한 속성이 아니라 신의 명시적 말씀으로 그러하다는 것이다.

알프레드 대왕의 형법   알프레드 대왕의 법전 한 구절(켐블, 2.209)은 형법의 기원에 관한 당대의 여러 관념들 간의 갈등을 사뭇 명료하게 보여주고 있다. 알프레드는 그것을 일부는 교회의 권위에, 일부는 현자賢者witan들의 권위에 귀속시키고 있다. 그러면서도 주군에 대한 반역은, 대역죄majestas에 관한 로마법이 황제에 대한 반역을 통상적인 법에서 면제시켰듯이, 통상적인 법에서 면제된다고 명시하고 있다. 알프레드는 이렇게 적고 있다. "이후 많은 나라들이 기독교 신앙을 받아들였고, 땅 위의 모든 곳에서 종교회의가 개최되었다. 잉글랜드인들 사이에서도 기독교 신앙을 받아들인 후 성스러운 주교들의 모임과 고귀한 현자들의 모임이 있었다. 그리하여 그들은 이렇게 선포했다. 그리스도께서 가르치신 자비 덕분에, 그들의 허락으로 세속 주군들은 모든 범죄자들에게서 그들이 정한 속죄금bot을 죄 지음 없이 취할 수 있거니와, 다만 주군에 대한 반역의 경우에는 그들은 어떠한 자비도 베풀지 아니할 것이니, 전능하신 주께서는 주를 능멸한 자에게 판결을 내려주지 않으셨고, 그리스도께서도 그분을 죽음에 팔아넘긴 자에게 판결을 내려주지 않으셨으며, 또한 말씀하시기를 그분과 같이 주군을 사랑하라 하셨기 때문이노라."[20]

---

20 John Mitchell Kemble, *The Saxons in England: A History of the English Commonwealth Till the Period of the Norman Conquest*, Vol. 2, London: Longman, Brown, Green & Longmans, 1849, pp. 208f.

부록 A
주권

영국 법률가들이 널리 받아들인 역사 이론은 법학뿐만 아니라 역사학 영국의
법학, 분석
에도 큰 피해를 끼쳤다.[1] 그리하여 새로운 자료의 조사와 옛 자료의 재조 법학자들
사를 통해 우리 법체계의 기원과 발달을 설명하는 것은 영국의 지식체계
에 추가되어야 할 것들 가운데 가장 시급한 것이다. 그러나 새로운 법제
사 다음으로 우리에게 가장 필요한 것은 새로운 법철학이다. 우리나라가
새로운 법철학의 탄생에 기여한다면 이는 두 가지 장점 덕분일 것이다.
첫째, 우리는 여러 가지 면에서 토착적이라 할 수 있는 법체계를 가지고
있다. 우리는 민족적 자부심에서 — 때로 이것이 법학의 발달을 늦추고
제한해왔다 — 로마법대전Corpus Juris이라는 위대한 원천에서 흘러나오는
법규칙의 강물에 섞이지 않고 특이하게도 순수한 형태로 우리 법을 유지
해왔다. 그리하여 우리 법을 유럽의 다른 법체계와 나란히 놓고 비교하
여 얻어지는 결과는 대륙의 법체계들끼리 서로 비교하는 것보다 훨씬 유
익한 시사점을 제공해준다. 둘째, 제레미 벤담과 존 오스틴으로 대표되
는 이른바 분석법학자들의 연구에 영국인들이 점점 익숙해지고 있다는
것도 장점이라 믿는다. 이 장점은 우리만이 독점하고 있다. 프랑스와 독
일에서는 벤담은 인기 없는 도덕이론의 저자로만 알려져 있는 듯하다.
오스틴은 사실상 전혀 알려져 있지 않다. 하지만 벤담은, 그리고 오스틴
은 훨씬 더 높은 수준으로, 선험적 가정이 아니라 다양한 법적 개념들의

---

1 부록 A는 Henry Sumner Maine, *Lectures on the Early History of Institutions*, 4th ed.,
   London: John Murray, 1885(1875), 제12장 'Sovereignty'를 우리말로 옮긴 것이다.

관찰과 비교와 분석에 기초하여 엄격한 과학적 방법으로 법학의 체계를 건설하려 시도한 독보적인 인물들이다. 이 위대한 학자들의 결론을 맹목적으로 존중하여 그 모두를 받아들일 필요는 조금도 없으나, 그 결론들이 무엇인지 알 필요는 대단히 크다. 단지 명석하게 사고하는 법을 배우기 위해서라도 이들을 아는 것은 불가결하다.

벤담과 오스틴   벤담과 오스틴 간의 중요한 차이가 자주 간과되고 있다. 벤담은 주로 입법에 관한 논의를 전개했다. 오스틴은 주로 법학에 관한 논의를 전개했다. 벤담은 있어야 할 법, 있으면 좋은 법이 주된 관심사이다. 오스틴은 있는 그대로의 법이 주된 관심사이다. 둘 다 때로 상대방의 영역을 넘나든다. 벤담이 《정부론 단편》이라는 논저를 쓰지 않았다면 오스틴이 자기 체계의 기초를 확립한《법학의 영역 확정》도 분명 써지지 못했을 것이다. 다른 한편, 오스틴은 신법神法의 지표로서 특이하게도 공리功利의 이론을 들고 나옴으로써 벤담의 탐구영역에 들어갔다. 그렇지만 각자의 목표로 내가 제시한 것은 일반적으로는 충분히 정확하다 할 것이다. 그들의 목표는 서로 상당히 다르다. 벤담은 그 이름과 이제 불가분 결합된 원리를 적용해 법을 개선하고자 한다. 그가 제시한 중요한 제안들 대부분이 영국 의회에 수용되었지만, 앞으로도 각 세대는 진보로 여기는 것들을 법에 접목하는 과정을 계속 이어갈 것이고 아마도 인류가 존속하는 한 계속될 것이다. 오스틴의 기획은 온건한 편이다. 편제가 완전히 논리적이고 규칙의 진술이 완전히 명료한 법전의 편찬이 이루어진다면 그의 기획은 달성되는 것이다. 법학, 즉 실정법의 과학에 대해 마치 그것이 법의 내용을 무한히 완전한 상태로 만들 수 있을 것처럼 주장하는 말들이 오늘날 가끔 들려온다. 물론 법학을 철저히 추구하면 불명확과 망상을 추방함으로써 간접적으로 법의 개선에도 크게 기여할 수 있을 것이다. 하지만 법규칙의 내용을 직접적으로 개선하는 원리를 탐구하는 것은 법학의 이론이 아니라 입법의 이론에 속한다.

　　오스틴의 강의들 중 자신의 체계의 기초를 확립한 부분, 몇 년 전《법학의 영역 확정》이라는 이름으로 출간된 부분은 우리 대학에서 오랫동안 상급반 교재로 사용되어왔다. 더 최근에 (불행히도 단편적인 형태로) 출간된 강의들과 함께 그것은 앞으로도 오랫동안 우리 학과의 주된 공부 대상으로 남을 것이다. 이 책의 가치에 대해 충분히 인정하면서도, 초심자에게 그것이 대단히 어렵다는 점을 나는 지적하지 않을 수 없다. 문체의 특징에서 연유하는 어려움, 그리고 벤담과 홉스 같은 그의 선학들의 사상과 끊임없이 연계되는 데서 연유하는 어려움은 차라리 덜 심각하다. 진짜 어려움은 오스틴의 분석에 나타난 법·권리·의무 등의 개념 형태가 우리의 정신에서 거부감을 불러일으킨다는 데서 연유한다. 물론 이러한 거부감이 불쾌하더라도 진리에 기인하는 것이라면 그것에 예민하게 반응하는 것은 시간낭비일 것이다. 그렇다 하더라도 그것은 불행한 일인데, 진술의 방법이나 편제의 방법처럼 피할 수 있는 원인에 기인한 것이라면 그것을 없애려 들인 고통은 들이지 않아도 되었을 것이기 때문이다. 민첩한 머리와 근면한 습성을 가진 학생들에게 어떤 이유로든 그들이 불쾌해하는 체계나 주제를 강요하면 그들은 그것을 일종의 도그마로, 저자의 이름이 갖는 인격적 권위에 기초한 것으로 간주하게 될 공산이 크다.《법학의 영역 확정》의 체계가 단지 오스틴의 체계로—블랙스톤의 체계나, 헤겔의 체계나, 또는 어느 누구의 체계와 나란히 서 있는 체계로, 이들과 대체 가능한 또는 대등한 체계로—간주되는 것보다 법철학에게 더 불행한 일은 없을 것이다. 어떤 가정이나 공준이 제시되었을 때 거기서 도출된 오스틴의 입장 대다수는 당연한 것이자 정규의 논리적 과정을 따른 것이라고 나는 전적으로 확신한다. 하지만 생각건대 이들 가정을 오스틴은 충분히 완전하게 진술 또는 기술하지 못했는데, 이는 아마 비록 그가 비교적 근대적인 저자이기는 해도 그러한 진술에 필요한 탐구가 당시에는 제대로 시작되지 않았기 때문일 것이다. 그러나, 원인이야 어떻든 간에 그것의 결과는, 정치경제학의 몇몇 저명한 저자들이 애초에 그들 학문의 대상의 한계를 명확히 선언해두지 않아서 불가피 많은 편견을 불러일으켰다는 비난과 동일한 비난을 그도 받을 만하게 되었다는 것이다. 이번 강의는 이러한 가정이나 공준 가운데 몇 가지를 살펴보려는 시도이다. 이하에서 나는 앞선 강의들(제1강부터 제11강까지)에서 초기 사회의 역사를 탐구하면서 얻은 결론이 이들 가정에 어떤 영향을 미치는지 보여주겠다. 우리의 목적을 위해서는 '주권'의 정의에 주목하는 데서 시작하는 것이 좋겠다. 의심할 여지없이 이것은 오스틴이 행한 논의의 논리적 순서일 것이다. 한 가지 가설을 제외하면, 왜 그가 홉스의 구성을 버리고는 법·권리·의무를 분석하면서 논의를 시작했는지, 그리고 내가 보기에 처음에 와야 할 주권에 대한 설명을 마지막에 배치했는지 이해하기 어렵다. 나는 블랙스톤의 영향이라고 생각한다. 벤담도 블랙스톤으로부터, 이를테면 거부감에 의해, 영향을 받았듯이 말이다. 블랙스톤은 로마법의 법학제요 저술 방식에 따라 법의 정의로부터 시작해서 여러 법개념들의 관계에 관한 이론으로 나아간다.《영국법 주해》의 이 부분의 오류를 드러내는 것이 벤담이《정부론 단편》을 저술한 주된 동기였고, 오스틴이《법학의 영역 확정》을 저술한 주된 동기였다. 오스틴은 블랙스톤의 논의순서에 따라 그가 제시한 명제들을 반박하는 것이 효과적이라고 판단했던 것으로 보인다. 어쨌거나 나는 오스틴이 첫 강의를 주권의 성질에 관한 탐구로 시작했더라면 그의 분석이 어떻게 달라졌을까 하는 문제를 먼저 다루고자 한다. 이 탐구 주제를 오스틴은《법학의 영역 확정》에서 제6강, 즉 마지막 강의에서 취급한다.

오스틴의
정의

여러분들은 오스틴의 저 논저에 개진된 탐구의 일반적 성격에 대해서 잘 알고 계시리라 믿는다. 그러나 그의 정의定義들을 완전한 형태로 기억하기란 쉽지 않기 때문에 '독립된 정치사회'와 '주권'에 대한 그의 기술記述을 인용할 것이다. 이 두 가지 개념은 서로 의존적이고 서로 분리 불가능하다.

"다른 인간 상급자에게 복종하는 습관을 갖고 있지 않은 어떤 특정의 인간 상급자가 한 사회의 대다수로부터 습관적인 복종을 받는다면, 그 특정의 상급자는 그 사회의 주권자이고, 그 상급자를 포함한 당해 사회는 정치적이고 독립된 사회이다."

그러고는 이렇게 이어진다. "그 특정의 상급자에게 당해 사회의 다른 구성원들은 백성이다. 그 특정의 상급자에게 당해 사회의 다른 구성원들은 종속한다. 그 특정의 상급자에게 다른 구성원들은 복종하는 상태에 놓이고 종속적인 상태에 놓인다. 그 상급자와 다른 구성원들 사이에 존재하는 상호관계는 주권자와 백성의 관계, 즉 주권과 복종의 관계로 표현할 수 있다."

오스틴의 주권 개념을 어떤 다른 방식 — 정확성을 그다지 해치지 않으면서도 더 대중적인 방식 — 으로 진술한다면, 이들 인용문이 들어있는 장章에 나오는 저 정의들을 부연설명할 필요를 덜 수 있을 것이다. 이렇게 말이다: 모든 독립된 정치공동체 — 자기 위의 어떤 상급자에게 복종하는 습관을 갖고 있지 않은 모든 정치공동체 — 에는 어떤 한 사람 또는 사람들의 집단이 있어 그 공동체의 다른 구성원들을 원하는 대로 강제할 수 있는 권력을 가진다. 이 한 사람 또는 집단 — (오스틴의 용어로는) 이 주권자 개인 또는 이 주권자 집단 — 은 모든 독립된 정치공동체에서 발견할 수 있다. 마치 물체에는 무게중심이 있게 마련이듯이 말이다. 만약 그 공동체가 폭력적으로 또는 자발적으로 다수의 부분들로 분리된다면, 각 부분들이 안정되어 (어쩌면 일정한 무정부적 시기가 지난 후에) 평정상태를 이루자마자 주권자가 존재할 것이고 잘 살펴보면 각각의 독립된 부분들마다 발견될 것이다. 북미 대륙의 영국 식민지들에 대한 주권은 미국이 성립하기 이전과 이후에 그 소재가 달라졌지만, 두 경우 모두 어딘가에서 주권자를 발견할 수 있는 것이다. 이 주권자, 모든 독립된 정치공동체에 보편적으로 존재하는 이 사람 또는 이 집단은 주권의 다양한 형태에도 불구하고 모두 한 가지 공통된 특징을 가진다. 저항할 수 없는 힘의 보유가 그것인데, 이 힘은 반드시 행사되지는 않더라도 행사될 수 있는 것이면 족하다. 오스틴이 선호하는 용어에 의하면, 주권자가 한 사람이면 군주정이고, 작은 집단이면 과두정이고, 비교적 규모가 큰 집단이면 귀족정이고, 규모가 대단히 크고 다수로 이루어지면 민주정이다. 오스틴은 제한군주정 — 오늘날보다 오스틴 시대에 더 유행했던 용어이다 — 이라는 표현을 혐오했거니와, 그에 따르면 영국의 정체政體는 귀족정이다. 모든 형태의 주권이 갖는 공통점은 백성들 또는 시민들을 무제한적으로 강제하는 권력power(권력이어야 하지만 반드시 의지will일 필요는 없다)에 있다. 때로 어떤 사회에서 주권자를 발견하기 어려운 경우가 있고 발견한다 하더라도 누구인지 지목하기 곤란한 경우도 있다. 하지만 무정부상태가 아닌 독립된 정치사회가 존재하는 곳이라면 반드시 주권자가 존재한다. 주권자가 누구인지 결정하는 문제는 아시다시피 언제나 사실문제이지 결코 법적인 문제나 도덕의 문제가 아니다. 특정 사람이나 집단이 특정 공동체의 주권자라는 주장이 있을 때, 그 주권이 찬탈이라거나 헌법원리를 위반했다면서 이 명제를 거부하는 자는 오스틴의 논점을 완전히 오해한 것이다.

오스틴의 제6강에서 읽어낸 이러한 정의는 독립된 국가에서 주권자를 발견하는 심사기준을 제공한다. 그 심사기준 가운데 중요한 몇 가지를 간략하나마 좀 더 살펴보고자 한다.

주권의
특정성

첫째, 주권자는 **특정의**determinate 인간 상급자이다. 주권자가 한 사람일 필요는 없다. 현대 서구 사회에서 그런 경우는 무척 드물다. 하지만 주권자는 한 사람의 속성을 가질 정도로 **특정**되어야 한다. 한 사람이 아니더라도, 하나의 단체 또는 하나의 동료집단으로 행동할 수 있는 다수의 사람들이어야 한다. 앞의 정의에서 이 부분은 반드시 필요한데, 주권자는 분명한 의지로써 권력을 행사하고 명령을 발해야 하기 때문이다. 역사적으로 볼 때 주권의 특징의 하나인 물리력의 보유가 특정되지 **않은**, 의지를 행사할 수 있을 정도로 결합되지 않은 사람들의 수중에 당분간 존재한 적이 많았으나, 오스틴에 따르면 이러한 상태는 비록 혁명기의 통상적 징후를 다 갖추지 않았더라도 무정부상태이다. 또한 주권자가 한 개인이 아닌 경우 주권을 특정의 집단에 한정하는 것은 더더욱 중요하거니와, 그럼으로써만 단체로부터 나오는 의지의 행사가 여러 인공적 장치에 따르도록 주권 관념을 제약할 수 있기 때문이다. 다수의 의견을 집단 전체의 의견으로 삼는 관행은 우리에게 친숙하고 자연스러워 보이는데, 이것만큼 인공적인 것도 없을 것이다.

또한 사회의 대다수 구성원은 주권자로 불리는 상급자에게 복종해야 한다. 전체 사회가 복종하는 것이 아니다. 그렇게 되면 주권은 불가능해지기 때문이다. 대다수가 복종해야 하는 것이다. 하노버 왕조가 영국에 들어섰을 때 일부 자코바이트Jacobite들과 다수의 스코틀랜드 고지 사람들은 영국 국왕과 의회Crown and Parliament의 명령에 습관적으로 불복종하거나 그 명령을 무시했다. 하지만 분명 다수의 자코바이트를 포함한 국민 대부분은 그 명령에 관행적으로 복종했다. 따라서 오스틴의 원리에 의할 때, 조지 1세 및 2세와 이들이 소집하여 선출된 의회의 주권성을 의문시할 근거는 조금도 없다. 하노버 왕조의 왕은 하노버 공국의 주권자일 뿐이라는 자코바이트의 견해를 오스틴은 즉각 거부하는데, 그의 이론체계에서 유일한 논쟁거리인 저 사실문제를 제기하지 않기 때문이다.

백성의 복종

다음으로, 주권자는 공동체의 다수 구성원들의 습관적인 복종을 받아야 한다. 로마 가톨릭을 신봉하는 유럽 사회에서는 대다수 사람들이 개인의 행동지침에 관해 교황청으로부터 직·간접적으로 다양한 지시를 받는다. 하지만 그들이 거주하는 나라의 법에 복종하는 횟수에 비해 이러한 외부 명령에 복종하는 것은 가끔일 뿐이고 습관적이지 않다. 오스

습관적 복종

틴이 밝혀놓은 원리에 대한 어렴풋한 인식은 교회 내의 몇몇 유명한 논쟁에서도 발견된다. 교황청에 실제 주어지는 복종이 습관적이라 할 수 있을 만큼 자주 있는 일인가 아닌가를 둘러싸고 논쟁이 벌어지곤 하는 것이다.

주권의 또 다른 성질은 다른 모든 인간 상급자의 통제로부터 면제되어 있다는 것이다. 이 제한은 분명 필요한데, 그렇지 않으면 영국령 인도의 총독Governor-General in Council은 주권자가 될 것이기 때문이다. 이 점을 제외하면 실로 그는 지구상의 어떤 실력자보다 주권의 특징을 더 많이 가진다고 볼 수 있다.

홉스　　역사와 정치의 영역에서는 개념의 발달에 오랜 시간이 걸린다는 것을 잘 아는 사람이라면, 주권의 성질에 관한 이러한 견해가 오스틴의 작품 이전으로 멀리 거슬러 올라가리라고 쉽게 짐작할 수 있을 것이다. 그러나 홉스 이전으로 거슬러 올라가는 자료를 나는 알지 못한다. 홉스의《리바이어던》에서, 그리고 애초 라틴어로 출간된 《철학의 원리》Elementa Philosophiae라는 논저의 일부인 《시민론》De Cive에서, 정부 및 사회의 분석과 주권의 확정 이론은 거의 완성되어 있어서 벤담과 오스틴이 추가해야 할 것이 별로 남아있지 않았다. 벤담과 오스틴의, 특히 오스틴의 독창성은 주권 관념에 기초한 개념들—실정법, 실정의무, 제재, 권리—을 좀 더 철저하게 탐구한 것, 이들 개념과 겉보기에 이들과 닮은 다른 개념들의 관계를 해명한 것, 이 모든 관념들을 연결한 이론에 대한 비판들과 싸운 것, 이 이론을 홉스 이후에 등장한 복잡한 사실관계에 적용한 것에 있다. 하지만 홉스와 그의 최근 계승자 간에는 한 가지 큰 차이가 있다. 홉스의 이론 전개 과정은 과학적인 것이었으나 그의 목표는 과학적이기보다는 정치적인 것이었다. 타의 추종을 불허하는 예리한 직관과 명료한 진술로 홉스가 주권의 보편적인 이론적 존재를 주장했을 때 그는 귀족정이나 민주정보다 대체로 군주정을, (그가 기초한 학파의 용어를 사용하면)

단체적 주권보다 개인적 주권을 강하게 선호했음이 분명하다. 그의 이론
은 추종하면서도 그의 정치적 견해는 수용하지 않는 자들은 그가 오해를
당했다고 주장하기도 했다. 분명, 피상적으로 그를 읽은 독자들은 그가
주권의 형태와 무관하게 주권자의 무제한적 권력을 이야기했을 때 전제
정을 말하고 있다고 생각하기도 했다. 그러나 솔직히 말해서, 스튜어트
왕조에 저항하는 주요 수단인 장기의회長期議會와 영국 보통법에 대한 강
한 혐오가 주권·법·무정부의 성질에 관한 그의 언어를 물들이고 있음은
부인할 수 없는 사실이라고 생각한다. 또한 그가 호국경의 비위를 맞추
려는 은밀한 의도에서 그의 체계를 만들었다고 생전에 비난받았던 것도
놀라운 일이 아니다. 비록 이 비난은 날짜 문제 때문에 충분히 반박되지
만 말이다. 그러나 오스틴의 목표는 엄격히 과학적인 것이다. 그가 오류
에 빠졌다면 그것은 그의 철학 때문이다. 그의 언어는 자신의 정치적 의
견의 색깔을 거의 드러내지 않는다.

또 다른 중대한 차이도 있다. 주지하듯이 홉스는 정부와 주권의 기원
에 관한 사변을 전개했다. 누군가 그에 대해 배웠다면 바로 이것을 배웠
을 것이며, 이것 때문에 그의 철학이 비난받아 마땅하다고 생각할 것이
다. 그러나 오스틴은 이런 탐구로는 거의 나아가지 않는다. 어쩌다 무심
코 주권과 이에 기초한 개념들이 선험적으로 존재한다는 함의를 내비치
기는 하지만 말이다. 그런데 이 문제에 관해 나 자신은 홉스의 방법이 옳
았다고 생각한다. 물론 사회와 정부의 기원에 관한 홉스의 추측보다 더
무가치한 것은 없을 것이다. 그는 태초의 인류가 전쟁상태에 있었다고
주장한다. 그리고 모든 사람이 공격 권한을 포기하는 약정을 체결했다고
한다. 그 결과물이 주권이고 주권을 통해서 법·평화·질서가 등장한다
는 것이다. 이 이론은 모든 면에서 반박될 수 있다. 가상의 역사 단계를
보여주는 증거가 존재하지 않으며, 우리가 조금이나마 알고 있는 원시인
의 상태는 그의 추정과 모순된다. 인류 초기의 보편적 무질서 상태는 부

홉스의
사회
기원론

족과 부족, 가족과 가족의 투쟁에서는 사실일 수 있으나, 개인과 개인의
관계에서는 사실이 아니다. 오히려 우리가 아는 한 그들은, 현대적 용어
를 사용하자면, 초超합법성ultra-legality이라고 부를 만한 체제 아래 살고 있
었다. 더욱이 로크의 반대가설에 가해지는 비판과 동일한 비판을 가할
수 있거니와, 자연상태는 근대적 법개념인 계약 개념이 등장하기 이전의
상태라는 비판이 그것이다. 그렇지만 비록 홉스가 문제를 해결하지는 못
했지만 문제에 올바르게 접근하기는 했다고 생각한다. 주권이 어떻게 발
생했는가는 아니더라도 주권이 어떤 단계를 거쳐왔는가 하는 문제에 대
한 탐구는 반드시 필요하다는 것이 내 판단이다. 이를 통해서만 우리는
오스틴의 분석 결과가 사실과 얼마나 부합하는지 알 수 있다.

분석법학자
들의 주장,
사회의 힘,
주권의
추상화

    사실, 인간 본성과 사회에 관한 관찰된 사실들이 주권에 관한 분석법
학자들의 주장이나 그들이 주장했음직한 것들과 얼마나 부합하는지 신
중하게 살펴보는 것보다 법학도들에게 더 중요한 일은 없을 것이다. 우
선 이러한 주장들을 서로 간에 분리할 필요가 있다. 그 가운데 첫째는 인
간의 모든 독립된 공동체에는 저항할 수 없는 힘을 공동체의 여러 구성
원들에게 행사하는 권력이 존재한다는 것이다. 이것은 사실이라고 인정
할 수 있다. 공동체의 모든 구성원들이 동일한 육체적 힘을 갖고 있고 무
장하지 않고 있다면 권력은 단지 숫자의 우위에 기초할 것이지만, 기실
다양한 원인이, 특히 공동체의 일부가 강한 육체적 힘과 우월한 무기를
가지는 등의 원인이, 저항할 수 없는 힘을 공동체 전체에 행사하는 권력
을 소수자들에게 가져다주었다. 그 다음 주장은 모든 독립된 **정치**공동체
— 자연상태에 머물러있지도 무정부상태에 빠져있지도 않은 모든 독립
된 공동체 — 에서는 그 사회가 품고 있는 저항할 수 없는 힘을 사용하거
나 지휘하는 권력이 그 사회에 속한 어떤 사람 또는 사람들의 집단에게
주어져있다는 것이다. 이 주장은 일군의 사실들, 특히 서양세계와 근대
세계의 정치적 사실들에 의해 진리일 것이 강하게 추정된다. 하지만 관

련된 모든 사실이 충분히 관찰된 것은 아니란 점을 명심해야 한다. 세계 전체 ─ 인간 본성에 관한 이론가들은 그 가운데 절반 이상을 간과하는 경향이 다분히 있다 ─ 가, 세계 전체의 역사 전체가 조사된 이후라야 우리는 사실에 관해 확신할 수 있는 것이다. 이를 수행한 후에는 다수의 사실들이 저 결론을 그리 강하게 지지하지는 않는 것으로 드러날 수 있다. 또는, 내가 짐작하는 것처럼, 저 주장이 거짓으로 드러나기보다는 단지 말로만 진실인 것으로, 그리하여 우리가 속한 사회유형에서 갖는 가치를 갖지는 않는 것으로 드러날 수 있다. 그러나, 저 위대한 분석법학자들의 주장은 아니지만 그 추종자들 일부가 감히 내걸고 있는 어떤 주장, 즉 주권자인 사람 또는 집단은 무제한적 의지의 행사를 통해 사회가 품고 있는 힘을 현실적으로 휘두른다는 주장은 확실히 사실과 전혀 부합하지 않는다. 제정신이 아닌 폭군만이 그러한 주권자의 사례에 해당할 것이다. 간단히 '도덕'이라 부를 수 있는 무척 큰 영향력이 주권자가 행사하는 사회적 힘의 실제 작용을 상시적으로 틀 짓거나 제한하거나 금지한다. 다른 무엇보다 이 점을 염두에 두는 것은 자못 중요한데, 주권에 관한 오스틴류의 견해가 실제로 무엇인지를 잘 보여주기 때문이다. 그것은 추상화의 결과이다. 정부와 사회의 모든 특징과 속성을 한 가지만 빼놓고 모두 사상抽象해버리면 도달하는 것, 힘의 보유라는 공통점을 가지고서 다양한 형태의 정치적 상급자를 하나로 묶어버리면 도달하는 것이 그것이다. 이 과정에서 무시되는 요소들이 언제나 중요하고, 때로는 대단히 중요하다. 그 요소들이야말로 힘의 직접적 적용이나 직접적 장악을 제외한, 인간 행위를 통제하는 모든 영향력들이기 때문이다. 하지만 분류를 위하여 이들을 사상하는 것은 철학적으로는 물론 정당하며, 통상적인 과학적 방법의 적용일 뿐이다.

　달리 표현하면, 주권 개념에 도달하는 추상화 과정에서 사상되는 것들은 각 공동체의 전체 역사이다. 우선, 각 사회의 어디에, 어떤 사람 또는 집단에 사회적 힘을 사용할 권력이 존재하는가를 결정하는 각 사회의 역사를, 모든 역사적 선행사실들을 사상해버린다. 주권이론은 어떻게 해서 결과에 도달했는지를 무시한다. 그리하여 페르시아 왕의, 아테네 민중의, 후기 로마의 황제의, 러시아 차르의, 영국 국왕과 의회의 강제적 권위를 모두 하나로 묶어버린다. 다음으로, 주권자가 그의 저항할 수 없는 강제력을 어떻게 행사하는지 또는 행사하지 않는지를 결정하는 각 공동체의 역사를, 역사적 선행사실들 전체를 사상해버린다. 이것을 구성하는 모든 것 —여론, 감정, 믿음, 미신, 편견의 거대한 집적물, 전래된 것이든 새로 얻은 것이든, 제도에 의해 만들어진 것이든 인간 본성에 따른 것이든, 모든 종류의 관념의 집적물 — 을 분석법학자들은 무시한다. 그리하여, 주권에 관한 그들의 정의에 따르면, 우리나라 국왕과 의회는 모든 허약한 아이들을 죽이라고 명할 수도 있고 구체제의 프랑스 왕이 발부하던 무제약적인 봉인영장lettres de cachet 체제를 도입할 수도 있다.

추상적 과학

    분석법학자의 논리과정은 수학이나 정치경제학의 그것과 자못 닮았다. 그것은 엄격히 철학적이다. 하지만 추상화에 기초하는 모든 과학의 현실적 가치는 추상화 과정에서 사상된 요소들과 남겨진 요소들 간의 상대적 중요성에 달려있다. 이 기준에 의할 때, 수학은 정치경제학보다 더 가치가 크고, 이 양자는 내가 비판하고 있는 저자의 법학보다 더 가치가 크다. 마찬가지로, 오스틴의 분석이 야기하는 오해들은 응용수학mixed mathematics의 학생들을 혼란스럽게 할 수 있는 오해들과 유사하고, 정치경제학의 학생들을 실제로 혼란스럽게 하는 오해들과도 유사하다. 자연계에서 마찰력의 존재를 망각할 수 있듯이, 부자가 되려는 욕망을 제외한 다른 사회적 동기의 존재를 망각할 수 있듯이, 오스틴 학도는 현실의 주권에는 힘force말고도 더 많은 것들이 들어있음을, 주권자의 명령인 법에는 법을 단지 규칙적인 힘으로만 보아서 얻는 것말고도 더 많은 것들이 들어있음을 망각하는 경향이 있다. 물론 나는 오스틴이 때로, 홉스는 자주, 그들의 체계가 그 근저에 놓여있는 한계에 의해 제약되지 않는 것처럼 말했음을 부인하지 않는다. 사실, 모든 추상화의 대가大家들은 순수한 정신 과정에서 버려지는 자료들은 부스러기에 지나지 않는다는 취지의 말이나 글을 이따금 내놓는다.

하지만, 오스틴의 체계에서 주권의 확정이 법의 확정에 선행해야 함을 인식한다면, 오스틴의 주권 개념은 강제력을 제외한 나머지 속성들을 사상하여 모든 형태의 정부를 하나로 묶는 정신 과정을 통해 도달됨을 이해한다면, 추상적 원리로부터의 연역은 전적으로 사실들에 예시된 사례의 성질로부터 나오는 것이 아님을 명심한다면, 생각건대 오스틴을 읽는 학생들이 느끼는 주된 어려움들이 사라질 뿐만 아니라 초심자들이 걸려 넘어지기 쉬운 그의 몇몇 주장들이 이제 자명한 명제처럼 보이기 시작할 것이다. 여러분은 그의 논저에 충분히 익숙할 것이므로 나는 이러한 명제들 중 몇몇을, 완전히 정확한 진술을 위한 부연설명 없이 언급하겠다: 법학은 실정법의 과학이다. 실정법은 주권자가 백성들에게 발하는 명령으로서, 의무나 의무의 조건이나 채무를 백성들에게 부과하고, 명령에 불복종하는 경우 제재, 즉 처벌이 가해질 것이라고 위협한다. 권리는 주권자가 공동체의 특정 구성원들에게 수여하는 능력 또는 권한으로서, 동료시민의 의무 위반에 대해 제재를 가할 수 있도록 한다. 이렇게 보면 법·권리·의무·처벌의 모든 개념들이 주권이라는 근본적 개념에 의존하고 있는 것이다. 마치 사슬의 아래쪽 고리가 제일 위쪽 고리에 의존하여 매달려있듯이 말이다. 그러나 오스틴의 체계에서 주권은 힘말고는 아무 속성도 갖지 않는다. 결과적으로 여기서 '법' '의무' '권리'에 관한 견해는 오직 이들을 강제력의 산물로만 바라보는 견해일 뿐이다. 그리하여 일련의 관념들 중에 가장 중요한 일차적 관념은 '제재'가 되고 이것이 다른 모든 관념들을 물들인다. 공식적인 입법부가 선포한 법에 관한 한, 이것이 오스틴이 말한 성격의 법이라는 데 누구도 이의를 달지 않

을 것이다. 하지만 많은 이들은, 그중에서도 특히 강한 정신을 가진 이들
은, 흔히 입법부라고 불리는 국가기관이 선포한 적이 없는 방대한 법규
칙들도 주권자의 명령이라는 입장에 의문을 제기해왔다. 법전에 포함되
지 않은 여러 나라의 관습법customary law은, 특히 영국의 보통법은, 주권자
와 무관한 기원을 가진다는 주장이 자주 있었거니와, 오스틴이 모호하고
난해하다고 여기는 이 주제에 대해 여러 이론들이 제출되어왔다. 홉스나
오스틴이 보통법 같은 규칙집합을 그들 체계로 포섭하는 방법은 그들 체
계에 대단히 중요한 격률 하나를 주장하는 것에 기초한다. '주권자가 허
락하는 것은 주권자가 명령하는 것이다'Whatever the Sovereign permits, he
commands.가 그것이다. 법원이 관습을 강제하기 전까지는 관습은 여론에
의해 강제되는 '실정도덕'positive morality일 뿐이다.[2] 법원에 의해 강제되는
즉시 관습은 주권자의 수임인 또는 대리인인 판사를 통해 주권자의 명령
이 된다. 이런 이론에 대한 대답으로 오스틴이 인정했을 법한 것보다 더
나은 대답은 그것이 단지 언어의 농간에 기초하고 있다는 것이고, 또한
법원이 스스로 전혀 의식하지 못하는 동기나 방식으로 행위한다고 가정
하고 있다는 것이다. 그러나, 그의 체계에서 주권자는 힘이나 권력에만
관계됨을 명확히 인식한다면, '주권자가 허락하는 것은 주권자가 명령하
는 것'이라는 입장은 더 쉽게 이해될 수 있다. 그것이 주권자의 명령인
이유는 주권자는 무제한적 힘을 가진다고 가정되기에 언제든 제약 없이
혁신을 가져올 수 있기 때문이다. 보통법이 주권자의 명령인 이유는 주
권자가 그것을 마음대로 폐지하거나 변경하거나 재진술할 수 있기 때문
이다. 이 이론은 이론으로서는 완전히 옹호할 수 있지만, 그 현실적 가치
는, 그리고 진실에 접근하는 정도는 시대에 따라 나라에 따라 큰 차이를
보인다. 지금까지 존재했던 독립된 정치공동체 중에는, 세계 전체를 철

---

2 오스틴이 말하는 '실정'(positive)은, 그것이 법이든 도덕이든, 신이 아니라 인간에게서
   유래한 것이라는 의미를 갖는다.

저히 조사해보면 지금도 독립된 정치공동체 중 일부는, 주권자가 저항할 수 없는 권력을 가지고 있으면서도 혁신은 결코 꿈꾸지 않는 공동체가, 주권자가 법을 선언하고 적용하는 사람들이나 집단도 자신 못지않게 사회의 필수적 구성부분이라고 믿고 있는 공동체가 분명히 있을 것이다. 또한 독립된 정치공동체 중에는, 주권자가 저항할 수 없는 강제력을 가지고 있고 혁신을 최대한도로 수행하지만, 법을 주권자의 명령으로 간주해서는 법에 관련된 모든 관념연관이 왜곡되어버리는 공동체가 분명히 있을 것이다. 그리스 도시국가의 참주들은 대개 오스틴의 주권자 기준을 전부 충족하지만, 참주에 관한 널리 승인된 정의는 '그가 법을 전복시켰다'는 뜻을 내포한다. 설령 이들 경우에도 저 이론이 들어맞는다고 볼 수 있다 하더라도, 이는 그저 언어를 지나치게 잡아늘인 것에 불과하다. 단어와 명제들을 이들과 통상 연관되는 관념의 영역에서 이탈하게 함으로써 겨우 가능해지는 것이다.

　오스틴 이론의 현실적 가치가 구체적으로 어떤 역사적 한계를 갖는지에 관해 다음 강의에서 다루기 전에 지금까지의 나의 의견을 요약해두고자 한다. 내가 옳다고 생각하는 논의방식을 오스틴이 채용했다면, 주권의 탐구가 이에 의존하는 다른 개념들의 탐구에 선행했다면, 후자의 개념들에 관한 그의 진술 중 많은 것들이 무해할 뿐만 아니라 자명한 것으로 드러났을 것이다. 법이 규칙적인 힘으로 간주되는 이유는 다른 모든 개념이 의존하는 일차적 관념에 진입할 수 있는 유일한 요소가 바로 힘이기 때문일 뿐이다. 이론적으로는 반박할 수 없으나 역사의 전개에 따라 실제적 진실에 분명하게 접근해가는 어떤 가정 — 주권자는 그가 변경할 수 있지만 변경하지 않는 것을 명령한다는 가정 — 이 행해진다면, 법률가들에게 거부감을 불러일으키는 분석법학자들의 저 유일한 원리가 더는 역설적으로 여겨지지 않을 것이다. 생각건대, 이러한 논의구조는 또 다른 장점도 가질 수 있거니와, 도덕에 관한 오스틴의 논의를 수정해야 할 필요성을 제기한다. 비록 이 주제를 여기서 충분히 자세히 다룰 수는 없겠지만 말이다. 다수의 독자들이 이해에 어려움을 겪는 명제는 —나는 대중적인 언어로만 진술하겠다— 도덕규칙의 제재란 그 위반에 대해 동료시민들이 표출하는 불승인이라는 것이다. 때로 이것은 도덕규칙에 복종하는 유일한 동기가 그러한 불승인에 대한 두려움이라고 해석되기도 한다. 오스틴의 언어를 이렇게 해석하면 그의 뜻을 완전히 오해한 것이 된다. 하지만 내가 주장하는 논의순서를 따른다면 이런 해석은 들어설 여지가 전혀 없을 것이다. 오스틴이 주권의 분석과 이에 직접 의존하는 개념들의 분석, 즉 법, 법적 권리, 법적 의무 등의 분석을 완성했다고 가정해보자. 그러면 이제 사람들이 사실상 복종하고 있는 방대한 규칙들을 탐구해야 할 것이다. 어느 정도 법의 성질을 가지고 있지만 그 자체가 주권자가 백성들에게 부과하는 것은 아닌 규칙들, 그 자체가 주권자의 제재로써 강제되는 것은 아닌 규칙들을 탐구해야 하는 것이다. 물론 이들 규칙을 탐구하는 것은 저 법철학자의 임무에 속한다. 그의 가설에 따르면 주권자는 **인간**인 상급자이고, 인간으로서 저 규칙들에 복종하기 때문이다. 사실 오스틴은 이런 관점에서 저 규칙들을 사뭇 흥미로운 방식으로 탐구한다. 주권은 그 본성상 법적 제한에 복종하지 않는다고 주장하면서도, 주권자는 어떤 명령은 발해서는 안 되고 다른 어떤 명령은 반드시 발해야 한다고 전적으로 인정하고 있는 것이다. 이때 적용되는 규칙은 법이 아니라 궁극적 합당성cogency의 규칙이다. 영국 국왕과 의회는 그의 견해에 따르면 주권자—그의 용어로는 주권자 귀족—이지만, 그리고 이 귀족들은 이론상 무엇이든 마음대로 할 수 있지만, 그러나 실제로 이렇게 행위한다고 주장하는 것은 경험칙에 완전히 반한다. 헌법적 격률로 구현되어 있는 방대한 규칙들이 어떤 일을 하지 못하도록 막는다. 언어관용상 도덕이라 부르는 방대한 규칙들이 다른 어떤 일을 하지 못하도록 막는다. 이렇게 일반인은 물론이고 주권자에게도 작용하는 규칙들이 갖는 공통점은 무엇인가? 주지하듯이 오스틴은 이를 '실정도덕'이라 부른다. 그리고 그 제재는 여론, 즉 위반시 수반되는 공동체 대다수의 불승인이라고 말한다. 제대로 이해된다면 이 마지막 명제는 참으로 진실이다. 공중公衆의 불승인이야말로 이 모든 규칙들에 공통되는 제재인 것이다. 국왕과 의회로 하여금 살인을 합법화하지 못하도록 하는 규칙과 국왕으로 하여금 각료 없이 통치하지 못하도록 하는 규칙은 위반시에 뒤따르는 처벌, 즉 영국인 다수의 강한 불승인에 의해 하나로 연결된다. 또한 이들 두 규칙은 일종의 제재를 갖는다는 점에서 진정한 의미의 법laws proper과도 대체로 연결된다. 하지만, 여론에 대한 두려움이 저두 규칙에 복종하는 동기의 하나이기는 해도, 그렇다고 해서 저 두 규칙에 복종하는 유일한 동기가 여론에 대한 두려움이라는 결론이 추론되어 나오는 것은 아니다. 대부분의 사람들은 이 두려움이 헌법규칙에 복종하는 유일한 동기는 아니라도 주된 동기라고는 인정하겠지만, 이렇게 인정한다고 해서 도덕규칙의 완전한 승인에 관한 어떤 필연적인 주장이 반드시 따라 나오는 것은 아니다. 진실은 오스틴의 체계가 **어떠한** 윤리이론과도 양립할 수 있다는 것이다. 오스틴이 이에 반대되는 주장을 한다면, 생각건대 이는 자신의 윤리적 신조의 진리치에 대한 그의 확신에서 기인하는 것이다. 그의 신조는 물론 초기 형태의 공리주의功利主義였다. 사실, 오스틴을 주의 깊게 연구함으로써 학생들의 도덕관이 바뀔 수 있다는 것을 부인할 생각은 내게 조금도 없다. 많은 다른 학문들처럼 윤리학 논의도 사고의 불명료 속에서 수행되거니와, 그러한 불명료를 떨쳐버리는 데는, 탐구대상인 주요 용어들을 완전히 일관된 의미로 정의하고 이러한 의미의 용어들로써 모호한 표현들을 탐지하는 심사기준으로 삼는 것보다 더나은 것이 없다. 엄격하게 일관된 용어를 제공한다는 점에서 분석법학은 법학과 윤리학에 더없이 소중한 가치를 지닌다. 하지만 그 체계를 잘 이해하고 평가할 수 있는 학생들이라고 해서 반드시 공리주의자가 되어야 한다고 생각할 이유는 조금도 없다.

끝으로 나는 오스틴의 체계와 공리주의 철학 간의 진정한 연결지점이
라 생각하는 것에 관해 말하겠다. 잘못된 논의구성과 더불어 공리주의
철학에 대한 강한 신념이《법학의 영역 확정》에 무엇보다 심각한 오점을
남겼다. 제2강, 제3강, 제4강에서 신법神法과 자연법(이 용어들이 어떤 의
미라도 가질 수 있다면)을 공리주의 규칙과 동일시하는 시도가 행해졌다.
이 강의들은 정당하고 흥미롭고 가치 있는 관찰을 다수 포함하고 있지
만, 이들 강의의 목표인 저 동일시는 어떤 목적에서든 전혀 불필요하고
무가치한 것이다. 편견들을 피하고 제거하는 데 도움이 된다 — 나는 아
니라고 생각하지만 — 는 성실한 믿음에서 써진 저 강의들은 오스틴의
체계에 신학과 철학 양자로부터 수많은 편견들의 덩어리를 도입했다. 하
지만, 내가 제안한 순서에 따라 오스틴이 주권과 실정법의 성질에 관한
탐구를 마친 후 신법의 성질에 대한 탐구로 들어갔다면, 그것은 주권자
라 불리는 인간 상급자의 특성이 얼마나 전능한 비非인간 통치자에게도
적용될 수 있을 것인가, 인간 주권에 의존하는 많은 개념들이 얼마나 신
의 명령에도 통용될 수 있을 것인가 하는 문제의 형태를 띠었을 것이다.
나는 오스틴의 논저와 같은 논저에서 이러한 탐구가 필요한지 의문이다.
기껏해야 그러한 논의는 법의 철학이 아닌 입법의 철학에나 속할 것이
다. 진정한 의미의 법학자는 법이나 도덕의 이상적인 기준에 대해서 아
무런 관심이 없다.

부록 B
주권과 제국

'법'이라는 단어는 **질서**라는 관념과 **힘**이라는 관념의 두 관념과 밀접 힘과 질서, 그들 간의 우선성
한 연관을 갖는 것으로 우리에게 전승되어왔다.[1] 이 연관은 아주 오래된
것이고 아주 많은 언어들에서 나타난다. 그리고 이렇게 연결된 두 관념
가운데 어느 것이 우선권을 갖는가, 어느 것이 정신의 개념에서 먼저 오
는 것인가 하는 질문이 끊임없이 제기되어왔다. 분석법학 이전에는 대체
로 '법'이 무엇보다 질서를 함의한다고 여겨왔다. "아주 일반적이고 포
괄적인 의미에서 법은 작용의 규칙이다. 그것은 영혼 있는 것이든 아니
든, 이성적인 것이든 아니든, 모든 종류의 작용에 무차별적으로 적용된
다. 그리하여 우리는 운동의 법칙, 중력의 법칙, 광학이나 역학의 법칙
을, 나아가 자연법이나 만민법도 이야기하는 것이다." 블랙스톤은 "법
일반의 성질"에 관한 장章을 이런 말로 시작한다. 이것에 대한 전적인 거
부감에서 벤담과 오스틴은 법학자가 되었다고 할 수도 있을 것이다. 한
편, 분석법학자들은 서슴없이 힘의 관념을 질서의 관념보다 우선시한다.
그들에 따르면 진정한 법은 저항할 수 없는 주권자의 명령이고 일군의
작위 또는 부작위를 한 사람 또는 다수의 백성들에게 명한다. 그리고 이
러한 명령에 의해 그들은 모두 함께 무차별적으로 어떤 법적 의무 아래
놓인다. 이렇게 진정한 법에 사실문제로서 부여된 특성, 무차별적으로
다수의 사람들을 일반적으로 정해진 다수의 작위 또는 부작위에 속박하

---

1 부록 B는 Henry Sumner Maine, *Lectures on the Early History of Institutions*, 4th ed.,
  London: John Murray, 1885(1875), 제13장 'Sovereignty and Empire'를 우리말로 옮긴 것
  이다.

는 특성은 '법'이라는 용어가 물리 세계의, 정신작용 세계의, 혹은 인간 행동의 모든 획일적이고 불변적인 연속적 현상에 은유적으로 확장될 수 있도록 했다. 중력의 법칙, 관념연관의 법칙, 혹은 지대地代의 법칙과 같은 표현에 사용된 법은 분석법학자들에 따르면 그 진정한 의미에서 벗어나 부정확한 상징으로써 확장된 것이다. 또한 그들이 이런 법을 말할 때 일종의 경멸의 뜻이 담겨있음을 부인할 수 없다. 그러나 생각건대, 어떤 단어에 존엄성이나 중요성이 주어질 수 있다면, 물리적, 정신적, 혹은 정치경제적 현상의 불변적 연속성을 뜻할 때의 법이라는 단어보다 더 존엄하고 중요한 것이 오늘날 또 있을까 싶다. 이런 의미의 '법'은 대부분의 근대사상에 들어와 있고, 근대사상이 수행되는 조건이 되었다고 할 수 있을 정도이다. 아가일 공작Duke of Argyll의 책으로 유명해진 '법칙의 지배'Reign of Law 같은 표현²을 오스틴이 경멸했을 것이라고 처음에는 믿기 어렵겠지만, 이 점에 관해 오스틴의 언어는 의심의 여지가 거의 없다. 그는 또한, 그의 주요 저술이 40년이 채 되지 않았지만, 인간의 관념이 오늘날처럼 실험과 관찰의 과학에 의해 세례를 받기 전에 저술활동을 했다고 누차 스스로 언급했다.

'법'의 원래 의미, 법학적 의미의 법, 초기의 법 개념   모든 언어에서 법이 우선 주권자의 명령을 뜻하고 여기서 파생되어 자연의 질서 있는 연속성에 적용되었다는 진술은 그 진위를 가리기가 무척 어렵다. 설령 그것이 진실이라 하더라도 진실성을 확인하는 데 들이는 노력에 값하는 가치가 있는지도 의문스럽다. 우리에게 알려진 철학적·법학적 사변의 역사를 돌아보면 법과 연관된 사실문제인 저 두 관념이 서로에게 작용과 반작용을 가해왔음이 드러나기에 그 어려움은 배가된다. 의심할 여지없이 자연의 질서는 주권자의 명령에 의해 결정된다고 관념되어왔다. 근대사상의 원류를 이루는 많은 이들이 우주를 구성하는

---

2 《법칙의 지배》라는 책의 저자 아가일 공작은 조지 캠벨(George Campbell, 1823-1900)을 말한다.

물질의 입자가 인격적 신의 명령에 복종한다고 생각했다. 마치 형사제재의 두려움 때문에 백성들이 주권자의 명령에 복종하듯이 말이다. 한편, 외부세계의 질서에 대한 숙고는 문명세계의 다수 인류가 갖는 진정한 법에 대한 견해에 강한 영향을 주었다. 로마인들의 자연법이론은 법의 역사 전체에 영향을 주었거니와, 이 유명한 이론은 실로 두 가지 요소로 구성된다. 하나는 그리스에서 유래한, 자연계의 질서와 규칙성에 관한 초기 관념에 기초한 것이고, 다른 하나는 로마에서 기원한, 인류의 여러 관행에 들어있는 질서와 공통성에 관한 초기 관념에 기초한 것이다. 몇 년 전 출간된 내 저서에서 이에 관한 증거를 제시해두었으므로 여기서 이를 반복할 필요는 없을 것이다. 어떤 사람들이나 공동체가 어떤 단어를 그들이 원하는 의미로 사용한다고 해서, 또는 그들이 원하는 여러 가지 의미로 사용한다고 해서, 그들을 비난할 수 있는 권리는 누구에게도 없다. 하지만 과학적 연구자의 책무는 중요한 단어의 의미들을 서로 구분하고, 자신의 목적에 적합한 의미를 선택하고, 연구과정에서 그 단어를 일관되게 이런 의미에서만 사용하는 것이다. 오늘날 법학자의 관심대상인 법은 공동체의 일부로서 저항할 수 없는 강제력을 가진 주권자의 실제적 명령이거나, 아니면 '주권자가 허락하는 것은 주권자가 명령하는 것'이라는 공식에 의해 '법은 명령이다'라는 공식에 포섭되는 인류의 관행임이 분명하다. 법학자의 관점에서는 일군의 작위 또는 부작위를 지시한다는, 즉 일반적으로 규정된 다수의 작위 또는 부작위를 지시한다는, 진정한 법의 필수요건을 통해서만 법이 질서와 연결될 뿐이다. 단일한 행위만 지시하는 법은 진정한 법이 아니라 '임시의' 또는 '특별한' 명령일 뿐이다. 이렇게 정의되고 한정된 법이 바로 분석법학자들이 생각하는 법학의 대상이다. 지금 우리는 그들 체계의 기초에 대해서만 관심이 있거니와, 이번 강의에서 내가 제기하고자 하는 질문은 이런 것이다: 법에 대한 복종을 강제하는 힘은 주권자의 강제력이라고 불러도 좋을 성질을 언제나

가지고 있었는가? 그리고 법은 자연현상을 기술하는 물리법칙이나 일반
공식과 연결되는 유일한 성질이라는 저 일반성을 언제나 가지고 있었는
가? 이들 질문은 일견 우리를 너무 먼 곳으로 데려가는 듯하지만, 틀림없
이 여러분은 이들이 결국 흥미롭고 중요한 질문이라는 것을, 경우에 따
라서는 우리의 논의대상인 사변의 이론적 가치가 아닌 현실적 가치에 한
계가 있음을 밝혀준다는 것을 깨닫게 될 것이다.

정부들의   분석법학자들이 말하는 주권을 다시 살펴보자. 오스틴의 논저를 읽은
복잡성
증가   독자들은 그가 다수의 현존 정부들을, 혹은 (그의 취지에 부합하게) 정치적
상급자와 하급자의 여러 형태들을 분석했음을 기억할 것이다. 그들 각각
에서 주권의 정확한 소재를 파악하려는 목적에서였다. 이것은 그의 저술
중 가장 흥미로운 부분이며, 그의 지성과 독창성이 유감없이 발휘된 부
분이다. 이 문제는 홉스 시절보다 복잡해져 있었고, 심지어 벤담의 초기
저술활동 시절보다도 복잡해져 있었다. 영국의 당파주의자 홉스는 대륙
의 정치현상에 대한 예리한 과학적 관찰자였는데, 거기서 그가 관찰한
정치상황은 (영국은 제쳐두고) 사실상 전제정과 무정부상태 양자에 국한
되었다. 그러나 오스틴의 시대에 이르면 홉스가 그의 원리를 관철시키는
투쟁의 장으로 여겼을 영국은 오래 전에 '제한군주정'limited monarchy이 되
었거니와, 홉스의 후계자들은 이 표현을 싫어했다. 홉스 자신이 그러한
상태를 싫어했듯이 말이다. 게다가 제1차 프랑스혁명의 영향력이 나타
나기 시작하고 있었다. 프랑스는 당시 제한군주정이 되어 있었고, 거의
모든 다른 대륙 국가들도 제한군주정이 될 조짐을 보이고 있었다. 대서
양 건너편에서는 미국의 복잡한 정치체제가 등장했고, 대륙 유럽에서는
독일연방과 스위스연방의 더 복잡한 정치체제가 등장했다. 주권의 소재
를 파악하기 위한 정치사회들의 분석이 확실히 훨씬 더 어려워진 것이
다. 그러나 오스틴이 현존 사례들을 분석해낸 것을 능가할 수 있는 것은
아무것도 없다.

그렇지만 오스틴은 아무리 살펴보아도 주권에 관한 자신의 정의에 부 무정부
상태
합하는 사람이나 집단을 발견할 수 없는 공동체나 사람들의 집합체가 존
재한다는 것을 전적으로 인정한다. 우선, 홉스처럼 그도 무정부상태가
존재한다는 것을 인정한다. 그런 상태가 발견되는 곳이라면 어디나 주권
의 문제는 격렬한 투쟁의 대상이다. 오스틴이 든 예는 홉스의 정신을 사
로잡았던 것이기도 한데, 바로 찰스 1세와 의회 간의 투쟁이다. 홉스와
오스틴을 날카롭게 비판한 피츠제임스 스티븐Fitzjames Stephen은 **휴면 중인**
dormant 무정부상태가 있다고 주장한다. 이러한 유보는 남북전쟁 직전의
미국의 상태를 염두에 둔 것이 틀림없다. 당시 주권의 소재는 수년간 언
론이나 신문을 통한 격렬한 투쟁의 대상이었고, 여러 저명한 미국인들이
원칙 간의 첨예한 대립을 당분간 봉합하여 그럼에도 불구하고 불가피했
던 투쟁을 뒤로 미룬 조치로 명성을 얻었다. 미해결의 문제를 둘러싼 싸
움을 의도적으로 자제하는 일이 충분히 있을 수 있거니와, 이렇게 해서
만들어진 일시적 평정상태를 휴면 중인 무정부상태라고 부르지 못할 까
닭은 없을 것이다. 나아가 오스틴은 자연상태의 이론적 가능성까지 인정
한다. 그는 홉스 등의 사변가가 자연상태에 부여하는 중요성 같은 큰 중
요성을 자연상태에 부여하지는 않는다. 그러나 다수의 사람들이, 또는
정치사회를 이룰 정도로 크지 않은 다수의 집단들이, 아직 공통의 또는
습관적으로 행동하는 권위자를 갖고 있지 않을 때 자연상태가 존재한다
고 인정한다. 그런데 정치사회를 이룰 정도로 크지 않은 집단들을 말한
직전 문장에서 나는 인류에게 주권이 보편적으로 존재한다는 원칙에 대
해 오스틴이 인정한 가장 현저한 예외를 소개한 셈이다. 관련 대목은 그
의 저서 제3판 제1권 237쪽에 등장한다.

"야만인 가족 하나가 다른 모든 공동체로부터 고립되어 살고 있다고 자연상태
가정해보자. 또한 이 고립된 가족의 수장인 아버지가 아내와 자식들로부
터 습관적 복종을 받고 있다고 가정해보자. 다른 더 큰 공동체의 일부가

아니므로, 부모와 자식들로 구성된 이 사회는 분명 독립된 사회이다. 또한 나머지 구성원들이 습관적으로 수장에게 복종하고 있으므로, 구성원 수가 아주 적지 않다면, 이 독립된 사회는 정치적 사회에 해당할 것이다. 그러나 구성원 수가 너무 **적기** 때문에, 자연상태의 사회라고 부르는 것이 마땅할 것이다. 즉, 복종 상태에 있지 않은 사람들로 구성된 사회인 것이다. 부조리한 듯한 용어를 사용하지 않으려면, 우리는 이 사회를 **정치적인** 독립된 사회라고 부를 수 없을 것이고, 명령하는 아버지이자 수장을 **군주** 또는 **주권자**라고 부를 수 없을 것이며, 복종하는 아내와 자식들을 **백성**이라고 부를 수 없을 것이다."

그러고는 오스틴은 몽테스키외의 원리를 인용한다: "정치권력은 여러 가족들의 결합을 반드시 전제한다."

아주 작은 집단에는 주권자가 없다

이 대목이 의미하는 바는 아주 작은 사회에는 그의 이론을 적용할 수 없다는 것이다. 이런 경우에 그의 용어를 적용하는 것은 부조리하다고 오스틴은 말한다. 나중에 나는 일반적으로 무척 위험한 기준인 우리의 부조리 감각에 이처럼 호소하는 것의 의미에 대해 여러분에게 지적할 기회가 있을 것이다. 당장은 이러한 인정이 대단히 중대한 것이라는 점만 주목해주시기 바란다. 여기에 등장하는 권위의 형태, 즉 가족에 대한 가부장patriarch; paterfamilias의 권위야말로, 적어도 오늘날의 어떤 한 이론에 따르면, 인간의 인간에 대한 모든 상설적 권력이 점차 발달해 나오는 요소 혹은 맹아이기 때문이다.

편잡 지방

하지만 (비록 오스틴이 어느 정도 근대적 저술가이긴 해도) 그가 저술할 당시에는 거의 알려지지 않았다고 함이 마땅한 지식의 원천에서 유래하는 또 다른 사례들이 있다. 이들은 그의 원리를 적용하기가 적어도 곤란한 또는 의심스러운 사례들이다. 그 중 하나를 인도에서 가져올 것인데, 인도를 특별히 애정해서가 아니라 이 주제에 관한 가장 최근의 사례이기 때문이다. 그것은 인도에서도 편잡—다섯 개의 강이 흐르는 땅—이라

고 불리는 지방의 사례로, 영국령 인도에 편입되기 사반세기 전의 상태
에 관한 것이다. 상상할 수 있는 모든 형태의 무정부상태와 휴면 중의 무
정부상태를 거친 후, 편잡은 시크교도들에 의한 반쯤은 군사적이고 반쯤
은 종교적인 과두정 아래서 어느 정도 안정적인 지배체제에 들어간다.
그 후 시크교도들은 그들 신분에 속하는 한 사람의 수장에게 복속하게
되는데, 이 사람이 바로 란지트 싱Runjeet Singh이다. 언뜻 보면 란지트 싱만
큼 오스틴의 주권자 개념에 딱 들어맞는 경우도 없을 것 같다. 그는 절대
적 전제군주였다. 가끔씩 멀리 변방 지역을 제외하면 그는 자못 완벽하
게 질서를 유지했다. 그는 무엇이든 명령할 수 있었다. 명령을 조금이라
도 어기면 사형이나 절단형이 뒤따랐다. 그의 백성이라면 거의 누구나
이것을 잘 알고 있었다. 하지만 그가 오스틴이 법이라고 부르는 명령을
평생 동안 한번이라도 선포한 적이 있는지 의심스럽다. 그는 많은 양의
곡물을 세금으로 거두어갔다. 세금을 잘 내지 않는 마을들을 약탈했고
무수한 사람들을 처형했다. 그는 다수의 군인들을 징집했다. 모든 권력
수단을 장악했고 다양한 방법으로 행사했다. 하지만 그는 법을 만들지
않았다. 백성들의 생활을 규율하는 규칙은 기억할 수 없는 옛날부터 전
해진 관행이었다. 이 규칙들은 가족이나 촌락공동체 내부의 법정에서 집
행되었다. 다시 말해, 오스틴 스스로 인정하는 부조리함 없이는 그의 원
리가 적용될 수 없는 집단보다 크지 않은 혹은 조금밖에 크지 않은 집단
의 내부에서 집행되었던 것이다.

　이러한 정치사회의 존재로 오스틴의 이론이 이론으로서 오류가 된다　란지트 싱
고는 조금도 주장할 생각이 없다. 그 이론에 대한 반박에 대처하는 위대
한 격률이 있거니와, 내가 누차 말했던 '주권자가 허락하는 것은 주권자
가 명령하는 것'이 그것이다. 저 시크교도 전제군주는 가家의 수장과 마
을의 장로들에게 규칙을 정하라고 허락했고, 따라서 이들 규칙은 그의
명령이고 진정한 의미의 법이라는 것이다. 그런데, 영국의 주권자는 보

통법을 명령한 적이 없다고 주장하는 영국 법률가에게 이런 종류의 대답이 주어진다면 그것은 어느 정도 유효한 대답이 될 수 있을 것이다. 국왕과 의회는 보통법을 허락하기에 보통법을 명령한다. 국왕과 의회가 보통법을 허락하는 증거는 그것을 변경할 수 있다는 데 있다. 실로, 저 반박이 처음 개진된 후, 보통법은 의회 입법에 의해 상당 부분 잠식당했고, 오늘날에는 보통법의 구속력이 제정법에 의존한다고 할 수 있을 정도이다. 하지만 나의 동양 사례는 과거 법률가들이 보통법에 관해 느꼈던 곤란함이 홉스와 그 후계자들의 평가보다 한때 더 존중받을 만한 것이었음을 보여준다. 란지트 싱은 백성들이 따르는 민사규칙을 결코 변경하지 않았고 변경할 꿈도 꾸지 못했다. 어쩌면 그는 이들 규칙을 적용하는 마을 장로들만큼이나 그 규칙들이 독자적인 구속력을 가진다고 믿었을 것이다. 어떤 동양이나 인도의 법이론가는, 란지트 싱이 이들 규칙을 명령했다는 주장을 접하면, 오스틴이 정당한 호소라고 인정했던 바로 그 부조리 감각의 호소에 걸려들지도 모른다. 이런 경우 이론상으로는 여전히 진리이겠으나, 그것은 말뿐인 진리에 지나지 않는다.

언어를 잡아늘이지 않고는 주권이론과 이에 기초한 법이론이 적용되지 않는 몇몇 특수한 사례를 가지고 유별난 사변을 내가 전개하고 있다고 생각해서는 안 된다. 우선, 란지트 싱 통치 아래 펀잡은 토착적 상태에 있는 모든 동양 공동체들의 전형이라고 볼 수 있다. 평화와 질서가 수립된 드문 기간 동안은 말이다. 그것들은 전제정이었고, 수장인 전제군주의 명령은 엄격하고 잔인했으나 언제나 절대적으로 복종되었다. 그러나 이들 명령은, 세금징수를 위한 행정기구를 조직하는 경우를 제외하면, 진정한 의미의 법이었던 적이 없다. 오스틴이 말한 임시의 또는 특별한 명령이었을 뿐이다. 사실, 우리가 알고 있는 세계에서 지방적·가족적 관행을 희석시키는 유일한 용매는 주권자의 명령이 아니라 신의 명령으로 여겨지는 것이었다. 인도에서 법과 종교의 혼합물을 다룬 브라만의 문헌은 옛 관습법을 무너뜨리는 데에 언제나 커다란 영향력을 발휘했다. 특히, 앞선 강의에서 설명했듯이, 영국 통치 아래에서 그것의 영향력은 더욱 커졌다.[3]

　지금 우리의 탐구를 위해서는, 우리 눈앞에 펼쳐진 현대 서구의 사회 조직보다 내가 인도 혹은 동양의 정치사회로 기술한 사회상태가 세계 대부분의 과거 상황을 알려주는 더 믿을 만한 단서라는 점을 명심할 필요가 있다. 현대세계보다 고대세계에서 주권은 더 단순했고 더 쉽게 발견된다는 것은 터무니없는 생각이 아닐 것이다. 홉스와 오스틴의 비판자로 내가 언급했던 이는 이렇게 말한다. "그리스든, 페니키아든, 이탈리아든, 아시아든, 우리가 읽어서 알고 있는 모든 국가에는 일종의 주권자가 있어서 그것이 존속하는 동안 절대적 권위를 행사했다." 또한 말하기를, "홉스가 가상의 인류역사를 쓰고자 했더라도 로마 제국의 창설과 확립의 역사만큼 그의 목적에 더 들어맞는 것을 만들어낼 수는 없었을 것이다." 로마 제국에 관한 것은 잠시 미뤄두겠는데, 그렇게 하는 이유는 나중에 밝혀질 것이다. 그러나 영토의 범위에서 로마 제국에 맞먹는 제국들을 살펴보면 이들은, 올바르게 이해한다면, 홉스가 상상한 거대한 리바이어던과 전혀 비슷하지 않았음을 알 수 있다. 우리는 유대인의 기록에서 아시리아 제국과 바빌로니아 제국에 대해 어느 정도 알고 있고, 그리스인의 기록에서 메디아 제국과 페르시아 제국에 대해 어느 정도 알고 있다. 이를 통해 그들이 주로 조세징수제국tax-taking empire이었음을 알고 있다. 그들이 막대한 양의 세금을 백성들에게서 징수했음을 알고 있다. 가끔씩 정복전쟁을 위해 방대한 지역에 흩어져 살고 있는 인구로부터 대규모 군사력을 징집했음을 알고 있다. 그들의 임시적 명령에 절대적 복

---

3 인도를 통치하게 된 영국은 지방마다 다양한 관습을 가진 인도에도 획일적인 법규칙이 존재할 것이란 생각에서 브라만들을 동원하여 마누법전 등 옛 문헌에서 법규칙들을 발견하도록 했고, 영국에 의해 새로 설치된 법원들은 이들 법규칙을 각 지방에 강제했다.

종을 강요했고, 불복종은 극도로 잔인하게 처벌했음을 알고 있다. 그들의 수장인 군주는 지속적으로 작은 집단의 왕들을 폐위시켰고, 심지어 공동체 전체를 이식하기도 했음을 알고 있다. 하지만 이런 와중에도, 백성들이 속하는 집단의 종교적·세속적 일상생활은 대체로 거의 간섭하지 않았음이 확실하다. 그들은 입법을 하지 않았다. '고칠 수 없는 메디아와 페르시아의 법'의 한 예로 우리에게 전해지는 '왕법'王法과 '금령'禁令은 근대법학이 말하는 법이 아니었다.[4] 그것은 오스틴이 '특별한 명령'이라 부르는 것으로 갑작스럽고 돌발적이고 일시적인 개입이었으나, 고대의 다양한 형태의 관행들은 대체로 건드리지 않았다. 더욱 시사적인 것은 유명한 아테네 제국이 저 대왕의 제국과 동일한 주권 유형에 속한다는 점이다. 아테네 민회는 아티카 지역의 주민들을 위해서는 진정한 법을 만들었지만, 아테네 지배 아래 있는 도시와 섬들에 대한 통치는 분명 조세징수적이었다. 그것은 입법제국legislating empire이 아니었다.

분석적 체계의 한계   이 위대한 정치체들에 오스틴의 용어를 적용하는 것의 곤란함은 자못 명백하다. 유대법을 수사에 거처하는 대왕의 명령이라고 말하는 것이 과연 명석한 사고를 낳을 수 있겠는가? 분석법학의 핵심 원리, '주권자가 허락하는 것은 주권자가 명령하는 것'이란 원리는 말로는 여전히 진리이다. 하지만 이런 사례에 그것을 적용하면 오스틴이 인정하는 상위의 법정, 즉 부조리의 감각에 상소가 허용되는 것이다.

이제 나는 분석법학의 체계가 갖는 현실적 한계에 관한 나의 의견을 편하게 말할 수 있는 지점에 도달했다. 그것은 이론적 진리가 아니라 현실적 가치를 갖는다고 주장될 때의 한계이다. 분석법학의 유일한 관심대상인 서구세계는 두 가지 큰 변화를 겪었다. 근대 유럽의 국가들은 (하나를 제외한) 고대의 위대한 제국들 및 오늘날 동양의 제국이나 왕국들과는 다른 방식으로 구성되었으며, 또한 **입법**이라는 주제에 관한 새로운 관념

---

4 다니엘서 6:7-8.

질서가 로마 제국을 통해 이 세계에 전해졌던 것이다. 이러한 변화들이 없었다면 분석법학의 체계는 그 저자들의 머리에 들어서지 않았을 것이라고 나는 확신한다. 이러한 변화가 일어나지 않은 곳에 분석법학의 체계를 적용하는 것은 무가치한 일이라고 나는 확신한다.

　국가라는 정치공동체의 기원에 관해 주장할 수 있는 거의 보편적인 사실은 그것이 집단들의 결합으로 구성되었고 그 초기 집단은 가부장적 가족보다 작지 않은 집단이었다는 것이다. 그러나 로마 제국 이전에 존재한 공동체에서는, 그리고 로마 제국의 영향을 조금만 받았거나 전혀 받지 못한 곳에서는, 이 결합이 곧 정지되었다. 이러한 과정의 흔적은 도처에서 발견된다. 아티카의 촌락들이 결합하여 아테네 국가를 형성한다. 초기 로마 국가는 일곱 언덕의 작은 공동체들이 결합한 것이다. 인도의 수많은 촌락공동체들은 더 작은 요소들이 결합해 구성된 흔적을 가지고 있다. 그러나 이 경우 초기 결합은 곧 정지된다. 그 후, 한 공동체가 다른 공동체를 정복함으로써, 또는 한 공동체나 부족의 족장이 대규모 인구를 정복함으로써, 로마 제국과 외면적 유사성을 갖고 대체로 무척 큰 영토를 갖는 정치공동체들이 만들어졌다. 그러나, 로마 제국과 그 영향권을 제외하면, 이 거대 국가에 포함된 작은 사회들의 독립된 지방적 삶은 사라지지 않았고 약해지지도 않았다. 그들은 인도의 촌락공동체가 존속해 왔듯이 그대로 존속했다. 국가가 가장 번영했을 때조차 그들은 기본적으로 동일한 사회유형을 유지했다. 하지만 근대세계의 국가들이 형성될 때의 변화과정은 이와 전혀 달랐다. 작은 집단들이 훨씬 더 철저하게 해체되었고 더 큰 집단에 흡수되었다. 더 큰 집단은 더욱 큰 집단에 흡수되었으며, 다시 후자는 더 넓은 지역으로 통합되었다. 지방적 삶과 마을의 관습이 모든 곳에서 동일한 정도로 쇠퇴한 것은 아니다. 독일보다 러시아에서 더 많이 살아남았다. 영국보다 독일에서 더 많이 살아남았다. 프랑스보다 영국에서 더 많이 살아남았다. 그러나 대체로 볼 때, 근대국가가

형성되었을 때 국가는 초기 제국을 구성하던 것들보다 훨씬 더 작은 파편
들이 모인 것이다. 그리고 구성부분들 사이에는 유사성이 훨씬 더 컸다.

마을회의   어느 것이 원인이고 어느 것이 결과인지 확신하기는 어렵지만, 한때
독립된 삶을 살았던 집단들이 근대사회에서 이렇게 더 철저히 분쇄된 과
정은 더 활발한 입법활동과 병행하여 진행되었음이 분명하다. 아리아인
의 원시적 상황이 역사기록이나 고대법의 유산을 통해 드러난 곳이면 어
디서나, 원초적 집단 안에서 오늘날의 입법부에 해당하던 기구가 확인된
다. 그것은 마을회의village council로서, 때로는 마을 주민 전체에 대해 책임
을 지고 때로는 그렇지 않으며 때로는 세습족장의 권위의 그림자에 가려
지기도 하지만, 결코 완전히 사라지지는 않는다. 이 맹아로부터 세계의
모든 유명한 입법기구들이 출현했다. 아테네의 에클레시아Ekklesia가, 로
마의 민회·원로원·황제가, 그리고 영국의 의회가 출현했다. 이는 근대
세계의 모든 (오스틴의 용어로) '동료 주권자 집단'collegiate sovereignty의, 다
시 말해 주권이 인민에 의해 또는 인민과 왕의 협치로 행사되는 모든 정
부의 전형이자 모태였다. 하지만, 이 국가기구의 저발전된 형태를 살펴
보면, 그것의 입법능력은 무척 불명확하고 무척 미약하다. 사실, 다른 곳
에서 지적했듯이, 그 고유한 관념의 제국 아래에서 마을회의에 주어진
권한의 다양한 색깔들은 서로 잘 구분되지 않는다. 법의 창조, 법의 선포,
그리고 법 위반에 대한 처벌 사이에도 뚜렷한 차이를 찾아보기 어렵다.
이 기구의 권한을 근대적 이름으로 굳이 표현한다면, 가장 배경에 놓여
있는 것은 입법권한이고, 가장 전면에 드러나는 것은 재판권한이라 할
수 있다. 복종 대상인 법은 항상 존재해온 것으로 간주되고, 새로운 관행
은 옛 관행과 혼돈상태에 있다.

원시   따라서 아리아인의 촌락공동체는, 그 원시적 상태에 머물러있는 한,
집단과
입법,   진정한 입법권을 행사하지 않는다. 또한, 원시적 지방집단들을 거의 그
국왕의 법 대로 보존하는 동양의 대규모 국가들에서 주권자가 행사하는 입법권은

진정한 의미에서의 입법권이라 부르기 어렵다. 전술했듯이 입법과 지방적 삶의 해체는 일반적으로 서로 병행했던 것으로 보인다. 인도의 촌락공동체와 영국의 튜턴족 촌락공동체를 비교해보라. 전자는 근대적이 아닌 그리고 영국이 건설한 것이 아닌 모든 제도 중에서 가장 명확하고 가장 현저하고 가장 잘 조직되어 있다. 영국의 옛 공동체인 후자의 흔적은, 물론 추적할 수는 있지만, 비교방법을 동원해야만 그리고 여러 세기에 걸친 법기록과 역사기록을 조사해야만 비로소 그 의미가 이해될 수 있고 해체된 윤곽이 복원될 수 있다. 동일한 제도의 이렇게 서로 다른 생명력을 두 나라의 어떤 다른 현상과 관련짓지 않는다는 것은 불가능하다. 인도에서는 수많은 초기 정복자들에 이어 무굴 제국과 마라타 제국이 촌락공동체들을 휩쓸고 지나갔지만, 촌락공동체들을 명목적 제국에 복속시키고 나서도 이들 제국은 세금과 공물을 바치는 것말고는 어떤 항구적인 의무도 부과하지 않았다. 몇몇 예외적인 경우 피정복민들에게 종교의 개종을 강요했지만, 마을에서는 기껏해야 사원과 종교의례가 바뀌었을 뿐, 세속적 제도는 그대로 유지되었다. 영국에서는 중앙권력과 지방권력 간의 투쟁이 사뭇 다른 양상을 보였다. 국왕법과 국왕법원이 지방법과 지방법원에 대항하여 지속적으로 강화되어왔음을 우리는 잘 안다. 또한 국왕법의 승리가 그 후 그것의 원리에 기초한 의회입법의 긴 목록을 이끌어냈음을 우리는 잘 안다. 이 모든 과정은 입법이 점점 강화되는 과정이라고 할 수 있다. 결과적으로 영국의 다종다양한 옛 법들은 거의 전적으로 폐지되었으며, 독립된 공동체들의 옛 관행들은 장원莊園의 관습으로 전락하거나 아니면 법적 제재가 주어지지 않는 단순한 습관으로 전락했다.

로마 제국이 중앙집권적이고 적극적으로 입법활동을 하는 국가의 형성에 직·간접적으로 영향을 준 원천이었다는 것은 충분히 믿을 만한 명제이다. 로마 제국은 조세부과뿐만 아니라 입법활동도 행한 최초의 대국

大國이었다. 이 과정은 여러 세기에 걸쳐 이루어졌다. 그 시작과 완성의 시점을 굳이 지적하라면, 나는 대체로 최초의 속주고시屬州告示edictum provinciale가 발해진 때와 로마 시민권을 제국의 모든 신민에게 확장한 때를 지적하고 싶다. 하지만 분명 이 변화는 시작 시점 훨씬 전에 그 토대가 놓였고, 또한 종료 시점 후에도 어떤 면에서는 오랫동안 이어졌다. 결과적으로 관습법의 방대하고 잡다한 덩어리가 해체되었고 새로운 제도로 대체되었다. 이런 점에서 로마 제국은 다니엘서를 가지고 정확하게 묘사할 수 있을 것이다. 그것은 먹이를 잡아먹고, 으스러뜨리고, 그 나머지를 발로 짓밟아 버렸다.[5]

법의 힘 　만족蠻族들의 로마 제국 침공은 잃어버렸던 다양한 원시적 부족관념과 촌락관념을 제국 내 공동체들에 확산시켰다. 그렇지만 로마 제국이 직·간접적으로 영향을 준 사회는 동양의 정체성停滯性 탓에 오늘날에도 관찰할 수 있는 고대적 체제에 기초한 사회와 더는 같지 않았다. 전자의 사회에서 주권은 입법권과 어느 정도 분명하게 관련되어 있으며, 대다수 국가에서 입법권이 행사되는 방향은 로마 제국이 남겨놓은 법에 의해 분명하게 그어져 있었다. 고대적 법관념을 거의 전부 추방해버린 로마법은 어디서나 분명 지방적 관행을 희석시키는 강력한 용매였다. 그리하여 두 가지 유형의 정치사회가 존재하게 된다. 그 중 고대적 유형에서는 대다수 사람들이 자신의 마을이나 도시의 관습을 생활규칙으로 삼지만, 그들은 조세는 징수하되 입법은 하지 않는 절대적 통치자의 명령에 때때로 그러나 절대적으로 복종한다. 우리에게 친숙한 다른 유형에서는 주권자는 자신의 원칙에 따라 더욱 적극적으로 입법을 행하고, 그러는 사이 지방적 관습과 지방적 관념은 급속히 사라져간다. 하나의 정치체제에서 다른 정치체제로 변화하는 동안 법의 성격도 뚜렷이 변화되었다고 생각한다. 예컨대, 법의 배후에 존재하는 힘은 언어를 잡아늘임으로써만 동일

5 다니엘서 7:19.

한 언어로 부를 수 있게 되었다. 관습법 — 이 주제는 오스틴의 이론이 별로 도움이 되지 않는다 — 이 복종되는 방식은 제정법이 복종되는 방식과 같지 않다. 관습법이 좁은 지역과 작은 자연적 집단에 적용될 때, 그 제재는 부분적으로는 여론에, 부분적으로는 미신에, 그러나 대개는 우리의 신체운동 일부가 일어날 때와 비슷한 맹목적이고 무의식적인 본능에 의존한다. 관행에의 복종을 확보하는 데 직접적인 통제는 거의 필요치 않다. 하지만, 작은 자연적 집단의 외부에서 권위자가 부과하는 규칙이 복종을 요구할 때, 그 규칙은 관습법과 전혀 다른 성질을 띤다. 미신의 도움은 사라지고 여론의 도움도 별로 받지 못하며 자발적 충동의 도움은 확실히 받지 못한다. 따라서 법 배후의 힘은 원시적 유형의 사회가 알지 못하는 정도로 순수하게 강제력이 된다. 더욱이 다수의 국가에서 이 힘은 그 대상인 사람들로부터 아주 멀리 떨어져서 행사되어야 하기에, 이를 행사하는 주권자는 개별적 행위와 개인들이 아니라 아주 광범위한 행위와 아주 광범위한 사람들을 다루어야 한다. 이러한 필요의 결과 하나가 흔히 법과 불가분 결합되어 있다고 여기는 성질, 즉 법의 무차별성, 냉혹성, 그리고 일반성이다.

법과 관련된 힘의 개념이 변화함에 따라 질서의 개념도 변화했다고 생각한다. 아리아인의 초기 사회집단에서 마을 관습만큼 단조로운 현상도 없을 것이다. 그렇지만, 촌락공동체를 구성하는 가※ 안에서는 가부장의 전제정이 관행의 전제정을 대신한다. 경계선 밖에서는 기억할 수 없을 만큼 오래된 관습이 맹목적으로 복종되지만, 내부에서는 반쯤 문명화된 남자가 아내와 자식과 노예에 대해 가부장권patria potestas을 행사했다. 법이 명령이라면, 이 단계의 법은 불변의 질서보다는 예견 불가능한 변덕과 관련되어 있었을 것이다. 또한 당시 사람들은 낮과 밤, 여름과 겨울 등 자연현상의 연속성에서 규칙성을 기대했을 뿐, 강제력을 가진 상급자의 말과 행동에서 규칙성을 기대하지는 않았을 것이다.

법과 질서

힘과
질서의
변화

따라서 법의 배후에 존재하는 힘이 항상 동일한 것은 아니었다. 법에 수반하는 질서도 항상 동일한 것은 아니었다. 대중의 견해와 분석법학자의 예리한 눈에 법의 본질적 속성이라 여겨지는 것들은 오직 서서히 법에 부착되어갔다. 법의 일반성과 주권자의 강제력에의 의존성은 넓은 영토를 가진 근대국가의 결과물이고, 국가를 구성하는 하위집단들이 해체된 결과물이며, 무엇보다 민회·원로원·황제가 통치하는 로마 국가의 모범과 영향력의 결과물이다. 아주 일찍부터 로마 국가는 그것이 잡아먹은 것을 철저히 으스러뜨린 점에서 다른 어떤 통치체제나 권력체제와도 현저히 다른 것이었다.

홉스와
벤담

위대한 사상체계가 실제 탄생하기 수백 년 전에 그것이 등장하는 것을 막을 수 있는 것은 오직 우연밖에 없다는 말이 있다. 분석법학에는 이러한 주장이 타당하지 않다. 분석법학은 시간이 완전히 무르익은 후에야 비로소 그 저자들의 머리에 들어설 수 있었다. 홉스의 위대한 원리는 분명 당시 그가 가졌던 특별한 기회를 이용한 일반화의 결과일 것이다. 지력이 한창일 때 그는 영국뿐 아니라 대륙에도 장기간 체류했는데, 처음에는 가정교사로서 여행을 다녔고 나중에는 국내정세의 혼란을 피해 망명자로서 지냈다. 분명 그 자신 강한 당파성을 가졌던 영국의 사태와는 별개로, 그가 관찰한 현상은 빠르게 중앙집권화되고 있는 정치체들이었다. 지방의 특권과 재판권은 완전히 소멸해가고 있었고, 프랑스의 파를르망Parliament 같은 낡은 역사적 기구는 무정부상태의 용광로가 되고 있었으며, 질서를 위한 유일한 희망은 왕권에서 찾을 수밖에 없었다. 이것은 베스트팔렌 조약을 낳은 전쟁의 명백한 결과물이었다. 봉건적 또는 준準봉건적 사회의 다양한 옛 지방세력들은 어디서나 쇠퇴했거나 파괴되어 있었다. 그것이 지속되었다면 저 위대한 사상가의 이론체계는 분명 탄생하지 못했을 것이다. 우리는 햄든 마을village Hampden[6]에 대해서는 들

6 존 햄든(John Hampden, 1594-1643)은 찰스 1세에 대항한 장기의회의 지도자 중 한 명

어보았지만 홉스 마을은 상상할 수도 없다. 벤담이 저술활동을 하던 시대에 이르면 분석법학을 연상시키는 상황은 훨씬 더 명확해졌다. 프랑스에서는 민주정이었던 주권자가 시작해 전제정이었던 주권자가 완성한 법전편찬 사업이 이루어졌던 것이다.[7] 주권자는 묵시적으로 허락한 것을 언제라도 명시적 명령으로 대체할 수 있기에 주권자가 허락하는 것은 주권자가 명령하는 것이다, 라는 명제를 이처럼 선명하게 보여준 사례는 근대세계에서 이전에 존재한 적이 없었다. 또한 주권자의 진정한 의미의 입법활동의 증가로부터 기대되는 광범위하고 대체로 자못 유익한 결과의 면에서 이처럼 인상적인 본보기는 존재한 적이 없었다.

　동일한 반열에 속하는 천재 중에서 홉스와 벤담만큼 역사로부터 완전히 결별한 인물도 없을 것이다. 어쨌든 내가 보기에는, 그들만큼 자신들이 보고 있는 대로 항상 이 세상이 존재해왔다고 생각한 사람은 없을 것이다. 벤담은 자신의 원리의 불완전한 또는 왜곡된 적용이 낳은 많은 것들은 자신의 원리와 아무 상관이 없다는 생각에서 벗어나지 못했다. 홉스는 특권단체와 조직화된 지방집단을 당시 점차 인기를 얻고 있던 생리학이 인간 신체 내부조직 안에 살고 있다고 증명한 기생충에 비유했는데, (당시에는 자연스러운 일이었으나) 이것만큼 역사에 대한 오해를 분명히 보여주는 것이 또 있는지 의문이다. 오늘날의 우리라면, 생리학의 비유를 채용해야 한다면, 저 집단들을 인간 신체를 구성하는 기본 세포들에 비유할 것이다.

분석법학과 역사

　역사의 도움으로만 설명할 수 있는 많은 것들을 분석법학자들은 보지 못했지만, 이를테면 역사의 파도에 휩쓸리는 사람들이 오늘날에도 불완전하게만 보는 많은 것들을 그들은 보았다. 사실로서의 주권과 법은 오

분석법학의 영향

이었다. 토머스 그레이(Thomas Gray)의 《시골 교회묘지에서 쓴 비가》(Elegy Written in a Country Churchyard)라는 시에 '햄든 마을'이란 표현이 등장한다.
7　프랑스민법전 편찬사업은 국민의회(Assemblée nationale)에 의해 1791년 9월에 시작한다. '전제정이었던 주권자'는 물론 나폴레옹 보나파르트를 말한다.

직 서서히 홉스·벤담·오스틴이 형성한 개념에 부합하는 형태를 띠어갔
으나, 그들 시대에 이르면 그러한 부합이 실제로 존재했고 계속해서 더
완전해지고 있었다. 그리하여 그들은 내적으로 엄격히 일관된다는 장점
을 가진 법적 용어들을 만들 수 있었다. 또 하나의 장점은, 비록 사실을
정확히 표현하지 못하더라도, 이러한 정확성의 한계가 그것의 가치를 박
탈할 정도로 심각한 것은 아닐 뿐만 아니라 시간이 흐르면서 점점 덜 심
각한 것이 되어간다는 것이다. 법과 사회에 관한 어떠한 개념도 의심할
여지없는 망상의 덩어리를 제거한 적이 없었다. 주권자의 힘은 주로 이
들 법학자가 말하는 법을 통해 행사된 것이 사실이나, 그것은 당황하며,
주저하며, 많은 실수와 많은 누락을 품은 채 행사되었다. 만약 그것이 대
담하고 일관되게 적용된다면 이루어낼 수 있는 모든 것들을 그들은 처음
으로 보았다. 그 후 그들의 현명함을 증거하는 모든 일들이 일어났다. 벤
담 시대 이래 이루어진 법개혁 중에 그의 영향을 받지 않은 것이 하나라
도 있는지 의문이다. 그러나 이 이론체계가 산출한 명석함의 더욱 놀라
운 증거는, 앞선 시대에 속하지만, 홉스에게서 찾을 수 있다. 홉스는《보
통법의 대화》Dialogue of the Common Laws[8]에서 보통법과 형평법의 통합, 부동
산권 등기 제도, 체계적인 형법전을 주장했다. 이들 세 가지 조치는 지금
이 순간 막 실현되려 하고 있다.[9]

근대국가의
입법,
공리주의
철학,
도덕론자로
서의 벤담

　　근대국가의 구조에서 가장 핵심적 사실은 활발한 입법기구이다. 전술
했듯이 이 사실이 존재하기 전까지는 홉스·벤담·오스틴의 체계는 생각
해낼 수가 없을 것이다. 이 사실이 불완전하게 발현되는 곳에서는 그들
의 체계는 올바르게 평가받지 못할 것이다. 독일 학자들이 이것을 상대
적으로 소홀히 취급하는 것은 독일에서는 입법활동이 상대적으로 최근
의 일이기 때문일 것이다. 그러나 벤담과 오스틴이 홉스의 사변에 추가

8　1666년에 저술되고 1681년에 사후 출간된《철학자와 보통법학자의 대화》(A Dialogue
　　between a Philosopher and a Student of the Common Laws of England)를 말한다.
9　그러나 체계적인 형법전은 2020년대에 들어선 현재까지도 실현되지 않고 있다.

한 저 유명한 이론을 고려하지 않고는 입법과 분석법학 간의 연결을 포착하기란 불가능일 것이다. 이들을 연결하는 것은 바로 공리功利 — 법과 도덕의 기초로서의 최대다수의 최대행복 — 의 이론이다. 그렇다면 공리주의와 분석법학 간의, 본질적인 것이든 역사적인 것이든, 관계는 무엇인가? 강의를 마쳐야 할 시점에 와서 그렇게 폭넓고 어려운 주제를 상세히 논할 수는 없지만, 그래도 몇 마디 하겠다. 생각건대 공리주의에 관해 가장 흥미로운 점은 그것이 평등 이론을 전제한다는 것이다. '최대다수'는 한 사람을 단위로 하여 계산하는 최대다수를 말한다. '하나는 하나로만 취급되어야 한다'고 벤담은 누차 강조했다. 사실, 이 이론에 대한 가장 결정적인 반박은 이러한 평등성을 부인하는 것이 될 것이다. 나는 인도의 브라만에 속하는 어떤 이가 이를 부인하는 것을 들은 적이 있는데, 그들 종교의 분명한 가르침에 따르면 브라만의 행복은 다른 사람의 행복의 스무 배의 가치가 있다는 것이 근거였다. 평등성이라는 근본 가정은 (내가 보기에) 순전히 이기주의에 기초한다는 비판을 함께 받을 만한 다른 이론으로부터 벤담의 이론을 뚜렷이 구별시켜준다. 자, 이 평등성의 근본 가정은 어떻게 해서 벤담의 머리에 떠오르게 되었을까? 분명 그는 — 누구보다도 명확히 — 인간은 사실상 평등하지 않다고 보았다. 인간이 자연적으로 평등하다는 명제를 그는 무정부적 궤변anarchical sophism이라며 명시적으로 비난했다. 그렇다면 최대다수의 최대행복이라는 그의 유명한 원리의 공준인 평등성은 어디에서 온 것인가? 최대다수의 최대행복 원리는 단지 입법의 원리에 불과하다고, 애초 벤담은 바로 이런 형태로 그것을 파악했다고 감히 나는 생각한다. 수많은 사람들로 구성된 비교적 동질적인 공동체를 가정해보라. 입법의 형태로 명령하는 주권자를 가정해보라. 이 입법기구가, 현실적인 것이든 잠재적인 것이든, 왕성한 활력을 가지고 있다고 가정해보라. 이런 곳에서 대규모 입법을 안내할 수 있는 유일하게 가능한, 유일하게 생각할 수 있는 원리는 최대다수의 최대행복이다. 그것은 실로 입법의 조건이다. 이 조건은, 법의 어떤 특성과 마찬가지로, 근대 정치사회에서 주권자의 권력이 백성들로부터 멀리 떨어져서 행사된다는 데서 유래한다. 그리하여 사회를 구성하는 단위들 간의 차이를, 진정한 차이까지도, 무시해야 한다는 필요성에서 유래한다. 벤담은 사실 법학자도 아니었고 진정한 의미의 도덕이론가도 아니었다. 그는 법이 아니라 입법에 관한 이론을 전개했다. 면밀히 살펴보면, 그는 심지어 도덕에 관해서도 입법자였다고 볼 수 있다. 물론 그의 언어는 때로 도덕현상을 설명하고 있는 것으로 보인다. 하지만 실제로는 입법에 관한 자신의 성찰들에서 수집한 규칙에 따라 도덕현상을 바꾸거나 재배열하고자 했다. 이렇게 입법에서 도덕으로 그의 규칙이 전환된 점은 도덕적 사실의 분석가로서의 벤담에게 마땅히 주어져야 할 비판의 진정한 근거가 될 것이다.

옮긴이의 말

메인의《고대법》은 법학의 흐름에 일획을 그은 작품일 뿐만 아니라 사회학, 인류학 등 널리 현대 사회과학의 형성에도 큰 공헌을 한 기념비적인 저서이다. 하지만 적어도 법학에 관한 한 이제는 거의 잊혀진 고전이 아닌가 하는 느낌이다. 법의 발달을 역사적, 사회적, 언어적 관점에서 종횡무진 탐구하는 그의 방법론은 오늘날 주류 법학의 눈에는 변방의 지엽말단적인 특이한 경향의 하나로만 보일 것이 분명하다. 그럼에도 불구하고 옮긴이가 굳이 번역에 나선 것은 그의 방법론이 지금도 유효하며 현대 민주사회에서 시민교육으로서의 법교육이 지향해야 할 바를 시사하고 있다는 신념에서이다. 사실《고대법》은 전문 법률가들보다는 교양 있는 일반 시민들을 독자로 상정하여 저술된 것이다.[1]

하지만 메인의 옥스퍼드 대학 법리학 교수 자리를 물려받은 저명한 법사학자 프레드릭 폴록의 소개말이 지적하는 것처럼《고대법》은 19세기 중엽에 써진 작품인지라 오늘날의 지식수준으로 볼 때 오류나 부정확함이 없지 아니하다는 데 유의해야 한다. 대표적인 것이 원시 가부장제 이론이다. 메인은 원시 가부장제의 보편성을 끝까지 고집했지만 현대 인류학이 밝혀 놓았듯이 가부장제 부계사회는 결코 초기 인류의 보편적 제도라 할 수 없다.[2] 폴록은 로마법에 관한 부분도 오류가 없지 않다고 지적했으니, 독자들께서는 다른 로마법 관련 문헌을 함께 참조할 필요가 있

---

[1] 김도현, "메인의 역사사회학적 법학: 제3의 법이론을 찾아서,"《법과사회》제71호, 2022, 1-41면.
[2] 모계사회의 대표적인 사례로는 브로니슬라프 말리노프스키,《미개사회의 범죄와 관습》, 김도현 옮김, 책세상, 2010 참조.

을 것이다. 그러나 로마법 지식이 짧은 옮긴이의 눈에는 군데군데 조금
이상한 곳이 없지는 않으나 완전히 잘못된 서술이라고 단정할 수 있는
부분은 발견되지 않았다. 물론 모든 논저가 그러하듯이 그의 논점 가운
데는 일반적인 지지를 얻지 못한 것이 충분히 있을 수 있다.

　번역을 내놓으면서 무엇보다 걱정스러운 것은《고대법》에 등장하는
수많은 로마법 및 영국법 사례들을 이 분야의 비전공자인 옮긴이가 과
연 정확하게 이해하고 옮겼는가 하는 것이다. 번역어의 선택에 관해서
도,[3] 되도록 쉬운 말로 풀이하면서도 이미 널리 사용되어온 용어는 비록
부분적으로 오해의 소지가 있더라도 그대로 채용하는 것을 원칙으로
삼았으나, 과연 적절한 역어인지 의문이 드는 경우가 없지 아니하다. 또
한 독자들의 이해를 돕기 위해 필요하다고 생각되는 부분에 간략하나
마 각주를 달았으나, 충분한 주석을 달지 못했고 더욱이 원서 각 장의
말미에 수록된 폴록의 방대한 주석은 번역할 엄두조차 내지 못한 것이
아쉬움으로 남는다. 제반 사항들에 관하여 독자들의 질책과 조언을 기
대한다.

　출간에 즈음하여 돌아보건대, 대학 시절《고대법》을 읽는 계기를 마
련해주시고 나를 법사회학의 세계로 이끌어주셨던 은사 최대권 교수님,
번역작업 과정에서 수차 격려의 말씀을 아끼지 않으셨던 기초법 동학 교
수님들, 번역이 일단락되자 적극적으로 출간을 권유하셨던 법인권사회
연구소 이창수 대표님과 동지들, 출판 의사를 타진하자 신속하고도 흔쾌
하게 받아주시고 정갈한 편집에 애써주신 박영사 여러 선생님들, 그리고
긴 시간을 애정을 갖고 지켜봐주고 인내해준 나의 가족에게 진심어린 감
사의 뜻을 표하지 않을 수 없다. 그렇지만 번역이나 각주에서 혹시 있을
지 모를 오류는 전적으로 옮긴이의 책임이며 기회 닿는 대로 수정하고

---

3 로마법 용어의 번역은 내가 대학 시절 로마법을 배웠던 최병조 교수님의 영향을 분명
　받았을 것이다. 특히 12표법 조문은 교수님의 번역을 전적으로 참조했다. 최병조,《로
　마법연구(I)》, 서울대출판부, 1995.

개선할 것을 약속드린다.

2023년 봄 남산 기슭에서
옮긴이 씀

찾아보기

지은이 헨리 섬너 메인(Henry Sumner Maine)

지은이 헨리 섬너 메인Henry Sumner Maine(1822-1888)은 빅토리아 시대 영국을 대표하는 법사학자이다. 케임브리지 대학에서 수학했으며 케임브리지 대학 로마법 왕립교수, 법조원Inns of Court 교수, 영국령 인도 총독의 법률고문, 옥스퍼드 대학 법리학 교수, 케임브리지 대학 트리니티 홀 학장 등을 역임했다. 대표 저서로《고대법》외에도《동·서양의 촌락공동체》Village Communities in the East and West,《초기 제도사》Early History of Institutions,《초기의 법과 관습》Early Law and Custom,《대중정부》Popular Government 등이 있다.

옮긴이 김도현(金度炫)

옮긴이 김도현(金度炫)은 현재 동국대학교 법과대학 교수로 재직하면서 법사회학, 법제사 등을 가르치고 있다. 서울대학교 법과대학 및 같은 대학원에서 수학하여 법학박사(법사회학 전공) 학위를 받았다. 저서《법과 사회》,《법이란 무엇인가》,《한국의 소송과 법조》, 번역서《미개사회의 범죄와 관습》외에도 "한국 법관의 커리어 패턴", "소송증가는 계속될 것인가", "사회를 계약할 수 있는가"를 비롯한 여러 논문들을 발표했다.

고대법

초판발행	2023년 11월 30일
지은이	Henry Sumner Maine
옮긴이	김도현
펴낸이	안종만·안상준
편 집	이승현
기획/마케팅	정연환
표지디자인	권아린
제 작	고철민·조영환
펴낸곳	(주) **박영사**
	서울특별시 금천구 가산디지털2로 53, 210호(가산동, 한라시그마밸리)
	등록 1959. 3. 11. 제300-1959-1호(倫)
전 화	02)733-6771
f a x	02)736-4818
e-mail	pys@pybook.co.kr
homepage	www.pybook.co.kr
ISBN	979-11-303-4504-8 93360

＊파본은 구입하신 곳에서 교환해 드립니다. 본서의 무단복제행위를 금합니다.

정 가   22,000원